高等院校经济学管理学系列教材

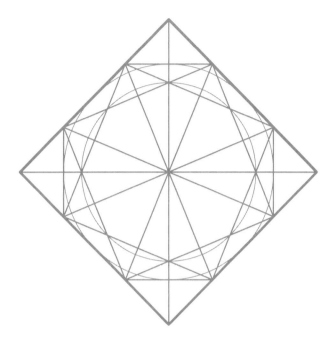

管理经济学

(第三版)

Managerial Economics

(3rd Edition)

周 勤 侯赟慧 赵 驰 主编

图书在版编目(CIP)数据

管理经济学/周勤,侯赟慧,赵驰主编. —3 版. —北京:北京大学出版社,2021.1
高等院校经济学管理学系列教材
ISBN 978-7-301-31590-3

Ⅰ. ①管⋯ Ⅱ. ①周⋯ ②侯⋯ ③赵⋯ Ⅲ. ①管理经济学—高等学校—教材
Ⅳ. ①C93-05

中国版本图书馆 CIP 数据核字(2020)第 166422 号

书　　名	管理经济学(第三版)
	GUANLI JINGJIXUE (DI-SAN BAN)
著作责任者	周　勤　侯赟慧　赵　驰　主编
责任编辑	朱　彦
标准书号	ISBN 978-7-301-31590-3
出版发行	北京大学出版社
地　　址	北京市海淀区成府路 205 号　100871
网　　址	http://www.pup.cn　新浪微博:@北京大学出版社
电子信箱	sdyy_2005@126.com
电　　话	邮购部 010-62752015　发行部 010-62750672　编辑部 021-62071998
印　刷　者	河北滦县鑫华书刊印刷厂
经　销　者	新华书店
	787 毫米×1092 毫米　16 开本　21.5 印张　471 千字
	2003 年 1 月第 1 版　2008 年 2 月第 2 版
	2021 年 1 月第 3 版　2021 年 1 月第 1 次印刷
定　　价	66.00 元

未经许可,不得以任何方式复制或抄袭本书之部分或全部内容。
版权所有,侵权必究
举报电话:010-62752024　电子信箱: fd@pup.pku.edu.cn
图书如有印装质量问题,请与出版部联系,电话:010-62756370

我与管理经济学那些事

（代序）

2003年，东南大学经济管理学院应石油工业出版社之邀，组织编写一套工商管理硕士（MBA）规范教材，我被分配编著《管理经济学》。之后，原先的责任编辑到北京师范大学出版社任职，《管理经济学》（第二版）于2008年在北京师范大学出版社出版。这一次，本书在北京大学出版社修订再版，增加了不少内容，我再次写序，也把这些年教"管理经济学"的体会归纳总结一下。

一、经济学为什么古老而年轻

经济学是一个古老而年轻的学科。说"古老"，是因为经济学几乎与最古老的学科——神学和哲学同时起源。古希腊人热衷于物和物的连接，而中国人关心的是人和人的关系，在经济学方面似乎有"殊途同归"的意思。

古希腊经济学家色诺芬的《家政论》勾勒了微观经济学的基本轮廓，而古希腊哲学家柏拉图的《理想国》又为宏观经济学提供了终极模型，西方经济学几乎都以此为起点。在中国，庄子的"至知"思想与柏拉图的模型如出一辙。孔子在与学生的闲谈中将微观经济逻辑阐述得一清二楚。中国早有关于"经世济国"与"经世济民"的论述，与今天的宏观控制已无太大差异。《大学》中的"止于至善"命题被认为是现代经济理论最优思想的雏形。

中国古代经济学的巅峰之作当属司马迁的《史记·货殖列传》，其思想性即使到今天依然光辉璀璨。我认为，当代经济学家还难以达到太史公的境界。特别是他对市场机制的描述，一直到千年之后，英国经济学家亚当·斯密提出的"无形之手"理论才能与其相媲美。司马迁对经济人的特征描述与现代微观经济学假设无异。只可惜，中国古代经济学没有形成自己的理论体系，在汉武帝之后，与经济学本源渐行渐远。

古罗马取代古希腊之后，在帝国崩溃之时，在各国的竞争压力之下，罗马私法开始盛行。这一点类似于中国战国时期，只是中国走向了门客制度。在西方，个人理性与市场机制逐渐融合，成为主流。按照尼摩的理论，它们构成西方文明五大来源中的两根支柱。

在东方，以集体理性为主导，以国家利益为圭臬，以盐铁专卖等为手段，逐渐背离市场经济的基础。集体理性与个人理性之间的矛盾，依然是今天制度经济学争论的焦点。可以认为，中国经济学起源较早，几乎与西方经济学并驾齐驱，可惜没有形成自己的理论体系和思想方法。

经济学又是一个年轻的学科。西方经济学以国民财富的来源为目标，其奠基者斯密构建了西方经济学基本思想体系和研究方法。从1776年起算，古典经济学形成不到250年；从1890年起算，新古典经济学诞生也就130年；从1903年在马歇尔的推动下，剑桥大学设立经济与政治学系起算，时间就更短了。

如此年轻的学科拥有众多"粉丝"，原因有两个方面：一方面，很多人希望知道财富的秘密，尽管经济学并不能完全解答这个问题；另一方面，更多的成功者希望用经济学理论来解释自己成功的秘密，吸引更多的追随者，尽管这些解释大部分是不符合经济学理论的。

二、为什么会有"管理经济学"

据说"管理经济学"源于经济学大师保罗·萨缪尔森，他从哈佛大学博士毕业以后就到麻省理工学院经济学系任教，并在此终老。有人戏称，麻省理工学院经济学系绝大多数老师做出成绩，都是为了转去斯隆商学院，因为那里收入高。萨缪尔森是个例外，他凭借一本《经济学》已经誉满天下。斯隆商学院一般会请知名教授去上课，萨缪尔森也在其列。他在给MBA和EMBA学生上课时，发现完全理论化的经济学对于这些已经工作多年、有的原先不是学经济学或者类似专业的学生而言很难接受。萨缪尔森坚持认为学生们需要懂得一些基本的经济学常识，于是开设了"Managerial Economics"这门课。严格地讲，按照萨缪尔森最初的想法，这门课应译作"管理者经济学"。萨缪尔森开设这门课的初衷有三：一是让企业管理者掌握基本的经济学常识。这是最重要的目的。也就是说，这是为企业管理者量身定制的经济学课程。二是为企业建立统一的经济语言。俗话说"铁打的营盘，流水的兵"，企业的所有者应该是比较固定的，而管理者会经常变动，在管理者之间建立稳定的专业交流语言，可以大幅降低管理成本。三是提高专业管理人员的素质，逐渐将普通管理者与高级管理者分开，形成人力成本上的壁垒。

国内最先引入MBA课程，是20世纪80年代初在大连理工学院（现为大连理工大学）举办的MBA培训班上，当时直接将国外的全套教材翻译后使用。按照字面含义，"Managerial Economics"这门课被译为"管理经济学"，这一名称在国内早期引入并翻译的国外教材和专著中屡见不鲜。如今，没有人再把"管理经济学"转换成"管理者经济学"，倒有"企业经济学"一类的课程。

国内外各种版本的"管理经济学"教材汗牛充栋，不胜枚举，总体上可分为三类：

第一类基本上是微观经济学的简化版和案例版。这是最常见的一类教材，美国大部分MBA教材都是如此，国内学者翻译和编著的教材也是这样。这也可以被认为是范围最窄的一类"管理经济学"教材,主要解决大部分管理者没有基本的经济学常识的问题。值得一提的是,美国大部分商学院都规定学生必须先修读一部分微观经济学课程。

第二类是将会计学或者财务管理的一部分内容纳入管理经济学之中。这类教材比较适合于财务专业毕业的 MBA 学生使用。当然,国内财务专业毕业的学生都学过基础经济学。这可以被认为是管理经济学的扩展版。

第三类是所谓"开放条件"下的管理经济学,将部分国际贸易理论和国际金融常识纳入管理经济学之中。这类教材比较适合与外贸专业相关的 MBA 学生使用,主要增加了一些外贸常识以及与外贸相关的战略问题。

20 世纪 90 年代以后,人类进入新经济时代,网络经济成为这个时代最重要的经济因素之一,而平台又成为其最重要的实现模式。将网络和平台的基本常识、原理和方法与微观经济学相结合,形成平台管理理论,这可能是本书最大的特点,也是当今时代对管理者的重要要求。

三、如何教"管理经济学"

我从 1999 年开始教"管理经济学",如今已逾 20 年。那时候,我教"微观经济学"也有五六年的时间了,相关理论基础还算比较扎实。特别是在南京大学读书期间接受的比较严苛的考验,使我的教学经验有了长足的进步。但是,当时我对如何教"管理经济学"还没有太多的经验。好在有多年在工厂工作的经验,加上后来从事成人教育培训工作,以及在读研究生期间为职大、电大和夜大的学生上过各种课,我对怎么给那些在社会上工作的人上课还是有点经验的。

MBA 教学比较普遍的方法是以书为主,结合实例讲授。那时候学生数量较少,素质普遍较高,积极性也较高,对老师提出的各种要求基本上都能完成。记得 2001—2002 学年,我为了让学生记住定价原则和价格黏性,让他们自己去找案例,然后写出教案。为此,徐文华领着小组成员去吃馄饨,吃到最后,见了馄饨就怕。在无锡班,我让学生根据自己所在企业的数据做出生产函数和成本函数。有个女生居然真的做出来了,而且与生产函数和成本函数的性质非常像。我在编写本书第一版时,还把这个案例放进去了。

2003 年,我去北京从事博士后研究工作,主要给中国社科院的硕士和博士研究生讲授"产业经济学",花了点苦功夫备课。从这一点来说,我后来讲授的"管理经济学"更接近产业经济学或者是产业组织理论,就是以公司战略经济学为主体的。国内按照这个体系上课的老师很多,他们一般都有产业经济学的专业背景。其中,比较有名的是上海交通大学的陈宏民教授,我看过他的"管理经济学"教案,比较符合这一体系。这一体系的内容要比微观经济学体系更加深刻,而且更切合实际,特别是吸收了波特的理论,有一定的实用价值。问题是,这个体系的内容太多,而 MBA 课程的课时有限,最多也就五十多个课时,既要讲理论,又要讲案例,还要讲实践,时间完全不够。自从采用这个体系以后,我在课堂上很少让学生讨论,一是因为讨论不了,二是因为时间有限。这两年,我也作过一些尝试。比如,我让学生分组研究瓜子二手车及其他一些平台,但是由于各种原因,最后没能坚持下去。

2009年,东南大学经济管理学院开始招收EMBA在职研究生,我被安排讲授"管理经济学"。时任院长徐康宁教授对此很重视,要求我认真备课。一个暑假,我准备了180多页PPT,基本形成了现在讲授"管理经济学"的风格。其实,整个课程的讲授时间也就三天,而在此之前,一页PPT,我有时就要弄半天。实事求是地说,后来,我一直用这套PPT讲课,真正能听懂的学生不多,况且还有很多学生没有听全。这几年,我在课堂上穿插讲了自己在贵州支教时抽空自驾去西藏的经历,大部分学生都觉得比较有趣,也比较爱听,这也不错。

我在上课前会跟学生们说,我是个不会挣钱的人,大家不要指望我教你们如何挣钱。这不是自谦,而是一个事实。

四、怎么学"管理经济学"

我不是经济学科班出身,经济学都是自学的。我最初的学习主要靠背。刚开始教"管理经济学"的时候,我把这个方法告诉学生们,有些学生确实也这么做了。我把刘厚俊教授的《西方经济学》和陈志标教授的《宏观经济学》中的每个公式都推导了一遍,对每项内容都做笔记和卡片。当时经济学中最热门的是国际贸易专业,我在图书馆中找到范家骧教授的《国际贸易理论》,从头背到尾。现在,除了克鲁格曼以后的国际贸易理论,我对早期的经济学体系还是很清楚的,因为都背过。这种方法,我一直沿用到读博士期间。在学习产业组织理论时,我基本上把丹尼斯·卡尔顿和杰弗里·佩罗夫的《现代产业组织》给翻烂了,甚至把里面的编校错误也都一一找了出来。

同时,要带有一定的目标学习。有些学生在学了"管理经济学"以后,有了更多兴趣,希望进一步深造,比如读博士。在这些年的MBA教学中,我大概教了两千多个学生,其中不到十个学生后来又读了博士,包括我自己指导的两个学生。这就要求他们进行进一步系统的理论学习。MBA毕竟是专业学位,管理经济学仅仅是经济学中的基础理论,靠这些是很难支撑整个博士学习过程的。此时,进一步强化学习是不可或缺的。我们的毕业生大部分留在学校当老师,他们到底是在学习过程中得到了教化,还是在当老师以后作了进一步强化,很难辨别。不过,有一点是肯定的,那就是他们通过学习"管理经济学",提升了对经济学的兴趣。

此外,要由经济学向管理经济学转化。记得我在美国访学的时候,学校的MBA课程中也有"管理经济学",要求非经济学专业的学生先修36课时的"经济学原理"。如果有一定的经济学基础,学"管理经济学"还是比较简单的。我在南京大学读硕士时,学校关于这一点的要求很清晰,即非经济学专业的毕业生考研,除了要加试经济学外,录取以后还必须先修与经济学相关的课程,总计16个学分。实际上,现在一些 MBA 学生的水平下降，与他们的前导课程基础不够有严格的正向关系。

有了经济学基础，管理经济学还仅仅是它的简单应用，关键是不要把自己固化在经济学基本原理之中。现实问题要完全符合经济学假设是非常困难的。我经常说，经济理论能够解释现实问题的 60%—70% 就已经非常不错了。如果想要彻底解决现实问题，那几乎是不可能的。

总体而言，学"管理经济学"大概有这样几个阶段：死记硬背、明确目标、融会贯通、突破瓶颈。这是一个螺旋上升的过程，开始时靠背，从中找到目标，在已有的知识中融会贯通，大体上就在一个瓶颈之处停住，然后重复这个过程，直到自己能够创新为止，即所谓"止于至善"。

五、"管理经济学"有未来吗

"管理经济学"诞生至今已有七八十年的时间，却走到了一个非常尴尬的境地，我认为其中有三个方面的原因：

第一，理论与实践严重脱离。经济学有一整套完整的理论体系，尤其是微观经济学由规范的公理假设与一整套命题和推理组成，在理论逻辑上是严格自洽的。然而，这些假设与命题和推理很难与现实生活的意义相对应，理论逻辑的范围相当窄，而现实问题如此之多。经济学是一个先导课程，大部分学生此时还停留在对现实问题的思考层面。比如，在"管理经济学"课程中，最先讲的是供求理论，但是在现实生活中很难以此确定供求关系。从理论上说，我们无法找到价格与需求和供给之间的真正关联。特别是部分学生没有受过基本的经济学训练，根本无法把经济学的基本假设与现实生活中的问题相对应。如果讲授"管理经济学"的老师没有处理现实问题的经验，或者对理论经济学的一些假设的前提逻辑分析不清，就可能被学生的问题带进"坑"里，使学生得出经济学空洞无物而没有任何用处这样一个结论。

第二，教学要求与学生的期望相去甚远。MBA 和 EMBA 学生大多来自基层一线，他们希望能够学到一些实用知识，帮助自己解决问题。然而，经济学最大的问题就在于不能解决问题，而仅限于解释问题，这就会"辜负"一些学生的期望。同时，学生要掌握一定的基础知识和理论，在没有办法理解的情况下，只能靠死记硬背。加上攻读专业学位的学生年龄偏大，有一定的工作经验，本身对这种学习方式存在一定的成见，有可能本能地产生抵触情绪。这就会导致"管理经济学"的教学效果不佳，或者对学生来说，成为比较难学的一门课程。

第三，基础与前沿之间关系复杂。经济学作为一个学科虽然比较年轻，但是古典经济学思想体系的形成已有两百多年历史，有不少基础理论已略显老旧。同时，经济学又是一个体系非常完整的学科，如果对一些基础问题没有基本的概念，那么是很难与前沿问题连接在一起的。现实经济问题往往非常前沿，不断对教学提出新要求，所涉及的理论问题又是一些传统理论问题的演化。比如，如果学生对规模经济没有清晰的概念，不了解边际成本和边际效用，那么根本无法理解网络效应。同样，如果学生对交叉弹性和外部性没有基本的概念，那么理解交叉外部性几乎是不可能的。

"管理经济学"这一不够实用的课程在国外许多商学院的 MBA 课程中逐渐被淘汰了，以"定价实践""消费者行为分析"等更加实用的课程替代。我个人认为，这也无可非议。从这一意义上说，如何让"管理经济学"变成一门更加实用、更加符合学生需求的课程，正是我们需要进一步改进的事情，也是本书希望实现的目标。

特此为序。

东南大学经济管理学院　周勤
2020 年 3 月 15 日

目录

第一篇 市场机制

第1章 需求理论 ... 3
1.1 需求、需求表与需求曲线 ... 3
1.2 影响需求曲线的因素 ... 4
1.3 需求函数 ... 7
1.4 需求价格弹性 ... 8
1.5 点弹性与弧弹性 ... 10
1.6 需求价格弹性对总收益的影响 ... 11
1.7 总收益、边际收益与价格弹性 ... 13
1.8 需求价格弹性的决定因素 ... 15
1.9 需求价格弹性的应用 ... 16
1.10 需求价格弹性对价格决策的影响 ... 18
1.11 需求收入弹性 ... 19
1.12 需求交叉弹性 ... 21
1.13 替代效应与收入效应 ... 22
本章小结 ... 25
习题 ... 26

第2章 消费者行为 ... 29
2.1 无差异曲线 ... 29
2.2 预算线 ... 35
2.3 消费者均衡 ... 37
2.4 个人与行业需求曲线 ... 40
本章小结 ... 42
习题 ... 43

第3章 生产理论 ... 45
- 3.1 一种投入变量的生产函数 ... 45
- 3.2 边际收益递减规律 ... 48
- 3.3 使用一种投入要素的最优水平 ... 48
- 3.4 两种投入变量的生产函数 ... 49
- 3.5 等产量线 ... 53
- 3.6 边际技术替代率 ... 53
- 3.7 投入品的最佳组合 ... 55
- 3.8 最优批量规模 ... 60
- 3.9 规模报酬 ... 62
- 3.10 生产函数的衡量 ... 64
- 3.11 统计分析 ... 68
- 本章小结 ... 69
- 习题 ... 70

第4章 成本理论 ... 72
- 4.1 短期成本函数 ... 73
- 4.2 平均成本与边际成本 ... 74
- 4.3 长期成本函数 ... 77
- 4.4 成本函数的估计 ... 82
- 4.5 范围经济 ... 87
- 4.6 成本函数的应用：盈亏分界点分析 ... 90
- 4.7 盈亏分界点的代数分析 ... 92
- 4.8 毛利分析 ... 92
- 本章小结 ... 92
- 习题 ... 93

第二篇 市场结构

第5章 完全竞争 ... 97
- 5.1 市场结构 ... 97
- 5.2 完全竞争下的价格决定 ... 99
- 5.3 供求曲线的移动 ... 100
- 5.4 完全竞争下的产量决定 ... 101
- 5.5 完全竞争下的资源配置 ... 107
- 本章小结 ... 108
- 习题 ... 109

第6章　垄断及垄断竞争 ... 110
- 6.1　垄断厂商的价格与产量决定 ... 110
- 6.2　垄断竞争 ... 115
- 6.3　垄断竞争下的价格与产量决定 ... 117
- 6.4　广告支出 ... 118
- 本章小结 ... 121
- 习题 ... 121

第7章　寡头垄断 ... 124
- 7.1　寡头垄断的出现 ... 124
- 7.2　寡头垄断的兴衰 ... 125
- 7.3　合谋 ... 126
- 7.4　价格领导 ... 130
- 7.5　非合作寡头 ... 131
- 7.6　承诺的重要性 ... 140
- 7.7　威胁的信度 ... 141
- 7.8　进入壁垒 ... 142
- 7.9　企业的最佳策略选择 ... 146
- 本章小结 ... 146
- 习题 ... 147

第三篇　产品与定价

第8章　技术创新 ... 153
- 8.1　创新的类型 ... 153
- 8.2　创新的测度 ... 154
- 8.3　创新的动机 ... 156
- 8.4　研发的风险 ... 157
- 8.5　创新与市场结构 ... 160
- 8.6　学习曲线 ... 163
- 本章小结 ... 166
- 习题 ... 167

第9章　定价策略 ... 169
- 9.1　加成定价 ... 169
- 9.2　多种产品定价 ... 173
- 9.3　价格歧视 ... 178

9.4 转移定价 ··· 185
本章小结 ·· 190
习题 ··· 191

第四篇 网络平台

第 10 章 网络经济 ·· 197
10.1 网络经济概述 ··· 198
10.2 网络经济的特征 ·· 201
10.3 网络经济原理 ··· 204
10.4 竞争与监管政策 ·· 206
本章小结 ·· 210
习题 ··· 211

第 11 章 平台经济 ·· 212
11.1 平台经济概述 ··· 212
11.2 平台产业的特征 ·· 215
11.3 平台市场商业模式 ··· 220
11.4 竞争政策与发展趋势 ·· 224
本章小结 ·· 237
习题 ··· 238

第 12 章 平台生态系统 ·· 239
12.1 网络平台型商业生态系统运行机制 ······························· 239
12.2 网络平台与传统产业的协同发展 ·································· 243
12.3 网络平台型商业生态系统企业成长路径 ························· 248
12.4 平台企业跨界成长金融支持模式 ·································· 251
12.5 网络平台型商业生态系统绩效评价 ······························· 254
本章小结 ·· 259
习题 ··· 260

第五篇 管制与开放

第 13 章 政府管制 ·· 263
13.1 对垄断的管制 ··· 264
13.2 管制对效率的影响 ··· 268
13.3 市场集中度 ·· 269

13.4 对反托拉斯法的解释 ········· 272
13.5 对环境污染的管制 ··········· 284
13.6 公共产品 ··················· 291
本章小结 ······················· 292
习题 ··························· 292

第14章 全球视角下的管理经济学 ··· 295
14.1 对外贸易 ··················· 295
14.2 比较优势 ··················· 297
14.3 汇率 ······················· 300
14.4 汇率决定的因素 ············· 301
14.5 关税与配额 ················· 302
14.6 贸易政策 ··················· 305
14.7 战略联盟 ··················· 317
本章小结 ······················· 319
习题 ··························· 320

习题参考答案（部分） ············· 324

后记 ····························· 331

第一篇

市场机制

第1章

需 求 理 论

人们经常花费大量的时间和精力研究他们对产品的需求。无限多样化的需求总是会涉及商品的价格与在此价格下人们愿意并有能力购买的数量。一般而言，在影响需求数量的其他因素不变的条件下，一种商品的价格越高，人们愿意购买的数量越少，反之亦然。但是，价格对需求的影响到底有多大并不是一个简单的问题。例如，一家手表制造厂商为了增加收益，将其制造的一款手表的价格从每只145元提高到165元。虽然该厂商预计销量只会下降3%—5%，但是实际下降了超过30%。在本章和下一章，我们将对以上这种现象发生的原因进行探讨，集中注意力于需求理论。

1.1 需求、需求表与需求曲线

需求，是指消费者在某一时期，在一定市场上，按照某一价格愿意并能够购买的商品或劳务的数量。需求与需要是有区别的：需要仅仅是一种愿望，而需求不仅是一种愿望，而且要有支付能力；需要可以是无限的，而需求一定是有限的。

限定了特定时期与特定市场，必须有支付能力以及有别于人类无限多样化的需要。需求概念总是涉及两个变量，即商品的销售价格以及与该商品价格相对应的人们愿意并有能力购买的数量。

把不同的价格水平下人们对某种商品的需求排列成表，称为"需求表"。例如，假设某种胶囊咖啡机的市场需求如表1-1所示。根据此表，如果每台胶囊咖啡机的价格是200元，需求数量是6万台；如果价格是300元，需求数量是5万台；如果价格是400元，需求数量是4万台；等等。需求表是表示在某一价格上商品可以售出的总量的表。

表1-1 某种胶囊咖啡机的需求表

价格（元）：P	需求数量（万台）：Q
200	6
300	5
400	4
500	3
600	2

另外一种表示表 1-1 中数据的方法是，把需求表的数据描绘到平面坐标图上，称为"需求曲线"。如图 1-1 所示，纵轴表示商品的价格，横轴表示一段时期内商品的需求数量。

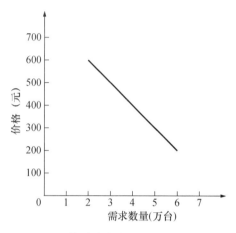

图 1-1 某种胶囊咖啡机的需求曲线

关于图 1-1，必须指明三点：第一，该需求曲线反映的是胶囊咖啡机在价格水平上的市场总需求数量，而不是某个特定公司的需求数量。第二，该需求曲线向右下方倾斜。换句话说，胶囊咖啡机的需求数量随价格下降而增长。大多数商品都是如此，需求曲线总是向右下方倾斜。第三，该需求曲线适合于特定的时期。任何需求曲线都适合于一段时期，它的斜率和位置取决于这段时期的长度和其他特征。如果想要估计另一段时期内胶囊咖啡机的需求曲线，那么一定是与图 1-1 所示不同的另一条需求曲线。

1.2　影响需求曲线的因素

除了一段时期的长度之外，还有其他因素决定了一种商品的需求曲线的位置和性质，一般有以下几种：

第一，消费者的嗜好或者偏好。经济学论述的嗜好及其变化更多地涉及人们生活于其中的社会环境，因而主要取决于当时当地的社会传统习惯，如流行的时尚等。如果消费者表现出对一种商品增加的偏好，则需求曲线将向右移动。也就是说，在每一价格上，消费者都希望比原来买得更多。反过来，如果消费者对一种商品减弱了偏好，则需求曲线将向左移动，消费者就希望比原来买得少。例如，如果某个地区的居民比较喜欢在家喝咖啡而不常去咖啡店，那么胶囊咖啡机的需求曲线可能向右移动。如图 1-2 所示，偏好改变越大，需求曲线的移动幅度就越大。

第二，消费者的收入水平。对于某些种类的商品，人均收入上升会使需求曲线左移；而对于大多数商品，如果人均收入提高，需求曲线就会右移。在其他条件给定不

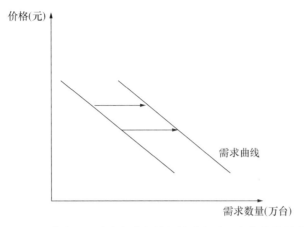

图 1-2 消费者对于胶囊咖啡机偏好的增加对需求曲线的影响

变的情况下,人们的收入越多,对商品的需求越多。因此,一个市场上消费者的人数和国民收入分配情况显然是影响需求曲线的重要因素。以胶囊咖啡机为例,可以期望人均收入增加会使需求曲线右移,如图 1-3 所示。

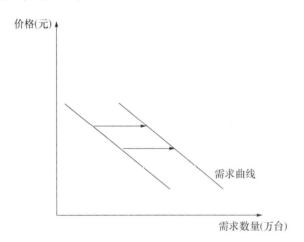

图 1-3 人均收入增加对胶囊咖啡机需求曲线的影响

第三,相关商品的价格水平。商品与商品之间的价格会相互影响。例如,在价格一定的情况下,对棉布的需求数量随化纤产品价格的下降而减少,随化纤产品价格的提高而增加。又如,汽油价格的提高会引起人们对汽车需求数量的减少,反之则会增加。可以预计,胶囊咖啡的价格大幅下降会使胶囊咖啡机的需求数量上升。

第四,商品的需求曲线的位置和形状也受相关市场人口规模的影响。这样,如果人口增加,可以预计,在其他因素不变的情况下,商品的需求数量将上升。当然,人口总是缓慢变化的,这个因素在短期内几乎没有影响。

第五,人们预计商品将来会有新的价格。例如,人们预计胶囊咖啡机的价格将会上涨,因而会增加对胶囊咖啡机的购买量。

案例 引导公众需求——新零售代表"盒马鲜生"[①]

2016年1月15日,有着多年物流经验的原京东物流总监侯毅在上海浦东创立了中国第一家O2O的生鲜超市"盒马鲜生"。这家店虽说是"生鲜超市",但还包含餐饮店、菜市场、便利店等属性。它以"传统商超+外卖+盒马APP",开创了互联网驱动、线下体验的复合模式,一定程度上成为新零售模式的标杆。

盒马鲜生从本质上说还是一种线下的零售超市,而线上APP的加入,又让它实现了线上线下的深度融入。用户可以到线下门店进行消费,也可以通过盒马APP下单,完成消费行为。

盒马鲜生与传统线下门店最大的区别就在于,将大数据、互联网、智能设备完美结合,实现人、货、场三者之间的最优化匹配。它在保证用户体验的前提下,完美融入智能技术,多方面创新零售模式。

在盒马鲜生后端,每个商品都有独特的电子标签。当用户在线上下单之后,拣货员根据订单前往仓储区拣货,用PDA扫码之后放入专用拣货袋并挂上输送带,从而进行配送。智能技术的使用实现了效率的提升,全数字化的供应、销售、物流过程保证了配送速度与用户体验。

盒马鲜生全店不接受现金付款,仅使用支付宝结账。到店消费的用户必须下载盒马APP,成为注册会员后,通过盒马APP或者支付宝进行支付。强制性的支付手段能够有效保证对用户消费数据的提取,同时创造良好的引流效果,保证支付宝的全渠道营销。

盒马鲜生作为一家以吃为主要场景的线下超市,在对待食材的态度上,只有一个字"鲜",每日提供新鲜的蔬菜、肉类、牛奶等,坚持不卖隔夜的生鲜产品。同时,小包装的销售方式保证了食材的当天使用,不用担心因过量导致的食材浪费和储存问题。

另外,盒马鲜生也在推动"生熟联动"与"熟生联动"的体验方式。消费者在选购水产品之后如不愿自己烹饪,可以选择在门店定制海鲜的做法。另外,消费者如果愿意,还可以直接购买制作食物所需的调料自行加工。同时,盒马APP中也有相应的视频教学可让用户参考。

除了食材的新鲜之外,盒马鲜生也在倡导以新鲜的方式去享受生活。盒马鲜生在门店中提供了各式各样的场景,引导消费者去拍照、分享,创造新的生活观念和新鲜有趣的做饭方式,培养消费者的黏性和消费习惯。

[①] 参见黑金刚智能工业:《盒马鲜生:新零售模式如何创新》,https://baijiahao.baidu.com/s?id=1601247079453230225&wfr=spider&for=pc;《阿里新零售代表"盒马鲜生"的成长分析》,https://new.qq.com/omn/20180621/20180621G0LT0M.html;运营者世界:《解析"盒马鲜生"新零售商业模式背后的秘密》,https://baijiahao.baidu.com/s?id=1610636575402213205&wfr=spider&for=pc,2019年8月8日访问。

新零售是顶层设计，需要一整套零售体系的重构，如商品规划、服务和体验、物流、支付、信息系统和团队等，这并不是能在短期内模仿的。所以，盒马鲜生的创建是在互联网时代联合智能技术，创新零售模式的全新尝试。就目前来看，阿里巴巴旗下盒马鲜生的运营模式值得传统零售行业借鉴。在当前的大时代背景下，新零售模式已经势不可挡。

1.3 需求函数

一种商品的需求函数，表示的是一种商品的需求数量与各种不同影响因素之间的关系。一般而言，此需求函数用数学的语言可以表示为：

Q = X 商品的需求数量

= f(商品的价格、消费者的收入、消费者的口味、其他商品的价格、预期价格及其他支出等)

= $f(P, I, T, P_x, P^e)$

这里，Q 代表需求数量，P、I、T、P_x、P^e 分别代表影响 Q 的几个因素，其中 P 代表商品的价格，I 代表消费者的收入，T 代表消费者的口味，P_x 代表其他商品的价格，P^e 代表预期价格及其他支出等。

为使这个式子在分析和预测中有用，它必须更明确。例如，如果 X 商品是胶囊咖啡机，市场需求函数可以表示为下式：

$$Q = b_1 P + b_2 I + b_3 P_x + b_4 P^e \qquad (1.1)$$

其中，Q 是胶囊咖啡机在某年的需求数量，P 是那一年胶囊咖啡机的平均价格，I 是那一年的人均可支配收入，P_x 是那一年胶囊咖啡的平均价格，P^e 是那一年胶囊咖啡机生产商花在广告上的费用。当然，式（1.1）假设这个关系是线性的；同时，简单地假设相关市场上的人口是稳定不变的，胶囊咖啡机的预期价格不会有太大变动。

再进一步，接受式（1.1）中系数的数值估计一般对管理者和分析人员是必要的。用一些统计技术，通常可以估计这些在需求函数中所谓的"变量"。为了解释可能得到的这类结果，假设发现：

$$Q = -P + 2I - 9P_x + 0.0001P^e \qquad (1.2)$$

根据式（1.2），胶囊咖啡机的价格上涨 1 元，会导致每年的需求数量下降 1 单位；人均可支配收入增加 1 元，会使需求数量上升 2 单位；胶囊咖啡的价格上涨 1 元，会使需求数量减少 9 单位；广告费用支出增加 1 元，会使需求数量上升 0.0001 单位。

理解市场需求函数与需求曲线之间的关系是非常重要的。鉴于影响一种商品的市场需求的因素十分复杂，所以经济学在需求分析中采用抽象法，即假定在影响需求数量的因素中，除该商品的价格以外，其他因素给定不变。因此，上式可以简化为：$Q = f(P)$，它表示了当所有其他变量不变时 Q 与 P 之间的关系，也就是市场曲线。

例如，假设人均可支配收入为 15 元，胶囊咖啡的平均价格为每颗 3 元，广告费支出为 5 万元，即 $I=15$，$P_x=3$，$P^e=50000$，需求数量与价格之间的关系就是：

$$Q = -P + 2 \times 15 - 9 \times 3 + 0.0001 \times 50000 \tag{1.3}$$

$$Q = 8 - P \tag{1.4}$$

对 P 解此式，可得：

$$P = 8 - Q$$

给定市场需求函数，商家可以确定除价格外其他变量变化引起的需求曲线的移动。如果胶囊咖啡的价格从每颗 3 元降到 2 元，需求曲线会如何移动？在式（1.3）中插入 $P_x=2$（不是 3），得到：

$$Q = 17 - P \tag{1.5}$$

对 P 解此式，得到：

$$P = 17 - Q \tag{1.6}$$

式（1.6）与式（1.4）（$P_x=3$ 时的需求曲线）相比，需求曲线向右移动了，需求数量增加了 9 万台（如果价格保持不变）。

无论对单个企业还是整个行业，市场需求函数都可以简洁地表示。也就是说，可以得到像式（1.2）那样的公式，从而预测单个胶囊咖啡机厂商的销量。在这样的等式中，企业商品的需求数量将与其价格负相关，而直接与其竞争者的出价正相关；与广告费用支出直接正相关，而与其竞争者的广告支出负相关。分清行业的需求函数和企业的需求函数是十分重要的，因为它们大不相同。它们对企业管理者都很重要，因为企业经常对某些变量感兴趣，如可支配收入、行业销售的广告费用支出以及本企业的销售额。

1.4 需求价格弹性

由前文分析可知，在影响一种商品需求的因素中，价格发生变化以后，需求数量作出反应的程度大小是不一样的，即市场需求曲线随需求数量变化对价格的敏感性是不同的。对一些商品，价格较大的变化只会引发需求数量的微小变化，如粮食；而对另外一些商品，价格的微小变化就会导致需求数量的巨大变化，如奢侈品。为了指出需求数量对价格变化有多敏感，经济学家提出了"需求价格弹性"的概念，用来表示影响需求的价格发生变化以后，需求数量作出反应（增减变化）的程度大小。需求价格弹性被定义为：价格变化引起的需求数量变化的百分比。更精确地，它可以表示为：

$$\eta = \frac{\partial Q}{\partial P} \cdot \frac{P}{Q} \tag{1.7}$$

如果明天全国所有商店货架上的牛奶价格都下降 5%，那么这些商品的需求数量不会有很大的变化。但是，如果所有珠宝店里的黄金都降价 5%，那么相信会有很多人纷至沓来，争相购买。为什么价格的影响会产生如此悬殊的差异？因为牛奶是日常消费品,即使其价格大幅上涨,典型的消费者也不会用啤酒或其他东西来代替牛奶。相反,作为奢侈品的黄金,如果其价格稍微上涨,也会影响消费者的购买欲望。经过权衡,一部分消费者会放弃购买。所以,黄金的需求比牛奶的需求对价格变动更为敏感,前者的价格弹性大于后者。这表现在形状上,就是黄金的需求曲线更平缓一些。

对于需求价格弹性,需要注意以下几点:

第一,η被定义为价格变动的百分比与需求数量变动的百分比的比率。用百分比来计算,可避免因单位不同而导致η的值不一样。

第二,η的数值可以是正数,也可以是负数。η的符号表示价格与需求数量变化的方向性关系:价格与需求数量同向变化时,η为正值;价格与需求数量反向变化时,η为负值。$|\eta|$的大小,表示变动程度的大小。

第三,η的绝对值不仅随商品的不同而不同,需求价格弹性对同一条需求曲线上不同的点通常也是不同的。例如,棉衬衫的需求价格弹性在其价格高时可能比其价格低时大。相似地,需求价格弹性在不同的市场上也可能不同。例如,中国与美国对棉衬衫的需求价格弹性可能就不同。

第四,为了表示某种商品及其某一价格的弹性是大还是小,习惯上按η的绝对值的大小分为以下几个范围:

(1) $|\eta|=1$,表示价格每提高(或降低)1%,需求数量相应减少(或增加)1%,称为"单位弹性"。

(2) $|\eta|>1$,表示价格每变动1%,需求数量的变动大于1%,称为"需求富有弹性"。例如,香烟在我国改革开放之初曾大幅涨价。某市估计,香烟提价30%后,可以新增收入500万元左右。各部门闻讯后纷纷前来商议,要求"利益共沾"。忽然间,由于烟价提升,烟民决心戒烟,又遇梅雨季节,各部门损失500万元,变成"有难同当"。

(3) $|\eta|<1$,表示价格每变动1%,需求数量的变动小于1%,称为"需求缺乏弹性"。例如,为提高人民的生活水平,某大都市政府牵头资助一些养殖企业引进国外优种奶牛,努力增加牛奶供给。但是,随着人们可选择的饮品种类的增多和人口出生率的下降,对牛奶的需求下降。企业想降价以刺激需求,但是由于缺乏弹性,最终只好忍痛宰牛。

(4) $|\eta|=0$,即不管ΔP如何变动,ΔQ始终为0,$Q=K$(K为常数),需求曲线为垂直于横坐标的一条直线,表示需求完全缺乏弹性,需求数量不受价格的影响。

(5) $|\eta|=\infty$,即在既定的价格下,需求数量可以任意变动,$P=K$(K为常数),需求曲线为平行于横坐标的一条直线,表示需求完全富有弹性。这意味着,无穷大数量的产品可以在特定价格上销售出去,但是如果价格仅仅微小地上涨,就什么都卖不出去。

图1-4表示的是$|\eta|=0$和$|\eta|=\infty$这两种极端情况。

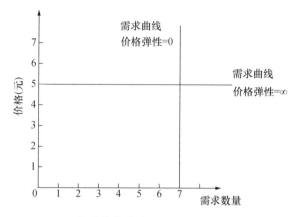

图 1-4 需求价格弹性是 0 和 ∞ 时的需求曲线

1.5 点弹性与弧弹性

如果有一个市场需求表说明不同价格下市场上某商品的需求数量,那么应当如何估计市场需求的价格弹性?以 ΔP 表示某商品的价格变化,ΔQ 是由它引起的需求数量的变化,如果 ΔP 非常小,可以计算需求弹性如下:

$$\eta = -\Delta Q/Q \div \Delta P/P \tag{1.8}$$

例如,考虑表 1-2,其中给出了非常微小的商品价格变化的数据。如果想要估计价格在 99.95 分和 1 元之间的价格弹性,就会得到如下的结果:

$$\eta = \frac{20002 - 20000}{20000} \div \frac{100 - 99.95}{100} = 0.2$$

注意:用 1 元当作 P,20000 个当作 Q。本来应该用 99.95 分当作 P,Q 为 20002 个。但是,这不会使结果有任何实质的差别。

表 1-2 不同价格下的需求数量(价格微小增加)

价格(分)	需求数量(个)
99.95	20002
100.00	20000
100.05	19998

但是,如果只有价格发生较大变化时的数据(即 ΔP 和 ΔQ 较大),答案就会随着式(1.8)中使用的 P 和 Q 的值不同而有显著差别。如表 1-3 所示,假设想要估计价格在 4 元到 5 元之间的需求价格弹性。那么,依赖于使用的 P 和 Q 的数值,答案将是:

$$\eta = -(40-3)/3 \div (4-5)/5 = 61.67$$
$$\eta = -(3-40)/40 \div (5-4)/4 = 3.70$$

这两个结果的差别是很大的。为避免困难，建议计算需求的弧弹性，使用 P 和 Q 的平均值：

$$\eta = -\frac{\Delta Q}{(Q_1+Q_2)/2} \div \frac{\Delta P}{(P_1+P_2)/2} = -\Delta Q(P_1+P_2)/\Delta P(Q_1+Q_2) \quad (1.9)$$

其中，P_1 和 Q_1 是价格和需求数量的第一组数值，P_2 和 Q_2 是第二组数值。这样，在表 1-3 中：

$$\eta = -\frac{40-3}{(40+3)/2} \div \frac{4-5}{(4+5)/2} = 7.74$$

表 1-3　不同价格下的需求数量（价格较大幅度增加）

价格（元）	需求数量（个）
3	50
4	40
5	30

1.6　需求价格弹性对总收益的影响

厂商总是关心这样的问题：价格的下降会带来总收益的增加吗？在实践中，一家厂商的大幅降价可能抢占一部分市场份额，却要以销售收入的减少为代价。降价究竟是增加了总收益还是适得其反，取决于商品的需求价格弹性。

假设对商品的需求是有价格弹性的，即需求价格弹性大于 1，消费者在此商品上花费的货币总量等于需求数量乘以单位价格。在这种情况下，如果价格下降，需求量上升的百分比大于价格下降的百分比（因为它由需求价格弹性的定义得来），紧跟着的结论就是：价格下降必然使消费者在此商品上的总支出增加。相似地，如果需求是有价格弹性的，那么价格上升会使对此商品的货币支出总量减少。

如果对商品的需求是无价格弹性的（意味着需求价格弹性小于 1），那么价格下降将导致对此商品的总支出减少，价格上升将导致对此商品的总支出增加。如果需求是单位弹性的（意味着需求价格弹性等于 1），那么价格的上升或下降对此商品的总支出没有影响。

用数学化的语言来解释就是，消费者按一定价格 P 买进一种商品，数量为 Q，总支出为 PQ，若 $|\eta|=1$，则价格升降的百分比恰好等于需求数量增减的百分比；若 $|\eta|>1$，商品价格降低 1%，需求数量增加的百分比大于 1%，即降价会使销售收入增加，提价会使消费者花费在商品上的支出减少；若 $|\eta|<1$，则降价会使商家收入减少，提价会使商家收入增加。

案例　车市寒冬——赔本赚吆喝[①]

2019年以来，国内车市整体销量仍是"跌跌不休"的节奏，而降价成为车市的"主旋律"。尤其在6月份，为了清理"国五"（国家第五阶段机动车污染物排放标准）库存，各大厂商疯狂降价，甚至是赔本甩卖。在降价方面，豪华品牌表现得更"狠"，凯迪拉克ATS-L车型实行优惠政策后入门车型的价格不超20万元，沃尔沃的降价幅度也达到了7折左右。各大车企的大幅降价换来了6月份国内车市实现2019年以来的首次正增长。

进入2019年12月份，又到了一年的收官之际，为完成年初的既定销量目标，各大厂商又迎来了新一轮的"降价潮"。据央视报道，在一家沃尔沃4S店，几乎所有在售车型均有明显降价，其中沃尔沃XC90车型的最高优惠达15万元。在一家捷豹、路虎4S店，一款指导价为100万元的车型，其折扣幅度高达30%，也就是降价幅度达30万元。不仅豪华品牌有很大幅度的降价，很多合资品牌也有不同程度的价格缩水。

其实，汽车市场的"价格战"并不罕见。除了各地的经销商以外，厂商直接参与的"价格战"也不少。自2018年我国车市进入"寒冬"以来，"价格战"已经成为常态。自2019年4月1日起，我国增值税税率下调政策正式实施，生产制造业的增值税税率由16%大幅降至13%。自3月15日起，奔驰、宝马、捷豹、路虎、沃尔沃、林肯等多个豪华品牌相继宣布下调车型售价，其中最高降幅超8万元。

随后，豪华品牌之间上演的降价应对降税的"戏码"开始蔓延，车市在2019年的第一波大范围"降价潮"来临，不仅包括上汽斯柯达、上汽大众、一汽大众、广汽丰田、一汽丰田等合资品牌，上汽名爵、北汽、奇瑞等自主品牌也纷纷官宣降价。这次的"降价潮"主要由厂商发起，究其原因，是国家的利好政策为消费者带来实打实的福利。

除了以上这些由于某些政策原因，由厂商或经销商发起的"价格战"之外，节日促销、暑期特卖、处理库存、经销商回笼资金等各种原因引发的"价格战"层出不穷。从结果来看，"价格战"在短期内对于销量来说确实有一定的促进作用。以"国六"（国家第六阶段机动车污染物排放标准）正式实施前的2019年6月份为例，数据显示，国内狭义乘用车销量在当月达到176.6万辆，同比增长4.9%，环比增长11.6%。从各品牌来看，6月份，一汽大众销售新车12.51万辆，环比上月增长19%；上汽名爵的销量为2.5万辆，环比上月增长13%；降价最"狠"的是凯迪拉克，6月份整体销量为3.83万辆，环比上月增长高达47%。

[①] 参见和风：《最高降价30万，车市"价格战"愈发惨烈，消费者却坐立难安》，https：//xw.qq.com/cmsid/20191217A0C2DE00? ivk_sa＝1023197a，2019年12月24日访问；《汽车市场再迎降价潮，"价格战"真的有用吗？》，载《山西晚报》2019年12月26日第13版。

业内人士分析认为,"价格战"不是长久之计,疯狂降价虽然在短时间内能带来可观的销量,但是长此以往,必定对自身的品牌形象造成一定的影响。以凯迪拉克为例,2019 年以来,凭借"价格战"一度高歌猛进,在二线豪华品牌中,俨然一副"大哥"的模样。然而,这样的方式并不能长久。11 月,凯迪拉克一共卖了 1.68 万辆,这样的成绩并不算优秀,与 2018 年同期相比下滑 20%。反观一直与凯迪拉克在二线豪华品牌市场竞争的雷克萨斯,11 月销量为 1.93 万辆,同比增长 16.5%。2019 年 1 月至 11 月,凯迪拉克累计销量为 19.48 万辆,雷克萨斯累计销量为 18.02 万辆。12 月收官以后,究竟谁才是二线豪华品牌的"一哥",恐怕还很难说。即使凯迪拉克在 2019 年保住了二线豪华品牌销量第一的位置,也很可能是凯迪拉克最后的辉煌。归根结底,凯迪拉克为了销量,忽视了自己的品牌价值。一旦消费者在潜意识里认为凯迪拉克就是一个"不入流的伪豪华品牌",那就是凯迪拉克最大的危机。

业内人士表示,对于一家车企来说,在某些特定的时间节点上打一打"价格战"无可非议。但是,想要获得消费者的认可,甚至在市场上更进一步,"价值战"和"品牌战"才是车企应该努力的方向。凯迪拉克作为二线豪华品牌的"一哥",长久以来很难撼动奥迪、宝马、奔驰的地位,而频繁打"价格战"已经拖垮了其品牌形象。这也是凯迪拉克新车上市以后,无论品牌力多么出色,消费者也不会急着下单的原因。对于自主品牌来说,同样如此。近年来,"品牌向上"是自主品牌喊得最响亮的口号之一。那么,如何"向上"?自然要从产品和品牌方面入手。好的产品自然带来好的口碑,再加上优质的服务与合理的营销,品牌形象就会一点点积累起来。

1.7 总收益、边际收益与价格弹性

消费者花费在商品上的全部货币就等于生产者的总收益。假定某公司商品的需求曲线是线性的,可以表示为:

$$P = a - bQ \tag{1.10}$$

其中,a 是价格轴的截距,b 是斜率(绝对值),如图 1-5 所示。这样,公司的总收益为:

$$\text{TR} = P \cdot Q = (a - bQ) \cdot Q = aQ - bQ^2 \tag{1.11}$$

"边际收益"是一个重要的概念,它被定义为 $\text{d}TR/\text{d}Q$,可以表示为:

$$\text{MR} = \text{d}TR/\text{d}Q = \text{d}(aQ - bQ^2)/\text{d}Q = a - 2bQ \tag{1.12}$$

它在图 1-5(a)中体现出来。比较边际收益曲线与需求曲线,可以看到在竖轴上有相同的截距(此截距为 d),但是边际收益曲线是需求曲线斜率的两倍(绝对值)。

需求的价格弹性 $\eta = -\dfrac{\partial Q}{\partial P} \cdot \dfrac{P}{Q}$,因为 $\dfrac{\partial Q}{\partial P} = \dfrac{-1}{b}$,且 $P = a - bQ$,所以可推出:

$$\eta = 1/b \cdot (a - bQ)/Q$$

这样，η 是否大于、等于或小于 1，取决于 Q 是否小于、等于或大于 $a/2b$。如图 1-5（a）所示，如果 $Q<a/2b$，需求就是有价格弹性的；如果 $Q=a/2b$，需求就是有单位弹性的；如果 $Q>a/2b$，需求就是无价格弹性的。

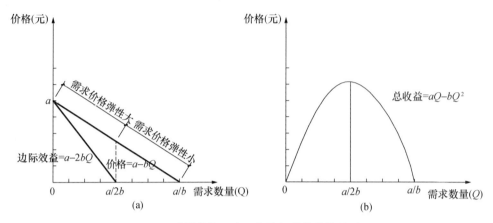

图 1-5　弹性价格、边际收益与总收益的关系

图 1-5（b）描绘了公司的总收益和对其商品的需求数量。如可预见的那样，当边际收益为正时，需求数量增加会得到较高的总收益；而当边际收益为负时，需求数量增加会得到较低的总收益。为什么这是可预见的？因为如上所述，边际收益是总收益对数量的微分。如果边际收益为正（负），需求数量增加就一定会增加（减少）总收益。

图 1-5（a）中，在需求有价格弹性时，边际收益是正的；在需求有单位弹性时，边际收益为 0；在需求无价格弹性时，边际收益为负。一般而言，无论需求曲线是否为线性，它总能成立。为了说明，可以先看一下定义：

$$MR = dTR/dQ$$

因为总收益等于价格乘以数量，所以得到：

$$MR = d(P \cdot Q)/dQ$$

运用对产品求微分的原则，得到：

$$MR = PdQ/dQ + QdP/dQ$$

由于 $dQ/dQ=1$，因此得到：

$$MR = P + QdP/dQ = P(1 + Q/P \cdot dP/dQ)$$

因为需求的价格弹性的定义隐含着 $Q/P \cdot dP/dQ = -1/\eta$，所以得到：

$$MR = P(1 - 1/\eta) \tag{1.13}$$

式（1.13）是个著名的结论，如果 $\eta>1$，边际收益一定为正；如果 $\eta<1$，边际收益一定为负；如果 $\eta=1$，边际收益一定为 0（这就是要证明的）。为了说明它的意义，可以计算价格为 10 元和需求价格弹性为 2 时边际收益的值。根据式（1.13），边际收益为：

$$10 \times (1 - 1/2) = 5(元)$$

1.8 需求价格弹性的决定因素

是什么原因使得一种商品的需求有弹性，而另一种商品的需求缺乏弹性？

第一，一种商品的需求价格弹性在很大程度上依赖于可得到的替代品的价格、数目和相近程度。如果一种商品有许多近似的替代品，它的需求就会是有价格弹性的。如果它的价格上涨，一部分购买者就会转向可得到的替代品；如果它的价格下降，就会有许多替代品购买者转向它。一种商品有紧密替代品的程度取决于其定义的狭窄度。当商品的定义非常狭窄和专业时，可能有更多的紧密替代品，可以预期它的需求会变得更有弹性。例如，特定商标的汽油的需求看起来似乎比一般汽油更有弹性，此种汽油的需求可能比所有燃料作为整体更有弹性。

第二，一种商品的需求价格弹性取决于它在消费者预算中的重要程度。一种商品在消费者的家庭预算中所占的比例越小，其需求弹性越小。对某些商品（如顶针、橡皮圈和盐）的需求可能是缺乏弹性的，因为典型的消费者只在这些商品上花很少一部分钱。相反，那些在消费者的家庭预算中占较大比例的商品（如厨房用具），需求弹性显得比较大，因为消费者可能更关心这些商品的价格变化并受到影响，这个变化需要更多的支出。

第三，一种商品的需求价格弹性似乎取决于需求曲线所属时期的长短。如上所述，每条需求曲线表示一定的时间间隔。需求在长时期内比在短时期内更有弹性。因为在越长的时期内，消费者和企业越容易用一种商品替换另一种。例如，如果石油价格相对于其他燃料下降，在价格下降后的第二天，石油消费可能增加得非常少。但是，经过几年的时间，人们可能在选择用于建造新房子和或者改造旧房子的燃料时考虑价格下降的影响。价格下降在几年的长时期内比在一天的短时期内对石油消费造成的影响大得多。

表 1-4 部分商品的需求价格弹性

商品	弹性估计值
鞋	0.4
报纸与杂志	0.1
汽油、燃料油（短期）	0.2
汽油、燃料油（长期）	0.5
厨房用具	0.6
珠宝	0.4
医疗服务	0.6
法律服务	0.5
出租汽车	0.4

资料来源：Lester D. Taylor and H. S. Houthakker, *Consumer Demand in the United States*, Springer, 2009。

第四，一种商品的需求价格弹性似乎还取决于商品用途的多少。例如，羊毛可以纺织成多样商品，价格上升（下降）会从多种途径导致对其需求的减少（增加）。

1.9 需求价格弹性的应用

需求价格弹性可以为公司管理者追逐利润提供理论上的指导。例如，一家四星级酒店提供高级客房、中档客房和普通客房三种标准的住宿服务。酒店经营者通过对客房价格变动和客户流量变动进行分析，发现高级客房的需求价格弹性较小。这是因为，入住高级客房的客户大多数是商务旅行者和富人，不太会因客房价格的适度上升或下降而降低他们的住宿标准。酒店经营者根据这个发现，轻微提高了高级客房的住宿价格。

公司管理者出于对利润的追逐，不会把价格设定在对其商品无需求价格弹性的点上。在式（1.13）中，如果需求是无价格弹性的（$\eta<1$），边际收益一定为负。如果边际收益为负，那么企业可以通过提高价格和降低产出的方式增加利润。因为如果销量减少，总收益将增加。由于销量下降而总成本不上升，因此企业的利润将上升。

市场研究人员一直关注估计特定商品需求价格弹性的研究。这种结果可以使企业回答这样的问题：如果降价5%，预计销量会增加多少？为了增加10%的销量，必须降价多少？

以饮料行业为例，茶的需求价格弹性据估计大约是2.4，这意味着销量与价格关系密切。经营者将茶的价格削减1%（其竞争对手保持价格不变），大约会使其销量上升2.4%。咖啡的价格弹性更大，大约是5.5。这样，经营者将咖啡的价格削减1%，大约会使其销量增加5.5%。显然，茶和咖啡的经营者们都需要这个信息以采取有效行动，并且他们与竞争对手要花费大量成本得到这个信息。

案例 "劲仔小鱼"涨价不涨营收[①]

2019年12月，主打"劲仔小鱼"的华文食品更新了自己的招股说明书。此次更新的招股说明书显示，华文食品拟公开发行不低于4000万、不超过1.2亿新股，募集资金不超过1.6亿元用于风味小鱼生产线技术改造项目和品牌推广及营销中心建设项目。募集资金和募投项目虽均未发生改变，但更新后的招股说明书暴露了华文食品提价难止营业收入增速下滑的窘境，销售似乎面临瓶颈。

此次更新的招股说明书显示，2016年、2017年、2018年和2019年1—6月，华文食品的营业收入分别为3.97亿元、7.67亿元、8.05亿元和4.4亿元。其中，主

[①] 参见《"劲仔小鱼"IPO：涨价不涨营收 销量遇阻 提价空间存疑》，https://baijiahao.baidu.com/s?id=1653252968639802734&wfr=spider&for=pc，2019年12月25日访问。

营业务收入主要来源于风味小鱼和风味豆干两大产品,报告期内风味小鱼的营业收入占比分别为60.96%、85.18%、87.53%和79.61%,风味豆干的营业收入占比分别为37.64%、14.24%、11.77%和11.93%。多年来,二者合计占比均超过90%。华文食品的产品集中度较高,或许存在营业收入结构单一的风险。

在经过2017年和2018年风味小鱼的营业收入快速增长后(2017年增速为169.86%、2018年增速为7.59%),2019年上半年,堪称"当家花旦"的"劲仔小鱼"的营业收入首次下滑,同比减少8.82%,直接导致主营产品的总营业收入半年仅增长1.09%。对比2017年、2018年分别为93.11%、4.7%的同比增长率,华文食品2019年上半年的主营业务增长放缓。

表1-5 华文食品营业收入构成及变化

项目	2019年1—6月		2018年		2017年		2016年
	金额(万元)	增长率	金额(万元)	增长率	金额(万元)	增长率	金额(万元)
风味小鱼	34744.61	−8.82%	69909.23	7.59%	64975.83	169.86%	24077.35
风味豆干	5206.27	9.82%	9398.53	−13.47%	10862.05	−26.93%	14865.54
其他	3690.05	1027.74%	556.96	27.02%	438.49	−21.18%	556.34
合计	43640.93	1.09%	79864.72	4.70%	76276.37	93.11%	39499.23

对此,华文食品解释称风味小鱼产品销售受到宏观经济等因素的影响,销售数量较上年同期略有下滑。2019年上半年,风味小鱼产品销售数量为7763.12吨,较上年同期下降了11.91%。为了缓解销售遇阻带来的业绩问题,2019年,华文食品对风味小鱼进行了提价。

2016年、2017年、2018年和2019年上半年,风味小鱼的平均销售单价分别为41.38元/公斤、43.63元/公斤、43.56元/公斤和44.76元/公斤。风味小鱼在2017年和2019年虽均有不同幅度的提价,但带来的效果截然不同。2017年,风味小鱼单价上涨5.44%,营业收入上涨169.86%;而2019年上半年,风味小鱼单价上涨2.75%,营业收入不增反降,同比下滑8.82%。华文食品并不是第一次调价,但是此次调价明显未带来预期的效果,销量下滑对营业收入的影响不可忽视。

表1-6 华文食品风味小鱼销售价格变动情况

项目	2019年1—6月	2018年	2017年	2016年
平均销售单价(元/公斤)	44.76	43.56	43.63	41.38
平均销售单价变动值(元/公斤)	1.52	−0.07	2.25	/
变动比例	3.51%	−0.15%	5.44%	/
销售单价变动影响额(万元)	1178.28	−107.37	3351.76	/
影响收入的变动比例	3.09%	−0.17%	13.92%	/

不仅如此，公司商品的调价空间也甚为有限。

表1-7 各大休闲零食企业平均销售单价　　　　　单位：元/公斤

项目	2019年1—6月	2018年	2017年	2016年
盐津铺子	/	34.93	32.70	31.53
有友食品	/	30.48	28.98	27.60
洽洽食品	/	22.16	20.83	20.32
好想你	/	53.16	55.50	51.45
平均值	/	35.18	34.50	32.73
华文食品	40.73	38.95	38.36	30.90

近年来，各大休闲零食企业纷纷谋求上市，零食行业的竞争愈发激烈。此次更新的招股书显示，对比盐津铺子、有友食品、洽洽食品、好想你等一系列公司，华文食品的主要产品销售单价自2017年以来均处于行业较高位置，仅低于好想你。这就意味着，在经历了2017年、2019年两次调高产品销售单价后，华文食品未来的提价空间已经缩小，若继续提高价格，消费者是否愿意继续买单要打个问号。

1.10　需求价格弹性对价格决策的影响

为了更深入地研究公司管理者如何使用有关其商品的需求价格弹性信息，需要更仔细地考虑定价的重要问题。按照式（1.13），即 $MR = P(1-1/\eta)$，要使企业利润最大化，边际收益需等于边际成本：

$$MC = P(1-1/\eta) \tag{1.14}$$

其中，MC等于边际成本。为了得到式（1.14），用MC替换了式（1.13）左边的MR。对式（1.14）解 P，得到：

$$P = MC\left(\frac{1}{1-1/\eta}\right) \tag{1.15}$$

按照式（1.15），商品的最优价格依赖于其边际成本和需求价格弹性。假定特定种类的衬衫的价格是100元，它的需求价格弹性是2。按照式（1.15），其最优价格是：

$$P = 100\left(\frac{1}{1-1/2}\right) = 200(元)$$

为了说明现在的目的，应注意的中心点是最优价格更多取决于需求价格弹性。令边际成本保持不变，产品的最优价格与其需求价格弹性负相关。这样，如果衬衫的需求价格弹性是5而不是2，其最优价格应当为：

$$P = 100\left(\frac{1}{1-1/5}\right) = 125(元)$$

了解了需求价格弹性对决定商品最优价格的重要性，就不难理解为什么管理者们如此想要得到对需求价格弹性至少是大致的估计。

1.11 需求收入弹性

价格不是影响商品需求数量的唯一因素，另一个重要因素是市场上消费者的货币收入水平。如果消费者有很多钱可以用来消费，那么西服的需求数量可能远大于其受贫困所限时的需求数量。如果某城市的收入水平较高，那么高档白酒的需求数量很可能要大于收入水平较低时的需求数量。

需求收入弹性，是指消费者收入变化1%时，商品需求数量变化的百分比。更准确地，可以用公式表示为：

$$\eta_I = \frac{\partial Q}{\partial I} \cdot \frac{I}{Q} \tag{1.16}$$

其中，Q是需求数量，I是消费者收入。对某些产品，需求收入弹性是正的，意味着消费者收入的增加会带来商品消费数量的增加。可以预期，奢侈品具有正的收入弹性。另外一些商品具有负的收入弹性，意味着消费者收入增加使商品消费数量减少。例如，劣质的蔬菜和衣服可能有负的收入弹性。在计算需求收入弹性时，假定所有商品的价格都保持不变。

商品的需求收入弹性是高还是低，对于一个公司有很大影响。在扩张的经济中，生产高收入弹性商品的公司在收入上升时增长较快，而生产低收入弹性商品的公司很可能经历适度的增长。如果经济在严重的萧条中波动，收入下降很快，生产低收入弹性商品的公司的产量似乎会经历较小的衰退，而生产高收入弹性商品的公司则不会。

在预测许多主要商品需求数量的长期增长时，需求收入弹性起着关键作用。

表1-8列出了其他一些商品的需求收入弹性。例如，城镇居民的食品需求收入弹性是0.93，这意味着城镇居民可支配收入每上升1%，相应的食品需求数量就上升0.93%。根据环境的不同，在度量需求收入弹性时，收入既可以用消费者总收入来定义，也可以用人均收入来定义。

表1-8 城乡居民的需求收入弹性

消费项目	城镇居民的需求收入弹性	农村居民的需求收入弹性
食品	0.93	0.61
衣着	0.76	0.87
家庭设备用品及服务	0.92	1.45
医疗保健	1.04	0.81
交通、通信	1.31	1.67
文教娱乐用品及服务	1.13	1.07
居住	1.16	1.37

资料来源：范剑平、向书坚：《论当前经济增长中的消费需求》，载《经济学家》1998年第3期。

案例 ▶ 恩格尔系数

19世纪,德国统计学家恩格尔根据统计资料,对消费结构的变化得出一个规律:一个家庭收入越少,家庭收入(或总支出)中用来购买食物的支出所占的比例就越大。随着家庭收入的增加,家庭收入(或总支出)中用来购买食物的支出所占的比例会下降。推而广之,一个国家越穷,每个国民的平均收入(或平均支出)中用来购买食物的支出所占的比例就越大。随着国家日益富裕,这个比例会呈下降趋势。

表1-9 2016年世界部分国家的恩格尔系数

国家	恩格尔系数(%)
美国	8.3
新加坡	8.8
英国	11.9
中国	30.1
巴西	17.3
南非	24.7
印度	32.8
俄罗斯	37.3
尼日利亚	59.9
肯尼亚	56.3
喀麦隆	47.6

资料来源:美国农业部经济研究局。

恩格尔系数被用来衡量一个家庭购买食物的支出与该家庭的总收入之比。恩格尔系数的降低表明消费结构的变化,而消费结构的变化表明生活质量的改善。食物属于生活必需品,缺乏一定的价格弹性。由上表可以看出,尼日利亚等中低收入国家的恩格尔系数处于一个较高的水平;而美国、英国等发达国家的恩格尔系数已降至10%左右,总体达到富裕的状态。近年来,我国城乡居民的恩格尔系数逐年下降。截至2018年年末,我国城乡居民的恩格尔系数已由2017年的29.3%降至28.4%,居民生活质量不断提高。

那么,如何计算需求收入弹性?假定商品X的需求函数是:

$$Q = 1500 - 0.5P_X + 0.3P_Y + 0.4I$$

其中,Q是商品X的需求数量,P_X是商品X的价格,P_Y是商品Y的价格,I是人均可支配收入。需求收入弹性是:

$$\eta_I = \frac{\partial Q}{\partial I} \cdot \frac{I}{Q} = 0.4 \cdot \frac{I}{Q}$$

如果$I = 10000$,$Q = 1700$,那么:

$$\eta_I = 0.4\left(\frac{10000}{1700}\right) = 2.4$$

这样，需求收入弹性就是 2.4，意味着人均可支配收入每上升 1%，相应的商品 X 的需求数量就上升 2.4%。

1.12 需求交叉弹性

除工资和收入外，还有一个影响商品需求数量的因素，那就是其他商品的价格。一种商品自身的价格保持不变（货币收入水平同样保持不变），另外一种商品的价格变化可能对这种商品的需求数量产生重要影响。通过观察这些影响，可以把商品分为替代品和互补品，而且可以衡量关系的密切程度。考虑两种商品，X 和 Y。如果 Y 的价格上升，对 X 的需求数量 Q_x 有什么影响？需求交叉价格弹性即 Y 的价格变化 1% 引起的 X 的需求数量变化的百分比，可以用微分表示为：

$$\eta_{XY} = \frac{\partial Q_X}{\partial P_Y} \cdot \frac{P_Y}{Q_X} \tag{1.17}$$

η_{XY} 可以是正数，也可以是负数。如果商品 X 和 Y 的需求交叉弹性 η_{XY} 为正，它们就被归类为替代品。例如，牛肉价格提高，在猪肉价格不变的条件下，人们会减少购买牛肉，同时增加购买猪肉；反之，牛肉降价会使人们以牛肉代替猪肉，二者同方向变动。

如果需求交叉弹性为负，商品 X 和 Y 就被划分为互补品。例如，若汽油价格提高，会引起汽油需求数量的减少；若汽车价格不变，会连带引起汽车需求数量的减少，二者反方向变动，故 η_{XY} 为负。

若二者完全无关，则 η_{XY} 为 0。

为了说明需求交叉弹性的计算，假设商品 X 的需求函数是：

$$Q_X = 1500 - 0.5P_X + 0.5P_Y + 0.4I$$

其中，Q_X 是商品 X 的需求数量，P_X 是商品 X 的价格，P_Y 是商品 Y 的价格，I 是人均可支配收入。商品 X 和 Y 的需求交叉弹性如下：

$$\eta_{XY} = \frac{\partial Q_X}{\partial P_Y} \cdot \frac{P_Y}{Q_X} = 0.5\frac{P_Y}{Q_X}$$

需求交叉弹性取决于 P_Y 和 Q_X 的数值，因为 η_{XY} 一定为正，商品总是可替代的。如果 $P_Y = 500$，$Q_X = 1500$，则需求交叉弹性如下：

$$\eta_{XY} = 0.5(500/1500) = 0.17$$

案例 ▶ 汽车价格为什么会下降？[①]

第一，汽车市场的需求价格弹性总体较大。价格无疑是制约很多人购买汽车的一道瓶颈，价格太高，消费者买不起，需求不高；价格太低，厂商又会亏损。随着近年来汽车劳动生产率不断提高，汽车生产能力的增长开始超过需求的增长，供过于求。为占有更大的市场份额，汽车厂商纷纷通过降价增强竞争力。汽车价格下降，意味着更多的消费者买得起汽车，汽车需求数量将上升。

第二，汽车的需求收入弹性大。随着生活质量的改善、收入水平的提高，除了满足基本的生活必需品消费之外，越来越多的人已经有能力进行更高层级的消费活动了。在经济发展的背景下，居民收入水平的提高对汽车需求数量产生了显著的积极影响。

第三，汽车需求数量与油价之间的交叉弹性大。汽车与汽油是形影不离的互补商品，汽油价格的变动势必对汽车需求数量产生很大的影响。经验表明，世界汽车业有史以来的两次衰退，其主导因素都是石油危机。油价对车市的负面作用集中表现在经济型轿车销售上。由于收入水平的不同，油价变化对不同收入群体的影响有很大的差异，对油价变化敏感的消费者往往打算购买档次较低的私家车，油价频繁上涨将会使他们推迟甚至取消购车计划。

第四，汽车的替代弹性大。随着汽车生产厂家的增多，各种品牌的汽车之间的替代关系逐渐增强。目前，面向中低端市场的国内汽车有很多，如比亚迪、长安、吉利等品牌；面向国内高端市场的汽车有宝马、奔驰等品牌。为了争夺尽可能大的市场份额，不同厂商相互竞争的"价格战"导致汽车价格下降，进而引致汽车需求数量逐年上升。

可见，降低价格并不是"自杀"，而是"自救"，是汽车行业的"双赢"选择。这不仅能够满足消费者日益提高的出行需要，而且能够为经营者带来更好的经营业绩。

1.13 替代效应与收入效应

前文提及需求规律，在影响需求数量的其他因素给定不变的条件下，对一种商品的需求数量与其价格之间存在着反方向关系，即价格越高，需求数量越少；价格越低，需求数量越多。

需求规律可以用替代效应与收入效应来解释，即需求规律是替代效应与收入效应共同发生作用的结果。

假设棉布价格下降，化纤产品价格没有发生变化，那么人们在一定限度内会少买化纤产品，多买棉布。也就是说，棉布价格下降会促使人们用棉布代替化纤产品，因

---

① 参见苏晖：《国办汽车消费市场现状及其变化分析》，北京汽车工程学会2005学术年会。

而引起棉布需求数量增加,称为"替代效应"。棉布与化纤产品是互替商品。同样,大米与面粉、鸡蛋与鸭蛋都是互替商品。

假设其他商品的价格没有发生变化,棉布价格下降,这意味着在不减少其他商品消费数量的情况下,以同量的货币收入可以买进更多的棉布。也就是说,棉布价格下降引起消费者实际收入的提高,称为"收入效应"。同样,若棉布涨价,则会使消费者实际收入下降,引起棉布需求数量减少。

案例 南京市猪肉价格问题

一、南京市猪肉的需求函数

表 1-10 2007—2012 年南京市有关猪肉消费的数据

年份	人均购买量（千克）	平均单价（元/千克）	人均可支配收入（元）	水产品平均价格（元/千克）	相关产品价格（元/千克）
2007	18.2	15.95	13602.5	13.38	7.57
2008	19.3	13.42	15549.4	13.83	7.51
2009	20.5	10.77	16900.5	15.05	7.23
2010	20.7	11.17	18779.1	16.61	8.02
2011	20.6	17.21	21426.9	18.24	9.41
2012	21.2	15.21	24126.7	19.58	9.22

将上表分别取对数,得表 1-11:

表 1-11 表 1-10 取对数

年份	人均购买量（千克）	平均单价（元/千克）	人均可支配收入（元）	水产品平均价格（元/千克）	相关产品价格（元/千克）
2007	2.9014	2.7695	9.5180	2.5938	2.0242
2008	2.9601	2.5967	9.6518	2.6268	2.0162
2009	3.0204	2.3768	9.7351	2.7114	1.9782
2010	3.0301	2.4132	9.8405	2.8100	2.0819
2011	3.0253	2.8455	9.9724	2.9036	2.2418
2012	3.0540	2.7220	10.0911	2.9745	2.2214

设南京市猪肉人均需求数量为 Q,猪肉平均单价为 P,人均可支配收入为 I,水产品平均价格为 P_0,相关产品价格为 P_1。

设需求函数方程为:

$$Q = AP^{B_1} I^{B_2} P_0^{B_3}$$

两边取对数,得:

$$lnQ = lnA + B_1 lnP + B_2 lnI + B_3 lnP_0$$

作多元回归分析，结果如下：

表1-12　SUMMARY OUTPUT

回归统计	
Multiple R	0.99128107
R Square	0.98263816
Adjusted R Square	0.956595401
标准误差	0.011850697
观测值	6

表1-13　方差分析

	df	SS	MS	F	Significance F
回归分析	3	0.015897018	0.005299006	37.73172215	0.025929393
残差	2	0.000280878	0.000140439		
总计	5	0.016177896			

	Coefficients	标准误差	t Stat	P-value	Lower 95%	Upper 95%	下限 95%	上限 95%
Intercept	0.671869	1.132737	0.593137	0.613229	−4.201907	5.545644	−4.201907	5.545644
X Variable 1	−0.126168	0.029821	−4.230820	0.051582	−0.254478	0.002142	−0.254478	0.002142
X Variable 2	0.276191	0.184535	1.496686	0.273151	−0.517798	1.070179	−0.517798	1.070179
X Variable 3	−0.017958	0.257493	−0.069743	0.950744	−1.125860	1.089943	−1.125860	1.089943

表1-14　RESIDUAL OUTPUT

观测值	预测 Y	残差	标准残差
1	2.904656789	−0.003235195	−0.431644808
2	2.962799088	−0.002693992	−0.359436659
3	3.012048025	0.008376861	1.117654102
4	3.034786732	−0.004653032	−0.620814952
5	3.014998738	0.010292338	1.373220029
6	3.062088162	−0.008086980	−1.078977713

$$Q = 0.671868 P^{-0.126168} I^{0.276191} P_0^{-0.0179582}$$

二、南京市猪肉的需求价格弹性、需求收入弹性和需求交叉弹性及其性质

根据南京市猪肉的需求函数，猪肉的需求价格弹性为−0.126168。也就是说，猪肉的需求价格已经不像以前那么富有弹性了，猪肉对于人们来说大抵已经成为饭桌上的必需品，人们对猪肉价格的敏感性随着生活水平的提高而逐渐下降。猪肉的需求收入弹性为0.276191，说明猪肉需求与居民的可支配收入正相关，会随着居民收入的增加而增加，但是收入的变化并不会给猪肉销量带来显著变化。需求交叉弹性为−0.017958，说明水产品与猪肉的替代性较小，随着生活水平的提高，人们已经不会过多关注饭桌上不同种类肉制品之间微小的价格差异。

三、管理部门思路的合理性和对市场可能造成的影响

自2018年5月起，我国生猪价格在跌至周期低点后进入新一轮上涨通道，加上当年8月开始爆发的非洲猪瘟疫情，生猪产能的明显下降导致猪肉价格较快上涨。猪瘟疫情的爆发不仅大大损害了农户的养猪利润，损伤了农户养猪的积极性，也给城市居民的生活带来了影响。此次猪肉价格连续上涨是供需失衡的结果，外部因素对生产者供给能力带来的影响导致猪肉价格不断攀升，但是消费者出于安全考虑，在购买时有了更多的选择，猪肉销量不见得会增加，损害的是猪肉营销商的利益。因此，农户需要加强对市场信息的获取，进行生猪养殖结构的调整，加快生猪品种改良，满足城市居民对高瘦肉率猪肉的需求，使市场需求上升，进而平衡猪肉供需。

四、小型农户和大型养殖场的措施

根据上述分析，随着居民生活水平的提高和相关替代品的影响，南京市居民对普通猪肉的需求较为稳定，而对改良型猪肉的需求呈上升态势。生猪生产者应适当补栏，进行养殖结构调整；注意培育或选购品种优良的苗猪，以适应城市居民需求的变化；时刻关注市场行情的变化，根据市场需求，调整存栏量和出栏量。

本章小结

1. 影响需求曲线的因素包括：商品本身的价格、消费者的嗜好或者偏好、消费者的收入水平、相关商品的价格水平、商品的推销和宣传、消费者预期、消费者人数等。假定价格之外的其他因素都保持不变，可以由市场需求函数得出市场需求曲线。市场需求函数既可以表示对单个公司的需求，也可以表示对整个行业的需求。

2. 需求价格弹性是价格变化1%引起的需求数量变化的百分比。更准确地说，它等于 $-\frac{\partial Q}{\partial P} \cdot \frac{P}{Q}$。价格上升（下降）是否引起消费者对某商品总消费的增加取决于需求价格弹性，若$|\eta|=1$，则价格升降的百分比恰好等于需求数量增减的百分比；若$|\eta|>1$，价格降低1%，需求数量增加的百分比大于1%，则降价会使销售收入增加，提价会使消费者花费在该商品上的费用减少；若$|\eta|<1$，则降价会使销售收入减少，提价会使销售收入上升。

3. 边际收益是数量增加1单位带来的总收益的变化。也就是说，它等于总收益对数量的微分。边际收益等于$P(1-1/\eta)$，其中P是价格，η是需求的价格弹性。$\eta=1$，边际收益为0；$\eta>1$，边际收益为正；$\eta<1$，边际收益为负。

4. 一种商品的需求价格弹性在很大程度上取决于可得到的替代品的价格、数目和相近程度，该商品在消费者预算中的重要程度，以及需求曲线属于的时期长短和商品用途的多少。

5. 商品的最优价格取决于需求价格弹性及其边际成本。为了使利润最大化，企业

应该使其商品价格等于 MC$\left(\dfrac{1}{1-1/\eta}\right)$，其中 MC 是边际成本，$\eta$ 是需求价格弹性。

6. 需求收入弹性是消费者收入变化 1％引起的需求数量变化的百分比，即等于 $\dfrac{\partial Q}{\partial I} \cdot \dfrac{I}{Q}$，其中 I 是消费者收入。需求收入弹性既可能为正，也可能为负。它是预测许多主要商品需求数量的长期增长的重要因素。

7. 需求交叉弹性是商品 Y 价格上升 1％引起的其需求数量变化的百分比，它等于 $\dfrac{\partial Q_X}{\partial P_Y} \cdot \dfrac{P_Y}{Q_X}$。如果 X 和 Y 是替代品，则弹性是正的；如果它们是互补品，则弹性是负的。这个弹性对管理者而言非常重要，因为他们必须试着理解和预测其他公司商品的价格变化对本公司商品销售的影响。

习题

1. 某彩电制造商认为某彩电市场的需求函数为：$Q_d = 300000 - 100P$，Q 的单位为台，P 的单位为元/台。

(1) 要想每月卖出 40000 台彩电，该彩电制造商应如何给其商品定价？

(2) 如果一台彩电的价格为 2000 元，该彩电制造商每月可售出多少台彩电？

(3) 一台彩电的价格为 2000 元时，价格弹性是多少？

(4) 若人们的收入增加，需求函数变为：$Q_d = 360000 - 100P$，一台彩电的价格为 2000 元时，价格弹性又是多少？

2. 指出下面几种情况下某种蘑菇的需求曲线的移动方向，是左移、右移还是不变，并说明原因。

(1) 卫生组织发布一份报告，称这种蘑菇会致癌；

(2) 另一种蘑菇的价格上涨了；

(3) 消费者的收入增加了；

(4) 培育蘑菇的工人工资增加了。

3. 假定小汽车的需求价格弹性 $\eta = 2$，原来价格 $P_0 = 20$ 万/辆，原有销量 $Q_0 = 1000$ 辆；又假定牙膏 $\eta = 0.5$，$P_0 = 10$ 元/支，$Q_0 = 100$ 支。试求证需求价格弹性与总收益（TR）的关系。

4. 经过仔细的统计分析，三元公司认为其商品的需求函数是：

$$Q = 500 - 3P + 2P_r + 0.1I$$

其中，Q 是商品的需求数量，P 是商品价格，P_r 是竞争对手的商品价格，I 是人均可支配收入。现在，$P = 10$ 元，$P_r = 20$ 元，$I = 6000$ 元。

(1) 该公司商品的需求价格弹性是多少？

(2) 该公司商品的需求收入弹性是多少？

(3) 该公司的商品和竞争对手的商品的需求交叉弹性是多少？

5. 申嘉制造公司商品的需求曲线为：
$$P = 5 - Q$$
其中，P 是商品的价格，Q 是每日商品销量。现在，商品价格是每单位 1 元。

(1) 评价该公司价格政策的聪明之处。

(2) 如果有人说该公司商品的需求价格弹性是 1.0，他的说法是否正确？

6. 对于以下两种经济现象，预测一下相关结果：

(1) 1994 年年初，受严寒气候的影响，世界上最大的咖啡生产国巴西严重歉收。预测一下咖啡的市场价格。

(2) 1991 年，美国西部许多州遭受严重干旱，草场牧草锐减。预测一下牛肉的市场价格。

7. 传媒大亨鲁珀特·默多克拥有的《伦敦时报》是世界上最著名的报纸之一。1993 年 9 月，《伦敦时报》将其价格从每份 45 便士降到了 30 便士，而它的竞争对手的价格保持不变。几家主要报纸在 1993 年 8 月和 1994 年 5 月的销量如下表所示：

表 1-15 1993 年 8 月和 1994 年 5 月几家主要报纸销量   单位：份

报纸	1993 年 8 月	1994 年 5 月
《伦敦时报》	355000	518000
《每日电讯》	1024000	993000
《独立报》	325000	277000
《卫报》	392000	402000

(1)《伦敦时报》的需求价格弹性是多少？

(2)《每日电讯》与《伦敦时报》的需求交叉弹性是多少？

(3)《伦敦时报》的降价在经济上是合理的吗？

8. X 公司和 Y 公司是机床行业的两个竞争者，这两家公司主要商品的需求曲线分别为：
$$P_X = 1000 - 5Q_X$$
$$P_Y = 1600 - 4Q_Y$$

这两家公司现在的销量分别为 100 单位 x 和 250 单位 y。

(1) 求 x 和 y 当前的价格弹性。

(2) 假定 y 降价后，使 Q_Y 增加到 300 单位，同时导致 x 的销量 Q_X 下降到 75 单位，那么 X 公司的商品 x 的交叉价格弹性是多少？

(3) 假定 Y 公司的目标是谋求销售收入的极大化，那么其降价行为在经济上是否合理？

9. 麦利公司商品的需求函数为：
$$Q = 400 - 3P + 4I + 0.6A$$

其中，Q 是商品每月的需求数量，P 是商品价格，I 是人均可支配收入，A 是公司的广告费用支出。假定人口不变。

（1）下一个 10 年里，预期人均可支配收入增加 5000 元。这将对该公司销售商品产生什么影响？

（2）如果该公司想提高商品价格以抵消人均可支配收入的增加，它必须将价格提高多少？

（3）如果该公司提高了商品价格，则会增加还是减少需求价格弹性？

第 2 章

消费者行为

本章将说明某种商品的市场需求曲线与市场中消费者对此种商品的口味和偏好的联系,以消费者行为理论为基础,试着推导某特定商品的需求曲线;同时,还将说明这个理论如何帮助表示理性选择的过程。

2.1 无差异曲线

一条无差异曲线代表了市场中给消费者带来相同满足程度的所有商品的组合。为了使问题简化,假设仅有两种商品——食物和衣服。例如,对于一个特定消费者来说,一个包含 400 公斤食物和 10 件衣服的市场商品组合与一个包含 800 公斤食物和 5 件衣服的市场商品组合能给他带来同样的满足。这两个市场商品组合可以用图 2-1 中的点 K 和点 L 来表示。此外,可以用图 2-1 中的其他任意一个点来表示其他市场商品组合。如果把所有这些点连起来,就会得到一条表示对消费者来说得到同样满足的市场商品组合的曲线。对于该消费者来说,无差异的所有市场商品组合由图 2-1 中曲线 I_1 上的点来表示。曲线 I_1 就叫作"无差异曲线"。

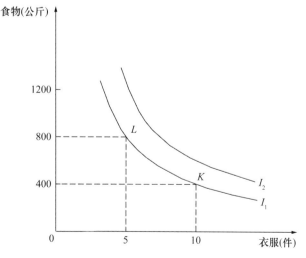

图 2-1 某消费者的两条无差异曲线

关于消费者的无差异曲线，有三点需要注意：

第一，一个消费者有许多条无差异曲线，而不是仅有一条，离原点越远的无差异曲线代表的满足水平越高。如果图 2-1 中 I_2 上的点表示的市场商品组合对于消费者而言没有差别，那么 I_2 就是消费者的另一条无差异曲线。I_2 上的任何市场商品组合给消费者带来的满足程度都要高于 I_1 上的任何市场商品组合，因为 I_2 上的市场商品组合包含与 I_1 上的市场商品组合同样多的衣服和更多的食物（或同样多的食物和更多的衣服）。结果，较高的无差异曲线如 I_2 上的市场商品组合必然比较低的无差异曲线如 I_1 上的市场商品组合给消费者带来更大的满足。

第二，每条无差异曲线都向右下方倾斜。假设两个市场商品组合给消费者带来同样的满足，如果一个市场商品组合比另一个市场商品组合包含更多的某种商品，那么它一定含有较少的另一种商品。

第三，无差异曲线不能相交。如果它们相交，那么多量的商品与少量的商品给消费者带来相同的满足，这与多量的商品比少量的商品能给消费者带来更大满足的假设相矛盾。例如，假设图 2-2 中的 I_1 和 I_2 是两条无差异曲线且相交。如果发生这种情况，点 D 代表的市场商品组合在消费者眼中就与点 C 代表的市场商品组合相同，因为它们都在无差异曲线 I_1 上。同时，点 E 代表的市场商品组合在消费者眼中与点 C 代表的市场商品组合相同，因为它们都在无差异曲线 I_2 上。这意味着，点 E 代表的市场商品组合一定与点 D 代表的市场商品组合在消费者眼中是相同的。因为市场商品组合 E 相比市场商品组合 D，包含同样数量的食物和多两件的衣服，所有这一切是不可能的。由于多的商品比少的商品更受人喜欢，因此市场商品组合 E 一定比市场商品组合 D 给消费者带来更大的满足。

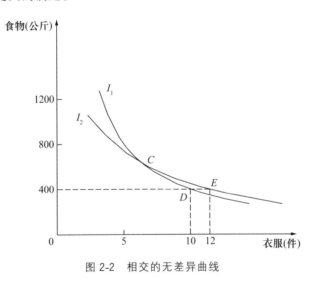

图 2-2 相交的无差异曲线

案例 旅游者的选择

假定某旅游者的假期只有 7 天，旅游消费总额为 500 元，可供选择的目的地是上海或杭州，杭州、上海的旅游消费各为 50 元/天、80 元/天。以时间为限制条件的旅游消费可以用时间限制线 $X+Y=7$（天）来表示，如图 2-3 所示 JK 线；以费用为限制条件的旅游消费可以用预算线 $50X+80Y=500$（元）来表示，如图 2-3 所示 CD 线。

在预算线和时间限制线相交的区域，如图 2-3 所示 OCEK，双重限制线为 CEK。CEK 与坐标轴之间的区域 OCEK 表示既满足价格、旅费消费总额限制，又满足时间限制。区域 JCE 表示只满足时间限制，不满足价格、旅费消费总额限制；而区域 KED 表示只满足价格、旅费消费总额限制，不满足时间限制。

旅游者获得最大满足的选择：E 点为均衡点，表示在杭州旅游 2 天，在上海旅游 5 天，用尽 500 元和 7 天假期。图 2-3 中，无差异曲线 I 与双重限制线 CEK 相切于 E 点，旅游者在 E 点表示的消费组合可获得的效益为最大。

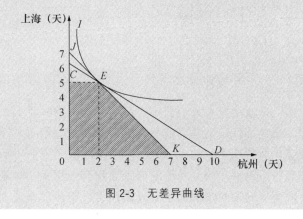

图 2-3 无差异曲线

2.1.1 边际替代率

对于某些消费者来说，他们愿意以更高的代价换取一单位额外的商品；而对于另外一些消费者来说，他们不愿意放弃任何东西以换取一单位额外的商品。在研究消费者行为时，对属于消费者的另一单位商品的相对重要性作出估计是十分必要的。

商品 X 对商品 Y 的边际替代率，指的是保持消费者的满足程度不变时，要得到一单位额外的商品 X，他必须放弃的商品 Y 的数量。显然，为得到一单位额外的商品 X，消费者愿意放弃的商品 Y 的数量越大，商品 X（相对于商品 Y）对消费者就越重要。为测量边际替代率，需要得到消费者无差异曲线的斜率，并将此斜率乘以 -1。这将是消费者为得到一单位额外的商品 X 而愿意放弃的商品 Y 的数量。

对于服装的消费者来说，在服装的主要特点中，时尚和保暖是最重要的。对一些老年人来说，他们更注重服装的保暖性，愿意用更多的时尚来换取保暖的功能。对这些消费者来说，图 2-4 中的无差异曲线相对陡峭。如图 2-4 中的左图所示，保暖性对时尚性的边际替代率较高，因为无差异曲线的斜率（乘以－1）较大。对于大部分年轻消费者来说，他们更在意服装的时尚性，而对保暖性的要求较低，即他们愿意以更多的"温度"换一定的"风度"。对这些消费者来说，图2-4中的无差异曲线相对平坦。如图2-4中的右图所示，保暖性对时尚性的边际替代率较低，因为无差异曲线的斜率（乘以－1）较小。

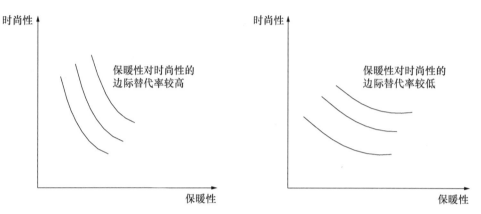

图2-4　保暖性对时尚性的边际替代率较高和较低的无差异曲线

2.1.2　效用、总效用与边际效用

任一物品的效用，是指消费者从消费该物品中所得到的满足。消费者的无差异曲线代表了他的偏好。给定某特定消费者的所有无差异曲线，给每一个适合他的市场商品组合配上一个数字，即效用。这里所谓的"效用"，不仅在于物品本身具有的满足人们某种欲望的客观物质属性，而且在于它有无效用和效用大小，还依赖于消费者的主观感受。效用值的大小更进一步说明了市场商品组合等级的优先次序。如果所有的市场商品组合在一条无差异曲线上都产生同样的满足程度，它们就应该具有相同的效用。高的无差异曲线上的市场商品组合比低的无差异曲线上的市场商品组合的效用高。

一旦给市场商品组合配上"效用"概念，就可以立即分辨出相对于其他市场商品组合来说消费者更喜欢的市场商品组合。如果第一个市场商品组合的效用高于第二个市场商品组合，消费者就会喜欢第一个而不喜欢第二个。如果第一个市场商品组合的效用低于第二个市场商品组合，消费者就会喜欢第二个而不喜欢第一个。如果第一个市场商品组合的效用等于第二个市场商品组合，消费者对这两个市场商品组合就没有喜好差别。

那么，应当如何确定效用？无论如何，只要市场商品组合在同一条无差异曲线上，它们就会有相同的效用。位置较高的无差异曲线上的市场商品组合比位置较低的无差异曲线上的市场商品组合的效用高。例如，如果消费者喜欢市场商品组合 R 超过市场商品组合 S，喜欢市场组合 S 超过市场商品组合 T，那么市场商品组合 R 的效用就一定比市场商品组合 T 高。但是，任何满足这些要求的数字组合对效用测量来说都是足够的。这样，市场商品组合 R、S 和 T 的效用可能分别是 30、20 和 10 或 6、5 和 4。它们都是对效用的适当度量，其全部价值就在于市场商品组合 R 的效用高于市场商品组合 S 的效用，因此也就高于市场商品组合 T 的效用。它们都提供了根据消费者满足程度确定的市场商品组合的顺序或等级。

总效用，是指消费者从一定数量的商品消费过程中所获得的全部满足程度。边际效用，是指物品的消费量每增（减）一单位所引起的总效用的增（减）。其数学表达式为：$MU_x = (\Delta TU_x)/(\Delta Q_x)$，其中 MU_x 为边际效用，TU_x 为总效用，Q_x 为商品数量。换一种说法，边际效用，是指消费者所消费物品之一定数量中最后增加的那个单位提供的效用。

2.1.3 边际效用递减规律

边际效用分析在发展过程中有基数效用与序数效用之别。首先提出"边际效用"的人是戈森、吉文思、门格尔和尔拉，他们对于效用在数量方面的性质，采用"基数效用"的概念，用某种单位计算其数值并加总求和。比如，1 公斤大米的效用为 3 个效用单位，1 米布的效用为 8 个效用单位。当涉及同时消费 X 和 Y 两种物品的效用时，X 和 Y 的效用是各自独立、互不影响的。

后来，有些经济学家虽然仍采用"基数效用"的概念，但是在同时消费 X、Y 两种物品时，X、Y 的效用与边际效用并不是互相独立而是互相影响的，这时要求 X 的边际效用必须令 Y 不变。

与基数效用不同的是，在序数效用函数中，可以假定不同的选择中哪个是第一，哪个是第二，哪个是第三，但是第一、第二、第三之间没有数量关系，只有序列关系。序数效用函数被假定满足下列三个规则：

（1）对于任何商品或商品组合，消费者都能表示出其偏好；

（2）如果两组商品仅在数量上不同，那么数量多的一组商品会被选择；

（3）如果 A 优于 B，B 优于 C，那么 A 优于 C。

边际效用递减规律，是指随着消费者所消费的某种物品的数量增加，其总效用虽然相应增加了，但是物品的边际效用有递减的趋势。在总效用达到一个极大值后，边际效用会变为负数。

表 2-1 边际效用递减规律

商品 X 的消费量	总效用	边际效用
0	0	—
1	4	4
2	7	3
3	9	2
4	10	1
5	10	0
6	8	−2

为什么边际效用会递减？一是生理与心理上的原因。消费者消费一种物品的数量越多，生理上得到的满足或心理上对重复刺激的反应就递减了。二是若一物品有几种用途，当只有一个物品时，消费者一定会将其用于最重要的用途，再多一个，再将其用于次要的用途。因此，后一个单位的效用一定小于前一个单位的效用。

案例 吃包子的效用变化[①]

在一个人饥饿的时候，吃第一个包子给他带来的效用是最大的。以后，随着这个人所吃包子的数量连续增加，虽然总效用是不断增加的，但是每一个包子给他带来的效用增量即边际效用是递减的。当他完全吃饱的时候，包子的总效用达到最大值，边际效用却降为0。如果他还继续吃包子，就会感到不适，这意味着包子的边际效用进一步降为负值，总效用也开始下降。这就是边际效用递减规律。

具体地，可以进一步用表2-2来说明。譬如，这个人吃第一个包子时，他对这个包子带给自己的效用的评价为10，即第一个包子的边际效用为10。当吃第二个包子时，他对这个包子的效用的评价下降为8，即第二个包子的边际效用为8。这时，他吃2个包子的总效用为10+8=18。类似地，当吃第三个包子时，他对这个包子的效用的评价进一步下降为6，即第三个包子的边际效用为6。这时，他吃3个包子的总效用为10+8+6=24……依此类推，直至他吃第六个包子时，边际效用递减为0，总效用达最大值30。当他吃第七个包子时，边际效用递减为-2，总效用下降为28。

表2-2 吃包子效用递减

包子数量	总效用	边际效用
1	10	10
2	18	8
3	24	6
4	28	4
5	30	2
6	30	0
7	28	-2

假定消费者对其他商品的消费数量保持不变，则消费者从一商品连续增加的每一消费单位中所得到的效用增量是递减的。如图2-5所示，当单位收益减少为0时，总收益曲线达到最高点。随着投入增加，边际收益由正转负，点收益曲线开始向下倾斜。

[①] 参见余斌：《论西方经济学效用理论的基本问题》，http://www.doc88.com/p-0991487890117.html，2019年8月18日访问。

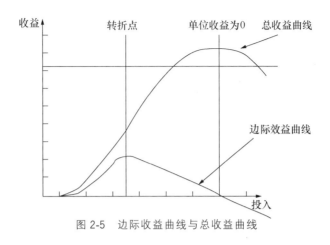

图 2-5 边际收益曲线与总收益曲线

2.2 预 算 线

无差异曲线只是表示消费者主观上对两种商品不同组合的偏好，边际替代率则表示消费者对这两种商品相互替代能力的主观评价。消费者想使效用最大化，意味着他想要达到可能的最高的无差异曲线，还必须知道这两种商品的价格以及用于支出的收入，以决定对这两种商品的购买量。因此，某特定的无差异曲线能否达到还取决于消费者的货币收入和商品价格。为使其具体化，假设某消费者每周的总收入是 600 元，他的这些钱仅消费在两种商品——食物和衣服上。现实中，只有两种商品是不真实的，这种假设及相关数据只是为使模型的表示更简单，而且结果很容易被推广到多于两种商品存在的情况下。

在这些条件下，消费者会购买多少商品取决于食物和衣服的价格。假定 1 公斤食物的价格是 3 元，1 件衣服的价格是 60 元。如果该消费者将所有收入都花在食物上，他每周可以买 200 公斤食物。如果该消费者将所有收入都花在衣服上，他每周可以买 10 件衣服。或者，如果该消费者愿意，他还可以买一部分食物和一部分衣服。他可以买的食物和衣服的数量有很多种组合，而且每一种组合都可以用图 2-6 中线上的一点来表示。这条线就叫作"预算线"。消费者的预算线表示了其收入和当时的市场价格不变时，他可以购买的市场商品组合。

消费者的预算线可以表示为：

$$YP_f + XP_c = I \qquad (2.1)$$

其中，Y 是食物的数量，X 是衣服的数量，P_f 是食物的价格，Pc 是衣服的价格，I 是该消费者的收入。式（2.1）的左边是该消费者花在食物和衣服上的全部金额，这个金额必须等于他的收入。为简单起见，假设该消费者没有储蓄（此假设可以放宽）。

对式（2.1）解 Y，得到：

$$Y = \frac{I}{P_f} - \frac{P_c}{P_f}X \qquad (2.2)$$

式（2.2）就是该消费者的预算线方程。

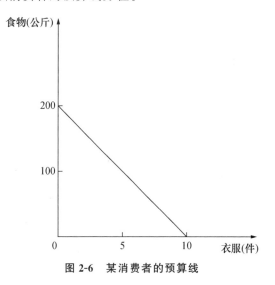

图 2-6 某消费者的预算线

如果该消费者的收入或商品价格发生变化，预算线就会移动。该消费者的收入增加意味着预算线上升，收入减少意味着预算线下降。这在图 2-7 中得到了解释，此图画出了该消费者的收入为每周 300 元、600 元、900 元时的预算线。该消费者的预算线在收入上升时也向上移动。

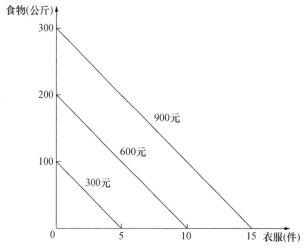

图 2-7 某消费者的收入为每周 300 元、600 元、900 元时的预算线

同样，商品价格也会影响预算线。商品价格下降使预算线切商品轴于距原点更远的点。图 2-8 画出了当食物的价格为每公斤 3 元和 6 元时消费者的预算线。可以看到，预算线切纵轴（食物轴）的点，在价格为 3 元时更远。这是因为食物的价格变化改变了预算线斜率。

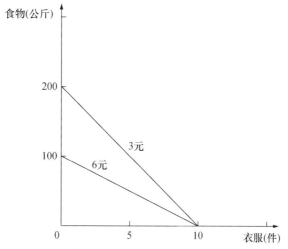

图 2-8 食物价格为每公斤 3 元和 6 元时某消费者的预算线

2.3 消费者均衡

给定消费者的无差异曲线和预算线，就可以决定消费者可以购买的产生最大效用的市场商品组合。图 2-9 把消费者的无差异曲线（来自图 2-1）和预算线（来自图 2-6）放在了一起。在图 2-9 给出的信息的基础上，决定消费者的均衡市场商品组合是一件容易的事。预算线说明消费者的收入和商品价格允许他购买什么市场商品组合。所以，消费者必须选择他的预算线上的某些市场商品组合。很清楚，消费者的选择可以被浓缩为选择在预算线上达到最高的无差异曲线上的市场商品组合。例如，消费者的均衡市场商品组合是图 2-9 中的点 H，它包括每周 100 公斤食物和 5 件衣服。这是消费者的均衡市场商品组合，因为预算线上任何其他市场商品组合相比点 H 都位于较低的无差异曲线上。

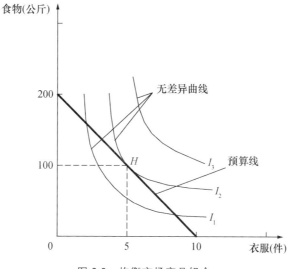

图 2-9 均衡市场商品组合

案例 ▶ 把每一分钱都花在刀刃上①

假定1元钱的边际效用是5个效用单位，1件上衣的边际效用是50个效用单位，消费者愿意用10元钱购买这件上衣，因为这时的1元钱的边际效用与用于购买4件上衣的1元钱的边际效用相等。此时，消费者实现了消费者均衡，也可以说实现了消费（满足）的最大化。低于或高于10元钱，都没有实现消费者均衡。我们可以简单地说，在消费者的收入和商品价格既定的情况下，花钱最少，得到的满足最大，就实现了消费者均衡。

通俗地说，假定你有稳定的职业收入，银行存款有50万元，但是你非常节俭，吃、穿、住都处于温饱水平。实际上，这50万元足以使你过上小康生活。要想实现消费者均衡，你应该用这50万元的一部分去购房、买一些高档次的服装，在银行也要有一些积蓄。相反，如果你没有积蓄，购物欲望非常强，见到新的服装款式甚至借钱去买，买的服装很多，而效用降低，如遇到一些家庭风险，生活便会陷入困境。

经济学家主张的消费者均衡理论看似难懂，其实作为一个理性的消费者，他的消费行为已经遵循这一理论。比如，在现有的收入和储蓄条件下是买房还是买车，你会作出合理的选择。走进超市，见到琳琅满目的商品，你会选择自己最需要的。所以，经济学是选择的经济学，而选择就是在消费者所拥有资源（货币）有限的情况下，实现消费满足的最大化，把每一分钱都花在刀刃上，从而实现消费者均衡。

案例 ▶ 消费者的总效用最大化②

假设某个消费者准备购买 X 和 Y 两种商品，已知两种商品的价格分别为10元和20元。该消费者的收入为100元，并将其全部用于购买 X 和 Y 两种商品。两种商品的边际效用 MU_x 和 MU_y 如表2-3所示。该消费者应该购买多少 X、多少 Y 才能实现总效用最大化？

表2-3 商品 X 和商品 Y 的边际效用表

Q	1	2	3	4	5	6	7	8	9	10
MU_x	5	4	3	2	1	0	−1	−2	−3	−4
MU_y	6	5	4	3	2					

---

① 参见《把每一分钱都花在刀刃上》，http：//jingji.100xuexi.com/SpecItem/SpecDataInfo.aspx？id＝60F6616E-4792-4D31-9BB1-7C173C274F81，2019年8月18日访问。该案例中的商品价格为假定价格，为实际价格无关。

② 参见"消费者均衡"条目，https：//wiki.mbalib.com/wiki/消费者均衡，2019年8月18日访问。

分析:

根据收入约束条件: $100=10X+20Y$ 的限制,该消费者能够购买的 X 和 Y 两种商品的所有整数的组合是有限的。依据给定的条件,该消费者购买这两种商品不同数量的组合,以及相应的 MU_x/P_x、MU_y/P_y 和总效用,如表 2-4 所示,运用实现消费者均衡的限制条件,就可以确定该消费者实现总效用最大化的两种商品的购买数量组合比例。

由表 2-5 可以看出,只有在"X=4,Y=3"时,才既符合收入条件的限制,又符合 $MU_x/P_x=MU_y/P_y$ 的要求。此时,该消费者购买商品 X 所带来的总效用为 14,购买商品 Y 所带来的总效用为 15,购买这两种商品所带来的总效用为 14+15=29,实现了消费者均衡。

表 2-4 商品 X 和商品 Y 单位货币边际效用表

Q	1	2	3	4	5	6	7	8	9	10
MU_x/P_x	5/10	4/10	3/10	2/10	1/10	0	−1/10	−2/10	−3/10	−4/10
MU_y/P_y	6/20	5/20	4/20	3/20	2/20					

表 2-5 消费者购买商品 X 和商品 Y 数量组合表

组合方式	MU_x 与 MU_y	总效用
X=10,Y=0	−1/4≠0/20	5
X=8,Y=1	−2/10≠6/20	18
X=6,Y=2	0/10≠5/20	26
X=4,Y=3	2/10≠4/20	29
X=2,Y=4	4/10≠3/20	27
X=0,Y=5	0/10≠2/20	20

2.3.1 效用最大化

在前文提及的点 H 的市场商品组合位于预算线切无差异曲线的点上,无差异曲线的斜率等于−1 乘以衣服对食物的边际替代率,而且预算线斜率是 $-P_c/P_f$。消费者为实现效用最大化,就会选择在均衡时,在食物和衣服之间这样分配收入:

$$\text{MRS} = P_c/P_f \quad (2.3)$$

其中,MRS 是衣服对食物的边际替代率。为了理解它的含义,可以与边际替代率相联系。边际替代率,是指在消费者的总满足水平保持不变时,他愿意用衣服换取食物的比例。这样,如果边际替代率是 4,消费者愿意放弃 4 公斤食物而得到 1 件衣服。价格比 P_c/P_f 是消费者可以用衣服换取食物的比例。这样,如果 P_c/P_f 是 3,消费者必须放弃 3 公斤食物而得到 1 件衣服。

式(2.3)说明,消费者愿意用衣服换取食物的比例(满足程度不变)一定等于他可以用衣服换取食物的比例,否则总是会有另外一个市场商品组合,它可以提高消费者的满足程度。因此，现在的市场商品组合不是消费者满足程度最大化的市场商品组合。

为了说明这个问题，假定消费者选择了一个市场商品组合，衣服对食物的边际替代率是4，价格比 P_c/P_f 是3。在这种情况下，消费者如果少买3公斤食物，就可以多得到1件衣服，因为价格比是3。但是，边际替代率是4，1件额外的衣服对消费者的价值相当于4公斤食物。这样，消费者可以通过用衣服换取食物来提高满足程度，而且只要边际替代率超过价格比，这种情况就将持续下去。反过来，如果边际替代率小于价格比，消费者就可以用食物换取衣服来提高满足程度。只有在边际替代率等于价格比时，消费者的市场商品组合才会使他的效用最大化。

2.3.2 经济理性选择

消费者行为理论的实际用途是什么？除了作为理论工具的用途之外，它还可以用于作出实际决策。个人和机构可能有一定数量的钱用于消费，问题是决定在不同的用途之间分配多少。例如，一个人可能有一定数量的收入，问题是在不同的商品和服务上各花费多少。

对这种问题，经济学家的消费者行为模型有一些帮助，该模型说明了寻求答案的理性方法，并不仅仅用于消费者。在一个人或机构必须将固定数量的货币分配于各种用途的情况下，这个方法是有用的。消费者行为模型并不仅仅是消费者行为理论，它还是理性选择的理论。也就是说，它是指导人们如何作出选择的理论。

这样的理论是很有用的，因为它指出了哪些因素对决策者是重要的，以及这些因素如何被结合起来帮助消费者作出决定。我们在作出决定时，有很多因素是非常重要的，并且需要考量。这很可能使我们看到错误的因素，也有可能使我们不正确地评价各种因素的重要性。消费者行为模型能够指出哪些因素是相关的，以及它们应当怎样被使用。

2.4　个人与行业需求曲线

消费者的个人需求曲线说明了在某种商品的不同价格下，消费者能够购买的数量。这时，其他价格和消费者的收入保持不变。假设食物和衣服是仅有的两种商品，消费者每周的收入是600元，衣服的价格是每件60元。当食物的价格为每公斤3元时，消费者的预算线是图2-10中的预算线1。这时，消费者每周可以购买100公斤食物。

如果食物的价格上升到每公斤6元，消费者的收入和衣服的价格保持不变，消费者的预算线是图2-10中的预算线2。这时，消费者将通过选择点 K 表示的市场商品组合达到最高的无差异曲线 I_1，每周购买50公斤食物。

图2-11画出了某消费者对食物的需求曲线上的两点 U 和 V，它们对应于每公斤食物3元和6元的价格。为了得到他对食物的个人需求曲线上的更多点，假设食物的

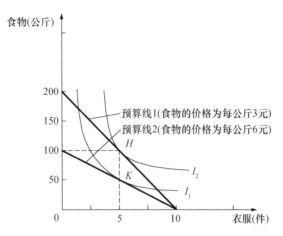

图 2-10 价格变化对某消费者均衡市场商品组合的影响

一个价格，构造对应于此价格的预算线（他的收入和其他商品的价格不变），找出在最高的无差异曲线上的预算线上的市场商品组合。画出对应于假设市场价格下的均衡市场商品组合的食物数量，就可以得到他对食物的个人需求曲线上一个新的点。把所有这些点连起来，就可以得到完整的他对食物的个人需求曲线，如图 2-11 所示。

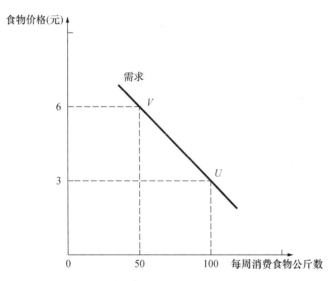

图 2-11 某消费者对食物的个人需求曲线

假定已经得到了市场中每个消费者的个人需求曲线，那么这些个人需求曲线如何被用来推导市场需求曲线？为了推导市场需求曲线，可以把所有个人需求曲线水平加总。换句话说，为了找到在某个价格上市场的总需求数量，把单个消费者在那个价格上的需求数量加起来，从而推导出市场需求曲线。

案例 ▶ 利率所得税下的跨期选择消费

1999年年底，我国出台了一项金融措施，对存款利息收入征收20%的利息所得税，希望能够增加税收，分流储蓄，促进居民投资多元化，推动金融改革。那么，征收利息所得税如何会导致储蓄额发生变化？

我们可以用消费者跨期选择消费理论来分析上述问题。征收利息所得税对储蓄的影响与利率变化对储蓄的影响实际上是同一个道理。因此，我们可以通过分析利率对储蓄的影响，推知税收对储蓄的影响。

储蓄是将今天的消费推迟至未来。假定小王今年赚了10万元，她把这笔收入分为现期消费和储蓄（未来消费）两部分。在未来消费时，她可以消费的总额为储蓄额和储蓄利息之和。假设利率是10%，意味着小王现在储蓄1万元，将来可以消费1.1万元。利率决定了这两个时期消费的相对价格。

图2-12表示的是小王的预算约束线，如果她不储蓄，现期可消费10万元，但是以后不能再消费；如果她把钱都存起来，现期什么也不消费，以后可消费11万元。图中的无差异曲线代表小王对现期和未来两个时期消费的偏好。因为小王偏好在两个时期都多消费，所以她对较高无差异曲线 I_1 的各点之偏好大于较低无差异曲线 I_2 的各点。在这种既定的偏好之下，小王选择两个时期的最优组合，这是既在最高可能的无差异曲线之上又在预算约束线之上的一点。

在这种最优组合之下，小王现在消费5万元，未来消费5.5万元，实现了效用最大化。

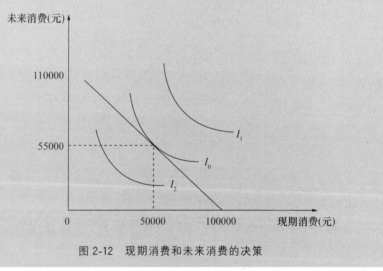

图2-12 现期消费和未来消费的决策

本章小结

1. 一条无差异曲线是给消费者带来同样满足的市场商品组合的所有点之集合。如果两种商品对消费者而言都是数量越多，带来的满足越大，无差异曲线就一定有负斜率。

2. 离原点较远的无差异曲线上的市场商品组合比离原点较近的无差异曲线上的市场商品组合提供给消费者更大的满足。效用是用来衡量特定市场商品组合给消费者带来的满足程度的。市场商品组合具有越高的效用，能带给人们的满足就越大。

3. 边际替代率，是指如果消费者保持满足程度不变，在得到额外的一单位其他商品时，必须放弃的现有商品的数量。用无差异曲线的斜率乘以 -1，就得到边际替代率。

4. 预算线包括在消费者的收入和每种商品的价格水平不变时，消费者能够购买的所有市场商品组合。收入增加使预算线向上移动，价格变化改变预算线的斜率。

5. 在预算线既定的情况下，为了达到最高的满足水平，消费者必须选择预算线在最高的无差异曲线上的市场商品组合。这个市场商品组合是预算线与无差异曲线相切的点。

6. 消费者在商品价格和收入既定时，要使效用最大化，应该选择在均衡时分配收入，使一种商品对另一种商品的边际替代率等于这两种商品的价格比。

7. 消费者行为理论经常被用来表示理性选择过程。一个人或机构有一定资源可以运用时，必须决定如何在不同的用途之间分配。这个理论指出了应当如何作出这样的决定。

8. 消费者个人需求曲线说明了在其他价格与消费者的收入不变时，消费者对于不同商品的购买和选择。消费者行为理论可以用于推导消费者个人需求曲线，进而在此基础上推导出市场需求曲线。

 习题

1. 某人的效用函数为：$U=X^{1/2}+2Y^{1/2}$，两种商品的价格分别为 P_X 与 P_Y。他的收入为 I，全部用于对这两种商品的消费。试求这两种商品的需求函数。

2. 某人将全部收入花在商品 X 与商品 Y 上，可购买 3 单位的 X 与 8 单位的 Y，或者 8 单位的 X 与 3 单位的 Y。试求 X 与 Y 的价格比。

3. 假定小王的税后收入为每月 2000 元，并且他必须将收入花在食物和衣服上。如果食物的价格是每公斤 5 元，衣服的价格是每件 80 元，在一张图形纸上画出小王的预算线，食物数量在纵轴上，衣服数量在横轴上。如果小王的收入增加到每月 2400 元，他的预算线会怎样？如果小王的收入还是 2000 元，食物的价格上涨到每公斤 10 元，他的预算线会怎样？如果小王的收入还是 2000 元，衣服的价格上涨到每件 100 元，他的预算线会怎样？把这些预算线画在图形纸上。

4. 某学生对学习与体育运动的偏好呈同心圆。他最喜欢的日程安排是：每周学习 20 小时，运动 15 小时，越接近这一安排，满足越大。假定现在他每周学习 25 小时，运动 3 小时。如果改成每周学习 30 小时，运动 8 小时，他会不会感到更愉快？

5. 假定小月有 300 元要分配在音乐会门票和电影票上，每张音乐会门票的价格是 60 元，每张电影票的价格是 6 元。音乐会门票对电影票的边际替代率是多少？小月将购买多少张音乐会门票？

6. 假定某人的效用函数为：$U=10+2M$，其中 U 是效用，M 是收入（千元）。他有 2 万元，想投资于某公司的产品生产。他有 0.5 的概率损失全部投资，有 0.5 的概率得到 3 万元。试问：（1）如果投资，他的效用是多少？（2）他是否应该进行这笔投资？

7. 假设你有 90 元，现在计划花费在牛肉和面包两种商品上。牛肉的价格是每单位 5 元，面包的价格是每单位 1 元。假设牛肉和面包对你而言必须组合起来消费才有效用，单独消费牛肉而不消费面包或者单独消费面包而不消费牛肉都不能给你带来任何效用，你将消费各多少单位的牛肉和面包？

8. 某消费者的效用函数是：$U=X^{3/2}Y$，预算约束：$3X+4Y=100$。另一个消费者的效用函数是：$U=X^6Y^4+1.5\ln X+\ln Y$，预算约束是：$3X+4Y=100$。试求他们各自的最优商品购买数量，并回答最优商品购买数量是否相同，以及这与两条无差异曲线不能相交是否矛盾。

9. 假定某消费者消费两种商品 X 和 Y，X 的边际效用函数为：$MU_x=40-5X$，Y 的边际效用函数为：$MU_y=30-Y$，消费者的收入 $M=40$，并且 $P_x=5$，$P_y=1$。该消费者的最佳消费组合应是怎样的？

10. 富人丢失 100 元现金可能表现得无所谓，而穷人丢失 50 元现金却可能表现得焦虑不安。用边际效用递减规律说明此现象。

第 3 章

生 产 理 论

企业作为商品和劳务的提供者和经营者，其本质特征就是要尽可能合理组织生产，保障市场的有效供给，以谋求利润最大化。举个例子，一家大型机械设备制造厂改变了装配线的生产方法，把原来分散在各个不同的地点进行的制造工序集中起来放在一个生产地点，这使得装配成本减少了8%。

与消费者行为理论假定消费者以效用最大化为目标一样，在厂商行为分析中，也假定厂商以利润最大化为目标。因此，以上这种类型的决策无论在什么企业中都具有重要意义。不论企业的产品是什么，企业的管理者和工程师都必须决定怎样生产产品。为达到利润最大化，他们必须努力、有效地以最小的成本生产产品。也就是说，他们必须经常采用新的方法，并且将其生产情况与竞争对手的生产情况进行比较。本章将介绍生产理论的基本方面，并指出企业的分析者、决策人员和经济学家们是如何使用生产理论的。

3.1 一种投入变量的生产函数

生产过程中生产要素的投入量与产品的产出量之间的关系可以用生产函数来表示。对于任何产品而言，生产函数都是用相关的图表或方程，表示在一定时期内，在技术不便的情况下，投入品的投入比率与产品的最大产出率之间的关系。生产函数总结了在给定时间内的生产技术水平。一旦生产技术水平发生变化，原有的生产函数就会发生变化。在本章，假定厂商采用的生产函数是既定的；在下一章，分析技术变化的过程时，研究厂商改变生产函数的情况。

让我们来看一个简单的案例，即一种投入品的数量固定，而另一种投入品的数量可变。假定华荣机械厂是一家小型机械厂，其固定的投入品就是五种机械工具的服务，变动的投入品是劳动，产出品是金属部件。华荣机械厂的决策者想知道，若把不同数量单位的劳动运用到五种机械工具上（如果能使产出最大化），工厂的年产出效率会如何。结果发现，一个全日制工人每年可以在那些机械工具上生产出1200个金属部件。但是，华荣机械厂也可以通过每年雇用更多的工人，生产更多的金属部件（如表3-1所示）。表3-1所示的结果可以看作华荣机械厂在使其使用的劳动和机械的产出最大化情况下的生产函数。这种情况也可以用图3-1来表示。图3-1同样准确地反映了该生产函数的相同结果。

表 3-1 把不同数量的劳动运用到五种机械工具上时所得到的金属部件的产出量

劳动数量（每单位使用量）	金属部件的产出量（百个）
1	12
2	25
3	40
4	52
5	64
6	74

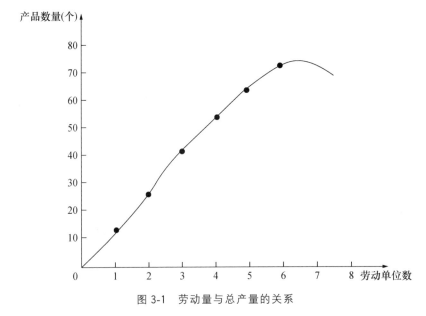

图 3-1 劳动量与总产量的关系

生产函数提供了关于厂商的生产技术之性质的基本信息，表明了使用每种不同数量的投入品可以实现的最大化总产量。另外两个重要的概念是投入的平均产量与一单位投入的边际产量。投入的平均产量是总产量（总产出）除以生产这些产量时使用的投入品数量的结果。一单位投入的边际产量，是指在保持其他投入品使用数量不变时，增加的最后一单位该种投入品所带来的总产量上的增加量。

在华荣机械厂的例子中，在图 3-1 所示的生产函数基础上，可以计算出劳动的平均产量和边际产量。当然，劳动的平均产量和边际产量将随着使用劳动数量的变化而发生变化。当每年使用 L 单位劳动时，如果 $Q(L)$ 为总产出率，劳动的平均产量是 $Q(L)/L$。当每年使用的劳动单位处于 L 和 $L-1$ 之间时，劳动的边际产量是 $Q(L)-Q(L-1)$。因此，当使用 1 单位劳动时，每单位劳动的平均产量是 1200 个；而当使用的劳动单位为 2 时，每单位劳动的边际产量是 1300 个。表 3-2 表明了其他劳动数量的结果。

表 3-2 平均劳动产量与边际劳动产量

劳动数量 (每单位使用量)	部件的产出量 (百个)	平均劳动产量 (百个)	边际劳动产量 (百个)
0	0	—	—
1	12	12.0	12
2	25	12.5	13
3	40	13.3	15
4	52	13.0	12
5	64	12.8	12
6	74	12.3	10

我们从表 3-2 中可以得出平均产量曲线与边际产量曲线的有关数据。反映在图 3-2 中，当劳动是唯一可变的投入时，劳动的平均产量曲线先上升，达到最大，然后下降。劳动的边际产量也是先上升，在达到最大后，再下降。这也是许多生产过程的典型形态。从图中还可以看出，当平均产量达到最高点时，边际产量等于平均产量。

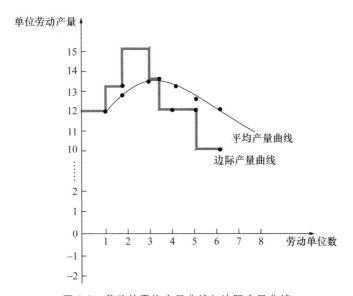

图 3-2 劳动的平均产量曲线与边际产量曲线

我们可以通过计算验证以上结论。如果 x 为所使用的可变投入数量，Q 为产出率，那么可变投入的平均产量就是 Q/x，可变投入的边际产量就是 dQ/dx。

$$d(Q/x)/dx = [x \cdot (dQ/dx) - Q \cdot (dx/dx)]/x^2$$
$$= (dQ/dx - Q/x)/x$$

当平均产量最大时，$d(Q/x)/dx$ 等于 0。

$$d(Q/x)/dx = (dQ/dx - Q/x)/x = 0$$

这意味着，当平均产量最大时，dQ/dx 等于 Q/x。由于 dQ/dx 为边际产量，而 Q/x 为平均产量，因此证明了一个命题：当平均产量达到最大时，平均产量等于边际产量。

3.2 边际收益递减规律

作为管理经济学最著名的规律之一，边际收益递减规律认为，在其他投入的数量保持不变时，如果连续等量增加一种投入，则产量的最终增加量将会在超过某一点之后减少，即投入的边际产量将减少。表 3-2 表明了这一规律：在投入劳动超过 3 单位时，劳动的边际产量就减少了。

关于边际收益递减规律，应该注意三点：第一，它是一种经验性概括，不是一种自然的或生物学的规律；第二，它假定技术是不变的，在技术可以发生变动的时候，不能预计到每个新增加的单位投入会产生什么结果；第三，它假定至少有一种投入品的数量处于不变状态，不能应用于所有投入品都增加的情况。

3.3 使用一种投入要素的最优水平

假定一家厂商有一种固定不变的投入品和一种可变投入品，它应该使用多少可变投入品？无论对于大厂商还是小厂商的决策者来说，这都是一个非常重要的问题。要回答这个问题，必须对可变投入品的边际收益产品和边际支出给出定义。

边际收益产品是可变投入品的一个新增单位给厂商总收益增加的数量。这就是说，令 MRP_y 为投入品 y 的边际收益产品。

$$MRP_y = \Delta TR/\Delta y$$

这里，ΔTR 为厂商使用的投入品 y 的总量中 Δy 的变化所引起的总收益的改变量。投入品 y 的边际收益产品等于投入品 y 的边际产量乘以厂商的边际收益。要注意，边际收益（MR）等于 $\Delta TR/\Delta Q$。这里，ΔQ 是厂商产量的变化量，于是得出：

$$MRP_y = \Delta TR/\Delta y = (\Delta TR/\Delta Q) \cdot (\Delta Q/\Delta y) \tag{3.1}$$

由于 $\Delta Q/\Delta y$ 等于投入品 y 的边际产量（MP_y），因此可以证明：

$$MRP_y = MR \cdot MP_y \tag{3.2}$$

边际支出是可变投入品的一个增量单位给厂商总成本增加的数量。即令 ME_y 为投入品 y 的边际支出：

$$ME_y = \Delta TC/\Delta y \tag{3.3}$$

如果厂商能够以每单位 10 元的价格买到所需的全部投入品 y，ME_y 就将等于 10 元。但是，在某些情况下，厂商必须提高投入品 y 的价格，以便更多地购买，此时 ME_y 将超出投入品 y 的价格。

为使利润最大化，厂商使用的投入品 y 的数量应当是使边际收益产品等于边际支出时的数量。

$$MRP_y = ME_y \tag{3.4}$$

进一步而言，为使利润最大化，厂商应当在边际收益大于边际成本时，扩大其生产。当边际收益（在这种情况下是 MRP_y）等于边际成本（在这种情况下是 ME_y）

时，厂商应当停止扩大生产。

为了说明问题，我们举例如下：

东方公司是一家收音机生产商，它有一定数量不变的工厂和设备，但是可以改变每天雇用的工人数量。每天生产的收音机数量（Q）和每天雇用的工人数量（L）之间的关系是：

$$Q = 132L - 5L^2 \tag{3.5}$$

东方公司可以以每台收音机 80 元的价格卖出（以现有的工厂和设备）其能够生产的全部产品，因此其边际收益等于 80 元。东方公司也能以每天 160 元工资雇用它愿意雇用的工人。那么，它每天将雇用多少工人？

为了运用前一部分的结果，我们必须决定东方公司劳动的边际收益产品 MRP_L 和劳动的边际支出 ME_L。

$$MRP_L = 80 MP_L$$

由于东方公司的边际收益等于 80 元，$MP_L = dQ/dL$，因此得出：

$$MRP_L = 80[d(132L - 5L^2)]/dL = 80(132 - 10L)$$

如果 MRP_L 和 ME_L 相等，被雇用的工人数量是：

$$80(132 - 10L) = 160$$

解该方程，L 等于 13。也就是说，如果东方公司要达到利润最大化，就应当每天雇用 13 名工人。

3.4 两种投入变量的生产函数

两种投入变量是同一种或更多的固定投入品一起发生作用，或者也可以认为只有两种投入品（在这种情况下，就是 种长期的状态，因为所有投入品都是可变的）。在这两种情况下，将其结果扩展到许多投入品是很容易进行的。

当把可变投入品的数量由一种增加为两种时，生产函数就变得稍微复杂一些，但是反映的仍然是各种投入品的不同组合之间的关系，以及由此能获得的最大化的产量问题。唯一的变化是，产出是两种变量的函数，而不是一种变量的函数。为说明这一点，假定生产一种金属部件的实邦机器公司可以改变机器工具的数量和劳动量，表 3-3 给出了它的生产函数。

表 3-3 两种可变投入品的生产函数

劳动量（单位数）	机器工具的数量（件）			
	2	3	4	5
4	60	120	162	168
5	100	160	230	280
6	144	198	250	288

机器工具或劳动的平均产量可以通过把总产量除以生产时所使用的机器工具的数量或劳动量计算出来。每种投入品的边际产量可以通过让其他投入品保持不变得到。假定 x_1 为第一种投入要素的数量，x_2 为第二种投入要素的数量，该生产函数为：

$$Q = f(x_1, x_2) \tag{3.6}$$

这里，Q 为东方公司的产出率。第一种投入要素的边际产量为 $\partial Q/\partial x_1$，第二种投入要素的边际产量为 $\partial Q/\partial x_2$。

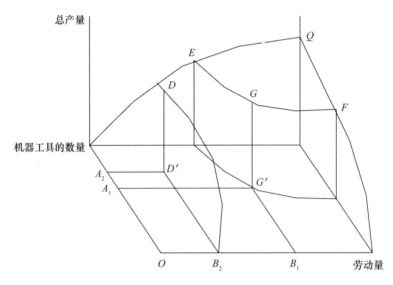

图 3-3　两种投入要素的生产函数

如图 3-3 所示，用一个面也可以表示生产函数。产量面为 OAQB，其上点的高度代表产出的数量。从产量面上一点垂直向下降到底面上，看底面上的点距离劳动轴和机器工具轴有多远，这些距离就表明要实现这么多产量，需要多少投入要素。例如，要有 $G'G$ 单位产出，需要 OB_1（A_1G'）单位劳动和 OA_1（B_1G'）的机器工具。人们也能取任意数量的机器工具和劳动。比如，OA_2 的机器工具和 OB_2 单位劳动，通过衡量产量面上 D' 点的高度找出将有多少产量，其中 D' 点上的劳动投入为 OB_2，机器工具投入为 OA_2。根据图 3-3，该答案为 $D'D$。

案例　有关生产函数的计算和应用

某工厂是一个工业自动化的生产厂商，其产品产出量取决于自动化生产设备的数量和所用的电力这两项最重要的投入。在自动化生产设备的数量固定的情况下，该工厂建立了以下生产函数：

$$Q = 300E^{0.4}$$

这里，Q 是每日产品的产出量，E 是电力。

(1) 导出一个电力的边际产量公式。

(2) 随着电力的增加，会出现边际收益递减吗？

(3) 导出一个电力的平均产量公式。

(4) 如果每天生产额外一单位产品的边际收益是2元，那么电力的边际收益产量是多少？

(5) 如果公司能够在每单位电力30元的价格上增加它所要增加的全部电力，那么电力的边际支出是多少？

(6) 在上述条件下，该工厂应该使用多大数量的电力？

答案：

(1) 电力的边际产量公式为：$dQ/dE = 0.4 \times 300 \times E^{-0.6} = 120E^{-0.6}$。

(2) 会。正如 (1) 答案中的公式所表明的，随着电力的增加，电力的边际产量递减。

(3) 电力的平均产量公式为：$Q/E = 300E^{-0.6}$。

(4) 使用式 (3.2)，电力的边际收益产量为 2 乘以 $120E^{-0.6}$，等于 $240E^{-0.6}$ 元。

(5) 30元。

(6) 使用式 (3.4)，该工厂应该使电力的边际收益产量等于边际支出。于是，$240E^{-0.6} = 30$，$E^{-0.6} = 0.125$，$E = 8^{5/3}$。

案例　湖北新能源汽车产业持续发力——突显规模经济[①]

2018年以来，传统燃油车禁售的脚步声开始响起，新能源汽车全产业链竞争的战幕已经拉开。发展新能源汽车产业，不仅是应对资源与环境约束加剧的权宜之计，也是加速产业转型升级、迈向高质量发展的战略之举。从规划引领、关键技术突破到为新能源汽车无忧上路营造更好的社会环境，湖北省亟须全产业链发力，全力赢得未来大发展的主动权。

规模经济理论，是指在一特定时期内，企业产品绝对量增加时，其单位成本下降，即扩大经营规模可以降低平均成本，从而提高利润水平。湖北省规划引领新能源汽车产业的行为突显了规模经济。

---

① 参见李剑军：《全产业链发力，时不我待》，载《湖北日报》2018年7月5日第8版。

根据我国《节能与新能源汽车产业发展规划（2012—2020年）》，到2020年，新能源汽车产能达200万辆。"蛋糕"诱人，众多省市大干快上。上汽、广汽、金龙、吉利、江淮……近年来，汽车产业"大腕"云集湖北，湖北整车优势明显，形成了完整的汽车营销网络，汽车生产、营销、售后经验丰富。这些也是湖北省发展新能源汽车的"天时"和"地利"。着眼于汽车电动化大势，一批产业项目上马：在武汉，比亚迪、上汽通用、神龙、江淮新能源、南京金龙、蔚来等车企新能源项目扎堆，总产能数十万辆；在襄阳，雅致、美洋、九州三大新能源整车项目相继投产，达产后总产能达40万辆；在随州，程力专汽在建1万辆新能源专用车项目；在大冶，汉龙汽车10万辆新能源项目已投产；在荆门，安徽猎豹在建6万辆新能源SUV项目；在鄂州，武汉地质资源环境工研院拟建氢能源汽车项目……

此间，湖北省规划提出，到2020年，新能源汽车产能达到50万辆/年，产销量占全国的10%。依此目标，三年内，湖北省新能源汽车产销量要从2017年的5万多辆增长到20万辆以上。据不完全统计，2016—2018年，湖北省已开工新能源整车项目近20个。对此，湖北省社科院副院长等专家及业内人士建议，应立足汽车产业规模经济这一基本特性，加强统筹规划，做好整体合理布局，鼓励合作、联合，避免"小而散"，以壮大产业规模，提升产业竞争力。湖北省将积极推进企业联合、兼并、重组，培育一批在国内外有一定影响力和竞争力的新能源企业集团或龙头企业，延长产业链，壮大产业集群。

今后几年，湖北省将重点推进新能源汽车的区域特色化、规模化布局：武汉重点发展新能源乘用车、城市公交客车以及高端市政、消防等专用车，建立集群优势和自主创新优势；襄阳重点发展新能源乘用车、商用车及专用车；十堰重点发展中重型新能源物流车、作业车和新能源汽车动力系统等。

产业竞争力来自核心技术。发力新能源汽车产业，须在新能源汽车关键技术上有所作为，要突破关键技术瓶颈，实现技术创新。为此，湖北省新能源汽车产业"十三五"规划提出，将鼓励支持企业建设新能源整车国家（地方）工程实验室、车用动力电池国家（地方）工程研究中心、电驱动动力系统国家（地方）工程研究中心、新能源汽车关键零部件企业技术中心等创新平台，重点支持动力电池、动力总成和电控系统产业化，争取建设国家级新能源汽车质量监督检验中心。

汽车市场是充分竞争的市场。专家们认为，要在新能源汽车时代占据优势，作为市场主体的车企需有更大作为。眼下，部分车企发展新能源汽车的动力不足，仍然在延续改装传统汽车、依赖补贴而忽视市场需求的盈利模式。未来，新能源汽车将由补贴政策导向过渡到市场导向，面对燃油车大限将至的不可逆转之势，车企必须增强紧迫感，加大研发投入，突破关键技术，持续降低成本，最终生产出有竞争力的新能源汽车，以期实现规模经济。

3.5 等产量线

等产量线表现的是投入品数量与产出品数量之间的纯技术关系。企业要生产一定数量的产品，等产量线上每一点所代表的两种要素数量组合必须都是有效率的。如果知道生产函数，就能导出关于任何产出水平的等产量线。在图 3-3 中，要找出与产出量 $G'G$ 相对应的等产量线，就需在 $G'G$ 的高度上平行于底面切割产量面，得到 EGF，然后由 EGF 垂直下降到底面。显然，这条曲线包含可以生产 $G'G$ 数量金属部件的机器工具和劳动的全部有效组合。使用式（3.6）中的符号，一条等产量线就表示等于一个特定产出率的 $f(x_1,x_2)$ 那样的 x_1 和 x_2 的全部组合。

在图 3-4 中，几条等产量线中的每一条都代表一个不同的产出率，两个轴表示投入品数量。假定劳动和资本——不是劳动和机器（资本的一种特殊形式）——在这种情况下是相关的投入品。这些曲线表明了能够生产 100、200 和 300 单位产出品的不同投入品组合。

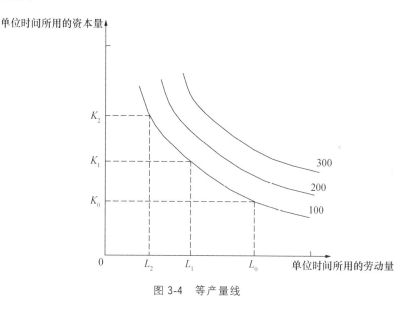

图 3-4 等产量线

例如，考虑一下代表每个时期产量为 100 单位的等产量线。根据这条等产量线，如果每个时期使用 L_0 单位劳动和 K_0 单位资本，就可以得到这种产出率。另外，如果每个时期使用 L_1 单位劳动和 K_1 单位资本，或者使用 L_2 单位劳动和 K_2 单位资本，也可以得到这种产出率。

3.6 边际技术替代率

如前所述，一些能实现特定产出量的有效方式是按次序排列的。边际技术替代率，是指在产出保持不变的条件下，一种投入品可以被另一种投入品替代的比率。一个企业的产出量是其所使用的两种投入品数量的函数如下：
$$Q = f(x_1, x_2)$$
给定 Q 保持不变，则边际技术替代率为：
$$\text{MRTS} = -dx_2/dx_1$$

从几何意义上看，边际技术替代率就是-1乘以等产量线的斜率。dx_2/dx_1 就是等产量线的斜率。需要注意，边际技术替代率等于 MP_1/MP_2，其中 MP_1 是投入品 1 的边际产量，MP_2 是投入品 2 的边际产量。

$$dQ = (\partial Q/\partial x_1) \cdot dx_1 + (\partial Q/\partial x_2) \cdot dx_2$$

由于产出保持不变，$dQ=0$，因此得出：
$$(\partial Q/\partial x_1) \cdot dx_1 + (\partial Q/\partial x_2) \cdot dx_2 = 0$$

于是，进一步得出：
$$dx_2/dx_1 = -(\partial Q/\partial x_1)/(\partial Q/\partial x_2) = -MP_1/MP_2 \tag{3.7}$$

由于 $\text{MRTS} = -dx_2/dx_1$，因此得出：
$$\text{MRTS} = MP_1/MP_2$$

关于一些投入品是否容易被相互替代，不同投入品之间有很大的不同。例如，在某些生产过程中，一种劳动可以很容易地被另一种投入品替代；而在另一些生产过程中，就完全不同了。在一些极端的情况下，投入品之间可能不存在替代关系。要生产一单位产品，需要每种投入品有固定数量，必须按固定的比例使用投入品。图 3-5 表明了这样一种情况下企业的等产量线：它们是直角的。投入品中完全不存在替代的生产过程很少。但是，在某些情况下，替代的程度是非常有限的。

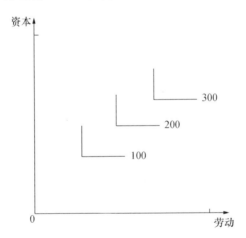

图 3-5　固定比例情况下的等产量线

等产量线也可能有正斜率的情况，或者向后弯曲，就像图 3-6 所呈现的那样。在 OU 的上方和 OV 的下方，等产量线的斜率是正的。这意味着，要维持一个既定的产出率，资本和劳动都要增加。如果出现这种情况，一种或另一种投入品的边际产量必定是负值。在 OU 的上方，资本的边际产量是负值。于是，使用较少的资本时，产量将会增加。这时,劳动的数量保持不变。在 OV 的下方,劳动的边际产量为负值。这时,如果减少劳动的使用量,产量将会增加。与此同时,资本的数量是保持不变的。OU 和 OV 叫作"脊线"。

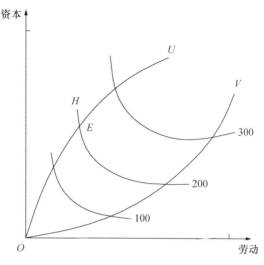

图 3-6 生产的经济区域

在脊线外边的点上运行的企业将不能实现利润最大化,因为存在着用较少的两种投入品实现同样产量的其他投入品组合,而这种投入品组合必定更加节约成本。图 3-6 中的点 H 是等产量线上斜率为正的点,也是脊线外边的点,它比同一条等产量线上的其他点(如点 E)要求更多数量的劳动和资本。由于资本和劳动有正的价格,因此在点 E 上运行必定比在点 H 上运行更加节约成本。如果要实现利润最大化,就不可以在脊线外边的点上运行。

3.7 投入品的最佳组合

一个企业要实现利润最大化,其理性的决策就是确定一个它所购买的两种要素数量的组合,以便在实现既定产量时使成本最小化,或者在给定成本水平时使产量最大化。假定企业的投入品的价格既定,有两种投入品:资本和劳动,它们在相关时期内是可变的。如果企业要在给定成本水平时实现产量最大化,应当如何选择资本和劳动的组合?

要回答这个问题,先得决定在给定支出条件下企业能够得到的各种投入品的组合。例如,当资本和劳动为投入品时,劳动的价格为每单位 P_L,资本的价格为每单位 P_k,总支出为 M,投入品的组合为:

$$P_L L + P_k K = M \tag{3.8}$$

这里,L 为劳动投入品的数量,K 为资本投入品的数量。给定 M、P_L 和 P_k,则有:

$$K = M/P_k - P_L L/P_k \tag{3.9}$$

因此，给定 M、P_L 和 P_k 时，能够购买的资本和劳动的各种组合可以由图 3-7 中的直线来代表（资本标在纵轴上，劳动标在横轴上）。这条直线在纵轴上的截距等于 M/P_k，斜率为 $-P_L/P_k$。这条直线叫作"等成本曲线"。

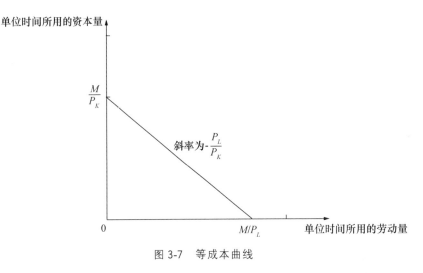

图 3-7　等成本曲线

如果把有关的等成本曲线放在企业等产量图上，就能以图形决定投入品组合，这种组合将在成本既定条件下使产量最大化。企业将在等成本曲线上选择的点同时也在最高的等产量线上。如图 3-8 中的点 R，是等成本曲线与等产量线相切的点。这样，由于等成本曲线的斜率是 P_L/P_k 的负值，等产量线的斜率是 $\mathrm{MP}_L/\mathrm{MP}_k$ 的负值，因此投入品的最佳组合就是在 $\mathrm{MP}_L/\mathrm{MP}_k = P_L/P_k$ 处的组合。换个说法，企业应该选择 $\mathrm{MP}_L/P_L = \mathrm{MP}_k/P_k$ 处的投入品组合。

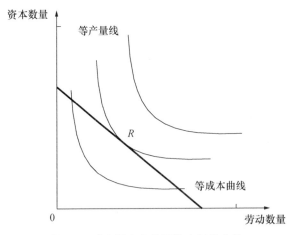

图 3-8　成本既定条件下的产量最大化

如果有两种以上的投入品，企业将按照一货币单位价值的一种投入品的边际产量和一货币单位价值的其他一种投入品的边际产量相等的原则，在各种投入品之间分配其支出，从而实现产量最大化。企业将选择的投入品组合为：

$$\mathrm{MP}_a/P_a = \mathrm{MP}_b/P_b = \cdots = \mathrm{MP}_n/P_n \tag{3.10}$$

这里，MP_a，MP_b，…，MP_n 分别是投入品 a，b，…，n 的边际产量，而 P_a，P_b，…，P_n 分别是投入品 a，b，…，n 的价格。

要决定投入品组合，使实现既定产量的成本最小化，可以使用图 3-8 那样的图形。沿着与特定产量水平相对应的等产量线移动，必定可以在等产量线上找到一点，而这点也在最低的等成本曲线上。如图 3-9 中的点 S，位于点 S 之下的等成本线 C_0 上的投入品组合要比点 S 的投入品组合节约成本。但是，它们不能实现满意的产量。位于点 S 之上的等成本曲线 C_2 上的投入品组合将实现满意的产量，但是比点 S 的成本要高。显然，点 S 就是等成本曲线与等产量线的切点。因此，要使实现既定产量的成本最小化，或者使既定成本下的产量最大化，企业必须使 $\mathrm{MP}_L/\mathrm{MP}_k$ 和 P_L/P_k 相等，这样做意味着 $\mathrm{MP}_L/P_L = \mathrm{MP}_k/P_k$。如果需要两种以上的投入品，企业必须满足式 (3.10)。

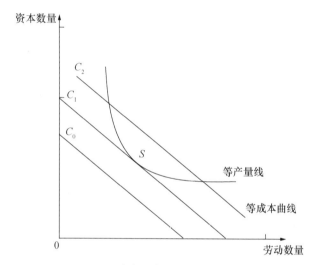

图 3-9 成本既定下的成本最小化

以华盛公司为例，这是一家从事桥梁建设的建筑公司。华盛公司的决策者决定的每月公司的产出 Q 是与所用的工程师的数量 E 和所用的建筑工人的数量 T 相关联的，即：

$$Q = 16E - 4E^2 + 8T - T^2 \tag{3.11}$$

工程师的月工资是 8000 元，建筑工人的月工资是 2000 元。如果华盛公司每月为工程师和建筑工人共支付 34000 元工资，那么它应该雇用多少工程师和建筑工人？

如果华盛公司要使其产量最大化，那么就必须选择一种工程师和建筑工人的最佳组合，使得：

$$\mathrm{MP}_e/P_e = \mathrm{MP}_t/P_t \tag{3.12}$$

这里，MP_e 是工程师的边际产出量，MP_t 是建筑工人的边际产出量，P_e 是工程师的工资，P_t 是建筑工人的工资。对式 (3.11) 中的 E 和 T 取 Q 的偏导数，可得：

$$\mathrm{MP}_e = \alpha Q/\alpha E = 16 - 8E \tag{3.13a}$$
$$\mathrm{MP}_t = \alpha Q/\alpha T = 8 - 2T \tag{3.13b}$$

将这些结果代入式（3.12），P_e=8000，P_t=2000，可得：

$$(16 - 8E)/8000 = (8 - 2T)/2000$$
$$2 - E = 4 - T$$

这意味着 $T = E + 2$。

由于华盛公司每月将在工程师和建筑工人的工资组合总额上支出 34000 元，因此可得：

$$8000E + 2000T = 34000$$

把 $T = E + 2$ 带入上式中，可得：

$$8000E + 2000(E + 2) = 34000$$

经计算，可得出 $E = 3$，$T = 5$。也就是说，要在 34000 元的工资组合总额上使产量最大化，华盛公司应当雇用 3 名工程师和 5 名建筑工人。

案例 ▶ 德系车企在电动化路上，求解成本控制难题[①]

全球汽车产业面临严峻的考验，车企巨头纷纷寻找电动化等新的利润增长点，积极谋求转型。同时，新技术的高额投入也令车企在利润和成本之间寻找平衡点。2019 年法兰克福车展于北京时间 9 月 10 日开幕，这种汽车产业变化的形势在此次车展上清晰可见。外国媒体指出，人们从未在法兰克福车展上见过如此之多的电动车。

在此次车展众多车企发布的新车中，无论是概念车还是量产车，大都与电动化有关。在德系车的主战场上，大众、宝马和戴姆勒表现活跃。大众旗下奥迪带来了全新的 Trail Quattro 纯电动越野概念车型，它具备 L4 级自动驾驶能力。未来奥迪车型也将使用全新的 MEB 电动化平台生产。宝马带来了 BMW Vision M NEXT 概念车，并首次展示了 BMW i Hydrogen NEXT 氢燃料电池概念车。奔驰带来了 VISION EQS 概念车和 EQV 量产车。奔驰在车展上发布的 11 款新车中，电动车型就占到 6 款，另外还有 2 款 48V 微混车型。

值得注意的是，各家车企在电动车技术路径选择上开始改变。此前，德系车企主推纯电动汽车，尤其是以大众为代表。在此次车展上，虽然德系车阵营中的大众依然对氢燃料电池技术持保守态度，但是宝马方面表示对不同驱动科技保持开放的

[①] 参见武子晔：《德系车企在电动化路上，求解成本控制难题》，https://www.yicai.com/news/100332686.html；钜大 LARGE：《特斯拉电池成本控制能力有多大》，http://www.juda.cn/news/46857.html，2019 年 10 月 18 日访问。

态度，认为没有单一的解决方案能够满足全球客户的全方位出行需求，因此公司正在开发使用氢燃料的车辆，以此作为纯电动车与插电式混合动力车的补充。

宝马集团负责财务的董事彼得在接受记者采访时称，宝马目前正在联合丰田共同推出氢燃料电池汽车测试车队，具体技术细节等信息还在商讨中，但是对未来适时推出氢燃料汽车有着非常具体的计划。此前，宝马已做出了提前两年实现电动车目标的计划，短期目标是到2021年向全球客户累计交付100万辆电动汽车。戴姆勒也开始加速推进电动车发展。到2030年，奔驰新能源车型将占乘用车销量的一半以上，未来的车型架构将从一开始就基于电动车型研发。此外，戴姆勒将以电动化为先，燃料电池起补充作用。咨询公司普华永道的研究表明，到2030年，传统汽车制造商在全球汽车行业的利润份额可能从85%下降到50%以下。在此次车展上，不少车企巨头掌门人提到未来将把重心放到电动车等新技术领域，这已成为汽车企业寻找盈利的来源。然而，由于市场疲软以及转型阵痛期需要大量投资，宝马、戴姆勒、奥迪等众多车企巨头利润下滑。

为寻求更好的利润与成本的平衡点，车企在战略方面纷纷作出调整。大众集团董事长迪斯在此次车展上表示，当下的大众已不需要那么多繁杂的品牌。除了极少数特例以外，大众可以通过深耕现有品牌，打入全球庞大的利润领域，以腾出资源开发电动车。此外，大众已经与福特达成广泛联盟合作，以分担研发和制造成本。戴姆勒首席执行官康林松也表示，电动车的成本会高于纯内燃机时代，戴姆勒在持续加大投入研发的同时，要不断提升在各个工作领域的效率，实现持续投资与成本管理的平衡，一方面要避免过度投资，另一方面必须确保时刻在技术方面担任领导者的角色。宝马未来投资的主要方向为电动化、自动驾驶和数字化三大领域，这会使生产方面的成本有所增加。那么，如何控制成本？这是一个有待进一步解决的问题。

特斯拉一直声称其电池成本处于领先地位。瑞士联合银行（UBS）分析师与一些工程师的研究也佐证了这一点。研究表明，特斯拉超级工厂生产的松下电池比LG化学推出的一款产品的节能性要高出20%。UBS研究实验室的研究人员对松下、LG化学、三星SDI和宁德时代的电池进行了测试。结果显示，特斯拉超级工厂生产的松下电池每千瓦时的收费是111美元，比LG化学生产的电池要便宜37美元。在汽车电池市场，松下与LG化学一直是电池生产领域的领导企业，另外还有三星SDI、宁德时代、SK创新等。但是，随着与特斯拉超级工厂的合作，松下也开始直接为车企生产定制化的电池。特斯拉参与电池的设计，掌握整个供应链。当首次宣布合作时，特斯拉表示，对比从亚洲进口的松下电池，借助合作将减少30%的成本。由于电池约占电动车总成本的40%，因此对于未来想要在汽车行业获得发展的车企来说，在电池技术上的成功是至关重要的。

3.8 最优批量规模

假定一家电脑制造商必须生产 100000 个特定部件，它的每台电脑都需要这种部件。该企业每次开始生产这种部件时，必须投入 20000 元成本，要花费适当的劳动时间去安装生产这种部件的设备。生产大批量产品的优势在于，可以降低全年的总安装成本。如果该企业每年按一批生产 100000 个部件，只要安装设备一次，全年的总安装成本为 20000 元。如果该企业每年按两批（每批 50000 件）生产 100000 个部件，得分两次安装设备，全年的总安装成本为 40000 元。批量规模与全年的总安装成本之间的关系反映在图 3-10 中。

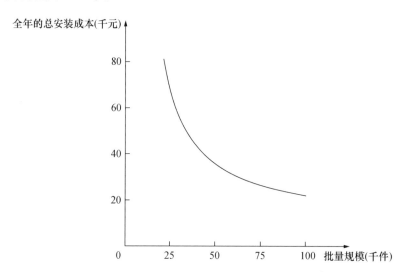

图 3-10 批量规模与全年的总安装成本之间的关系

企业往往不生产大批量产品的原因是会产生大量存货，造成昂贵的保持费用和资金占用。比如，企业如果在开始的年份一次性大批量地生产所有 100000 个部件，其存货就等于年初的 100000 个部件和年末的 0 个部件，平均存货为 50000 个，正如图 3-11（a）所示。如果企业每年按两批（每批 50000 件）生产 100000 个部件，其存货就等于年初的 50000 个部件和 6 个月结束时的 0 个部件。在第二批生产开始时，存货又变为 50000 个部件。此后，存货在年末再次变为 0 个部件。这样，企业的平均存货为 25000 个部件，正如图 3-11（b）所示。

一般地说，怎样才能决定最适当的批量规模？总的年安装成本为 $20000Q/L$ 元，其中 Q 为每年生产相关部件的总设备，L 为按照一个批量生产的这种部件的数量。如果存货中每个部件的年保持成本为 0.8 元，持有存货的年成本等于 $0.8L/2$ 元。把年安装成本和存货的年保持成本加在一起，就得到以下的年总成本的表达式：

$$C = 0.8L/2 + 20000Q/L$$

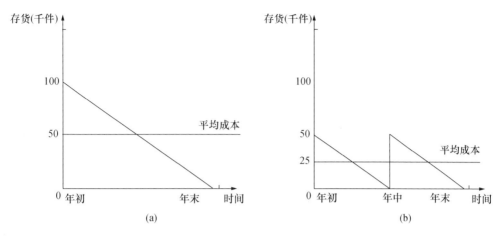

图 3-11 一年内的存货规模

为使年总成本最小化，可得到：

$$dC/dL = 0.4 - 20000Q/L^2 = 0$$

对 L 求解，要使年总成本最小化：

$$L = \sqrt{\frac{20000Q}{0.4}} \tag{3.14}$$

更一般地说，最适当的批量规模等于 $\sqrt{2SQ/b}$，这里 S 是每次的安装成本，b 是存货中每个部件的年保持成本。

仍以上述电脑制造商为例，要使年总成本最小化，L 应当等于 $\sqrt{20000\times100000/0.4}$ 即 70711。换句话说，最适当的批量规模是 70711，即每批量应当生产的这种部件是 70711 个。当然，没有理由让每年安装的数量都是整数。例如，在每个两年期内，也可能安装 5 次，或者每年安装 2.5 次。如果该企业能把每次的生产前期准备成本从 20000 元减少为 5000 元，最适当的批量规模将是 $\sqrt{5000Q/0.4}$，而不是 $\sqrt{20000Q/0.4}$，即最适当的批量规模将缩小一半（在 Q 保持不变时）。

缩小批量规模的好处是减少必须保持的存货。一些企业管理者认为"存货是万恶之源"。日本丰田提出准时生产制度，要求每个部件都恰好在需要它的时候到达，或者恰好在一台机器能够得到的地方到达。这能够促进效率的极大提高。较少的运转中的存货会降低保持存货的成本，提高生产速度，并使整个工厂的监视程序得以简化。

现在许多中国企业也在对准时生产制度进行试验，多家企业使用或打算使用这种制度，其结果有时极具吸引力。例如，某个企业的经理在工作报告中说，在没有增加工人的情况下，企业的产量增加了 25%，存货下降超过了 80%。

> **案例** 资源控制——美的的启示①
>
> 据统计，我国制造企业有90%的时间花在物流上，物流仓储成本占据企业总销售成本的30%—40%，供应链上物流的速度及成本更是令企业苦恼的"老大难"问题。美的针对供应链的库存问题，利用信息化技术手段，一方面从原材料的库存管理做起，追求零库存；另一方面针对销售商，以建立合理库存为目标，从供应链的两端实施挤压，加速了资金、物资的周转，实现了供应链的整合成本优势。
>
> 美的虽然多年名列空调产业的"三甲"，但是不无"一朝城门失守"之忧。近年来，在降低市场费用、裁员、压低采购价格等方面，美的频繁变招，其路数始终围绕着成本与效率。美的在广东地区已为终端经销商安装进销存软件，即实现"供应商管理库存"（VMI）和"管理经销商库存"中的一个步骤。
>
> 此外，美的在企业资源管理（ERP）的基础上与供应商建立了直接的交货平台。供应商在自己的办公地点，通过互联网就可登录到美的的公司页面，看到美的的订单内容：品种、型号、数量和交货时间等，然后确认信息，完成采购订单。
>
> 实施VMI后，供应商不需要像以前那样疲于应付美的的订单，不用备很多货，库存一般能满足3天的需求即可。这样，美的的库存周转率提高了许多。相应地，一系列相关的财务"晴雨表"也随之"由阴转晴"：资金占用降低、资金利用率提高、资金风险下降、库存成本直线下降……
>
> 在2014年年底，京东和美的达成了战略合作关系，双方表示将在物流配送、大数据分析、智能设备等方面进行深度合作，其中实现供应链深度协同也是战略合作的重要内容之一。京东和美的旨在通过合作，实现在销售计划、订单预测、物流补货等方面数据的充分共享，建立协同型供应链，降低物流仓储成本。

3.9 规模报酬

特定产业的技术可以用生产函数来表示，描述在生产过程中通常保持的生产函数（以及"边际产量""平均产量"等相关概念）的特征。但是，要描述生产函数，还需了解它的另一个重要特征：产出在长期如何适应企业规模的变动？换句话说，假如考虑一种长期情况，其间所有的投入都是可变的，并且假定企业按照同样的比例增加所有投入品的数量，产出将会发生什么变化？

显然，有三种可能性：第一，产出的增长比例超过投入的增长比例。例如，两倍的投入也许导致多于两倍的产出。这是规模收益递增的情况。第二，产出的增长比例少于投入的增长比例。例如，两倍的投入也许导致少于两倍的产出。这是规模收益递

---

① 参见张沁：《美的——供应链双向挤压》，载《市场周刊（新物流）》2006年第5期；赵建萍、李朝霞：《京东和美的：供应链实现数据充分共享》，载《条码与信息系统》2016年第4期。

减的情况。第三,产出的增长比例等于投入的增长比例。例如,两倍的投入也许导致两倍的产出。这是规模收益不变的情况。

假设生产函数表现为规模收益不变,两家工厂有相同的设备和相同类型的工人,有两套设备的工厂的产量通常为只有一套设备的工厂的两倍。但是,事情并不这么简单。如果一家工厂将其规模扩大一倍,一些在较小规模的工厂中无法使用的投入也许就能在较大规模的工厂中使用,尤其是在技术方面。例如,我们不能在较小规模的工厂中安装半个机器人。由于这种要素的不可分性,规模收益递增就可能产生。因此,尽管通过建两家小工厂,就能简单地把企业规模扩大一倍,但是这也许是无效率的。一家大工厂也许比具有同样生产能力的两家小工厂更有效率,因为它的规模大,足以使用一些小工厂不能使用的技术和投入品。

我们可以把规模收益递增类比于某些特定的几何关系,就像 $2\times 2\times 2$ 米盒子在体积上是 $1\times 1\times 1$ 米盒子的 8 倍。但是,$2\times 2\times 2$ 米盒子六个面的面积为 24 平方米,而 $1\times 1\times 1$ 米盒子六个面的面积为 6 平方米,前一个盒子只需要后一个盒子 4 倍的木料。较大的专业化分工也许能够产生规模收益递增:当使用更多的工人和设备时,就有可能再细分任务,并可以改变对专业化分工的各种投入。规模经济也可能从概率的角度得到解释。比如,由于大量顾客的整体行为更趋于稳定,因此一家企业的存货也许不必与顾客规模同比例增加。

为什么会发生规模收益递减?协调一家大企业的困难是较常见的原因。在一家小企业中,要获得作出重要决策所需要的信息可能是困难的;而在大企业中,这种困难就更大。在小企业中,某些管理人员的决策被贯彻实施可能是困难的;而在大企业中,这种困难就更大。尽管大企业的优势是明显的,但是常常有很大的劣势。例如,在一些研究和开发中,较大的设计团体比较小的设计团体的效率要低,因而大企业会比小企业效率低。

在特定情况下,规模收益是不变、递增还是递减,是一个必须逐个确定的经验性问题,不存在一个简单而包罗一切的答案。在某些产业中,可以得到的证据也许表明,收益递增是对特定范围的产出提出的。在其他产业中,收益也许是递增或不变的。此外,还有很重要的一点,那就是最后的结果很可能取决于产出水平。在很小的产出水平上,规模收益也许是递增的;而在很大的产出水平上,规模收益也许是不变或递减的。

要确定规模收益是递增、递减还是不变,可以用产出弹性作为一个衡量标准。产出弹性被定义为,所有投入品增加 1% 时引起的产出百分比变化。如果产出弹性大于 1,规模收益就递增;如果产出弹性等于 1,规模收益就不变;如果产出弹性小于 1,规模收益就递减。

例如,晨风公司这家汽车零件制造商的生产函数如下:

$$Q = 0.8 L^{0.3} K^{0.8} \tag{3.15}$$

这里,Q 为每年生产的零件数量,L 为雇用的工人数量,K 为使用的资本数量。这是柯布-道格拉斯生产函数,是在查尔斯·柯布和保罗·道格拉斯最先应用之后命名的生产函数。

为了计算晨风公司的产出弹性,把两种投入（L 和 K）都乘以 1.01,得到 Q 的新值 Q':

$$Q' = 0.8(1.01L)^{0.3} \cdot (1.01K)^{0.8}$$
$$= 0.8(1.01)^{1.1} \cdot L^{0.3}K^{0.8}$$
$$= (1.01)^{1.1} \cdot (0.8L^{0.3}K^{0.8})$$
$$= (1.01)^{1.1}Q$$
$$= 1.011Q$$

因此,如果两种投入品都增加 1%,产出就增加 1.1%,产出弹性为 1.1。

3.10 生产函数的衡量

尽管规模报酬衡量这种技术是有价值的,但是通常只能提供一部分决策者所需要的有关生产函数的部分信息。因此,管理经济学家们又设计了其他方法以衡量生产函数。如回归技术,其结果往往被证明是很有用的。估计生产函数的第一个步骤是选择生产函数的数学形式。如果劳动和资本是仅可使用的投入品,那么一种可能的数学形式就是以下的三次方程:

$$Q = aLK + bL^2K + cLK^2 - dL^3K - eLK^3 \tag{3.16}$$

这里,Q 是产量,L 是劳动投入量,K 是资本投入量。这种数学形式展现的先是规模收益递增,然后是规模收益递减。随着投入品越来越多,每种投入品的边际产量也是先递增,然后递减。要明白其确实性,可考虑劳动的边际产量,它表示为:

$$\frac{\partial Q}{\partial L} = (aK + cK^2 - eK^3) + 2bKL - 3dKL^2$$

显然,劳动的边际产量是所用劳动量的二次函数,随着所用劳动量越来越多,它先是递增,然后递减。

另一种更普遍使用的数学形式是柯布-道格拉斯生产函数。由于只有两种投入品,因此这种形式为:

$$Q = aL^bK^c \tag{3.17}$$

这种形式的一个优点是,每种投入品的边际生产力取决于所有使用的投入品水平。这往往是很实际的。劳动的边际产量表示为:

$$\frac{\partial Q}{\partial L} = baL^{b-1}K^c$$

劳动的边际产量取决于 L 和 K 的值。如果对式（3.17）两边取对数,可得:

$$\log Q = \log a + b\log L + c\log K$$

可以用回归技术估计 b 和 c（及 loga）。如果以 logL 和 logK 回归 logQ,那么回归系数就是那些估计值。

需要强调的是,如果使用柯布-道格拉斯生产函数,很容易就能估计规模收益。

如果指数的总和（即 $b+c$）大于1，则表明规模收益递增；如果指数的总和等于1，则表明规模收益不变；如果指数的总和小于1，则表明规模收益递减。这是因为，如果使用柯布-道格拉斯生产函数，产出弹性就等于指数的总和。例如，在前文案件中，晨风公司的产出弹性是1.1，它等于指数（0.3和0.8）的总和。

不存在以固定的方法决定哪种数学形式最好，应视具体情况而定。通常，一个好的程序要比一种数学形式进行更多试验，并且要看哪一个最适合实际情况。最重要的是，选定的形式应能反映实际情况。明确一个具体估计的生产函数，能够很好地预计实际使用的投入组合的产出量，往往是有用的。

案例　一家金属加工企业的生产函数分析

我们这里要分析的资料来自金属加工业的一家企业，其主要产品是镀锡铁（俗称"马口铁"），可广泛应用于食品、饮料包装以及电子、代工、五金加工等行业，属工业过程中的中间产品。马口铁的制造原理是：将热轧板进行超薄冷轧，然后在其表层电镀一层很薄的熔融锡。由于这一过程对设备的技术要求是很高的，因此马口铁是钢铁产品中的一种高精度产品。

基于马口铁的这些特点，马口铁生产企业也像其他钢铁企业一样，具有投入巨大、投资期长、成本较高的特点。同时，马口铁生产技术的提高和改进又使它的生产过程具有非常高的自动化程度。

1. 产出及生产要素的确定

（1）产出 Q：作为制造行业，企业产出的量化数据就是产量。

（2）生产要素：可以作为投入要素的主要是资本 K（存货、设备等）、劳动力 L（工时、人数、技术等）和原材料 M（包括主要的辅料）。马口铁企业是一种资金密集型企业，影响其产量的主要有两个因素：资本和原材料。资本主要是指设备和存货，其中设备的投入可以用机器的正常运行时数来表示。原材料包含主要原材料和重大的辅助材料。当然，劳动力投入一般也会影响企业的产出，但是与资本和原材料相比，其影响力是非常小的，几乎可以忽略不计。因此，从分析的简化角度考虑，我们暂时以资本和原材料两个投入要素建立生产函数：

$$Q = f(K, M) \tag{1}$$

假设函数形式为柯布-道格拉斯生产函数，可得：

$$Q = Q_0 K^\alpha M^\beta \tag{2}$$

2. 产出及要素数据的采集

（1）均以自然月作为生产期单位，采集范围是1997—1998年共16个月的数据。

（2）产出 Q：月度的产量。

（3）资本要素 K：以生产线正常运转总小时数作为设备投入量，以每月产成品的增加量作为存货量，以吨为单位。

(4) 原材料要素 M：以原材料及辅助材料领用量作为原材料及辅助材料投入量，以吨为单位。

(5) 数据表如下：

表3-4 产出及要素数据表

生产期（月度）	产出 Q（吨）	资本 K		原材料 M		取自然对数		
		开机时数（小时）	存货（吨）	原材料（吨）	辅助材料（吨）	$\ln Q$	$\ln K$	$\ln M$
1	2708	208.68	2007	1523	108	7.9040	7.7034	7.3973
2	1618	126.23	1264	1149	75	7.3889	7.2373	7.1096
3	3031	199.33	2267	1869	172	8.0166	7.8106	7.6210
4	7144	478.75	4669	4269	178	8.8740	8.5463	8.3998
5	6988	458.83	4643	3924	223	8.8519	8.5374	8.3301
6	6153	443.03	4031	3703	233	8.7247	8.4060	8.2778
7	3025	179.16	2401	1363	104	8.0147	7.8557	7.2909
8	2663	183.30	2060	1588	71	7.8872	7.7158	7.4145
9	3210	269.42	2318	2047	116	8.0740	7.8584	7.6793
10	2041	140.51	1517	1156	78	7.6212	7.4129	7.1179
11	3704	259.92	2391	2375	144	8.2172	7.8825	7.8316
12	7367	372.01	4244	3905	218	8.9048	8.4373	8.3243
13	7663	384.03	4560	3495	251	8.9442	8.5059	8.2285
14	6888	371.07	4049	4105	154	8.8375	8.3939	8.3567
15	6809	256.86	4753	2933	192	8.8260	8.5191	8.0473
16	3268	184.35	2719	1560	159	8.0919	7.9735	7.4493

3. 回归分析，建立生产函数

(1) 对式（2）两边取自然对数，使生产函数变为：

$$\ln Q = \ln Q_0 + \alpha \ln K + \beta \ln M \tag{3}$$

把产出 Q、资本 K、原材料 M 的数据变换为对数，就可以用最小二乘法来估计参数。

(2) 使用标准的二元回归程序，得到以下结果：

$$\ln Q = -1.1088 + 0.8622 \ln K + 0.3193 \ln M$$
s.d (0.2787)   (0.1011)   (0.0915) (4)
t 值 (−3.9783) (8.5313)   (3.4894)
$$R^2 = 0.99$$

将该式与式（3）比对，可以得到：$Q_0 = 0.33$，$\alpha = 0.8622$，$\beta = 0.3193$，代入式（2），得：

$$Q = 0.33 K^{0.8622} M^{0.3193}$$

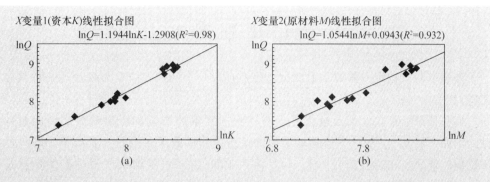

图 3-12 线性拟合图

4. 分析

（1）规模收益递增：因为 $\alpha+\beta=1.1815>1$

（2）各要素的边际产出函数：

资本：$\mathrm{MP}_K=0.8622\times 0.33K^{0.8622-1}M^{0.3193}$ (5)

原资本：$\mathrm{MP}_M=0.3193\times 0.33K^{0.8622}M^{0.3193-1}$ (6)

（3）边际技术替代率：$\dfrac{\Delta M}{\Delta K}=\dfrac{\mathrm{MP}_K}{\mathrm{MP}_M}=\dfrac{0.8622M}{0.3193K}$

当产量一定时，生产技术条件没有变化，边际技术替代率的大小由投入要素的量决定。例如，各投入等量单位的资本和原材料，增加 1 单位的资本，能替代 2.7 单位的原材料增量。

（4）最优规模，即主量一定情况下的要素最优组合：

$$\frac{\mathrm{MP}_K/P_K}{\mathrm{MP}_M/P_M}=\frac{0.8622\times 0.33K^{0.8622-1}M^{0.3193}}{0.3193\times 0.33K^{0.8622}M^{0.3193-1}}\times\frac{P_M}{P_K}=1$$

所以，K 和 M 两种投入要素的最优组合比例为 $0.8622P_M/0.3193P_K$。

当生产技术条件没有变化，即要素价格短期内不变时，最优组合比例是唯一的。例如，当原材料 M 的价格与资本 K 的价格基本相当时，最优组合是每 2.7 单位的资本对应 1 单位的原材料。

（5）等产量曲线：

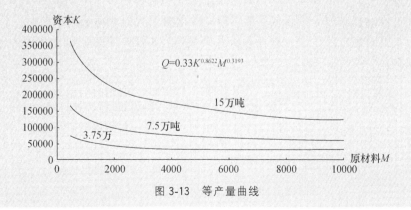

图 3-13 等产量曲线

3.11 统 计 分 析

为生产函数选定一种数学形式后,仍然存在一个问题,那就是使用哪一种类型的资料。

第一种可能是,使用与过去各个时期不同要素的数量和产出有关的时间系列资料。例如,1958 年到 1996 年间每年钢铁业所使用的有关劳动量、资本量和各种原材料数量的资料。在这些资料以及 1958 年到 1996 年间每年钢铁产量的有关信息基础上,可以使用回归技术,估计投入量和产出量之间的关系。

第二种可能是,使用关于给定时间内不同企业或产业部门中所使用的各种投入品的数量和产出的跨部门资料。例如,1996 年钢铁产业中关于不同企业所使用的劳动量、资本量和各种原材料数量的资料。在这些资料以及 1996 年各企业产量的有关信息基础上,可以使用回归技术,估计投入量和产出量之间的关系。

第三种可能是,使用由工程师或农业科学家提供的技术信息。从这一角度衡量生产函数有很多优点,因为资料的应用范围是已知的,而不像时间系列和跨部门研究那样,不会被限定在实际观察的狭窄范围内。

不管使用哪种方法,重要的是认识到资料并不总是代表投入和产出在技术上的有效组合。例如,由于某些错误和局限性,钢铁产业在 1996 年所使用的投入品数量也许不是钢铁产业实现 1996 年产量所需要的最小量。因为生产函数在理论上只包括有效率的投入品组合,所以如果衡量是始终如实的,那么缺乏效率的情况就应当被排除在外。但是,实际上,这些情况并不总是被排除在外(或者被认识到)。生产函数的最终估计就包含这种计算上的错误。

还有一个不容忽视的困难是资本投入的衡量。基本的问题产生于资本存量由各种类型和寿命的机器、建筑物和存货构成的事实,把它们结合在一种或少数几种标准下并不容易。

此外,关于设计的方法,也很难把工程师获得资料的过程结合到整个工厂或企业的生产函数之中。由于设计资料一般只用于企业活动的一部分,因此设计是非常困难的。例如,设计资料很少透露或不能透露企业的营销或财务活动的情况。

研究人员根据有关数据,整理分析并利用 SPSS 软件回归,得出我国微电子行业的生产函数:

$$Q = AL^{0.782}K^{0.242} \tag{3.18}$$

这里,A 为 L 和 K 等于 1 时的产出水平。在该等式的基础上,劳动增加 1%(资本量保持不变),将引起产出增加 0.782%。要证明这一点,可写下式:

$$\frac{\partial Q}{\partial L} = 0.782 AL^{-0.218}K^{0.242} = 0.782\frac{Q}{L}$$

$$\frac{\partial Q}{\partial L} \cdot \frac{L}{Q} = 0.782$$

在式（3.18）中所估计的生产函数的基础上，人们也能决定资本增加1%时的有效产出。

$$\frac{\partial Q}{\partial K} = 0.242 AL^{0.782} K^{-0.758} = 0.242 Q/K$$

因此，资本增加1%将使微电子行业产出增加0.242%。

此外，式（3.18）提供了关于微电子行业中规模收益的有价值的信息。这一生产函数属于柯布-道格拉斯形式，产出弹性等于指数之和，即0.782+0.242=1.024。这就意味着，所有投入品增加1%，能使产出增加1.024%。该结果显然表明了规模收益递增。

这种估计的生产函数对于管理者和分析家都有很大的价值，因为它能使管理者和分析家估计每种投入品的边际产量，并确定是否存在规模收益递增、递减或不变。这种信息在决定如何减少企业成本方面具有根本的重要性。在一个竞争激烈的世界中，成本具有极大的重要性，企业寻找估计生产函数的有效方法是很有价值的。

本章小结

1. 生产函数，是指在技术一定的条件下，每个时期所使用的各种投入品的数量与每个时期所能生产的产品的最大产量之间的关系。给出一个特定企业的生产函数，就能计算一种投入品的平均产量和边际产量。

2. 为确定要使用多少具体的投入品，企业应当把投入的边际收益产品与边际支出相比较。要达到利润最大化，企业应当使用边际收益产品等于边际支出时的投入品数量。

3. 等产量线是一条表明能实现特定产量的所有可能的投入品组合的曲线。边际技术替代率表明，在产出保持不变的条件下，一种投入品能被另一种投入品替代的比率。在正斜率的等产量线上某一点运营的企业将不能实现利润最大化。

4. 要使实现特定产量的成本最小化，企业应当按照所使用的所有投入品的边际产量对投入品价格的比率相同的方式，在各种投入品之间分配其支出。在几何意义上，这就是选择相关等产量线与等成本曲线相切处投入品组合的数量。

5. 最适当的批量规模等于$\sqrt{2SQ/b}$，其中S为每次的安装成本，Q为每年要求生产的有关产品的总量，b是存货中每个产品的年保持成本。企业生产适当规模的批量产品很重要，否则其成本将高于必要的或意愿的水平。

6. 如果企业按相同的比例增加所有的投入品，而产出按大于（小于）该比例增加，就存在规模收益递增（递减）。规模收益递增是因为投入品的不可分性、不同的几何关系或特殊性。规模收益递减较常见的原因是管理大企业存在困难。到底存在规模收益不变、递增还是递减，是一个必须逐一解决的经验性问题。

习题

1. 已知某厂商的生产函数为 $Q=L^{3/8}K^{5/8}$，设 $P_L=3$ 元，$P_K=5$ 元。

(1) 求产量 $Q=10$ 时的最低成本支出与使用的 L 和 K 的数量。

(2) 求产量 $Q=25$ 时的最低成本支出与使用的 L 和 K 的数量。

(3) 求总成本为 160 元时厂商均衡的 Q、L、K 的值。

2. 假设某公司的产出 Q 与熟练劳动和非熟练劳动的小时数之间的关系如下：

$$Q = 300S + 200u - 0.25S^2 - 0.3u^2$$

熟练劳动的小时工资是 10 元，非熟练劳动的小时工资是 5 元。在这种工资率上，企业可以雇到所需要的劳动。

(1) 该公司的总工程师建议雇用 400 小时的熟练劳动和 100 小时的非熟练劳动。请评价这个建议。

(2) 如果该公司决定按总额 5000 元雇用熟练劳动和非熟练劳动，应当雇用每种劳动多少小时？

(3) 如果每单位产出的价格是 10 元（不随产出变动），该公司应当雇用多少小时的非熟练劳动？

3. 已知生产函数为 $Q=L^{0.5}K^{0.5}$，试证明：

(1) 该生产过程的规模收益不变。

(2) 该生产过程受收益递减规律支配。

4. 一家专门的农业咨询公司确定，能使每只羊增重 25 斤所用的干草与粮食的组合如下：

表 3-5 干草与粮食组合

干草（斤）	粮食（斤）
40	130.9
50	125.1
60	120.1
70	115.7
80	111.8
90	108.3
110	102.3
130	97.4
150	93.8

(1) 通过以上数据是否能估计在养羊中每斤粮食的边际产量？

(2) 该公司的总经理认为，在养羊中占优势的是规模收益不变。如果的确如此，而且每只羊仅消耗干草和粮食，那么假定每只羊的干草消耗量是 100 斤，粮食消耗量是 250.2 斤，每只羊将能增重多少？

（3）假定每只羊消耗 40—50 斤干草，干草对粮食的边际技术替代率是多少？

（4）一项重大创新技术的出现，使每只羊增重只需消耗较少的干草和粮食。假定此时的边际技术替代率与之前相同，请作出每只羊增重 25 斤时的等产量线。

5. 一家电子工厂的生产函数是 $Q=5LK$，其中 Q 是其产出率，L 是每个时期所使用的劳动量，K 是每个时期所使用的资本量。劳动的价格是每单位劳动 1 元，资本的价格是每单位资本 2 元。

（1）该工厂每个时期 20 单位产出应当使用什么样的投入组合？

（2）假如劳动的价格增加到每单位 2 元，将对每单位劳动的产出产生什么影响？

（3）该工厂是规模收益递减吗？为什么？

6. 已知生产函数为 $Q=2L^{0.6}K^{0.2}$。

（1）该生产函数是否为奇次函数？次数为多少？

（2）该生产函数的规模收益情况如何？

（3）假如 L 和 K 均按其边际产量取得收益，那么在 L 和 K 取得收益后，尚有多少剩余产值？

7. 已知生产函数为 $Q=\min(3K, 4L)$。

（1）作出 $Q=100$ 时的等产量曲线。

（2）推导出边际技术替代率函数。

（3）讨论规模收益情况。

第4章

成本理论

在上一章，我们分析了企业的生产函数，通过合理分配各种生产要素，从而实现最大化的产出。然而，企业追求的目标是利润最大化，而不是产出最大化。因此，仅仅研究企业的生产情况是远远不够的。要制定有关产品数量和价格的聪明决策，企业管理者还必须充分注意企业的产出与成本之间的关系。本章从成本的基本理论出发，通过检验企业的产出与成本之间的关系，说明企业如何利用这一关系，选择利润最大化的产量水平。

正确认识和理解成本的概念是进行成本函数分析的前提和基础。在现实经济生活中，关于成本的概念及其解释是多种多样的。首先，我们来看机会成本。经济分析的目的在于，考察稀缺的生产资源如何有效率地通过各种途径分配使用。生产 X 产品的机会成本就是为了生产该产品而放弃（或牺牲）另一种最佳替代物 Y 的生产。简言之，机会成本就是企业投入的生产要素在其最有价值的其他用途中的价值。这些成本和企业的生产函数（表明生产不同数量的产品所需每种投入品的数量）共同决定了生产产品的成本。这被称作"机会成本原理"。举例来说，一家私营企业业主已投资 10 万元，假设他只获得较低的报酬，并且每周工作 60 个小时。那么，他应当计算投入该企业的时间和金钱的机会成本。其中，时间的机会成本是他在另一种工作上每周工作 60 个小时获得的最高工资。资本的机会成本是他将投资到该企业之中的 10 万元用于其他投资所能获得的收益。时间和金钱的机会成本也是企业投入时间和资金的真实成本。一种投入品的机会成本也许并不等于其历史成本。历史成本被定义为企业实际支付的数量。例如，如果一家企业投资 100 万元在一种迅速过时且与新设备相比无效率的设备上，那么它的价值显然不是 100 万元。尽管传统的会计规则十分强调历史成本，但是管理经济学家指出，历史成本会产生误导。

按机会成本的含义界定的生产成本由两种类型的成本构成：第一种类型是显性成本，是指在企业支出时，会计师记载的经常项目。它包括支付给员工的工资薪金，为原料、材料、燃料、动力和运输等所支付的费用，以及借入资本支付的利息。第二种类型是隐性成本，是指企业所有者自己提供的资源所必须支付的费用。它包括作为成本项目入账的厂房、机器等固定设备的折旧费，以及企业所有者投入资金的利息和提供劳务应得的薪金。因机会成本原理而产生的隐性成本必定被用于企业所有者提供的投入品。企业所有者把自己的劳动和资本投入业务之中，这些投入的价值应当是他把这些投入用在其他方面所能得到的价值量。如果企业所有者在为别人工作时可以得到

25元薪水，同时把自己的钱投资到别人的企业之中可以得到20元红利，那么他就将在这些比率上对自己的劳动和资本进行估价。排除这些隐性成本可能是一种严重的错误。

4.1 短期成本函数

给定企业在每一个产量水平上的成本，我们就能定义企业的成本函数。成本函数在管理经济学中起着非常重要的作用。一个企业的成本函数表明了它的成本与其产出率之间的各种关系。企业的生产函数和它为投入品支付的价格，决定了企业的短期或长期成本函数。

短期是一种短到使企业不能改变其某些投入品的数量的时期。随着时间长度的不断增加，越来越多的投入品的数量变成可变的。从没有投入品的数量可以改变，到所有投入品的数量都可以改变，这两点之间的时间区间可以合理地被叫作"短期"。但是，我们通常使用的是一个更具限制性的定义：短期就是短到使企业不能改变工厂和设备的数量的时间间隔。一些企业的固定投入品决定了企业的工厂规模。像劳动这种企业能在短期内改变其数量的投入品，是企业的可变投入品。

以下考察三种有关总成本的概念：总固定成本、总可变成本和总成本。

第一，总固定成本（total fixed cost，TFC），可被定义为：厂商即使暂时关闭工厂，什么也不生产，也要承担的费用。这包括厂方设备投资的利息、折旧费、维修费，各种保险费和一些税金，以及即使暂时停产也要继续雇用的人员的工资薪金等。由于固定投入品的数量是不变的，因此总固定成本同样不考虑企业的产出率。

第二，总可变成本（total variable cost，TVC），是随着产量而变动的成本。这类成本包括工人的工资，厂商为购进原料及其他物品而发生的支出，以及电费、营业税和短期借款利息等。总可变成本随企业产出率的上升而上升，因为较高的产出率要求较高的可变投入品率，意味着较大的可变成本。例如，毛纺厂的产量越大，它必须使用的羊毛数量越多，羊毛的总成本越高。在一个具体的产出率上，总可变成本以一个递减的比率增长。超过这一产量水平，总可变成本就以一个递增的比率增长。总可变成本函数的这种特点服从于边际报酬递减规律。在较低的产量水平上，可变投入的增加也许会导致生产率的递增，总可变成本将随着产量增加而递增，不过是以一种递减的比率递增。

第三，总成本（total cost，TC），是总固定成本与总可变成本之和，即 TC＝TFC＋TVC。从图 4-1 可以看出，总成本曲线与总可变成本曲线具有相同的形状。由于 TFC 的值固定不变，因此 TC 曲线与 TVC 曲线在任一点的垂直距离都等于 TFC。

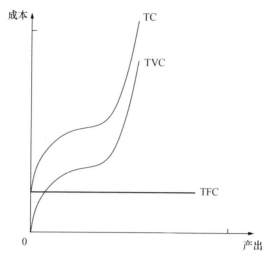

图 4-1 总成本与总固定成本和总可变成本的关系

4.2 平均成本与边际成本

对应于三种总成本函数,有三种平均成本函数:

第一,平均固定成本(average fixed cost,AFC),是总固定成本除以产量的结果。平均固定成本随着产量的增加而下降。从数学意义上说,平均固定成本函数是一条矩形直角双曲线。

第二,平均可变成本(average variable cost,AVC),是总可变成本除以产量的结果。从图 4-2 可以看出,产量的增加起初引起平均可变成本的减少,但是若超过某一点,就会引起较高的平均可变成本。生产理论引导我们预期平均可变成本函数的这种弯曲变化。

第三,平均总成本(average total cost,ATC),是总成本除以产量的结果,等于平均固定成本和平均可变成本之和。它在某个高产出率上得到其最小的量,有助于解释平均总成本函数的形状。当平均可变成本增加到某一点时,其增加量会大于平均固定成本减少所抵消的量。

AVC 是平均可变成本,TVC 是总可变成本,Q 是产出数量,u 是可变投入品的数量,W 是可变投入品的价格,有:

$$\text{AVC} = \frac{\text{TVC}}{Q} = W \frac{u}{Q}$$

由于 Q/u 是可变投入品的平均产量(AVP),因此可得:

$$\text{AVC} = W \frac{1}{\text{AVP}} \tag{4.1}$$

由于 AVP 一般随着产量的增加先上升后下降,因此 AVC 随着产量的增加先下降后上升。

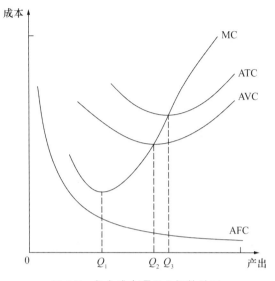

图 4-2　各个成本项目之间的关系

边际成本是由于最后一单位产量的增加而产生的总成本的增加量。也就是说，如果 $C(Q)$ 是生产 Q 单位产量的总成本，则 Q 和 $Q-1$ 单位产量之间的边际成本就是 $C(Q)-C(Q-1)$。在较低的产量水平上，边际成本可能随着产量的增加而下降。但是，在达到最低点之后，它会随着产量的进一步增加而上升，如图 4-2 所示。这种变动的原因可以从边际收益递减规律中找到。如果 ΔTVC 是 ΔQ 的产量变化所引起的总可变成本的变动，而 ΔTFC 是由 ΔQ 的产量变化所引起的总固定成本的变化，则边际成本等于 $\frac{\Delta TVC+\Delta TFC}{\Delta Q}$。但是，$\Delta TFC$ 为 0，因为总固定成本是不变的，所以边际成本等于 $\frac{\Delta TVC}{\Delta Q}$。此外，如果可变投入品的价格被视作由企业给出的，则 $\Delta TVC = W \cdot \Delta u$，其中 Δu 是由于产量中增加了 ΔQ 而引起的可变投入品的数量变化。于是，边际成本等于：

$$MC = W\frac{\Delta u}{\Delta Q} = W\frac{1}{MP} \tag{4.2}$$

这里，MP 是可变投入的边际产量。由于 MP 通常随着产量的增加而增加，到达最大值后又减少，因此边际成本通常是先下降，达到最低点后再增加。

如果总成本函数是连续的，边际成本就被定义为 dTC/dQ，其中 TC 为总成本。例如，假定一个企业的总成本函数为：

$$TC = 20 + 3Q + 0.2Q^2$$

其中，TC 以万元计，Q 以产量单位表示。边际成本函数将为：

$$MC = \frac{dTC}{dQ} = 3 + 0.4Q$$

注意，在平均成本的最小量上，边际成本总是等于平均成本，AC 为该企业的平均成本。

$$AC = \frac{TC}{Q} = \frac{20}{Q} + 3 + 0.2Q$$

取 AC 对于 Q 的导数，并令它等于 0，可以发现 AC 达到最小时 Q 的值为：

$$\frac{dAC}{dQ} = -\frac{20}{Q^2} + 0.2 = 0$$

$$Q = 10$$

当 Q 等于 10 时，边际成本和平均成本等于 70000 元。因此，如上所述，边际成本在平均成本最小时与它相等。

案例 智能客服如何助力企业降低成本？[1]

客服中心一直被认为是企业的成本中心，因其劳动密集型特质而需雇用大量人员进行对外服务，以保证基本的服务效率。基于此，企业需要进行大规模的成本投入。随着企业的发展，在客户量上升后，还需继续扩大客服团队，从而进一步增加了企业的运营成本。

以电商企业为例，随着我国移动互联网的不断发展，这类企业的客服中心规模与日俱增。电商平台上的商家拥有上千席呼叫中心的并不罕见，每日接待超过数百万客户的来访咨询，以及为客户处理物流、售后问题等事务。这些平台商家每年支出的客服薪资可达 300 亿元，企业的成本投入惊人。尽管企业耗费了如此庞大的投入，但是客服中心依然存在着培训时间长、客服能力水平不一、缺乏统一的服务流程标准、工作效率低等问题。

除了客服中心，销售中心可被看作企业的另一个成本中心。在我国，有约 4500 多万家中小企业。据统计，在这些企业内，仅在职销售人员就超过 9000 万人。但是，在这 9000 万人中，真正为企业经营带来助益的不到一半，多数销售人员集中处理的仅是最基本的回答客户咨询、判断客户的购买意向、对客户进行调查回访及跟进等。由于销售工作的特质，在一段时间内，无法做出成绩的销售人员大多选择离职。对企业而言，员工的高流动率也会带来成本的上升。除此之外，由于销售工作具有较大的时间和空间弹性，因此企业在确保基层销售人员的工作质量上很难量化标准，较难统一管理，管理成本较高。

基于以上企业"痛点"，智能客服的引入或是极佳的解决方案。

对于企业客服中心，智能客服可以做到 7×24 小时在线，随时进行用户接待以及解决常见问题的售前咨询、售后服务等。在同一时段多人来询的情况下，智能客服也可以同时响应，从前需要 10 名客服人员才能应对的客户量现在仅需一席智能客服便可，帮助企业缩减基础客服编制数，从而节约企业成本投入。

除此之外，针对销售中心存在的问题，智能客服通过大数据及知识库快速掌握

---

[1] 参见风清雨扬：《电商企业采用智能客服能降低多少成本？》，https：//www.jianshu.com/p/3f13cbcb10fd，2019 年 10 月 3 日访问。

企业营销信息，进行海量的电销呼出，筛选意向客户，全时段保持工作状态，而且不存在离职、管理困难等问题，帮助企业减员增效。

如今，资本红利与人口红利双双缩减，企业更应该着重控制成本投入。在科技时代，应当适时使用科技的手段助力企业优化升级，以应对随着互联网发展而催生的客户需求，并在需求的推动下不断自我完善，提升企业核心竞争力。

4.3 长期成本函数

上文在考察厂商的短期成本时，实际上是假定该厂商经营的一座工厂的厂房、机器等固定设备的规模是既定的，而在长期内，则假定厂商有充足的时间，根据其预计的产销量重新设计工厂的经营规模。因此，这实际上涉及规模报酬问题论及的规模大小的变动。在厂商的长期成本中，不存在固定成本与可变成本的区别。所有的投入品都是可变的，企业可以建立其愿意建立的任何规模和类型的工厂。一个有用的方法是考虑一个计划的范围。在短期内运行的时候，企业必定在不断进行事前的计划，并确定它的长期战略。关于长期的决策决定了企业在未来所占据的短期地位。例如，某公司在作出增加一种新产品到生产线上的决定之前，就处在一种长期状态下，因为它可以在生产该新产品的多种类型和规模的设备中加以选择。但是，投资一旦进行，该公司就面临短期的形势，因为设备的类型和规模在一定范围内被冻结了。

假定一个企业只可能在三种工厂规模中加以选择，每种工厂规模的短期平均成本函数在图4-3中以 G_1G_1'、G_2G_2' 和 G_3G_3' 代表。在长期内，该企业可以建立（或转变为）这些可能规模的工厂中的任何一种。那么，哪种工厂规模是最能盈利的？显然，答案取决于长期产出率，因为企业将愿意在最小的平均成本上生产这个产量。例如，如果预期产出率是 Q，则企业应当选取最小的工厂规模，即每单位成本 C。

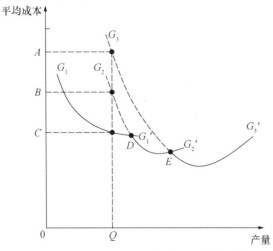

图 4-3　不同工厂规模的短期平均成本函数

长期平均成本函数表明了在任何最优规模的工厂都能建立时,生产每个产量水平的最小单位成本。在图 4-3 中,长期平均成本曲线就是短期平均成本曲线的连续部分 G_1DEG_3'。这些短期平均成本曲线的断开部分不包括在内,因为它们不是最小的平均成本,从图中可以明显看到这一点。

现实中,有许多可供选择的工厂规模,因此企业面临着大量短期平均成本函数,如图 4-4 所示。生产的每个产量水平上最小的单位成本由长期平均成本函数给出。长期平均成本曲线与每一条短期平均成本曲线在工厂最满意的产量水平处相切。

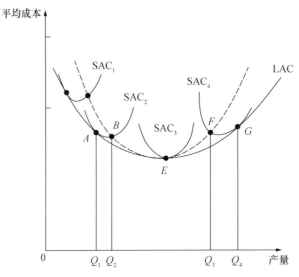

图 4-4　长期平均成本曲线与短期平均成本曲线的关系

长期平均成本函数表明在每个产量水平上最小的单位长期成本,它是短期平均成本函数的包络曲线。长期平均成本曲线一般呈 U 形,其变动规律与规模报酬变动的三个阶段有着极为密切的关系。随着产量的增加,企业使用的厂房设备规模扩大,产品的单位成本随之递减,生产处于规模报酬递增阶段。如电话、电力等行业的企业,服务的客户越多,平均成本就越低。随着企业生产规模的不断扩大和产量的不断增加,最好的资本设备和专业化的利益已全被利用,规模经济的优势减弱,而规模不经济因素的影响增大。当两种影响力处于相持阶段时,长期平均成本曲线的变动相对平缓,生产过程就呈现出规模报酬不变的现象。

长期平均成本转入递增阶段依存于下述前提:随着企业生产规模的扩大,管理的困难和成本越来越大,规模不经济因素的影响力逐渐占据主导地位。显然,理性的企业决策者为了克服大规模的不经济,应千方百计地延续长期平均成本曲线变动的相对平坦阶段,即尽可能使生产过程中的规模报酬不变阶段持续更长的时间。

如果有生产一个给定产量的长期平均成本,就可以很容易导出该产量的长期总成本,因为长期总成本就是长期平均成本和产量的乘积。长期总成本与产量之间的关系就叫作"长期总成本函数"。给出长期总成本函数,就可以很容易地导出长期边际成本函数。长期边际成本函数表明的是,在企业有时间对所有投入品的数量作出最适当的改变时,所生产的最后一单位产品引起的产量与成本之间的关系。当然,在长期平均成本递减时,长期边际成本必定小于长期平均成本;在长期平均成本最小时,长期边际成本等于长期平均成本;在长期平均成本递增时,长期边际成本大于长期平均成本。这也可以表现为,在企业为生产一个给定的产量而建立最适当的工厂规模时,长期边际成本将等于该产量的短期成本。这从图4-4中可以看出。

为了说明企业的长期成本函数与短期成本函数之间的关系,我们在此举维康公司这家闪光灯厂商假设的成本状况的例子。维康公司的工程师们把公司的生产函数确定为:

$$Q = 4\sqrt{K \cdot L} \tag{4.3}$$

其中,Q是产量(以每月千台计),K是每月使用的资本量(以千单位计),而L是每月雇用的劳动小时量(以千计)。

因为公司必须为每个劳动小时支付8元,为每单位资本支付2元,所以其总成本(按每月千元计)为:

$$TC = 8L + 2K = \frac{Q^2}{2K} + 2K \tag{4.4}$$

因为式(4.3)意味着在短期内企业来不及改变其工厂规模和设备的数量,所以K是不变的。因为维康公司有1万单位资本,所以$K=10$。以10代替式(4.4)中的K,短期成本函数就是:

$$TC_s = \frac{Q^2}{20} + 20 \tag{4.5}$$

其中,TC_s是短期总成本。这样,短期平均总成本函数就是:

$$AC_s = \frac{TC_s}{Q} = \frac{Q}{20} + \frac{20}{Q}$$

短期边际成本函数为:

$$MC_s = \frac{dTC_s}{dQ} = \frac{Q}{10}$$

在长期内,没有什么投入品是固定不变的。为了决定每月生产Q单位产量所使用的最适当的资本投入量,维康公司的经理们应当使总成本最小化。在式(4.4)的基础上,让该导数等于0,可以发现成本最小时K的值,即$K = \frac{Q}{2}$。以$\frac{Q}{2}$替换式(4.4)中的K,可以看到长期成本函数为:

$$TC_L = 2Q \tag{4.6}$$

其中,TC_L为长期总成本。因为$TC_L/Q = 2$,所以长期平均成本为每只闪光灯2元。在通常情况下,短期边际成本曲线与短期平均成本曲线相交于后者的最低点,即该例中的$Q=20$和$AC_s=2$处。由于它是水平的(属于规模收益不变的情况),因此长期平均成本函数与短期平均成本函数相切于短期平均成本函数的最低点。值得注意的是,长期平均成本函数为水平的这种情况并不常见。相反,在不同的产业中存在着规模经济,至少在某些范围内的产量上。

对于企业管理层的实际决策制定来说，长期平均成本曲线非常重要，因为它表明大工厂是否比小工厂更具成本优势以及在什么范围内具有优势。在基于这种情况的例子中，我们常常说存在着规模经济。

案例　企业如何建立并保持规模经济？[①]

首先，规模经济的建立是十分不易的。规模经济不取决于企业的绝对规模，而是取决于市场份额以及与竞争对手的差异。这一点不难理解，很多企业虽然资产规模很大，但是往往过度多元化或没有市场地位，自然无法形成规模效应。因此，企业如果要做大，就必须做强；如果不想要规模，一定要做精。大而不强或小而不精，都无法形成竞争优势。

规模效应的建立，需要有大量的固定成本和随着产量等比例上升的可变成本。这些固定成本包括厂房、设备、技术等资本投入，也包括大额广告费用。随着固定成本被分摊到更大的销量上，平均成本不断降低。因此，销量越大，企业的竞争优势越明显。相比之下，很多互联网社交类企业则是轻资产，并不依赖固定资产，网络效应更重要。

美国电商先驱亚马逊既是零售商又是互联网公司，它将其竞争策略归结为"飞轮效应"：以更低的价格吸引更多的顾客，更多的顾客意味着更高的销量，能够吸引更多的第三方销售商，从而摊薄固定成本，降低价格。这源于亚马逊创始人贝索斯关注长期的理念。自建立以来，亚马逊一直以将重资产投入仓储物流和数据中心而闻名，使公司成为全美最大的线上零售商和云计算供应商。截至2019年第三季度，亚马逊的固定资产净值高达677亿美元，占总资产的比例约达34%；而市值相近的苹果公司的固定资产净值为374亿美元，占总资产的比例仅约为11%。这反映出两家公司对规模经济依赖度的不同。

其次，规模效应需要与一定的客户忠诚度相结合，才能产生持久的竞争优势。由于客户忠诚度的存在，主导企业能够保有自己的市场份额，新进入者无论如何也达不到在位企业的规模，永远是处于规模劣势的一方。例如，在零售领域，好市多实行会员制经营模式，亚马逊模仿推出了Plus会员制度；在可乐领域，可口可乐、百事可乐各有忠诚客户，七喜始终是小角色……上述拥有忠诚客户的企业能够建立起较强的竞争壁垒，并且持续保有自己的市场份额，获得了长期持续的回报。同样，国内的京东从3C业务起家，以自营业务的品质保障赢得了众多忠诚客户，作为新进入者获得了一定的市场份额以支持其所需的基础设施，像亚马逊一样重金投入仓储物流设施。随后，京东将商品扩展至全品类。像阿里巴巴这样的先发企业最终发现，自己很难将京东"驱逐"出去。

[①] 参见李守强：《认清规模经济的优势与局限》，载《证券市场周刊》2019年第45期。

反之，如果没有客户忠诚度，新进入者一旦掌握相同的生产技术和资源，那么它迟早会达到同样的生产规模，这个市场将会变为红海，最终形成规模不经济。如彩电行业，既没有客户忠诚度，技术也处在迅速变化的过程中，随时都有新进入者借助新技术革新切入。从20世纪90年代起，松下、长虹、康佳、TCL、海信、创维等传统企业都曾各领风骚。近年来，小米等新兴企业借助液晶电视纷纷切入彩电市场，就连华为也前来争夺"客厅流量"入口……如今，行业价格大战是常态，最受益的是消费者。

此外，区域市场更易形成规模经济。如汽车玻璃，既存在运输半径，又需要固定资产投入；同时，汽车主机厂对供应链的认证壁垒较高，更需要较长的测试时间。福耀玻璃在汽车制造集群区域大规模建厂，"绑定"汽车厂，既获得了规模优势，又建立了进入壁垒。同理，水泥、啤酒等行业也是如此。规模经济是建立可持续竞争优势的关键，尤其是在区域市场。

市场容量的急剧增长是规模优势的敌人而非朋友，全球化也可能是规模优势企业的破坏者。市场的急剧增长降低了新进入者为了生存所必须克服的障碍。如果市场变成国际性的，规模将大大增加，规模经济的优势反而会缩小。例如，20世纪中后期，全球性汽车市场规模急剧扩大，很多竞争者都达到了相似的规模。每家汽车品牌占有的市场份额都很小，规模经济优势相比福特T型车时代反而大大下降。日系车则凭借精密制造和低成本，对美国汽车形成冲击。

增长对企业来说未必是好事，没有质量的增长最终可能导致价值毁灭。企业的首要战略是保护自己具有统治地位和丰厚利润的市场，而不是挥霍巨资进入新的市场领域，与强大的在位企业搏斗。比如，燕京啤酒在"大本营"北京市场曾经占有很高的市场地位，形成规模效应，但是它并没有优先巩固华北市场的区域优势，反而"劳师远征"两广、福建等地区。实际上，这些异地市场的竞争都很激烈。燕京啤酒不仅为此消耗了大量的精力，如今"大本营"也被雪花啤酒和青岛啤酒逐渐蚕食。

规模优势容易被缓慢侵蚀，企业需要不断捍卫、积极保护。竞争对手一旦扩大经营规模，就缩小了与领先者之间的单位成本差距。领先者最好的战略是：与竞争对手针锋相对。如果竞争对手采取降价、推出新产品等措施，主导企业应该迅速跟进。

20世纪50年代，百事可乐虽还比较弱小，但它开辟超市作为新的渠道，并且开发新的年轻人市场。可口可乐没有及时作出反应，导致其一度失去部分市场份额，眼睁睁地看着百事可乐崛起。

2017—2019年，奥克斯空调借助线上新渠道和低价格，出货量迅猛增长，一度跃居行业第三位。此时，格力电器对奥克斯空调的反击最为猛烈，采取举报其产品问题、主动发起价格战等措施。格力电器董事长董明珠说格力在反击中被美的和海尔"放鸽子"。这点不难理解，白色家电行业三大巨头中只有格力高度依赖空调业务，这是它的最大利益所在。

从某种程度上说，新市场更易"逆袭"。新时代变革下，新应用市场出现，是"失意者"开辟新战场并迅速建立规模优势的绝佳机会。20世纪90年代，微软和英特尔组成强大的Wintel联盟，在PC时代构建起强大的规模经济和进入壁垒，占据了约90%的市场份额。在PC时代，ARM公司、苹果公司等始终是"失意者"。虽然苹果公司凭借良好的设计和稳定的系统赢得了部分忠实客户，但是无论怎样努力，都无法找到突破口，建立属于自己的竞争优势。

直到2007年，时代发生更替，进入移动互联网时代。苹果公司推出了第一代iPhone，搭载ARM芯片，IOS系统开发被绑定在ARM指令集上。随后，谷歌推出Android系统，也是基于ARM指令集。从此，ARM公司奠定了自己在智能手机市场的霸主地位，市场份额高达85%以上。苹果公司凭借iPhone的全球风靡，成功推行了自己的IOS系统，并带动iPad、MacBook笔记本电脑的畅销。然而，在PC时代，苹果公司是不可能做到这一切的，无论是其系统还是产品。

微软和英特尔由于大意等各种原因，集体错失了智能手机时代，坐看曾经的"小弟"建立起如同自己当年的规模优势。同样的"逆袭"发生在光学、声学等传统领域，微型手机镜头和声学部件都是传统巨头所不屑的领域。在移动设备市场，大立光、舜宇光学、歌尔声学、瑞声科技等新势力迅速崛起。

总体而言，规模经济是企业建立可持续竞争优势的关键，尤其是在区域市场。但是，企业必须具备一定的客户忠诚度，其市场份额才能够维持。同时，规模经济需要以毫不松懈的警惕性加以保护。不专一的增长战略很可能带来价值毁灭。企业竞争战略的首选是捍卫自己的竞争优势。

4.4 成本函数的估计

企业管理者为了进行成本利润分析，需要对成本函数进行估计，包括短期成本函数估计和长期成本函数估计。短期成本函数估计一般是指估计全部变动成本函数，而不是估计总成本函数。也就是说，在估计企业成本时，把固定成本排除在外。长期成本函数估计则涉及全部成本。因为从长期来说，所有的成本都是可变的。

4.4.1 用回归分析估计短期成本函数

估计短期成本函数的常用方法是回归分析法。由于它只是用于估计某企业的成本函数，因此一般只能使用时间序列数据。用回归分析法估计成本函数在原理和步骤上与用回归分析法估计生产函数相似，兹不赘述。

在这里，我们着重阐述两个问题。

第一，成本数据的收集和调整。会计数据是成本估计的基础。但是，会计成本数据属于现行成本或历史成本，而决策用的成本则必须是预期的、将来的成本。所以，以会计账簿上记录的成本数据估计成本函数必须经过调整。收集和调整成本数据的方法如下：

（1）根据相关成本和机会成本的概念，对会计成本进行调整。既然会计成本不适于用来作决策，那么为了估计决策所用的成本函数，就必须先根据相关成本和机会成本的概念，选择调整系数和方法，从而对会计成本进行调整。

（2）把成本区分为变动成本和固定成本。虽然这种区分有时是有困难的，但是为了准确估计短期成本函数，这一步又是必须做的。

（3）调整计算成本和时间。为了准确估计成本与产量之间的关系，成本变动的时间必须与产量变动的时间保持一致。但是，在实际生活中，会计数据有时不能满足这个要求。比较典型的例子是设备维修费用。产量最大的月份往往是设备维修费用最小的月份，因为维修（如大修）一般是在生产淡季进行的。可是，设备的磨损往往在高产量期最大。此时，这种会计成本数据就不能正确反映成本与产量之间的关系。对于这种数据，就要作时间上的调整。这种调整可以采用很多专门的方法。

（4）调整投入要素的价格。这个调整也要对时间因素加以考虑。会计数据使用的价格是过去的价格，如果今天投入要素的价格变动了，就要用今天的市价对过去的成本数据进行修正。

（5）关注观察期的长短。短期成本曲线反映的是在企业的规模和技术水平不变的情况下成本与产量之间的关系。但是，在实际生活中，企业的规模和技术水平很难保持完全不变，而是在不断变化的（如添置或更新一台设备等）。这样，就会使前后的观察数据不可比较。解决这个问题的办法是，使观察期尽量缩短。观察期短，企业的规模和技术水平的变化不会太大。但是，观察期太短也不好，这样会限制样本的大小，使得估计不准确。究竟多长为好，要根据具体情况确定。根据经验，总观察期定为 2—3 年，每月观察一次，共取 24—36 个观察结果以估计成本函数是比较合适的。

第二，成本函数方程形式的选择。数据经过收集和调整之后，需要确定用什么样的函数方程对其予以拟合。由于对成本、产量及其内在规律的认识对管理决策有重要价值，因此西方经济学者对生产的实际过程进行了多年的调查和分析研究。管理经济学创始人之一乔尔·迪安在 20 世纪 30 年代后期曾研究家具厂、袜厂、皮带厂的短期成本，研究结果表明：产品成本与产量之间存在线性关系，边际成本在所观察的范围内是固定不变的。

可见，许多企业的成本函数为线性函数。但是，这与传统的成本理论存在分歧。由前文的分析可知，边际成本线呈 U 形曲线。但是，经验研究表明，边际成本在相当大的范围内保持不变。对此矛盾，西方经济学者作过多种解释和说明。一种比较有说服力的解释是：理论上，在短期内，固定要素的投入数量不变，而变动投入数量是变化的。但是，在实际的生产系统中，固定要素的投入数量往往随着产量变动，与可变要素的投入数量保持一定的比例关系。例如，机械加工厂为扩大产量，需要增加工人的数量，同时必须配置相应的机器设备，使工人与机器设备保持一定比例。因此，可变要素的投入在现实社会中也不固定，而是随着产量变动的。如果固定投入与可变投入在一定产量范围内保持一定比例，就将使边际收益递减规律不起作用，边际成本保持不变。

对于用回归分析法所得的短期成本函数，与对生产函数的估计一样，还应进行统计检验和经济检验，以检验所选取的函数是否合适以及估计出来的函数的精确性。

案例　一家微晶玻璃厂的短期成本函数

微晶玻璃是利用工业废料或矿山尾矿，采用先进的微晶化技术处理，烧结而成的新型材料，可广泛用作耐磨防腐材料和装饰材料。因此，微晶玻璃厂的操作是由熟练劳动力和尖端机械设备完成的。

在研究总成本之外，我们可以得到生产性劳动成本、非生产性劳动成本和管理费用的成本函数。考虑这三个组成部分，可以得出一个样本回归方程，其形式为：$TC=a+Bq$（总成本按元计算，产量按箱计算）。该方程的直线形式完全是适合的。假设该回归线为 $TC=2000000+100Q$。回归线的斜率等于100，表明边际成本是100元。平均成本（以元计）是：

$$AC=100+\frac{2000000}{Q}$$

运用该方程，企业管理者能估计一定范围内任何产量水平的平均成本。例如，如果企业计划下个月生产20000箱微晶玻璃，则对每箱微晶玻璃总成本的估计就是：

$$100+\frac{2000000}{20000}=200（元）$$

4.4.2　长期成本函数的估计

这种回归技术也可以被用来估计长期成本函数。但是，我们很难找到这样的例子，即企业的规模发生了变化，而产品的生产技术和其他相关变量保持不变。因为若使用时间序列数据，要采集规模变动情况下的数据，时间就需"足够长"，而在"足够长"的时间里，产品的生产技术也许早就发生了变化。一个可行的办法是采用截面数据，即在某一个时点，对大量的同一行业不同规模的企业进行数据采集，以此代替同一企业规模发生变动的情况。因为在同一时点，可认为行业的技术水平大致保持不变。也就是说，建立在跨部门资料基础上的回归分析与建立在同一部门资料基础上的回归分析是不同的。具体来说，就是选择不同规模企业（或工厂）的样本，并把企业（或工厂）的总成本对其产量进行回归；对其他独立变量，用工资率的地区差异或其他投入品的价格进行回归。

这种跨部门分析也面临着许多困难，其中一些在前文已经有所论述，具体而言：（1）企业也许使用了不同的会计方法，造成其成本资料的不可比较。因此，成本与产量之间的真正关系是不清楚的。（2）国内不同地区的企业也许采用完全不同的工资率，而且其他投入品的价格在地区间也可能是完全不同的。除非投入品的价格保持不变

(将之作为回归中的独立变量),否则估计的成本与产量之间的关系也可能有偏差。
(3)与长期成本函数建立在企业将使其成本最小化的假定上不同,在统计分析中使用的实际资料属于那些没有有效运营的企业。因此,估计的成本函数也许夸大了生产一个既定产量的有效运营的企业的成本。

尽管存在这些困难,但是对长期成本函数的大量有价值的研究一直在进行之中。这些研究发现,在低产量水平上,存在着非常有意义的规模经济。不过,这些规模经济趋向于随着产量的增加而减弱。与此不同,长期平均成本函数必定在高产量水平上接近于水平状态。与图 4-4 中的 U 形曲线相反(在微观经济理论中,常常假定这种情况),长期平均成本的曲线是 L 形的。

假定情况如此,企业管理者及其他人的兴趣也许就在于估计特定产业中工厂的最小有效规模。工厂的最小有效规模被定义为长期平均成本处于最小时的最低产量。如果长期平均成本曲线如图 4-5 所示,则工厂的最小有效规模就是 Q_m。企业管理者对最小有效规模感兴趣的原因在于,低于这一规模的工厂在竞争中处于劣势,因为它们的成本比在规模上比其强大的对手更高。表 4-1 表明,在各种不同的产业中,处于成本劣势的工厂有一半属于最小有效规模以下的工厂。例如,在合成橡胶业,这类工厂的平均成本比最小有效规模的工厂的平均成本高 15%。

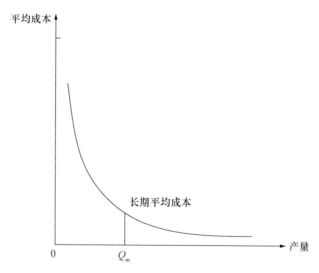

图 4-5 典型的长期平均成本曲线

表 4-1 不同产业成本劣势与成本优势   单位:%

产业	成本劣势的百分比	产业	成本优势的百分比
面粉业	3.0	合成橡胶业	15.0
面包业	7.5	清洁剂业	2.5
印刷业	9.0	制砖业	25.0
硫酸业	1.0	机床业	5.0

资料来源:F. M. Scherer, *Industrial Market Structure and Economic Performance*, 2nd ed., Rand McNally, 1980。

对长期成本函数的估计通常是估计长期平均成本函数。特定行业中工厂或企业的最小有效规模可以由长期平均成本函数估算出来，而长期平均成本函数大致可以前述回归技术为基础得出。估计长期平均成本函数的另一种方法是工程技术法。从成本数据出发估计成本函数有两个缺陷：第一，所收集的成本数据往往是以历史价格计算的，而实际生活中的投入要素价格总是变化的，通常都有或大或小的通货膨胀率或通货紧缩率，价格不断地持续上升或下降。那么，仅因为投入要素价格的变化，成本函数也会发生变化。利用价格指数对成本数据进行折算虽然能消除一些价格变化的影响，但是各种投入要素价格变化的幅度往往是不一样的，这样寻找一个较准确的价格指数就十分困难。第二，把会计成本数据调整为机会成本数据更不是一件容易的事。工程技术法是从反映投入与产出之间技术关系的生产函数出发的，工程师们利用其关于生产技术的知识，估算出与生产的每个产量相联系的最适当投入量。然后，就可以通过把每种投入的最优数量与其价格相乘，再加总得出总成本的方法作出估计。通过长期总成本函数，可以得到长期平均成本函数，由此就可以估计最小有效规模。

还有一种估计最小有效规模的方法是使用由诺贝尔经济学奖获得者乔治·斯蒂格勒最先使用的残值技术。为使用这种技术，我们把行业中的企业按规模分类，并计算每一规模等级在不同时期占行业产量的百分比。如果一个规模等级的份额随时间的推移而减少，就可假定其是相对无效率的；反之，就可假定其是相对有效率的。然而，由于受管制、进入障碍、串通及其他因素变动的影响，平均成本也许并不像残值技术假定的那样，与残值有那么密切的联系。因此，这种技术应当被谨慎看待。

图 4-6 反映的是斯蒂格勒对钢锭生产中的长期平均成本函数的估计。显然，市场份额小于或大于一定比例的企业具有相对高的平均成本。按这些规模分类的企业在斯蒂格勒研究的那段时期内（按行业产量的百分比计算）是下降的。残值技术最重要的局限性之一是，它不能告诉我们不同规模的企业之间成本差异的范围。这反映在图 4-6 的垂直轴上，就是没有表明规模。

为了说明残值技术的使用，让我们考虑一下市场内多功能广播电台的共同所有权是否能够产生效率的问题。1988 年，美国联邦贸易委员会的经济学家们在残值技术基础上进行了一项分析，要了解中波与调频广播的联合是否会增加相对独立所有和经营的电台数目。根据他们的研究结果，情况就是如此。他们对这些发现进行了解释，并认为共同的所有权也许可以产生重要的经济效益。

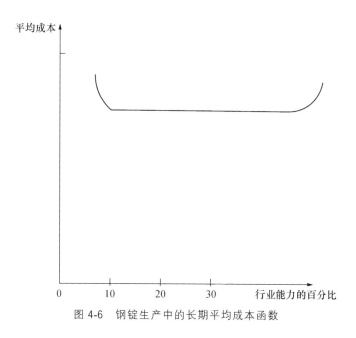

图 4-6 钢锭生产中的长期平均成本函数

4.5 范围经济

许多企业生产一种以上的产品。在许多情况下，当一家企业生产一种联合产品而不是单一产品时，它就获得了生产优势或成本优势。这些优势的产生，有时是因为生产一种产品的设备也能用于生产其他产品，有时则是因为生产一种产品所产生的副产品在生产其他产品时也是有用的。

范围经济，是指企业生产两种以上的产品或经营两种以上的劳务，使平均成本下降的现象。例如，假定东胜公司每年生产 1000 台粮食加工机械和 500 台机床，其成本是 1500 万元。如果东胜公司只生产 1000 台粮食加工机械，其成本将是 1200 万元；如果只生产 500 台机床，其成本将是 600 万元。在这种情况下，同时生产粮食加工机械和机床两种产品的成本比单独生产其中每一种产品的成本总和要小。

范围经济的出现，是由于在工业生产过程中，大部分的投入要素都具有多种使用功能，可以适应多种产品的生产。例如，机械、电子等行业的生产企业的自动化生产线、加工配套设施等，可以用于加工同类的很多产品。在制造业中，生产某种产品的原材料能够同时用于生产其他副产品。当一个企业生产多种产品时，可以充分利用原材料的使用价值。此外，企业在长期经营过程中培育的品牌信誉具有扩散效应，同时经营多个产品可以共享广告效应和品牌效应。如果单一产品的市场需求不足以满足采购和销售的经济规模要求，那么经营多种产品可以分摊企业仓储设施的成本和运输成本，也可以分摊收集信息的成本。

为使范围经济实现规范化，我们可以用如下公式表示：

$$S = \frac{c(Q_1) + c(Q_2) - c(Q_1 + Q_2)}{c(Q_1 + Q_2)} \tag{4.7}$$

其中，S 为范围经济的程度，$c(Q_1)$ 为单独生产第一种产品 Q_1 单位的成本，$c(Q_2)$ 为单独生产第二种产品 Q_2 单位的成本，$c(Q_1 + Q_2)$ 为联合生产 Q_1 单位第一种产品和 Q_2 单位第二种产品的成本。如果存在范围经济，S 就会大于零，因为同时生产两种产品的成本 $c(Q_1+Q_2)$ 小于单独生产每种产品的成本之和即 $c(Q_1)+c(Q_2)$。显然，S 衡量了联合生产而不是单独生产所形成的节约的百分比。S 的值越大，范围经济的程度越高。

在上述东胜公司的案例中，范围经济的程度可以表示为：

$$S = \frac{1200 + 600 - 1500}{1500} = 0.20$$

对于管理者来说，认识到并去开发范围经济是非常重要的。例如，一家小的航空公司发现可以另外提供货运服务而获利，因为同时提供客运和货运服务的飞机的运营成本要比单独提供客运和货运服务的总成本小得多。卡车运输行业与此相似。特别是对于小公司来说，在联合经营短途托运、中距离托运和长途托运业务时，存在着实质上的节约。企业管理者对企业扩展产品系列或者增加新的产品系列的潜在盈利性应当保持经常性的警觉。例如，一家印刷设备厂引入电子印刷机时，应当考虑这一新的产品系列是否能在一定范围内补充其现有的复印机业务，即是否存在范围经济。

案例　范围经济时代——家具生产端与渠道端向多品类发展[①]

随着家具行业部分细分领域出现单品类龙头企业，规模经济的边际贡献在逐渐减弱，在终端销售渠道出现了获客成本高企、营销费用提升的趋势，范围经济得到进一步演绎和发展。随着行业的发展以及消费者对一站式家装需求的逐渐明晰，行业呈现"家装产品化"的发展趋势，范围经济进一步拓展，整装的需求应运而生。随着单品类规模经济的边际效果递减以及成本改善空间不断被压缩，部分企业尝试进行品类的融合，从生产端、渠道端等多个维度尝试着朝范围经济的方向延展。

- **生产端：从单品类到多品类，品类间流程优化提升效率**

范围经济的成因来自生产技术设备具有多功能性，或者零部件、中间产品具有多种组装功能。具备范围经济的设备可以用于生产不同产品，通过提高生产技术设备的利用率以提升效率，这在同一个大类家具产品中有相对明显的表现。此外，若原材料或中间产品可以用于生产不同产品，则可以通过增加原材料采购量或中间产品的生产批量取得规模经济，进而产生范围经济。家具行业的部分品类的中间产品形态相同，存在整合与优化的空间。

---

① 参见穆方舟、林昕宇、张心怡：《中长期构建规模经济与范围经济动态变化视角：家具行业思考系列》，https://www.doc88.com/p-97816637382071.html，2019 年 12 月 15 日访问。

整体橱柜、整体衣柜、整体卫浴的多个环节生产工艺流程相同，存在进行跨品类生产流程整合的空间。以欧派家居为例，该公司从1994年开始生产整体橱柜，2003年、2005年分别布局整体卫浴、整体衣柜，到2010年开始布局定制木门。从工厂端来看，各个品类在柜身、台面、实木门板、趟门等方面的生产工艺相同，当公司进行品类扩张时，能够充分利用原有的生产模式进行复制；当突破单品类事业部生产并进行跨品类整合时，生产环节与流程存在优化与整合的空间。

沙发、软床、餐椅等成品家具的生产流程存在相似节点，区别在于原材料构成，进行多品类生产具备一定的范围经济。以顾家家居为例，其成品家具的主要生产流程相似，主要的区别在于原材料构成，餐椅（木质、皮质）主要为木材、皮料、海绵，沙发和软床为木材、金属、皮料、海绵；而床垫的生产流程和环节相对独立，在制作工艺、工序方面有所区别。在相似的生产流程之下，多品类生产在原材料采购、工序优化等方面存在范围经济以及优化空间。

- **渠道端：单品类增长承压，寻求多品类融合的范围经济**

根据"单店提货额＝单店客流量×客单价"，影响同店经营效益增长的因素主要是客单价和同店客流增长。从客单价的角度看，随着各个定制公司在品类扩张、全屋套餐、配套品等方面经营战略的持续推进，它们对于客单价的边际贡献效果有所放缓，衣柜、全屋定制品类可以通过定制更多的柜子、选择单价更高的板材、提高配套品占比的方式提高客单价；橱柜这一品类由于厨房空间有限，其客单价提升的方式主要是选购高端配置的五金、配套厨电产品、板材升级等。从同店客流的角度看，客流总量萎缩影响了经销商的发展经营边界，渠道持续扩张后的结构调整等是主要影响因素。

在行业自然客流总量萎缩的情况下，新开店的效果会有所减弱。随着行业竞争压力的加大，新增门店销售规模呈现两方面的变化：第一，业绩爬坡期更长，即达到相同规模所需要的培育周期更长，这将使新增门店在当年的有效贡献呈现边际缩减的趋势；第二，经销商销售规模的理论最大值有所下降，这将拖累定制企业单品类产品平均的单店销售额水平。因此，自然客流总量萎缩对于老店与新店均会产生负面影响。

家具经销商门店的单店规模增长的主要影响因素有品类属性、经销商自身的能力、消费者偏好以及市场环境等。在单个门店、单个品类销售的规模经济逐步达到最大的情况下，推动终端渠道发挥范围经济的操作通常以区域所建第一家门店为核心，逐步延伸至专业家具建材市场，在区域内形成范围效应。用同一品牌在某区域内进行多种业态的经营，这样的方式可以最大化地获取区域内消费者的认可。普通消费者更加关注的是品牌是否为大品牌，如果在区域内进行多元化品牌的延伸，就会增加市场的认可度。这在家具零售市场通常表现为经销商在一地开设更多门店，或者在同一个家具卖场开设同品牌不同品类的门店，或者抢占更多的入口位置进行引流。

从经销商层面来看，随着门店数量在当地逐渐饱和，在单个门店中将单一品类的独立销售拓展到多品类的融合销售能够带来明显的范围经济。经销商的经营成本主要为获客成本、门店运营展示成本、终端销售投入和服务成本。随着终端客流总量下降以及渠道竞争加剧，获客成本逐步提升；受卖场议价权的影响，租金成本也呈现逐年提升趋势。随着经销商从单个门店的品类独立销售变成多品类融合销售，在运营、营销和管理方面都将逐步体现范围经济。

在运营方面，经销商可以利用现有的门店布局，开辟新的样板间或展示区用于陈列新增品类，充分利用店面资源并分摊租金成本；同时，客单价的提升也能够进一步摊销获客成本，打破传统卖场按品类划分区域的限制。在营销方面，在"一牌多品"的经营方式下，品牌定位一致，经销商可以针对同一类型的目标群体进行产品推广，从而节省营销费用投放。在管理方面，各个品类将统一由总部给经销商进行管理和培训。

配套品的加入体现了渠道端的范围经济，在提升客单价的同时，降低获客成本的占比。通过推出定制家具套餐等方式，可以将定制产品与标准产品进行较好的融合。配套品的展示可以与主品类放在同一个区域，无须支付额外的租金费用，并通过适度的转化提升客单价。这在满足消费者"一站式"购物需求的同时，也实现了客单价的提升以及获客成本的降低。随着终端获客渠道能力的不断加强，部分软体、成品家具等标准类产品将更加重视定制家具的流量入口能力，双方将进行深度的融合与合作。

4.6 成本函数的应用：盈亏分界点分析

管理经济学家经常使用成本函数进行盈亏分析。盈亏分界点分析法（保本分析法）旨在研究企业在处理利润为零状态下的生产经营状况，是一种在企业中得到广泛应用的决策分析方法。首先，这种方法可以研究产量变化、成本变化和利润变化之间的关系。企业的任何决策都有可能引起产量、成本、价格等因素的变化，利用盈亏分界点分析法能够方便地分析各项因素的变化对利润的影响，从而为决策分析提供依据。其次，寻找盈亏分界点产量。盈亏分界点产量是指企业不盈不亏时的产量。企业家从事企业经营的目的一般是获得利润，而影响利润的最不确定因素是销售量。所以，企业管理者总是希望抛开销售量，先找出本企业的盈亏分界点产量是多少，然后看某个方案带来的销售量是多少。如果一个方案带来的销售量大于盈亏分界点产量，则说明该方案有利可图，是可取的；否则，就会亏本，是不可取的。所以，盈亏分界点产量也是决策的一个重要根据。在确定盈亏分界点产量的基础上，就可以进一步确定企业的安全边际。安全边际是指企业的预期（或实际）销售量与盈亏分界点产量之间的差额。这个差额越大，说明企业越能经得起市场需求的波动，经营比较安全，风险较小。

盈亏分界点分析是成本函数的一种重要应用。它一般假定，在相关的产量范围内，企业的平均可变成本是不变的。在这里，企业的总成本函数被假定为一条直线。由于平均可变成本不变，额外一单位产品所产生的额外成本即边际成本必定也是不变的，而且等于平均可变成本。在图 4-7 中，我们假定 A 公司的固定成本是每月 60 万元，其可变成本为每月每单位产品 2 元。

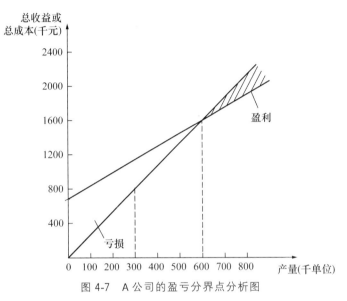

图 4-7　A 公司的盈亏分界点分析图

要构建盈亏分界点分析图，就要在同一张图上画出企业的总收益曲线和总成本函数。具体来说，假定企业产品的价格不受销售量的影响，总收益与产量成正比。因此，总收益曲线就是一条经过原点的直线。图 4-7 是假定产品价格是每单位 3 元，把总成本函数与总收益曲线结合起来的收支平衡图。它表明了每个销售水平上所产生的月盈利或月亏损。如果 A 公司每月销售 30 万单位产品，就会造成月亏损 30 万元。同时，图 4-7 也表明了盈亏分界点所在，即企业如果要避免亏损，就必须达到的产量水平。A 公司的盈亏分界点是每月 60 万单位产量。

在正确的条件下，盈亏分界点分析图可以用于预测产出率对成本、收益、利润的影响。例如，企业可以用盈亏分界点分析图来决定计划的销售额下降对利润的影响。同时，企业也可以用盈亏分界点分析图来决定必须销售多少单位特定产品才能达到盈亏平衡。需要注意的是，盈亏分界点分析图必须被小心运用，因为运用它的假定也许是不适当的。如果产品价格非常易变或者成本很难预测，那么估计的总收益曲线和总成本函数也许实际上是错误的。

收支平衡图得到广泛应用。值得注意的是，当总成本函数通常被假定为盈亏分界点分析图中的直线时，这种假定很容易被企业忽略，而不去使用曲线型的总成本函数。但是，对于相当小的产量变化，一个线性的近似也许在多数情况下是相当不错的。经验研究认为，只要企业不在其最大能力或接近最大能力上生产，总成本函数往往接近于线性。

4.7 盈亏分界点的代数分析

前文介绍了怎样用图解法进行盈亏分界点分析。现在,让我们看看这种分析如何用代数法进行。代数法就是用代数式来表示产量、成本和利润之间的关系,并通过代数计算,求出需要的数据。

令 P 为商品的价格,Q 为生产和销售的数量,AVC 为平均可变成本,TFC 为总固定成本。由于总收益等于 $P \cdot Q$,而总成本等于 TFC+AVC $\cdot Q$,因此可得:

$$P \cdot Q_B = \text{TFC} + \text{AVC} \cdot Q_B$$

$$(P - \text{AVC})Q_B = \text{TFC}$$

$$Q_B = \frac{\text{TFC}}{P - \text{AVC}}$$

在 A 公司的案例中,$P=3$,AVC=2,TFC=600000,可以表示为:

$$Q_B = \frac{600000}{3-2} = 600000$$

这与我们从图 4-7 中看到的是一致的。

4.8 毛利分析

在作短期决策时,企业常常发现采用各类毛利进行分析是有用的。毛利分析在总收益和总可变成本中是不同的。在每单位的基础上,毛利等于价格减去平均可变成本。例如,价格为 3 元,平均可变成本为 2 元,每单位毛利为 3 元减去 2 元,即 1 元。这种毛利可以用于支付企业的固定成本,而且一旦这些成本得到补偿,企业就可得到利润。

为了说明怎样使用毛利分析,假定 A 公司需要决定每月必须生产和销售多少单位产品才能得到 1000000 元的利润。需要的销售额可以表示为:

$$Q = \frac{\text{总固定成本} + \text{目标利润}}{\text{毛利(每单位)}} = \frac{600000 + 1000000}{1} = 1600000$$

假定 A 公司目前每月只销售 500000 单位产量,这意味着它每月亏损 100000 元。如果 A 公司可以再落实 50000 单位的订货,那么能够减少多少亏损?将订货规模与每单位毛利相乘,即得出利润的增量,答案是 50000 元。

本章小结

1. 利用机会成本原理定义的一个特定产品的成本为,在其生产中使用的资源可能用于生产其他产品的价值。产品的机会成本与历史成本不同,后者通常是会计报表的基础。

2. 在短期内,企业的总成本包括固定成本和变动成本。企业的总成本和平均成本、总固定成本和平均固定成本、总可变成本和平均可变成本以及边际成本都可以借助产量确定。成本函数或成本曲线表明了产量的变化将怎样影响企业的成本。

3．长期平均成本函数表明了在任何最优规模的工厂都能建立时，生产每个产量水平的最小单位成本。长期平均成本函数与每一个短期平均成本函数相切于工厂处于最佳短期平均成本函数处的产量点上。

4．许多研究建立在跨部门分析、时间序列数据以及统计分析的基础之上，它们被用来估计企业的成本函数。回归技术在这里发挥了重要作用。短期成本函数和长期成本函数都可以被估计出来。

5．当联合生产两种（或更多）产品的成本低于分别生产单个产品的成本时，就出现了范围经济。范围经济的产生，也许是因为生产一种产品所使用的设备也能用于生产其他产品，或者是因为制造一种产品时所产生的副产品在生产其他产品时也是有用的。

6．盈亏分界点分析以图解或代数的方法比较总收益和总成本。盈亏分界点分析图把通常被假定为线性的总成本函数与总收益曲线结合在一起，表现每个销售水平上所产生的利润或亏损。盈亏分界点是企业想要避免亏损就必须达到的销售水平。

7．企业往往发现使用不同类型的毛利分析是有用的。毛利就是总收益与总可变成本之间的差额。以每单位产品为基础，毛利等于价格减去平均可变成本。

 习题

1．如果一个企业为建厂拟了五种可供选择的规模方案，每种方案的短期平均成本（SAC）如下表所示：

表 4-2　各方案的短期平均成本

Q	SAC1	Q	SAC2	Q	SAC3	Q	SAC4	Q	SAC5
1	15.50	2	15.00	5	10.00	8	10.00	9	12.00
2	13.00	3	12.00	6	8.50	9	9.50	10	11.00
3	12.00	4	10.00	7	8.00	10	10.00	11	11.50
4	11.75	5	9.50	8	8.50	11	12.00	12	13.00
5	13.00	6	11.00	9	10.00	12	15.00	13	16.00

假定这五种方案之间的规模可以连续变化。

（1）画出长期成本曲线。

（2）在长期成本曲线的哪一点上，企业处于最优规模，运行在最优产出率上？

（3）对产出小于 7 单位的情形，企业应选用什么样的工厂规模？对产出大于 7 单位的情形，企业又应该如何操作？

2．某工厂要确定每月必须销售多少台微波炉才能得到 10000 元的利润。每台微波炉的价格是 300 元，平均可变成本是 100 元。

(1) 如果该工厂的月度固定成本是 5000 元,那么要销售多少台微波炉?

(2) 如果该工厂以每台 350 元而不是 300 元的价格销售微波炉,那么要销售多少台微波炉?

(3) 如果每台微波炉的价格是 350 元,平均可变成本是 85 元而不是 100 元,那么要销售多少台微波炉?

3. 某公司的短期平均成本函数为 AC=3+4Q,其中 AC 是企业的平均成本,Q 为产出率。

(1) 给出该公司的短期总成本函数。

(2) 该公司有固定成本吗?

(3) 如果产品的价格为 3 元,该公司是盈利还是亏损?

(4) 推导该公司边际成本函数的方程。

4. 某厂商使用两种要素 A 和 B,生产一种产品 Q,可以选用的生产函数有两种:

$$Q = aA^{0.25}B^{0.75}$$
$$Q = bA^{0.75}B^{0.25}$$

已知生产要素 A 的价格为 1 元,令生产要素 B 的价格为 P_b。

(1) 生产要素 B 的价格为多少时两种生产方法对厂商没有区别?

(2) 假如生产要素 B 的价格超过了由(1)计算所得的价格,厂商将会选用那种生产方法?

5. 某公司的短期总成本函数如下:

$$STC = 50Q - 10Q^2 + Q^3 + 500$$

其中,Q 为生产产量的单位数。

(1) 边际成本最小的产量水平是多少?

(2) 平均可变成本最小的产量水平是多少?

(3) 在平均可变成本最小的特定产量上,平均可变成本和边际成本分别是多少?

6. 假设某公司每年生产 1000 只木制柜橱和 500 张木桌,总成本是 300000 元。如果该公司只生产 1000 只木制柜橱,成本将是 23000 元。如果该公司只生产 500 张木桌,成本将是 110000 元。

(1) 计算范围经济的程度。

(2) 为什么会存在范围经济?

第二篇

市场结构

第 5 章

完 全 竞 争

虽然市场上企业的规模大小、历史长短、产品技术含量高低各不相同,但是每个企业的管理者都必须面对两个核心问题:产品的产量和价格。他们必须仔细分析市场结构,从而作出关于这两个核心问题的决策。本章中,我们将研究完全竞争,讨论在此市场结构下的价格决定、产量决定、资源配置等内容。尽管本章使用的模型比较简单,但是在初学者初步接触这类棘手而又重要的问题时,这些模型仍然可以提供一些有益的启示。

5.1 市 场 结 构

市场是由一些企业和个人组成的,这些企业和个人在市场中通过买卖产品与劳务等活动联系起来。经济学家一般将市场划分为四种类型:完全竞争、垄断、垄断竞争和寡头垄断。在完全竞争和垄断竞争市场中,有许多卖者,其中每个卖者只能生产行业的一小部分产品。在垄断情况下,整个行业只有一个卖者。寡头是一种中间情况,市场上只有少数几个卖者。

判断市场结构的一个重要标准是单个企业控制价格的程度。完全竞争市场中的单个企业丝毫不能控制价格。例如,一家生产粮食的农场(一般被认为非常接近完全竞争状态)不能控制价格。一家垄断企业则对价格有极大的控制力。垄断竞争或寡头市场中的企业对价格的控制力介于垄断企业和完全竞争企业之间,弱于前者,强于后者。

判断市场结构的另一个标准是企业产品的标准化程度,即同质性。完全竞争市场中的所有企业生产同一产品。例如,一个农民生产的大米与另一个农民生产的大米完全相同。在垄断竞争行业,如西装行业,企业生产的产品略有不同。一个企业生产的西装与其他企业生产的西装在款式与质量上是有所区别的。在寡头市场中,企业一般生产相同的产品。在垄断市场中,因为整个行业中只有一家企业,所以企业生产的产品都是相同的。

在不同的市场结构下,企业进入一个市场的难易程度是不同的。完全竞争市场的进入壁垒很低。因此,进入完全竞争市场常常只需要一笔很小的投资。相似地,垄断竞争市场的进入壁垒也很低。但是,在像汽车或炼油之类的寡头垄断市场,进入壁垒就相当高,因为建造一座汽车制造厂或炼油厂,购置的专用机器设备是极其昂贵的。

在垄断市场中，市场准入是不存在的。一旦有其他企业进入，垄断市场也就不复存在了。

案例 13价肺炎疫苗上市在即 沃森生物能否打破国外垄断？[①]

2019年11月19日，在广州举行的"2019中国大健康产业峰会"上，沃森生物人力资源总监、总裁办主任公孙青表示，沃森生物从研发起家，目前有6个疫苗产品已经上市，此外还有重磅产品13价肺炎疫苗和HPV9价疫苗即将上市。疫苗行业在阵痛转型之后，国产疫苗企业能否逆风翻盘？

作为国内专业从事人用疫苗等生物技术药物研发、生产、销售的现代高技术生物制药企业，沃森生物在构建现代生物制药领域的产业化平台，实施"进口取代"和全面国际化战略上持续发力。

我国现有疫苗生产企业30余家，是全球第三大疫苗市场。但是，仔细看来，国内的疫苗市场面临着诸多问题：企业规模小、现代化水平不够高、科研投入不足等。同时，国内申请注册的疫苗大多是传统疫苗，新型疫苗的开发能力不足。2016年的"山东疫苗事件"和2018年的"长生生物疫苗事件"发生后，国产疫苗的可信度大幅下降，同时民众自主接种二价疫苗的意愿随之下降，对整个疫苗行业造成了很大的冲击。在"长生生物疫苗事件"后，沃森生物的AC多糖疫苗和百白破疫苗被选为国家免疫规划指定供应品种。临危受命，沃森生物必然有过人之处。沃森生物的研发投入一直处于行业之首。公开资料显示，沃森生物近些年来投入占营收的比重整体上不断提高，其中2016—2018年分别为52.61%、49.87%、43.25%。极高的研发投入带来的是同样高的回报。

国内的重要专利药市场长期被外国公司垄断。经过数年的研发，沃森生物打破了跨国公司数十项专利保护，攻克了高难度的技术壁垒。从整体来看，沃森生物有两款自主研发的疫苗十分亮眼：一是13价肺炎球菌多糖结合疫苗。该疫苗于2018年1月完成临床试验，于2019年9月完成并通过了该品种的注册生产现场检查和GMP认证检查。该疫苗成功上市后，沃森生物将成为全球第二家、中国第一家拥有13价肺炎疫苗产品的上市企业。二是二价HPV疫苗。该疫苗的Ⅲ期临床研究已完成病例收集工作，进入揭盲和统计分析阶段。目前，生产车间已经落地建成，未来投产后将实现HPV疫苗进口替代。上述两大产品一旦投产，沃森生物将成为国内独家拥有全球两大畅销疫苗品种的企业。借此机会，沃森生物有望填补目前国内没有相关疫苗的空白，打破外国公司的垄断。

其实，早在此前，沃森生物就已与国际接轨。该公司是国内疫苗行业首家产品

[①] 参见唐唯珂：《13价肺炎疫苗上市在即 沃森生物能否打破国外垄断？》，载《21世纪经济报道》2019年11月20日第12版。

被纳入国外政府免疫规划的民营企业，也是国内唯一一家出口疫苗原液至美国的企业。2018年，沃森生物获得了来自美国、印度尼西亚、埃及、孟加拉国、菲律宾、吉尔吉斯斯坦等8个国家的采购订单合同，金额突破2570万美元。

尽管疫苗行业目前还是现代医药领域一个较小的子行业，但是在生物医药领域成为占比较高的高端细分领域。未来伴随着疫苗市场的进一步规范，疫苗行业的准入门槛将会越来越高。随着人类疾病谱的发展变化，疫苗需求将不断增加，未来将会在疾病的防治和治疗中发挥更加重要的作用，疫苗市场有望进一步发展。

在不同的市场结构下，企业之间非价格因素的竞争程度是不同的，这些非价格因素包括广告和产品特性差异等内容。如表5-1所示，在完全竞争市场中，不存在非价格竞争。如果所有农民都生产相同的大米，而且均为价格接受者，那么他们都不会去做广告。在垄断竞争市场中，非价格竞争则占有重要的位置。因此，西装生产商努力开发出新款式，利用广告宣传其产品系列，从而展开非价格竞争。寡头也更倾向于进行非价格竞争。例如，计算机制造商通过生产更高质量的计算机和做广告以扩大销售。虽然没有其他厂商的竞争，也没有同行业的企业争夺市场，但是完全垄断厂商也会积极做广告，其目的单纯是扩大市场总需求。

表5-1 不同市场结构的主要特征

市场结构	例子	厂商数目	产品类型	企业控制能力	进入壁垒	非价格竞争
完全竞争	许多农产品市场很接近完全竞争	众多	标准化	无	低	无
垄断竞争	分销贸易	众多	差异化	一般	低	广告和产品差异化
寡头	计算机、炼油、炼钢	很少	标准化或有差异	一般	高	广告和产品差异化
完全垄断	公共设施	独家	独有产品	强	极高	广告

5.2 完全竞争下的价格决定

完全竞争市场中的价格由需求曲线和供给曲线共同决定。其中，需求曲线是所有消费者购买量的加总，供给曲线是所有厂商生产量的加总。图5-1展示了完全竞争市场中某种商品的需求曲线和供给曲线。一般情况下，厂商在价格上升时扩大产品的产量是有利可图的，所以供给曲线的斜率为正。同时，根据第1、3章的讨论，需求曲线的斜率是负的。换句话说，价格上涨的结果总是使需求量减少。

为决定均衡价格，即最终为市场所接受的稳定价格，必须找到市场供给与需求相等的点。图5-1中的需求曲线为：

$$P = 22 - 0.5Q_D \tag{5.1}$$

其中，P为价格，Q_D为需求量。

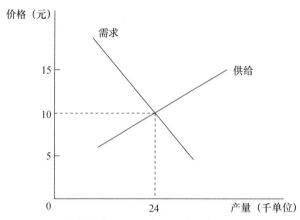

图 5-1 完全竞争市场中某种商品的需求曲线和供给曲线

图 5-1 中的供给曲线为：
$$P = 4 + 0.25Q_S \tag{5.2}$$
均衡价格就是供给与需求相等时的价格水平：
$$22 - 0.5Q_D = 4 + 0.25Q_S$$
$$18 = 0.75Q$$
$$Q = 24$$

将 $Q_D=24$ 代入式（5.1），得 $P=10$。将 $Q_S=24$ 代入式（5.2），结果相同。因此，如图 5-1 所示，价格为 10 元，均衡产量（消费量）为 24000 单位。

可见，总供给量与总需求量都会影响价格水平，但是不能理解为单个企业可以显著地影响价格。市场需求曲线为：$P=22-0.5Q$。若市场上有 2400 家企业，则每家企业只生产 10 单位的产品。单个企业的产量即使翻一番，从 10 单位提高到 20 单位，对市场价格的影响也是微乎其微的。在这个例子中，产量增加 10 单位只会使价格下降 0.5‰。这意味着，对每个企业来说，完全竞争市场中的需求曲线是水平的。因此，虽然整个行业需求曲线的斜率为负，但是单个企业的需求曲线可以是水平的。

5.3 供求曲线的移动

市场需求曲线和供给曲线的移动会导致价格发生变化。例如，若图 5-1 中的供给曲线左移，则价格将上升。曲线的移动常常会对企业的经营产生巨大的影响，所以企业管理者必须时刻了解市场需求曲线和供给曲线的移动。在了解的基础上，企业管理者必须作出相应的生产调整决策以适应变化。

企业管理者必须了解影响投入品与产出品供求曲线的各种因素。如前所述，技术进步和投入品的价格变动是影响供给曲线移动的两个重要因素。技术进步降低了企业的成本，从而使供给曲线右移。投入品价格的提高则会使供给曲线左移，因为这提高了企业的成本。对农产品来说，供给曲线还会因天气状况变化而移动。

5.4 完全竞争下的产量决定

在完全竞争的市场状态下,单个企业无力影响产品现有的市场价,而且只要自身的生产能力允许,可以以这个市场价格销售任意数量的产品。那么,一家完全竞争的企业应当生产多少产品?表 5-2 给了我们一些有益的启示。产品的市场价是 20 元,企业的生产能力没有限制。

表 5-2 完全竞争企业的成本与收益

产量(单位)	价格(元)	总收入(元)	总固定成本(元)	总可变成本(元)	总成本(元)	总利润(元)
0	20	0	24	0	24	−24
1	20	20	24	4	28	−8
2	20	40	24	6	30	10
3	20	60	24	10	34	26
4	20	80	24	16	40	40
5	20	100	24	26	50	50
6	20	120	24	46	70	50
7	20	140	24	76	100	40
8	20	160	24	138	162	−2

图 5-2 体现了总收益与总成本、总收益与产量之间的关系,总收入曲线与总成本曲线之间的垂直距离便是对应的各产量下的利润。在产量少于 2 单位或高于 7 单位时,企业的利润是负的。企业可在同样的单价下销售任意数量的产品,而总收益=价格×产量。在价格不变的情况下,总收益与产量是成正比的。所以,总收入曲线是一条从原点出发的直线。

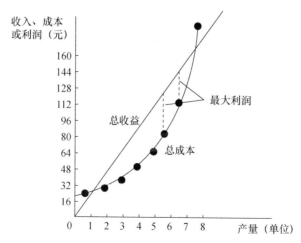

图 5-2 完全竞争企业的总收益与总成本、总收益与产量之间的关系

表 5-2 和图 5-2 均显示 5 或 6 单位是实现企业利润最大化的产量,这个产量使表 5-2 中"总利润"一列的数据达到最大值,同时也使图 5-2 中总收益曲线与总成本曲线之间的垂直距离达到最大。①

表 5-3 列出了不同产量下的边际收益与边际成本。图 5-3 画出了边际收益曲线与边际成本曲线。因为企业是价格的接受者,价格不随销量的变化而变化,所以其边际收益就等于价格。若 1 千克小麦的价格为 3 元,则 1 单位额外的小麦销售可带来的收益为 3 元。因此,企业的边际收益曲线和需求曲线也是水平的。

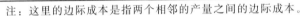
表 5-3 完全竞争企业的边际收益与边际成本

每期产量	边际收益(元)	边际成本(元)
1	20	4
2	20	2
3	20	4
4	20	6
5	20	10
6	20	20
7	20	30
8	20	62

注:这里的边际成本是指两个相邻的产量之间的边际成本。

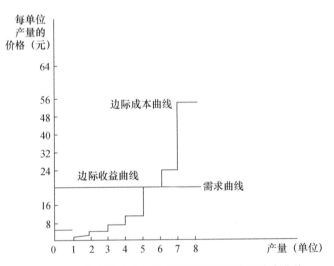

图 5-3 完全竞争企业的边际收益曲线和边际成本曲线

在价格(等于边际收益)与边际成本相等时,利润达到最大。表 5-3 的数据和图 5-3 的曲线都表明,在产量为 5—6 单位之时,价格等于边际成本,利润实现最大化,

---

① 若企业可以生产非整数单位的产品,而且总成本曲线在 5—6 单位是线性的,则企业生产的产品为 5 单位、6 单位或 5—6 单位中的任一产量时,可达到利润最大化。

这与从表 5-2 和图 5-2 中得到的结果是一致的。

5.4.1 边际成本等于价格

一般情况下,边际成本等于价格时的产量是一家完全竞争企业的最优产量。令总成本为 TC,每期的总利润公式为:

$$\pi = PQ - TC$$

其中,P 为产品价格,Q 为企业产量。若要使 π 达到最大,则 π 对 Q 的导数应为 0:

$$d\pi/dQ = d(PQ - TC)/dQ = 0$$

因为 $dPQ/dQ = P$,所以可得:

$$P - dTC/dQ = 0 \tag{5.3}$$

这意味着,价格必须与边际成本相等(dTC/dQ 为边际成本)。这正是我们要证明的。

另外,值得注意的是,最大化的二阶条件为:

$$d^2TC/dQ^2 > 0$$

这意味着,边际成本必须上升。此条件一定成立,因为利润最大时 $d^2\pi/dQ^2$ 必为负,所以 d^2TC/dQ^2 必为正。

如果产品的价格为 P_2(见图 5-4),那么在任何产量下,企业短期(企业无法改变其生产规模的情况下)平均成本都高于价格。在这种情况下,企业无论如何都赚不到利润。所以,企业只有两个选择:开工生产或停产。企业是否停产,取决于边际收益可否弥补平均可变成本。如果边际收益高于平均可变成本,那么即使边际收益不足以弥补平均成本,企业也必须开工生产。如果连边际收益高于平均可变成本的产量点都不存在,那么企业应该选择停产。因此,在图 5-4 中,产品的价格若为 P_3,则企业还可生产;若为 P_1,则企业只能选择停产。

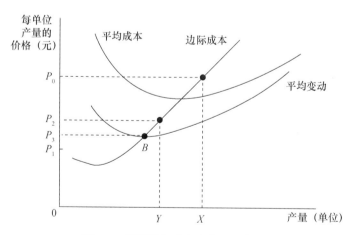

图 5-4 短期平均成本和边际成本曲线

要清楚地解释上述结论,首先必须了解一个基本事实:在短期内,企业即使不生产,也要付出固定成本。因此,若生产带来的亏损小于固定成本(停产时的成本),则从亏损最小化的角度看,这时进行生产还是合算的。当每生产一单位产品带来的损失小于平均到每单位产品上的固定成本时，生产还是有利可图的，即 ATC－P<AFC。其中，ATC 为平均总成本，P 为价格，AFC 为平均固定成本。上式也可表达为：ATC<P＋AFC。两边同减去 AFC，可得 ATC－AFC<P，ATC－AFC 恰为 AVC——平均可变成本。在这里，我们得到了想要证明的结论：若价格超过平均可变成本，则生产比停产更划算。

总之，企业若想使其利润最大化或损失最小化，必须做到边际成本等于价格。这一结论的例外情况是：若在任何生产点上价格都低于平均可变成本，则最优选择是停产。

假定这家完全竞争企业的总成本函数为：

$$TC = 800 + 6Q + 2Q^2$$

其中，TC 为总成本（元），Q 为企业每天的产量。若产品价格为 30 元，则企业应使其生产满足：

$$MC = dTC/dQ = 6 + 4Q = 30 \qquad (5.4)$$

换句话说，边际成本必须等于价格。解式（5.4），企业每天应生产 6 单位产品。为确保价格高于平均可变成本，我们考察一下企业的总可变成本 $6Q+2Q^2$，求平均数，得到：

$$AVC = (6Q + 2Q^2)/Q = 6 + 2Q$$

因此，若 $Q=6$，则平均可变成本为 18 元，小于 30 元。

5.4.2 企业的长期均衡

在长期内，企业应生产多少产品？企业的长期均衡点为平均成本（长期的）等于价格。若价格高于企业的平均成本，则企业会赚取经济利润，其他厂商会进入该行业。这样，总供给便会增加，价格会下降，利润也会下降。若价格低于在位厂商的平均成本，则最终会有一些缺乏竞争力的厂商退出该行业。随着某些企业的退出，总供给会下降，价格会回升，利润也会上升。只有在经济利润为零时（长期平均成本等于价格），企业才会处于长期均衡。

经济利润是企业主获得的超过总要素收入的部分。因此，长期均衡是指企业的所得恰与总要素收入相等之时的状态。

更具体地说，价格必须等于长期平均成本的最低值，企业必须在其长期平均成本曲线的最低点上生产。因为企业想使其利润最大化，就必须使其价格等于长期边际成本。同时，价格还必须等于长期平均成本。若两个条件都满足，则长期边际成本等于长期平均成本。不过，只有在长期平均成本达到最低点时，长期边际成本等于长期平均成本的情况才出现。综上所述，这一点必为企业的均衡点。

图 5-5 清楚地说明了这一均衡点。当所有的调整结束之时，价格为 G。价格是恒定的，所以需求曲线是水平的。因此，边际收益曲线等同于需求曲线，所以也是水平的。它们在此图中同为 GG′。企业的均衡产出为 V。短期平均曲线 AA′和边际成本曲线 MM′描述了企业的最优生产规模。在此产出水平下，长期边际成本等于短期边际

成本，都等于价格，确保了企业的利润最大化。同时，长期平均成本等于短期平均成本，都等于价格，确保了经济利润为零。因为长期边际成本与长期平均成本必须相等，所以均衡点在长期平均成本曲线的最底端。

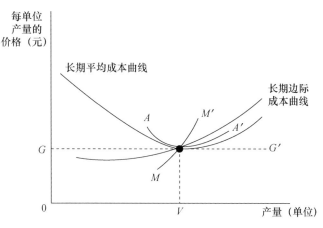

图 5-5 完全竞争企业的长期均衡

例如，永泰公司的长期平均成本曲线为：
$$AC = 200 - 4Q + 0.05Q^2 \tag{5.5}$$
其中，AC 为长期平均成本，Q 为日产量。因为该公司是一家完全竞争公司，所以它的长期产量将是使 AC 最小化的产量 Q。为确定 Q 值，我们可将 AC 对 Q 求导：
$$dAC/dQ = -4 + 0.10Q$$
令 $dAC/dQ = 0$，有 $Q = 40$。因此，企业若想利润最大化，必须使其日产量达到 40 单位。

如上所述，在此产出水平下，平均成本等于边际成本。因为总成本等于 Q 乘以 AC，所以：
$$TC = Q(200 - 4Q + 0.05Q^2) = 200Q - 4Q^2 + 0.05Q^3$$
其中，TC 为总成本。两边对 Q 求导，有：
$$MC = dTC/dQ = 200 - 8Q + 0.15Q^2$$
其中，MC 为边际成本。因为 $Q = 40$，所以：
$$MC = 200 - 8 \times 40 + 0.15 \times 40^2 = 120$$
将 $Q = 40$ 代入式（5.5），有：
$$AC = 200 - 4 \times 40 + 0.05 \times 40^2 = 120$$
可见，当 $Q = 40$ 时，边际成本等于平均成本。

5.4.3 长期成本不变

接下来，我们转向完全竞争行业的长期调整。假设这是一个成本不变行业，即行业的单位投入成本不会因生产规模的扩大而增大。图 5-6 显示了成本不变条件下的长期均衡，(a) 图是行业中典型企业的短期与长期成本曲线。(b) 图为市场总的供求曲线，D 为最初的需求曲线，S 为短期供给曲线。假设整个行业处于长期均衡状态，价格（每单位 6 元）等于长期（短期）平均成本的最小值。

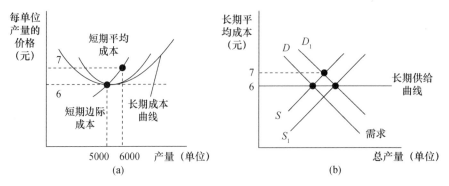

图 5-6 成本不变行业的长期均衡

假设现在需求曲线移至 D_1。在短期内，因为企业数量固定，每单位产量的价格会从 6 元升至 7 元，每家企业的产量会从 5000 单位扩大至 6000 单位。因为新价格超过了每天生产 6000 单位时的平均成本，所以每家企业均获得经济利润。这必然会吸引更多的企业进入该行业，从而使供给曲线右移。在成本不变的情况下，新企业的进入不会增加在位企业的成本。因为其他行业也使用本行业的投入品，所以新企业的进入不会抬升投入品的价格，从而不会提高成本。同时，新企业的进入也不会降低成本。

因此，成本不变行业的长期供给曲线是水平的。总产量会因企业数量的增加而增加。这些企业都能以每单位 6 元的成本生产 5000 单位产品，所以长期供给曲线是一条在 6 元水平上平行于横轴的线。只要行业的成本不变，产量可以无限增加。只要价格超过每单位 6 元，就会有其他企业进入该行业。只要价格低于每单位 6 元，便会有企业退出。因此，长期均衡只会在每单位产量的价格为 6 元时出现。根据需求的变化，行业的产量可以增减，但是并不会改变长期均衡价格。

5.4.4 长期成本递增

除了成本不变行业外，另一类常见的行业是成本递增行业。随着生产规模的扩大，这些行业中企业的投入成本会上升。图 5-7 描述的是成本递增行业，最初情况与图 5-6 相同，D 为最初的需求曲线，S 为最初的供给曲线，均衡价为每单位 6 元，长期和短期平均成本曲线为 LL' 和 AA'。图 5-6 中的最初情况是一种长期均衡，因为价格等于长期平均成本的最低值。

现在假设需求曲线移至 D_1，则价格上升，企业获得经济利润，新企业便会进入。于是，对投入品的需求越来越大。在一个成本递增行业中，投入品的价格便会上升。因此，对新老企业来说，投入成本都会上升，平均成本曲线会从 L_1L_1' 移至 A_1A_1'。

若每家企业的边际成本曲线都因投入成本的上升而左移，则行业的总供给曲线也会左移。但是，企业数量的增加又会使行业供给曲线右移。在这两个相反的趋势中，

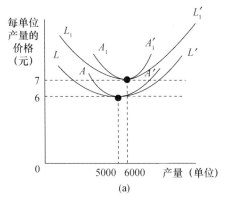 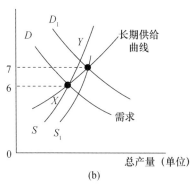

图 5-7 成本递增行业的长期均衡

后一个趋势的影响大于前一个趋势,从而实现整个行业的扩张,吸引新资源进入该行业。这一调整过程必将进行下去,直至达到新的长期均衡点。在图 5-7(a)中,此点就是每单位产量的价格为 7 元、每个企业日产 6000 单位①的点。

成本递增行业的长期供给曲线的斜率为正,即达到长期均衡点之后,产量的提高以价格的上升为支撑。例如,图 5-7(b)中的点 X、Y 均在行业的长期供给曲线上。成本不变行业与成本递增行业之间的区别在于:在成本不变行业,需求增加,新企业进入行业,最终价格又回落至初始值;而在成本递增行业,需求增加,新企业进入行业,只有在长期平均成本曲线的最低点上升至与新价格相等时,调整才结束。②

最后,还有一类成本递减行业,不过比较少见。有时,一些年轻的行业属于这类行业。其存在的主要原因可能是,行业扩张时会发生成本下降。例如,行业扩张可能推动运输服务的改进,从而使企业成本下降。成本递减行业的长期供给曲线的斜率为负。

5.5 完全竞争下的资源配置

对于企业管理者来说,了解完全竞争企业如何配置资源是至关重要的,然后才能理解和预测行业中的一些基本变化。在这里,我们引用一个简单的例子说明资源配置过程:与过去相比,消费者对牛肉的偏好上升,对猪肉的偏好下降。因此,在短期内,消费者对牛肉需求的上升会使牛肉价格上升,并使牛肉的产量有一定程度的上升。但是,行业在短期内无法迅速扩大产量,受制于此,牛肉产量的上升比较有限。

---

① 当然,新企业的产量有可能低于原来的产量。
② 成本递增行业实现均衡的其他途径还有:行业产量增大,引起投入品价格上升,进而导致平均成本上升,其幅度大于需求上升所导致的平均收入的上升。因此,有些企业可能出现亏损,最终退出行业,剩下的企业则以更大的规模进行生产。

同样，猪肉的价格会因此下降，而且产量也有一定程度的下降。但是，猪肉的产量也不会有大幅削减，因为只要能够弥补可变成本，企业就会一直进行生产。

牛肉与猪肉之间相对价格的变化提醒生产者必须重新配置资源。因为牛肉价格的上升和猪肉价格的下降，养牛者会赚取经济利润，而养猪者则会亏损。这会触发资源的重新配置。若养猪行业的一些可变投入同样可以使用于养牛行业，则这一部分投入便会从养猪行业转移至养牛行业。

即使没有两种行业共用的投入，在其他相关市场中类似的调整也会发生，最终导致养猪行业丧失一部分资源，而养牛行业获得一些资源。因为短期内企业还没有足够的时间具备新的生产能力或削减旧的生产能力，所以即使两个行业的短期均衡都已实现，资源的重新调配仍然没有完成。具体地说，两个行业都尚未在最低成本点进行生产。

短期内需求的变化会使产出水平的调整过大，而价格的调整不足。从长期看，有些生产商会退出养猪行业，也会有生产商进入养牛行业。因为短期内出现亏损，一些养猪的设施会转移用途，同时一些猪肉生产商会转产。随着一些企业退出猪肉生产，猪肉的供给曲线会左移，从而使猪肉价格高于短期水平。随着猪肉价格的上涨和生产成本的下降，亏损局面不再出现。这时，资源从养猪行业退出的过程也就停止了。

在养猪行业失去资源之时，养牛行业获得了新的资源。短期内的经济利润会刺激企业进入养牛行业。投入需求的上升会导致投入价格的上升，养牛行业的成本随之上升。同时，由于新企业的进入，供给曲线右移，牛肉的价格下降。当经济利润不再存在，新企业的进入也就停止了。这时，便达到了长期均衡，养牛行业的企业数量和资源使用量都会大于短期的情况。

最终，两个行业均实现了长期均衡，资源的重新配置也就停止了。必须强调的是，资源的重新配置影响的不只是这两个行业。若养猪的设施可轻易转移到牛肉生产领域，则猪肉生产商可轻易地转产牛肉。如果这两个行业之间的转换存在一定的困难，那么养猪的资源会转移到其他一些行业，而养牛行业的新资源也可能是从其他行业获得的。

本章小结

1. 在经济学研究中，划分市场结构的标准主要有如下几个：市场上企业的数目、单个企业控制价格的程度、企业产品的标准化程度以及企业进入或退出一个行业的难易程度。根据这些标准，市场结构可分为四类：完全竞争市场、垄断市场、垄断竞争市场和寡头垄断市场。

2. 一家完全竞争企业会把产出水平定在价格与边际成本相等的水平上。企业短期生产与否的决策只取决于价格和平均可变成本的比较。只要企业生产的产品价格高于平均可变成本，即便低于平均总成本，企业在亏损的情况下也会继续维持生产。但是，若价格无法抵补平均可变成本，则企业最好的选择是停产。企业会在长期平均成本的最低点进行生产，价格为市场需求曲线和供给曲线交点处的水平。

3. 成本不变行业的长期供给曲线是一条水平线，成本递增行业的长期供给曲线向右上方倾斜，成本递减行业的长期供给曲线向右下方倾斜。企业在成本不变行业扩张时，不会出现生产要素价格变动；而在成本递增行业扩张时，生产要素价格将上涨。

习题

1. 甲公司所在的市场是完全竞争市场，其总成本函数为：
$$TC = 25000 + 15Q + 3Q^2$$
其中，TC 为月总成本（元），Q 为月产量。

(1) 若所在行业处于长期均衡中，则甲公司的产品定价应为多少？

(2) 甲公司的月产量应为多少？

2. 某企业生产乙商品，乙商品的平均可变成本函数是：
$$AVC = 0.000033Q^2 - 0.05Q + 80$$
乙商品所在的市场是完全竞争市场，预测的价格是 75 元。

(1) 在哪两个产量水平上价格等于边际成本？

(2) 上述两个产量对应的平均可变成本是多少？哪一个产量是最优产量？为什么？

3. 丙公司的总成本函数为：
$$TC = 200 + 4Q + 2Q^2$$
其中，TC 为总成本，Q 为产量。

(1) 若丙公司为完全竞争企业，产品价格为 24 元，最优产量是多少？

(2) 丙公司在上述最优产量下的利润是多少？

4. 已知某完全竞争行业中单个厂商的短期成本函数为：
$$STC = 0.1Q^3 - 2Q^2 + 15Q + 10$$

(1) 当市场上产品的价格为 55 元时，厂商的短期均衡产量和利润分别是多少？

(2) 当市场上产品的价格下降至多少时，厂商必须停产？

5. 已知某完全竞争市场的需求函数为：
$$D = 6300 - 400P$$
短期市场的供给函数为：
$$SS = 3000 + 150P$$
单个企业在 LAC 曲线最低点的价格为 6 元，产量为 50 单位。单个企业的成本规模不变。

(1) 求市场的短期均衡价格和均衡产量。

(2) 判断市场是否同时处于长期均衡，并计算行业内的厂商数量。

第 6 章

垄断及垄断竞争

6.1 垄断厂商的价格与产量决定

当市场结构从完全竞争转为垄断时，不受约束的垄断厂商若以利润最大化为目标，那么自然会选择满足其收益—成本差最大的点。例如，若一家垄断厂商的总收益和总成本如表 6-1 所示，则它会选择产出水平为 5 单位或 6 单位，单价分别为 331 元、311 元。图 6-1 以图形的方式描述了这一情况。

表 6-1 垄断厂商的总收益、总成本和总利润

产量（单位）	价格（元）	总收益（元）	总成本（元）	总利润（元）
2	400	800	640	160
3	350	1050	790	260
4	343	1370	960	410
5	331	1655	1150	505
6	311	1866	1361	505
7	278	1946	1590	356
8	250	2000	1840	160

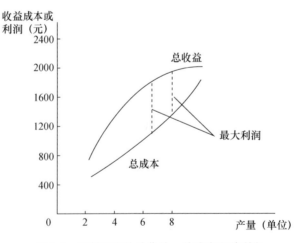

图 6-1 垄断厂商的总收益、总成本和总利润

在垄断市场中,企业使其边际成本等于边际收益,以实现利润最大化。表 6-2 和图 6-2 证实了这一情况。对利润最大化来说,这是一般条件。设 π 为垄断厂商的总成本,TR 为其总收入,则其利润可以表示为:

$$\pi = TR - TC$$
$$d\pi/dQ = dTR/dQ - dTC/dQ$$

在利润最大化的条件即 $d\pi/dQ=0$ 之下,我们发现:

$$dTR/dQ = dTC/dQ$$

因此,当利润最大化时,边际成本等于边际收益。在这里,dTR/dQ 为边际收益,dTC/dQ 为边际成本。

表 6-2 垄断厂商的边际成本和边际收益

产量(单位)	边际成本(元)	边际收益(元)	总利润(元)
3	150	250	260
4	170	320	410
5	190	285	505
6	211	211	505
7	229	80	356
8	250	54	160

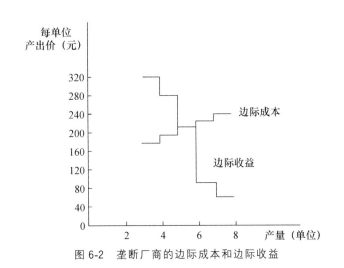

图 6-2 垄断厂商的边际成本和边际收益

以图形的方式很容易描述垄断厂商的价格与产量决定。图 6-3 绘出了垄断厂商所面对的需求曲线、边际收益曲线、边际成本曲线和平均成本曲线。为了实现利润最大化,垄断厂商应生产边际成本曲线与边际收益曲线的交点 Q 单位产量。若垄断厂商生产 Q 单位产量,则根据需求曲线,价格必须定为 P。如图 6-3 所示,与完全竞争市场中企业的水平需求曲线不同,垄断厂商的需求曲线的斜率为负。

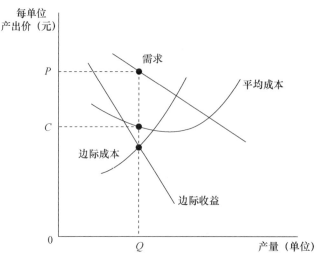

图 6-3 垄断厂商的价格和产量

垄断行业的产出水平低于完全竞争行业,而价格高于完全竞争行业。在完全竞争企业的生产点上,价格与边际成本相等;而在垄断厂商的生产点上,价格高于边际成本。关于垄断厂商的价格高于边际成本,让我们回顾一下这个方程:

$$MR = P(1-1/\eta)$$

其中,MR 为边际成本,P 为价格,η 为需求的价格弹性。因为垄断厂商的边际成本等于边际收益,在利润最大点,MC=P(1-1/η),所以 P=MC/(1-1/η)。

因为 η>0,便有(1-1/η)<1,所以 P 必大于 MC。

为了阐述企业如何通过定价和定产量以使利润最大化,我们来考察一下 A 公司的情况。这家垄断厂商面临以下的需求曲线:

$$P = 30 - 6Q \tag{6.1}$$

其中,P 为价格(千元),Q 为企业产出(千单位)。企业的总成本函数为:

$$TC = 14 + 3Q + 3Q^2$$

其中,TC 为总成本。从式(6.1),我们可以得出企业总收入的表达式:

$$TR = P \cdot Q = (30-6Q)Q = 30Q - 6Q^2 \tag{6.2}$$

因此,边际收入为:

$$dTR/dQ = d(30Q-6Q^2)/dQ = 30-12Q$$

通过总成本函数,我们可以得到边际成本的表达式:

$$MC = dTC/dQ = d(14+3Q+3Q^2)/dQ = 3+6Q$$

边际成本等于边际收入:

$$30-12Q = 3+6Q$$

据此,我们可以得到 Q=1.5,代入需求曲线方程式,可得:

$$P = 30 - 6 \times 1.5 = 21$$

因此,为使利润最大化,A 公司应定价 21000 元,并生产销售 1500 单位的产品。

案例 原料药价格暴涨 下游企业受困垄断式经销举步维艰[①]

2018年7月，多种原料药的价格暴涨数十倍。如一则主要用于鼻炎、皮肤黏膜过敏以及缓解打喷嚏、流鼻涕等感冒症状的原料药马来酸氯苯那敏（扑尔敏），价格从400元/kg爆涨到23300元/kg，引发市场普遍关注。

北京鼎臣管理咨询有限责任公司创始人史立臣表示："一般5倍以内的涨价尚在接受范围内，此次原料药价格暴涨不合理，除了环保和人工费用上涨导致部分原料药价格抬升外，更主要是人为因素垄断造成的。"从整个原料药的产业链看，经销商通过垄断抬升价格，最终全都转嫁到下游制剂企业身上。多位业内人士表示，原料药受环保评价及人工成本影响，整体价格小幅上涨是趋势，但是此次暴涨与经销商代理垄断有很大关系。

原料药市场一直以来供需稳定，两三家大药厂基本上占据八成以上的市场份额，这也为它们垄断市场、操纵价格带来便利。所谓经销代理式垄断，是指经销商通过买断市场上绝大多数原料药生产厂商的独家销售代理权，以垄断供货渠道。因此，原料药经销代理式垄断大多集中在一些小品种上。这些小品种往往生产成本低廉，毛利率较低，一旦被垄断，将对下游制剂企业产生巨大影响。在垄断形成后，低价药将无法生产，出现短缺，下游制剂企业利润会降低，进而导致医保费用大量流失。最终，这中间的差额将由患者买单。

原料药的涨价势必会造成下游制剂企业成本上升，因利润被压缩而导致销量锐减。这是普遍现象，也是当下的必然结果。加上一致性评价迫近，制剂企业承受的压力与日俱增，而且不易解决。那些品种单一、利润较少、市场份额较小、缺乏话语权的中小型制剂企业由于实力不济，很可能逐步被市场淘汰。停产、破产和被收购，也许是这类企业的结局。

有业内专家指出，针对原料药价格大涨，应加强对原料药货源、企业库存和市场交易行为等的跟踪监测，综合研判苗头性问题和趋势，对涨价明显的药品及原料药生产流通企业予以密切关注，必要时开展成本价格专项调查；强化药品及原料药市场监管，依法查处哄抬价格和垄断等各类违法违规行为，加大处罚力度，维护市场秩序。对此，国家发展和改革委员会发布了《短缺药品和原料药经营者价格行为指南》，建立失信经营者黑名单制度，对屡查屡犯的短缺药品及原料药垄断案件所涉相关经营者，依法制定禁止其从事医药行业的措施。

[①] 参见陈红霞、姚煜岚：《原料药价格暴涨 下游企业受困垄断式经销举步维艰》，载《21世纪经济报道》2018年8月15日第12版。

6.1.1 两段定价

垄断厂商有时要求消费者首先支付入会费以获得垄断商品的使用权,同时消费者每消费一单位的垄断商品还要支付使用费。这便是所谓的"两段定价"。有关使用两段定价收费的例子很多。例如,电信营运商同时收取月租费和电话费。

垄断厂商若想使用两段定价,势必要面对如何给入会费和单位消费定价的问题。显然,较低的入会费会吸引更多的消费者。这样看来,似乎更低的入会费会带来更大的销售利润。但是,这不一定是企业的最佳选择,因为企业同时可从入会费的收取上受益,入会费若太低,则这部分收入便会减少。所以,垄断厂商要同时考虑这两部分收入以使其总利润最大化。

6.1.2 搭售

搭售是另一种常见的定价方法,即垄断厂商要求消费者在购买其某一种商品时必须同时购买另一种商品。若消费者之间的偏好有较大的差异性,则这一方法可提高企业的总利润。例如,一家有影响的图书批发商准备向书店批发两本畅销书:《哈利·波特》和《魔戒》。为简便起见,假设市场上只有一家图书批发商和两家书店:翰林书店和学海书店。每家书店对每本书所愿支付的最高费用如表6-3所示。

表6-3 每家书店对每本书所愿支付的最高费用　　　　　　　　单位:元

图书	书店	
	翰林书店	学海书店
《哈利·波特》	24	18
《魔戒》	16	20
搭售	40	38

若两本书分开出售,则《哈利·波特》的最高售价为18元,《魔戒》的最高售价为16元。如果图书批发商把价格定得高于此价,那将是一个愚蠢的行为,它无法将书卖给两家书店。因此,最大收益只能为34元。但是,如果图书批发商要求每家书店同时购买这两本书,情况就发生了变化。在这种情况下,如表6-3所示,翰林书店为这两本书所愿支付的最高金额为40元,学海书店为38元。因此,图书批发商可以38元搭售这两本书。这时,图书批发商的收入将大于分开销售时的收入。只要两家书店对两本书的付费意愿是相反的(即一高一低),图书批发商就会发现搭售比分开销售更有利可图。图6-4(a)展示了这种相反的关系。但是,如果两家书店对两本书的付费意愿是一致的,那么图书批发商便无机可乘了。例如,如果情况如表6-4所示,则《哈利·波特》的最高售价为18元,而《魔戒》的最高售价为14元(均为单独销售)。因此,若单独销售,则最高收入为32元。图6-4(b)描述了这种正向关系的情况。

表 6-4 每家书店对每本书所愿支付的最高费用　　　　　　单位：元

图书	书店	
	翰林书店	学海书店
《哈利·波特》	24	18
《魔戒》	16	14
搭售	40	32

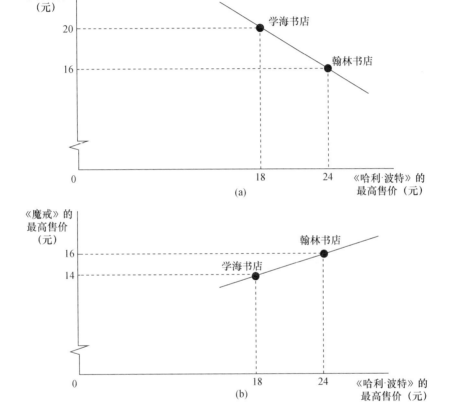

图 6-4　两家书店为两本书所愿支付的最高费用之间的替代关系

6.2　垄断竞争

在完全竞争市场中，企业都生产销售一样的产品。但是，垄断竞争厂商销售的产品不尽相同。在许多零售部门，厂商都力图通过产品的造型、包装和售后服务等使其产品有所不同。产品的差异使厂商对价格有一定的控制权。但是，因为产品的差异性不大，所以这种控制力并不强。所谓的"差异性"是很微妙的概念，如果消费者没有感知到和认可产品之间的差异性，那么这种差异性是没有意义的。由于文化、习俗、消费水平的差异，不同国家的同一产品市场也会呈现不同的格局。

在完全竞争市场中，行业中的企业都生产同种产品，很容易确认。但是，若有产品的差异性存在，每个企业的产品都不尽相同，那么定义一个行业便有一些难度了。有一个变通的办法，我们可以称那些生产类似产品的企业为"生产群"。例如，我们可以将一些生产群称作"纸巾企业""牙刷企业"或"衬衫企业"等。当然，因为很难确定属于同一生产群的企业之相似度，所以这种生产群的选择多少有些随意性。不过，我们仍然假设可以建立有意义的生产群。显然，定义一个行业的条件越宽泛，这个行业所包括的企业就越多。

除了产品差异以外，垄断竞争还要满足其他一些条件：（1）生产群中必须有50—100家企业生产这类产品，而且产品间的可替代性必须较强。（2）生产群中的企业数目必须足够多，这样每家企业都认为自己的行动不会被竞争对手注意到，也不会受到本市场中分销行动的阻碍。因此，当制定价格和产出政策时，企业不会明显地考虑对手的反应。（3）进入生产群是相对容易的，而且企业间不存在合谋。典型的合谋包括价格合谋和瓜分市场等。若企业数目足够多，则企业间的合谋是极端困难的。

案例　互联网平台类企业分析：分层式垄断竞争[①]

百度、阿里巴巴、腾讯（合称"BAT"）这类互联网巨头企业几乎都起步于20世纪90年代末，当时正值互联网开始在我国大规模发展。由于互联网行业具有明显的网络外部性、注意力经济等特征，某一特定领域的用户会逐渐聚集到其中一家企业。先入优势使这些企业成功吸引了用户注意力，积累了大量的用户资源，逐步具备市场扩张的基础。同时，在当前的背景下，互联网行业充斥着纷繁复杂的信息，中小型互联网平台类企业虽可以进入市场，却无法通过充分吸引用户注意力以颠覆已有大型互联网平台类企业。这种"分层式垄断竞争"结构实际上强化了大型企业的垄断地位。现实中，大型互联网平台类企业的行为更加多样，它们往往凭借用户流量优势，对以新模式进入市场的中小型互联网平台类企业采取收购或并购行为，通过这种行为弥补短板并巩固其垄断地位。

与传统行业不同，互联网平台类企业多以服务为产品，在市场划分中要以为用户提供的同质性服务为依据。从主营业务上看，阿里巴巴、京东商城、苏宁易购等均向用户提供网上大宗商品交易服务，百度、360搜索、搜狗等企业则向用户提供搜索服务。从用户角度看，各企业提供的服务无明显差异，大型互联网平台类企业已经在各自领域形成了垄断结构。从用户覆盖率来看，排名在前的企业有明显优势，各领域的市场份额基本上被排名第一、第二的企业占有。同时，行业中排名第一的企业基本上长期保持一致，如搜索引擎行业的百度、网上购物行业的阿里巴巴、

[①] 参见苏治、荆文君、孙宝文：《分层式垄断竞争：互联网行业市场结构特征研究——基于互联网平台类企业的分析》，载《管理世界》2018年第4期。

即时通信行业的腾讯等。在各细分业务领域,互联网平台市场已经具有垄断结构。同时,行业仍保持一定程度的竞争活力。在行业中,企业数量持续增加,大型互联网平台类企业的垄断没有形成明显的市场壁垒。互联网行业多样化的需求使新进入企业的业务与百度、阿里巴巴、腾讯等大型互联网平台类企业之间有一定的差异。例如,在即时通信领域,多玩公司专门为游戏用户设计的"YY语音"很好地满足了游戏用户的即时通信需求;在网上购物领域,唯品会以特卖为特色,满足了部分消费者廉价购物的需求。同时,大型企业也会通过自主开发、收购等方式,加入这些存在差异性的业务竞争之中。例如,阿里巴巴建立了"聚划算"优惠购物板块。

在互联网行业业务界限模糊的背景下,大型互联网平台类企业凭借其丰富的用户流量资源与资金、技术等优势,开始进入异质化领域,丰富自身业务类别,打造"生态化"的商业帝国。例如,BAT均已涉足互联网金融、生活服务、泛娱乐等领域,进入的方式多为全资收购或战略入股。

6.3 垄断竞争下的价格与产量决定

因为每家企业的产品不完全相同,所以每家企业的需求曲线的斜率是负的,若略微提价,就会失去一些顾客。反过来,若略微降价,则企业可以从竞争对手那里争取一些顾客过来。

图 6-5 描述了垄断竞争企业的短期均衡。企业会在短期内以 P_0 的价格生产销售 Q_0 单位的产品。在这一点上,企业的边际成本等于边际收益,从而实现利润最大化。另外,由于 P_0 大于企业的平均成本 C_0,因此企业还可赚取经济利润。

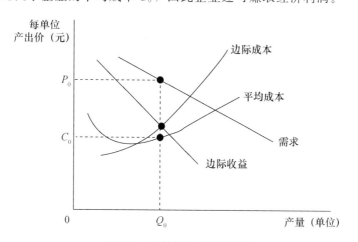

图 6-5 垄断竞争的短期均衡

长期均衡的一个条件是不存在经济利润或亏损。假设这个条件不成立,市场上就会有企业的进入与退出现象发生,而这不符合长期均衡的定义。长期均衡的另一个条件是企业实现利润最大化。如图 6-6 所示，(P_1, Q_1) 是长期均衡点。在这一点上，企业的销售价等于其平均成本，因此满足零经济利润的条件。同时，企业的边际成本等于边际收益，所以利润最大化的条件也得以满足。

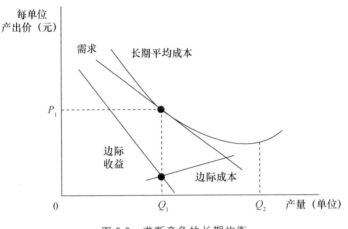

图 6-6 垄断竞争的长期均衡

6.4 广 告 支 出

垄断竞争市场中的企业和其他市场结构中的企业一样，都会在广告上有较大支出。为了实现利润最大化的目标，企业应支付多少广告费才恰当？我们将推导出一个简单的原则[①]来回答这个问题。企业的产量此时可以看作其价格和广告费水平的函数。假设广告费的边际回报递减，即过某一点之后，广告所引发的销量增长随广告费的递增而减少。表 6-5 描述了这一情况，表中每百万元的广告费增量所带来的产品销量增长越来越少。例如，当广告费从 800 万元增至 900 万元时，产品销量增长了 200 万件；而当广告费从 900 万元增至 1000 万元时，产品销量只增长了 150 万件。

表 6-5 广告费与产品销量之间的关系

广告费（百万元）	产品销量（百万件）
8	15.0
9	17.0
10	18.5
11	19.5
12	20.0

设 P 为产品的单价，MC 为生产的边际成本。若我们假设广告费的微小变动不会

---

① 这个原则是多夫曼和斯泰勒提出的，它适用于垄断、垄断竞争和寡头市场。由于垄断竞争企业的广告支出巨大，因此这个原则显得易于讨论分析。

影响价格和边际成本,则企业每多销售一单位产品时总共获利 $P-MC$。为什么这是企业制造并销售一单位产品的总利润?因为企业没有考虑增加这一单位销量的广告费。但是,在计算净利润时,企业必须从总利润中扣除这部分广告费。

为使净利润最大化,企业必须使最后一单位的广告支出等于由此带来的利润增额。只要这个等式不成立,企业就会调整其广告支出,使利润增加。例如,如果最后1元的广告支出带来的收益大于1元,则企业应扩大广告费,因为净利润会增加。反过来,如果最后1元的广告支出带来的收益小于1元,则企业应削减广告费。[①] 因此,若 ΔQ 为1元广告费带来的额外销量,则企业应使:

$$\Delta Q(P-MC)=1 \tag{6.3}$$

若令式(6.3)两边同乘以 $P/(P-MC)$,则可得到:

$$P \cdot \Delta Q = P/(P-MC) \tag{6.4}$$

企业要使其利润最大化,必须使其边际成本等于边际收益。

因此,可以用 MR 替代式(6.3)中的 MC:

$$P \cdot \Delta Q = P/(P-MR) \tag{6.5}$$

式(6.5)的右边等于 η,即企业产品需求的价格弹性;左边为增加1元广告费带来的边际收益。因此,企业要实现利润最大化,必须使每1元广告费增量带来的边际收益等于 η。

这一原则对管理者来说是很有益的。[②] 以康文公司为例,该公司产品的需求弹性为1.6。为使利润最大化,该公司必须使其最后1元广告费的边际收益为1.6。假设每100000元的广告费带来的销售增量为200000元,这意味着每1元广告费增量带来的边际收益为200000/100000,即2.0,大于1.6。因为此边际收益大于价格弹性,所以只要康文公司增加广告费,则利润还有增加的余地。[③] 为使利润最大化,该公司应追加广告费,直至边际收益等于其产品的需求价格弹性。

有一种简单的图示法可用以求出在上述规则下企业应支出的广告费支出。以景文化工公司为例,图6-7中的曲线描述了该公司的广告支出与其产品的需求价格弹性之间的关系。若企业的广告支出很少或为零,则消费者会认为其产品与其他企业的产品类似,所以其需求价格弹性会很大。

企业发布适度的广告,可以使消费者了解其产品的特点,从而与其他企业的产品区别开来。所以,广告支出的增加可以大幅度减小价格弹性。[④] B 曲线表示在不同广告支出水平下每一单位额外的广告支出带来的边际收益。因为 A、B 曲线交点上的广

---

① 为简便起见,我们假设一单位额外的广告支出带来的收益增量基本上等于最后1元支出带来的总收益增量。这是一个不影响分析的正确性假设。
② 但是,这个原则是建立在许多简化了的假设上的,它并不适用于这个复杂的问题。
③ 若经理认为一单位的广告支出带来的边际收益低于需求价格弹性,则削减广告费用会使利润增加。
④ 这对某些产品是合适的,而对其他一些产品则不一定。在有些情况下,企业产品的需求价格弹性与广告支出之间的关系是正向的,而不是反向的。

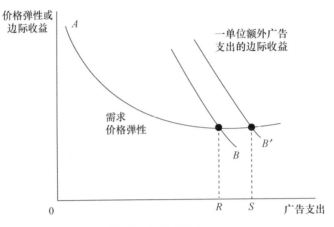

图 6-7 最优广告支出

告支出为 R,所以根据式(6.5),这就是满足企业利润最大化的广告支出水平。

企业的最优广告支出取决于 A、B 曲线的形式和位置。例如,假设该公司的 B 曲线右移至 B'。如果这种移动可以通过提高广告支出的效率获得,则该公司的最优广告支出点会上升(至 S 点)。

案例 ▷ 莎普爱思深陷疗效之争[①]

2017年12月,医学自媒体"丁香医生"的热门网文《一年狂卖7.5亿的洗脑神药,请放过中国老人》,让曾经红极多年的眼药品牌莎普爱思陷入舆论漩涡。文章称,许多消费者特别是老年人对莎普爱思的认知都来自其刷屏似的广告投放,其中的一些如"白内障,看不清,莎普爱思滴眼睛""模糊滴、重影滴、黑影滴"的广告语几乎成了许多老年人及其儿女的"洗脑神曲",与当年脑白金广告制造的效果如出一辙。

数据显示,莎普爱思滴眼液2016年卖出了约2800万支,收入约为7.5亿元,占公司总营收的75%,毛利达94.59%。然而,在这一"神药"的背后,却是眼科医生和患者的大量质疑。同济大学附属东方医院眼科主任崔红平医生是国内最早站出来质疑莎普爱思虚假宣传的眼科专家。他认为,白内障不严重时,手术相对简单。如果坚持滴眼药水,拖延到白内障过熟再进行手术治疗,会增加手术难度,不仅花钱更多,还可能影响术后的视力恢复。有些患者还可能出现青光眼、葡萄膜炎等严重并发症。此外,他还指出,莎普爱思在商业上的巨大成功得益于20世纪90年代,它在我国的药监系统对于药物临床试验还没有那么严格的时候拿到了上市许可,而目前在国内并没有成熟的药物退市机制。

[①] 参见陈矿然:《莎普爱思深陷疗效之争》,载《证券时报》2017年12月8日第A11版。

莎普爱思披露的财务数据显示，2014年至2017年9月，公司的广告费用分别为2.1亿元、2.4亿元、2.6亿元、2.2亿元，分别占公司总营收的27%、26%、26.84%、31.87%，而与之同业的一些上市公司的广告费用占比基本上不超过20%。与巨额的广告费用形成鲜明对比的是，莎普爱思的研发费用少得可怜。据2016年公司年报披露，莎普爱思全年在白内障相关药物上的研发投入只有550万元。广告费用与研发费用的巨大差异，令许多人对莎普爱思是否存在过度营销以及药品的疗效表示怀疑。过度营销不仅会损害消费者的利益，对制药企业的发展也极其不利；巨额的广告费用必然影响制药企业在药物创新、药物研发、改善药物质量上的投入，从而带来整个制药产业的滞后。

本章小结

1. 在垄断市场中，企业会在边际成本等于边际收入时实现利润最大化。但是，这并不意味着对某种产品的生产处于垄断地位的厂商一定会获利。当厂商的利润小于零时，需要根据平均收益与平均可变成本大小的比较，决定是否继续生产。若垄断厂商的生产无法抵补其变动成本，则也会与完全竞争企业一样停产歇业。

2. 一个行业若为垄断行业，则相对于在完全竞争的情况下，垄断厂商产品的价格更高，产出更低。完全竞争企业在价格等于边际成本时进行生产，而垄断厂商则在价格高于边际成本时进行生产。

3. 垄断厂商有时会要求消费者先支付入会费以获得垄断商品的消费权，而后消费者每消费一单位的垄断商品还要支付使用费。这便是所谓的"两段定价"。垄断厂商还会使用的另一种定价技巧是搭售，即消费者在购买垄断厂商的一种商品时必须同时购买其另一种商品。

4. 与完全竞争厂商相比，垄断竞争企业设法使其产品不同于其他企业的产品，其产品的需求曲线的斜率为负。垄断竞争企业尽力使其产品的边际成本等于边际收益，以实现利润最大化。

5. 垄断竞争企业在广告上投入巨大。为使利润最大化，企业需使其一单位额外的广告支出的边际收益等于需求价格弹性。对产品价格变动的广告宣传可以提高其需求价格弹性，令更多的消费者了解到这种变化。

习题

1. 丁公司是一家不受约束的垄断企业，其边际成本曲线是一条直线：

$$MC = 60 + 2Q$$

其中，MC 为边际成本（元），Q 为产量。

需求曲线为：
$$P = 100 - Q$$

其中，P 为价格，Q 为产量。

(1) 利润最大化的产量为多少？

(2) 此时的价格为多少？

2. 垄断厂商戊面临的需求函数为：
$$D(p) = 10p^{-3}$$

成本函数是：
$$C(Q) = 5Q$$

求最优产量和对应的价格。

3. 垄断厂商已面临的需求数量和总成本如下表所示：

表 6-6 垄断厂商已面临的需求数量和总成本

价格（元）	需求数量（万个）	总成本（万元）
20	7	36
19	8	45
18	9	54
17	10	63
16	11	72
15	12	81

(1) 厂商已的最优产量是多少？

(2) 厂商已的定价应为多少？

(3) 厂商已可以获得的最大利润是多少？

4. 回答下列关于垄断竞争的问题：

(1) 垄断竞争与垄断有何相似之处？

(2) 垄断竞争与完全竞争有何相似之处？

(3) 短期均衡有什么特征？

(4) 长期均衡有什么特征？

5. 庚公司的市场营销部发现其产品的需求价格弹性为 2.2。该公司的广告支出与销售额之间的关系如下表所示：

表 6-7 庚公司广告支出与销售额之间的关系

广告支出（万元）	销售额（万元）
10	100
20	130
30	150
40	160

（1）如果庚公司的广告支出为 20 万元，那么 1 元额外的广告支出的边际收入为多少？

（2）20 万元是否为最优广告支出？

（3）如果 20 万元不是最优广告支出，那么应追加还是削减广告支出？

第 7 章

寡 头 垄 断

寡头垄断是同时包含垄断因素与竞争因素，更接近纯粹垄断的市场结构，其主要特征是所在行业中只有几家企业占绝对优势。[①] 几家企业拥有数量很大且水平相近的市场份额，它们之间相互依存，这是寡头垄断不同于其他三种市场类型的独有特性。在现实中，美国的石油行业是一个很好的例子，几家大公司拥有一半以上的炼油能力。每当一个主要的石油公司宣布一项价格和产量政策时，它必须考虑其他大公司的反应，因为其政策很可能影响其他大公司的行为。比如，当美孚石油公司把每加仑家用燃油的价格提高 1% 或 2% 时，它不得不事先考虑其他公司会作何反应。如果它的竞争对手与之相对抗，提价政策很可能被废止，否则它的竞争对手将抢走大量客户。

形成寡头垄断的原因有很多，其中之一是规模经济。也就是说，在某些行业，只有当企业的产量占到了整个可开拓市场的相当大份额时，成本才会降低。因此，这些行业中企业的数量会变得相当少。

依据寡头之间是否合作、提供的商品与服务是否同质等不同特征，可以划分出许多类型的寡头市场，不同的寡头市场在总体特征与企业的行为方式上相差很大。因此，基于不同的关于竞争对手反应的假设，会有许多不同的解决方案。寡头垄断与完全竞争或垄断相比，没有划一的模型，存在许多模型的使用。至于各种模型是否合适，要根据具体情况，尤其是竞争对手的反应予以确定。

7.1 寡头垄断的出现

像其他市场类型一样，寡头垄断行业经常（但不总是）要经历几个阶段：引进、成长、成熟和衰退。如图 7-1 所示，行业销售额在引进期增长很快，在成长期增长速度加快，在成熟期增长速度放慢，到衰退期会下降。在一个行业经历这几个发展阶段的过程中，寡头垄断市场竞争的性质将会随之改变。

[①] 事实上，区分一个市场是寡头垄断市场还是垄断竞争市场取决于市场的定义或界定。例如，一个城市中的所有餐厅可以构成垄断竞争市场；而在一个特殊的区域内，少数几家餐厅有相互依存的关系。

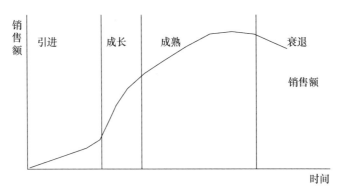

图 7-1 行业发展的典型阶段

在行业销售额增长相对迅速的早期，不仅市场处于发育期，而且行业的技术经常存在很大的不确定性。比如，产品外形设计哪种最好？加工技术哪种最有效率？由于产品不成熟且产量很小，生产成本往往要比行业最终达到的成本要高，学习曲线经常是相对陡峭的。新成立的企业往往占有比以后的年份更大的市场份额，由于处于市场发育期，市场前景诱人，进入壁垒较小。这些新企业可能就是由从其他企业辞职而开创自己事业的人所创立的。

在行业发展的早期，企业管理者面临的一个重大决策是：行业的新产品应先开拓哪个市场，后开拓哪个市场？这个问题之所以重要，不仅因为企业应把研发和开拓市场的努力放在相对容易被接受的市场上，而且因为早期市场的情况会对今后的行业发展产生深远影响（可能涉及技术标准与"游戏规则"之争）。要想预测新产品最易被哪个市场或市场的哪个部分接受，就必须考虑以下三个方面：

第一，对新产品而言最有利可图的市场往往就是购买者最可能接受新产品的市场。例如，如果一种新研发的机器人在铁路行业比在农业机械行业更有利可图，那么它很可能首先在铁路上应用，而不是在农业机械上应用。

第二，如果某种产品的失败给这部分购买者带来的损失小于另一部分购买者，那么这部分购买者很可能更快地采用这种新产品。所以，如果新研发的机器人可能给自动化行业带来几百万元损失，而只会给钢铁制造业带来少量损失，那么钢铁制造业很可能采用这种机器人。

第三，如果这部分购买者原有产品更新换代的成本要低于另一部分购买者，那么这部分购买者更容易接受新产品。

7.2 寡头垄断的兴衰

大多数行业最终都要进入成熟期，行业销售额的增长与以前相比更加缓慢。这个时期对行业中的成员来说十分关键。因为此时企业不可能通过过去所采取的固定市场份额的办法保持增长率，而往往是采取抢占同行业其他竞争对手市场份额的方式。例如，20 世纪 90 年代中后期，我国彩电行业的竞争呈白热化，就说明彩电的传统技术已经相当成熟，正待新技术的创新。此时，四川长虹降低价格，抢占市场份额，引起其他彩电生产企业的强烈反应，"彩电价格联盟"也应运而生。显然，行业发展到这个阶段，企业必须改变关于竞争者的行为和反应的假设。在此时期，企业之间爆发"价格战""服务战"或者"促销战"的可能性是很高的。

在成熟期，企业之间的对抗经常集中在成本和服务上，而不是集中在更新或改进产品上。由于增长放慢、消费者对产品了解增加以及技术更加成熟，竞争趋于集中在成本和服务上，这可能吸引已在其他领域发展的企业加入竞争行列。同时，随着行业调整，增长放慢，生产能力的扩张也会减慢。但是，企业常常直到扩张至比所需更大的生产能力时才意识到已进入成熟期，此时生产能力过剩会困扰所在行业。

在进入成熟期之后，许多企业的销售额下降。原因之一可能是这种产品将会被另一种产品代替，或者由于人口结构的变化而导致消费群体的萎缩。还有一个原因可能是消费者的口味或需求发生了改变。例如，现在欧美国家的消费者越来越追求食物的营养和新鲜，麦当劳在美国本土销售额的下降部分是因为高热量、高脂肪的快餐食品的社会认同度下降。

处于行业衰退期的企业经常被告知应缩减投资并尽快抽回现金。但是，这并不总是最好的对策。有些行业，就像有些人越成熟越有魅力一样，比其他行业更加有利可图。一些企业正是通过大量投资于正在衰退的行业而获得了滚滚财源。另一些企业则为避免竞争所遭受的损失，在普遍意识到行业进入衰退期之前便将产品抛售一空。

7.3 合　　谋

在寡头垄断行业中，企业数目很少，而且企业意识到它们之间是相互依存的。因此，寡头垄断行业的特点有利于合谋。企业合谋的好处好像是显而易见的，既增加了利润，降低了不确定性，而且更有利于阻止其他企业的进入。但是，合谋协定经常是很难维持的。因为一旦签订了合谋协定，任何企业都可以通过在协定下欺骗对方而增加自己的利润。

7.3.1　卡特尔的形成

如果一个合谋协定是公开地、正式地签订的，则被称为"卡特尔"。在许多国家，卡特尔很常见且被法律承认。但是，在美国，大多数合谋协定，不论是公开的还是秘密的，根据1890年签署的《谢尔曼法案》，被视为非法。不过，这并不意味着这类协定就不存在。例如，20世纪50年代，在美国电器制造商中，这类合谋是很普遍的。一些贸易行会和职业组织在行使职能时有时类似于卡特尔。进一步说，有几种卡特尔是经过美国政府批准的。比如，经营飞越大西洋航线的航空公司都是国际航空运输联盟的成员，它们对飞越大西洋的航班制定了统一的价格。

在我国，价格卡特尔的危害并没有得到应有的重视，从"彩电价格联盟"到"彩管价格联盟"，再到"空调价格联盟"，政府机构与舆论并没有对其合理性提出更多的质疑。例如，2000年2月，海信空调降价，拉开空调"价格战"的序幕，春兰、森宝等品牌迅速跟进。但是，海尔、格力、美的、长虹、新科、波尔卡六家厂商组成公开的"空调价格联盟"应对降价。实际上，这六家厂商构成了一个价格卡特尔。1999年，中国民航为了扭转民航系统的亏损局面，推出"机票禁止打折"的行政规定，使得民航系统的所用航空公司都成为这个公开卡特尔的成员。与普通卡特尔不同，该价格卡特尔通过政府主管部门行政命令形成，并且不是通过限产提高价格，而是直接操纵价格。①

如果卡特尔要为特定的（同质的）产品制定统一的价格，那么价格应为多少？为了回答这个问题，卡特尔必须把自己作为一个整体去估计边际成本曲线。如果在卡特尔扩张生产时投入品价格并没有上涨，那么它的边际成本曲线就是每个企业边际成本曲线的水平相加。假定卡特尔边际成本曲线如图7-2所示，该行业产品的需求曲线和相应的边际收益曲线在图中所示位置，那么使得卡特尔中每个成员都实现利润最大化的产量是 Q_0。所以，要使卡特尔的利润最大化，必须选择价格 P_0。P_0 就是垄断价格。

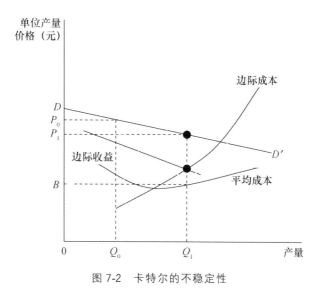

图 7-2 卡特尔的不稳定性

如果卡特尔的目标是实现利润最大化，那么它必须将销售额在各成员之间合理分配，以使各成员的边际成本相等。否则，卡特尔能够通过在各成员间重新分配产量，降低卡特尔生产的总成本，从而获取更多的利润。如果企业A的边际成本高于企业B，那么卡特尔可以将企业A的一部分生产转由企业B承担，从而增加总利润。

但是，这种产量的分配是不可能实现的，因为如何分配产量的决定是由具有不同

---

① 关于这一问题的进一步讨论，参见王俊豪等：《现代产业组织理论与政策》，中国经济出版社2000年版，第210—216页。

利益、不同能力的企业通过谈判达成的。在达成协议的过程中，不同企业对结果的影响力是不同的。那些较有影响力且精明的谈判者会得到较大的销售配额，尽管这会提高整个卡特尔的成本。同时，因为成本高的企业不愿意接受较小的配额而降低成本，所以它们得到的配额比实现成本所需的最低配额要大。实际上，销售额的分配主要是依据企业过去的销售水平或生产能力确定的。此外，卡特尔有时根据地域划分市场，一些企业负责特定的国家或地区，其他企业则负责另外的国家或地区。

7.3.2 卡特尔的局限

对想了解合谋协定的企业管理者来说，最重要的事情之一就是要知道合谋协定很容易破产。尽管寡头垄断的市场结构特点使得合谋比其他市场结构更易形成，但是合谋很难长久维持。若想了解企业脱离卡特尔的原因，就要考虑一下图 7-2 中企业的情形。如果一企业打算脱离卡特尔，那么只要卡特尔中其他企业仍维持价格 P_0，它所面对的需求曲线仍是 DD′（暗含需求曲线非常富有弹性的假设），仅需降价少许便可大大增加销售额。即使企业不脱离卡特尔，只要其降价行为不易被觉察，就有动机秘密降价以获取更高的利润。因此，卡特尔面临失败的风险。

如果一企业脱离卡特尔或秘密降价，以价格 P_1 卖出产量 Q_1，则此时边际成本等于边际收益，实现利润最大化。价格 P_1 下的利润要比企业遵守卡特尔制定的价格和销售配额带来的利润高。只要其他企业不做出同样的行为，卡特尔不采取某种惩罚措施，企业脱离卡特尔或秘密降价就能增加利润。但是，如果所有企业都这么做，卡特尔就会分崩离析。

所以，只要卡特尔存在，便有分裂的可能。卡特尔的成员有互相欺诈的动机，而且一旦有企业开始这么做，其他企业便会效仿。一些欺诈者秘密采取的或一些不满者公开采取的价格让步行为会减少卡特尔中其他合作成员的销售额，引起部分成员与之竞争，并最终导致卡特尔的解体。

为了说明维持一个有效的卡特尔的困难之处，我们在此举石油输出国组织"欧佩克"（OPEC）的例子。它由十多个主要产油国组成，其中包括沙特阿拉伯、伊朗、委内瑞拉、利比亚、尼日利亚和阿联酋等。20世纪70年代，OPEC 大幅度提高石油价格。但是，1983年，OPEC 便面临维持石油价格的问题。到了1993年，石油价格已跌到每桶15美元以下。从某种意义上说，价格下降的压力来自节约石油能源和其他燃料的竞争（可部分归咎于早年石油价格的大幅度提高）所带来的需求曲线向左平移。同时，非 OPEC 成员（如俄罗斯）石油产量的猛增也给 OPEC 带来了压力。但是，这只是整个故事的一部分，价格下降也是由于 OPEC 内部的分歧以及各成员国拒绝遵守卡特尔制定的生产配额造成的。

案例　沙特掀起原油价格战，俄罗斯为何执意抵制减产？[①]

在2020年3月5日结束的OPEC部长级特别会议上，各国部长一致认为，新冠肺炎疫情对2020年全球经济以及原油需求预期造成显著负面影响。预计全球原油需求增速下调至48万桶/日，较2月预测的99万桶/日减半。因此，OPEC石油部长3月5日表示，除了支持现有的210万桶/日的减产措施外，他们还支持到2020年底之前减产150万桶/日。

然而，在3月6日的OPEC+会议上，俄罗斯拒绝了这个扩大减产规模的提议，称它只愿意延长将于3月底到期的210万桶/日的减产协议。让人没有想到的是，OPEC对俄罗斯作出强硬回应，表示不再延长现有的削减计划。

"谈判破裂可能将导致210万桶/日的供应重回市场，再加上未来几个月利比亚的产量有望恢复正常，这将使市场进一步增加100万桶/日的供应。"荷兰国际集团（ING）大宗商品策略负责人沃伦·帕特森在接受书面专访时指出，这310万桶/日的额外供应出现的时机是，原油市场原本就将在2020年第二季度出现过剩，而且需求前景受新冠肺炎疫情影响仍不明朗，这恐将让油价进一步走低。

"我认为，价格战已经开始。俄罗斯能源部长亚历山大·诺瓦克3月6日说，各方将从4月1日起随心所欲地供油。紧接着，沙特就下调了其石油的官方售价。"帕特森说道。眼看俄罗斯拒绝合作，沙特第一时间采取行动。沙特国家石油公司沙特阿美在3月8日晚发布的一份声明中表示，阿拉伯轻质原油期货价格4月在亚洲的官方售价（OSP）下调6美元/桶，较阿曼/迪拜原油贴水3.10美元/桶；将面向欧洲西北部出口的官方售价下调至每桶10.25美元，较洲际交易所的布伦特原油价格低8美元。据报道，沙特还计划在4月大幅增加原油产量，日产量将达到1000万桶，甚至达到创纪录的1200万桶/日。

沙特的减价增产之举会迫使俄罗斯重回谈判桌吗？帕特森说："只有时间会给出答案。俄罗斯的目的是对美国石油业施加压力，尽管这可能在中期发挥作用，但会产生怎样的长期影响尚不确定。"帕特森指出，毫无疑问，沙特和俄罗斯是这场价格战中的主角。至于两国斗法，谁占上风，他认为，对俄罗斯来说，即便油价低于50美元/桶，也能实现财政收支平衡；而沙特则需要约80美元/桶，"从这一点来说，俄罗斯处于更有利的位置"。

沙特用降价增产的方式"挑战"俄罗斯，恐将让整个OPEC陷入危机。帕特森说："过去，OPEC的有效性已经遭到多次质疑。实际上，OPEC早在2016年不得不拉一些非OPEC国家减产，就说明它的势力已经不复当年。这在很大程度上确实要归功于美国供应的增长。"对于OPEC的命运，帕特森认为，这将在很大程度上

[①] 参见郑青亭：《沙特掀起原油价格战，俄罗斯为何执意抵制减产？》，载《21世纪经济报道》2020年3月10日第2版。

取决于美国页岩油气业的发展,如果它继续扩张,将使 OPEC 的工作越来越困难。此外,如果 OPEC 无法像过去几年那样与非 OPEC 成员(特别是俄罗斯)合作,将使该组织更加艰难。

7.4 价格领导

价格领导是一种解决寡头合作问题的方式,虽不要求强约束地合谋,但要求市场中的企业必须默许。在许多寡头垄断行业,一个企业制定价格,其他企业认可其为价格领导者。像钢铁制造、轮胎、汽油就是具有这种价格领导特征的行业。

寡头市场中的任何一个企业都可以成为价格领导者,通常是市场中的主导企业,可能是以良好判断力著称的企业,也可能是成本最低、最有效的企业(尽管不是规模最大的企业),还可能是最大胆或最有声誉的企业。现实中,大部分的价格领导结构为主导企业价格领导。假定某行业由一个占绝对优势的大企业(价格领导者)和许多小企业组成,并且当大企业制定行业价格时,小企业能够在此价格下卖掉想卖掉的所有产品。不论小企业的产量是多少,剩余部分都是由大企业提供的。

在这种情况下,大企业将制定使其利润最大化的价格。小企业面临的价格是既定的,它们会在价格等于边际成本的产量上生产。因此,对所有小企业而言,它们的供给曲线可以由每个小企业的边际成本曲线水平相加得到(如图 7-3 所示)。大企业所面临的需求曲线可从每种价格水平下的剩余需求量(从该行业的总需求中减去在该价格水平下所有小企业的总供给量)得到。因此,大企业所面临的需求曲线 d 是由行业需求曲线和所有小企业的总供给曲线的水平距离所决定的。

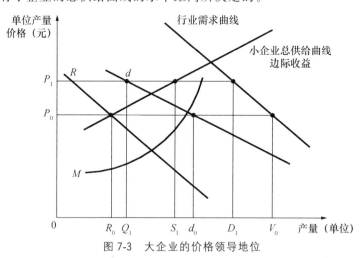

图 7-3 大企业的价格领导地位

假定大企业确定的价格为 P_0,小企业的总供给量为 R_0,总需求量为 V_0。大企业的供给量应为 $V_0 - R_0$,这也就是在价格 P_0 下 d 曲线上的需求量。换句话说,d_0 等于 $V_0 - R_0$。d 曲线上其他点的推导过程与之相同。

知道了大企业所面临的需求曲线 d 和大企业的边际成本曲线 M,就能够找到实现其利润最大化的价格和产量。通常的办法是，从大企业所面临的需求曲线 d 推导得出企业的边际收益曲线 R。因此，大企业的最优产量是 Q_l，在此产量水平上，边际成本等于边际收益。如果大企业确定的价格为 P_1，便可达到此产量水平。此时，行业总产量为 D_1，所有小企业的供给量为 $S_1(D_1 - Q_1)$。

为了说明大企业如何确定实现利润最大化的价格，以海佳公司为例，该公司在某行业中占有统治地位。该行业产品的需求曲线是：

$$Q = 100 - 5P$$

其中，Q 是需求量，P 是价格。所有小企业的总供给曲线是：

$$Q_s = 10 + P$$

其中，Q_s 是所有小企业的总供给量。海佳公司的边际成本曲线是：

$$\text{MC} = 2Q_A \tag{7.1}$$

其中，Q_A 是海佳公司的产量。

为了得到海佳公司所面临的需求曲线，用 Q 减 Q_s，结果是：

$$Q_A = Q - Q_s = (100 - 5P) - (10 + P) = 90 - 6P$$
$$P = 15 - 1/6 Q_A \tag{7.2}$$

因此，海佳公司的总收益为 P 乘以 Q_A，也就是：

$$\text{TR} = (15 - 1/6\, Q_A) Q_A = 15 Q_A - 1/6\, Q_A^2$$

这样，边际收益可以表示为：

$$d\text{TR}/dQ_A = d(15Q_A - 1/6\, Q_A^2)/dQ_A = 15 - 1/3\, Q_A \tag{7.3}$$

要实现利润最大化，海佳公司必须使边际收益即式（7.3）等于边际成本即式（7.1）。

$$2Q_A = 15 - 1/3\, Q_A$$

解得 Q_A，然后根据式（7.2），得到价格 P 约等于 13.93。

由上述分析可知，海佳公司要实现利润最大化，最好将价格定为 13.93 元。

7.5 非合作寡头

寡头垄断的一个基本特征是寡头企业之间相互依存，这导致其决策复杂而混乱。对于一名管理者来说，决策的艺术应来自实践，而不存在一套所谓的"准则"。不过，经济学家们提供了一个分析寡头行为的重要工具——博弈论，这也是管理者进行商业决策、战略决策的有益工具。

由于寡头垄断市场中的企业必须考虑其竞争对手对自己行动的反应，因此寡头的决策行为有许多博弈的特点。博弈论试图研究在冲突和合作并存条件下的决策行为。博弈是一种具有竞争性的情形，其中有两个或更多的人追求自身利益，而且没有人能控制结果。例如，玩扑克牌是一种博弈，两家公司致力于同一竞争性研究与开发方案的实施也是一种博弈。博弈是通过博弈的参加者、博弈的规则、博弈方的得益和博弈中的信息状况加以描述的。

博弈的参加者（局中人）可以是个人或组织，是拥有特定数量资源的决策单位，而博弈的规则就是描述如何利用这些资源。扑克牌的规则就是指明如何出牌、哪手牌更好等。所谓的策略,也就是局中人在博弈过程中的各种可能性下如何行动的完备、详细的说明。例如,一家企业的总裁告诉其下属要实施一项研究与开发方案。那么,在以后的时间里,如何针对其竞争对手的各种行动采取对策?这一博弈的结果明显地依赖于每个局中人所采取的策略。局中人的得益随不同的博弈而变化。就如同下棋,双方在开始时实力虽有差距(不太悬殊),但结果如何,不到最后谁也不能肯定。

为简单起见,这里只考虑两人博弈,通过建立收益矩阵说明两人如何作出决策。比如,东方公司和联众公司都打算实施一项研究与开发方案,它们都有一个策略。东方公司可选择策略 A 或策略 B,联众公司可选择策略 1 或策略 2,收益以每个公司的利润表示(如表 7-1 所示)。例如,如果东方公司选择策略 A,联众公司选择策略 2,则东方公司将获得 200 万元的利润,联众公司将获得 300 万元的利润。

表 7-1 收益矩阵:研究与开发方案

策略	1	2
A	东方公司利润:300 万元 联众公司利润:400 万元	东方公司利润:200 万元 联众公司利润:300 万元
B	东方公司利润:400 万元 联众公司利润:300 万元	东方公司利润:200 万元 联众公司利润:300 万元

在这一博弈中,每个局中人都存在一个占优策略。不论联众公司采取何种策略,东方公司选择策略 B 总会获得更大利润。所以,策略 B 是东方公司的占优策略。同样,不论东方公司作何决策,联众公司选择策略 1 总会获得更大利润。因此,策略 1 是联众公司的占优策略。这一博弈的答案非常简单,东方公司选择策略 B,联众公司选择策略 1。东方公司的利润为 400 万元,联众公司的利润为 300 万元,这是两家公司所能得到的最佳结果。

7.5.1 纳什均衡

对每一个局中人而言,不是所有博弈都存在占优策略。例如,假定东方公司和联众公司的收益矩阵如表 7-2 所示。东方公司的占优策略仍是策略 B,即不论联众公司采取何种策略,策略 B 都是东方公司最好的选择。但是,联众公司不再有占优策略,它所采取的策略依赖于东方公司的决策。如果东方公司采取策略 A,联众公司选择策略 1 会比选择策略 2 获得更大利润。如果东方公司选择策略 B,联众公司就会选择策略 2 而不是策略 1。

表 7-2 收益矩阵:联众公司没有占优策略

策略	1	2
A	东方公司利润:300 万元 联众公司利润:400 万元	东方公司利润:200 万元 联众公司利润:300 万元
B	东方公司利润:400 万元 联众公司利润:300 万元	东方公司利润:300 万元 联众公司利润:400 万元

为了决定如何去做，联众公司必须判断东方公司会采取什么行动。换句话说，联众公司必须把自己放在东方公司的位置上，看策略 A 和策略 B 中哪一个对东方公司最有利。如前所述，东方公司的占优策略是策略 B。既然联众公司了解收益矩阵中的所有信息，它就能轻易地判断出这是实情。因此，联众公司会得出结论：东方公司会选择策略 B，而自己应选择策略 2。因为当东方公司选择策略 B 时，策略 2 比策略 1 更有利可图。

所以，东方公司被认为会选择策略 B，而联众公司会选择策略 2。这就是该博弈的纳什均衡（以诺贝尔经济学奖获得者约翰·纳什命名）。如果在给定其他局中人所选择策略的条件下，每个局中人的策略都是最优的，纳什均衡便形成了。要注意，纳什均衡是一组策略，如东方公司的策略 B 和联众公司的策略 2。

纳什均衡与每个局中人都有一个占优策略（如表 7-1 所示）的均衡有什么不同？如果每个局中人都有占优策略，那么这个策略就是不考虑其他局中人行为的最优选择。在纳什均衡中，每个局中人都会作出在其他局中人行为给定条件下的最优选择。但是，意识到一些博弈中并不存在纳什均衡或存在不止一个纳什均衡也是很重要的。表 7-3 所示的收益矩阵就是存在两个纳什均衡的博弈。如果东方公司采取策略 A，联众公司采取策略 1，每个公司作出的选择在给定另一家公司选择的条件下都是最优的。同时，如果东方公司选择策略 B，联众公司选择策略 2，它们所作的选择也是最优的。

表 7-3　收益矩阵：两个纳什均衡

策略	1	2
A	东方公司利润：500 万元 联众公司利润：500 万元	东方公司利润：0 元 联众公司利润：0 元
B	东方公司利润：0 元 联众公司利润：0 元	东方公司利润：500 万元 联众公司利润：500 万元

7.5.2　古诺模型

为了进一步说明"纳什均衡"这个概念，我们讨论一下法国经济学家奥古斯丁·古诺早在 1838 年就提出的理论模型。虽然该理论模型十分简单，尚不足以揭示千变万化的寡头垄断现象，但是引起了相当大的关注。古诺虽只考虑包括两个销售者的模型，也就是双寡头的情形，但这个模型能很容易地被一般化到包括三个或更多寡头的情形。为了解释方便，假定只有两个企业：公元和福达，它们生产同一种产品，有相同的成本函数，而且完全了解产品的需求曲线（假定需求曲线是线性的）。

每家企业都认为不论自己生产多少，另一家企业的产量在现有水平上都会保持不变。因为把另一家企业的产量水平看作既定的，每家企业都会选择实现利润最大化的产量水平。当然，每家企业选择的产量水平将依赖于它所认为的竞争对手的产量水平。例如，图 7-5 表明了公元产品的需求曲线，建立在公元所认为的关于福达产量的三种不同的假定之上。

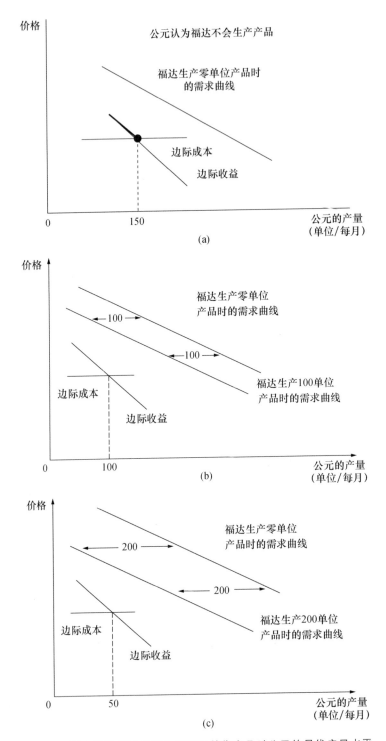

图 7-4 假定福达每月分别生产不同单位产品时公元的最优产量水平

第一,公元认为福达既不生产也不销售产品。如果公元这么认为,那么其产品的需求曲线就被认为是市场需求曲线。因为公元被认为是唯一的生产者。图 7-4(a)表明了需求曲线和相应的边际收益曲线。为实现利润最大化，公元会选择边际收益等于边际成本的产量水平，即每月生产150单位。（为简单起见，假定图7-4中的边际成本是个常数。）

第二，公元认为福达每月生产和销售100单位的产品。如果公元这么认为，那么它会认为其产品的需求曲线是市场需求曲线向左平移100单位。因为在每种可能的价格水平下，公元希望售出的数量等于总需求量减去福达所希望生产和销售的数量。图7-4（b）表明了这条需求曲线和相应的边际收益曲线。为实现利润最大化，公元会选择边际收益等于边际成本的产量水平，即每月生产100单位。

第三，公元认为福达将生产和销售200单位的产品。如果公元这么认为，那么它会认为其产品的需求曲线是市场需求曲线向左平移200单位。因为在每种可能的价格水平下，公元希望售出的数量是总需求量减去福达所希望生产和销售的数量。图7-4（c）表明了它的需求曲线和相应的边际收益曲线。为实现利润最大化，公元会选择边际收益等于边际成本的产量水平，即每月生产50单位。

利用上面的结果，可以画出一条曲线，以说明公元的产量如何依赖于它所认为的福达的产量。根据以上三种假定，我们可以得到这条曲线上的三个点，如图7-5所示。曲线上其他的点可以用相同的方法绘出。这条曲线为公元的反应曲线，说明了公元的产量水平作为它所认为的福达的生产和销售数量的函数是如何作出反应的。福达的反应曲线同样在图7-5中，说明了福达的产量水平作为它所认为的公元的生产和销售数量的函数是如何作出反应的。得出福达和公元反应曲线的方法是完全相同的。

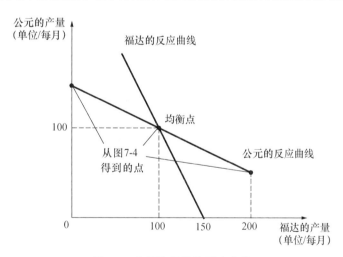

图7-5 公元和福达的反应曲线

根据古诺模型，均衡点位于两条反应曲线的交点上。所以，在图7-5中，如果福达和公元每月都生产和销售100单位产品，将形成纳什均衡。因为每个企业关于其竞争对手产量的预期都是正确的，而且每个企业都实现了利润最大化（给定其竞争对手产量）。为了说明在这个交点上每个企业关于其竞争对手产量的预期都是正确的，我们分析在这点上公元预期福达每月生产100单位产品，而且福达确实生产了这么多;同样,福达预期公元每月生产100单位产品,而且公元确实生产了这么多。因此,不会有意外发生,而且任何一个企业都没有改变其行为的动力。如果竞争对手每月只生产100单位产品(事实也是如此),那么每个企业都会实现利润最大化。

古诺模型在说明纳什均衡时是十分有用的,但是用它来描述寡头的行为存在严格的限制。在关于企业趋向均衡的方式方面,古诺并没有提出令人满意的解释或描述。许多经济学家认为缺乏对动态调整过程的解释是古诺模型的一个严重问题。

7.5.3 寡头垄断的"囚徒困境"

"囚徒困境"这一博弈类型有助于解释卡特尔协定中的成员往往互相欺骗(私下降价)的情形。假定华龙和荣声两家公司生产某种专门的科学仪器,它们是仅有的两个生产者,并组成了一个卡特尔。每个公司都有两种可选择的策略:遵守协定或欺骗对方。依据每个公司所采取的策略,有四个可能的结果,如表7-4所示。

表7-4 收益矩阵

策略	遵守协定	欺骗对方
遵守协定	华龙利润:500万元	华龙利润:-200万元
	荣声利润:500万元	荣声利润:800万元
欺骗对方	华龙利润:800万元	华龙利润:200万元
	荣声利润:-200万元	荣声利润:200万元

华龙将选择哪种策略?如果荣声遵守协定,对华龙而言较好的策略是欺骗对方,因为华龙此时的利润要大于其遵守协定时的利润。如果荣声的策略是欺骗对方,华龙较好的策略仍是欺骗对方,因为华龙此时的利润要大于其遵守协定时的利润。

荣声将选择哪种策略?如果华龙遵守协定,荣声看起来最好选择欺骗对方,因为欺骗对方要比遵守协定更有利可图。如果华龙选择了欺骗对方的策略,荣声看起来也应选择欺骗对方,因为欺骗对方要比遵守协定更有利可图。

7.5.4 更为复杂的分析

华龙和荣声在每一个时间点上都必须决定是否要欺骗对方。既然它们不断地打交道,那么就必须不停地考虑是否应私下降价。假定华龙公开宣布拒绝采取欺骗对方行为,并决定只要荣声遵守协定,它也会遵守。但是,如果荣声有一次采取不合作的策略,华龙将永远转变其策略,转而采取欺骗对方行为。此时,如果荣声采取与华龙相同的策略,二者都可获得500万元的利润。如果二者之中有一方欺骗对方,其利润短期内会增至800万元,但是随后会降至长期的200万元。所以,这个结果并不是它们采取欺骗对方行为的目的所在。况且,如果每家公司都认为对方能领会维持垄断价格的意义,那么即使华龙和荣声不勾结合谋或达成任何有约束力的协定,也能达到合谋的结果。

在重复博弈的情形下，每个局中人最好的策略就是针锋相对，即"一报还一报"。也就是说，每个局中人采取与其竞争对手在上一轮所采取的相同的策略。如果华龙采取针锋相对的策略，那么第一轮应遵守协定。如果荣声也遵守协定，华龙应该继续遵守协定。一旦荣声欺骗对方，华龙也应以欺骗对方行为相报复。那么，为什么是"一报还一报"，而不是"一报还两报"或"三报"？实验结果（对各种策略结果进行的计算机模拟分析）表明，针锋相对是最为有效的策略。

7.5.5 消费者最惠条款

为了说明博弈理论有助于解释决策行为，假定华龙和荣声都宣布将执行消费者最惠条款。此条款规定，如果公司降低其产品价格，那么在降价前购买其产品的消费者将得到折扣，从而使其支付的价格与降价后的价格相同。从表面上看，这好像是一个慷慨的政策。但是，有人可能产生疑问：该公司是否有利可图？若从华龙和荣声的立场出发，这将是一个很聪明的举动。

为简单起见，假定两家公司的产品售价只能是 2000 元或 1000 元。表 7-5 列出了在各种可能的价格下两公司的利润情况。如果两公司组成了卡特尔，那么价格将定为 2000 元；如果两者之一违背协定而欺骗对方，那么价格将是 1000 元。表 7-5 所示的收益矩阵是在宣布消费者最惠条款之前的收益矩阵。如上所述，尽管公司会采取针锋相对的策略，但是它们采取欺骗对方行为的企图仍然存在。

表 7-5　宣布消费者最惠条款之前的收益矩阵

定价	2000 元	1000 元
2000 元	华龙利润：500 万元 荣声利润：500 万元	华龙利润：-200 万元 荣声利润：800 万元
1000 元	华龙利润：800 万元 荣声利润：-200 万元	华龙利润：200 万元 荣声利润：200 万元

在每家公司宣布消费者最惠条款之后，收益矩阵发生变化，如表 7-6 所示。如果现在一家公司将价格降为 1000 元，而另一家公司的价格仍保持 2000 元，那么它的利润将是 400 万元，而不是 800 万元。因为它不得不给那些原先支付 2000 元才获得产品的顾客相应折扣。

表 7-6　宣布消费者最惠条款之后的收益矩阵

定价	2000 元	1000 元
2000 元	华龙利润：500 万元 荣声利润：500 万元	华龙利润：-200 万元 荣声利润：400 万元
1000 元	华龙利润：400 万元 荣声利润：-200 万元	华龙利润：200 万元 荣声利润：200 万元

鉴于收益矩阵的这种变化，两家公司更可能倾向于将价格定为 2000 元。假定华

龙是先行者，它的管理者很可能作如下考虑：如果我们将价格定为 2000 元，荣声最好的对策是采取同一价格，而不是降价。如果我们将价格降为 1000 元，跟着降价将是荣声最好的选择。因此，我们最好将价格定为 2000 元，此价格下的利润要比降价后高。当然，荣声的管理者也会有同样的考虑。因此，最终结果是将价格定为 2000 元。

与原先所认为的相反，消费者最惠条款将是打消双方降价念头的"武器"。运用博弈理论分析，这个结论是显而易见的。但是，如果没有博弈论的概念，结论就不会这么明显了。沃尔玛在德国曾经采用这样的条款，结果受到德国官方关于该策略不合法的警告，最终被迫放弃。

美国家电企业电路城是"保证最低价"的定价策略的首创者。一个典型的"保证最低价"广告是这样的："本店所销售的所有商品价格，均为本市所有大商场同类商品的最低价；若顾客在购买本店商品后的一个月内发现其他大商场销售的同类商品价格更低，本店除退还差价外，还给予差价款的 10% 作为奖励。"山东三联商社（以下简称"三联"）是我国最大的家电连锁企业之一，它在 1998 年实行的"差价双倍赔偿"实际上就是一种消费者最惠条款——保证最低价的定价策略。通过博弈理论进行分析，此举不是为了进行"价格战"，而是为了避免"价格战"。不过，这在当时恰恰引发了一场"价格战"。三联宣称将按差价的两倍予以赔偿的策略激怒了当地的一些商家，它们决定联手与三联一搏，每一家负责一种产品的降价，试图让三联赔偿，直至将其拖垮。三联拿出 1 亿元迎接挑战，最终经受住了考验，赢得了市场。

7.5.6 非合作寡头的冲突

寡头垄断行业中的企业会不断地陷入两难的境地之中。寡头与竞争对手们进行各种形式的合作可能更符合其利益，但是它们也可能过分追求自身利益。因此，对卡特尔中的成员来说，它们不断在追求自身利益的动机（持续地想欺骗对方的企图）与寻求合谋的动机之间摇摆。对不想合谋的企业来说，为了避免爆发"经济战"，它们不得不牺牲一部分潜在利润。

像棋手和拳击运动员一样，寡头们必须不断地寻找途径以改善自己的处境。比如，企业可以采取一些对其竞争对手威胁较小的措施，这类措施重要的优点就在于其实施引起竞争对手还击的可能性要低于那些威胁较大的措施。只有那些没有引起竞争对手注意或不影响竞争对手行为水平（从其自身判断出发）的措施才被当作无威胁的。当 Timex 进入钟表行业时，其策略是生产一种便宜得不值得去修的手表，而且是在杂货店而不是珠宝店出售。当时钟表行业的"老大"瑞士制造商根本就没把 Timex 放在眼里，因为这不会对它们在高档手表市场的主导地位产生影响。

但是，管理者不会总作这种无威胁的决策。在决定实施一项有威胁的措施过程中，管理者应该考虑产生还击的可能性有多大，还击的速度可能有多快，以及这种还击的有效性（或者说带来的麻烦）有多大。有时，因为这种措施在竞争对手关注的中心范围之外，所以竞争对手没有发现。有时，在竞争对手意识到这种有威胁的措施后，实施措施以及措施生效的滞后期太长。例如，Timex 从瑞士和美国制造商手中夺走相当大市场份额之后的几年里，其生产的手表仍被当作劣等品，根本没有引起重视。

一些有威胁的措施所引起的还击可能来得很快，竞争对手会在几天甚至几小时内作出反应。对其他一些有威胁的措施来说，引起还击的时间则可能有数年。例如，柯达公司花费了六年多的时间研发即拍相机，直到 1976 年将其引入市场才得以与宝丽来公司相竞争。要选择采取有威胁的措施，应该仔细考察竞争对手的反应时间，选择那些引起还击比较慢且相对无效的举措。

竞争对手不能进行有效还击的一个重要原因是，还击可能带来相反的效果而伤及自身。当瑞星公司意识到金山公司正威胁着其财政和业绩增长目标时，发现直接还击是很困难的。因为这种还击可能导致一轮又一轮惨烈的"价格战"，瑞星公司也会遭受巨大损失并有损品牌形象，甚至最终国内防病毒企业可能一蹶不振，将主动权拱手让给国外竞争者。

作为管理者，既要实施有威胁的措施，又要对它们作出反应。因此，创造一种"刀枪不入"的形象非常重要。虽然"经济战"有时是值得的，但是将事情处理得"相安无事"更好。当你的竞争对手作出一项对你有威胁的决策时，为了拖延这项决策的实施，应尽可能地使其相信你将会还击。如果这项决策实施了，你最好快速有效地进行还击，因为这有助于推迟竞争对手采取此类措施。

案例　互联网双寡头之战：阿里腾讯多领域短兵相接[①]

风起云涌的 2017 年，互联网江湖最终形成了腾讯和阿里巴巴双寡头并立的局面。以大数据为代表的数字经济快速发展，成为经济发展新动能，也成为企业投资布局的风口。百度、阿里巴巴、腾讯（合称"BAT"）作为国内科技企业巨头，自然会抢夺数字经济等新经济风口。BAT 在这一年加大了投资力度，投资主要分布在人工智能、新零售、汽车、文娱等新经济领域。尤为突出的是，阿里巴巴和腾讯在多个领域形成了竞争态势。例如，阿里巴巴以 28.8 亿美元直接和间接持有高鑫零售 36.16% 的股份，拿下了欧尚和大润发，巩固和发展其新零售战略；腾讯则以 42.15 亿元入股永辉超市，加速布局新零售。腾讯投资了蔚来汽车，阿里巴巴则投资了小鹏汽车。当然，百度也投资了威马汽车、蔚来汽车。文娱项目一直是腾讯的投资重点，与其业务紧密整合，2017 年也不断加码。阿里巴巴也一直希望做好文娱，但是并不突出。当然，人工智能是 BAT 都不可缺席的领域。百度在无人驾驶、机器翻译、图像识别等领域具有优势，投资也是围绕其优势和战略定位进行，并且进行了多个全资收购。

[①] 参见陶力：《互联网双寡头之战：阿里腾讯多领域短兵相接》，载《21 世纪经济报道》2017 年 12 月 22 日第 2 版。

> 腾讯和阿里巴巴在新零售领域的大战一触即发。另外，在阿里巴巴的核心业务在线电商上，腾讯也一直虎视眈眈。2017年12月，腾讯以6.04亿美元买入唯品会7%的股份，此举正是为了补齐京东在服饰美妆领域的短板，杀入天猫最核心的优势品类。可以预见，将来BAT走到的交叉领域会越来越多，竞争还是合作？BAT也走到了十字路口。
>
> 行业老二和老三的合作有迹可循。2017年7月12日，唯品会首次站队京东，联合发表"抵制不正当竞争行为的声明"，称天猫利用其市场垄断地位，以各种方式要求商家签署"独家"协议，并从京东和唯品会等平台退出，否则很难得到资源支持，甚至存在遭遇处罚的危险。
>
> 在更远的未来，BAT之间的角逐还会持续，任何一家都不会松懈。

7.6 承诺的重要性

在计划和实施进攻性和保守性措施时，中心概念之一是承诺，它主要有三种类型：

第一种，使公司的竞争对手相信你承诺实施的一项战略性措施是可信的。如果能做到这一点，你的竞争对手就不会把时间、资源浪费在阻止此措施实施上，并且退出新环境的可能性会增大。如果认为你已决定全力实施这个措施，你的竞争对手可能得出如下结论：如果进行还击，你将反抗，一场对双方都不利的对抗将随之爆发。

第二种，使公司的竞争对手相信如果其实施某种措施，你将迅速有效地进行还击的承诺是可信的。这个承诺越有约束力，越无可挽回，你的竞争对手就越重视。你还击的能力越强，这个承诺就越受重视。所以，如果你开发出一种可以迅速投入生产、能够打开市场并打击竞争对手的新产品，这一消息通常会被有意无意地泄露给竞争对手。

第三种，使公司的竞争对手相信你不会针对其实施某种有威胁的措施的承诺是可信的。公司在商业上必须建立信誉。但是，这并不容易，尤其是当公司在这方面有不光彩的过去时。最有说服力的证据经常是证明公司是可信赖的：如果你没有违背承诺，将会是有利的。

公司的承诺必须是可信的。如果你缺乏资源，而且不知如何去做，承诺将对竞争对手的某一措施进行反击是无用的。例如，假定你承诺将与竞争对手的降价行为相对抗，但是没有办法发现其私下作出的价格让步。很显然，这个承诺缺乏可信度。

为了使承诺可信，公司有时需要有破釜沉舟的勇气，置之死地而后生，使自己处于这样一种境地：违反承诺不仅是困难的，而且是代价昂贵的，甚至是无退路的。例如，公司为了生产某种产品，对工厂和设备进行了大量投资，这就给其他公司一个信号：已长期承诺将留在相关市场中。公司可以与雇员、供应商或消费者签订一系列约束公司行为的合同，用这种方法增加公司承诺的可信度。然而，存在这样一种危险，即公司有可能处于如果违反承诺将遭受更大损失的境地。不过，公司有时会使自己处于一种看起来如果违反承诺将遭受巨大损失的境地，而实际上可以给自己留一条退路。例如，就合同重新进行谈判、寻找工厂和设备的其他用途可能是可行的。

7.7 威胁的信度

公司之间经常会互相传递信号，表明各自的意图、动机和目的。其中，一些信号传递的是威胁。例如，假定 A 公司听说其主要竞争对手 B 公司想要降低婴儿纸尿裤的价格，A 公司可以公开宣布将大幅度降价，这等于向 B 公司发出信号：如果你首先降价，我愿意打一场"价格战"。实际上，A 公司的一些管理者会负责将此信息间接地传递给 B 公司的管理者。

然而，并不是所有的威胁都是可信的。例如，如果收益矩阵如表 7-7 所示，A 公司的威胁就不十分可信。为理解这一点，让我们比较在高、低两种价格下 A 公司的利润。为简化起见，假定只能在此两种水平上制定价格。如果 B 公司定高价，A 公司在高、低两种价格下的利润分别为 1100 万元和 300 万元。如果 B 公司定低价，A 公司在高、低两种价格下的利润分为 700 万元和 200 万元。因此，不论 B 公司定的是高价还是低价，A 公司都有利可图。

表 7-7 收益矩阵

定价	低价	高价
低价	A 公司利润：200 万元 B 公司利润：300 万元	A 公司利润：300 万元 B 公司利润：−100 万元
高价	A 公司利润：700 万元 B 公司利润：1100 万元	A 公司利润：1100 万元 B 公司利润：800 万元

既然如此，A 公司好像不可能实施其将价格降到较低水平上的威胁。毕竟如上所述，如果 B 公司确实降低价格，A 公司可以通过将价格维持在较高水平上赚取利润。因此，如果 B 公司能够确信 A 公司将按利润最大化的原则行事，那么 A 公司的威胁在其眼里只不过是"虚张声势"而已。

但是，如果 A 公司能使 B 公司相信它不会采取利润最大化的行为，那么 A 公司的威胁就令人相信了。尤其是 A 公司若能使 B 公司相信如果它把价格定在较低水平上，自己会不惜以减少利润为代价跟着降价，B 公司可能就不会降价了。毕竟 B 公司把价格维持在一个高水平上所得利润要高于定低价时所得利润。当然，A 公司也会有同样的考虑。

A 公司如何才能使 B 公司相信它也将降价？方法之一是，A 公司的管理者要建立一种不顾成本行事的形象，要有一种咄咄逼人、绝不退让的公众形象，即使看起来有些不理智。面对"疯狂"的 A 公司，B 公司可能决定不降价。但是，如果 A 公司不能使 B 公司相信它不理智，B 公司将会把 A 公司降价的威胁当作不可置信的威胁。

7.8 进入壁垒

7.8.1 进入的重要性

前文讨论的主要是短期内寡头的行为。在长期内，企业可能进入或退出行业。当进入某个行业相对容易时，该行业是否仍维持寡头垄断取决于相对于企业最优规模的产品市场规模的大小，高于平均利润的行业将吸引新企业进入。如果市场规模相对于企业最优规模来说比较小，行业中企业数目仍会比较少，那么该行业仍维持寡头垄断。如果市场规模相对于企业最优规模来说比较大，行业中企业数目会增加，将导致该行业不再是寡头垄断。

新企业进入往往会导致合谋协定。但是，行业中的企业又总想在合谋协定上搞欺诈，它们可以通过降价抢夺竞争对手的业务。进入者也面临着相似的情形。只要现存企业遵守合谋协定，把价格维持在现有水平上，进入者也将面临一条富有弹性的需求曲线。只要超额利润存在，企业就会企图进入该行业，并通过降价抢夺合谋协定集团的业务。一旦发生此类进入，维持一个卡特尔就越来越难了。

案例 ▶ 跨境电商行业进入壁垒不断增加，或拐点将至？[①]

跨境电商业务由代购模式发展而来，即一些小公司或少数旅居在国外的人从国外购买商品并寄回国内。2013年，中国政府设立了跨境电子商务试点区域，以更好地监管跨境电商业务。上海是首个进行试点的城市。截至2016年6月，试点城市又陆续增加了11个。许多国际品牌所有者及零售商抓住这一商机，充分利用新的交易渠道，争相推出正式的跨境业务。但是，经过几年的发展之后，部分电商已经稳稳地在这个市场上建立了主导地位。因此，这对希望通过这些平台进入市场的品牌提出了越来越高的要求。

以天猫国际为例，淘宝指数、百度指数以及在其他跨境电子商务平台上的销售额是决定品牌能否成为大客户的三个常用指标。如果不能成为大客户，就很难获得主要展示位、站内导流和大型促销活动等天猫资源。如果没有这些资源的支持，新晋品牌的天猫国际旗舰店就很难获得成功。如果前三个月的销售额达不到天猫设定的目标，店铺可能被迫关闭。

长期以来，迅猛增长已经成为中国电子商务市场的一种常态。顶尖的电商对此已经习以为常，根本没有耐心等待新品牌缓慢成长。也有些平台或电商对品牌可能

[①] 参见《跨境电商行业进入壁垒不断增加，或拐点将至？》，https://www.sohu.com/a/117063142_468675，2019年10月2日访问。

要求不高，但是相应地会收取更高比例的佣金。

跨境电商渠道拥有独一无二的生态系统，通过该渠道进入中国市场的商家将会遇到与传统市场进入策略截然不同的挑战，尤其是在选择适合该渠道的产品组合、全球价格一体化和打造明星单品等方面。

首先，选择的产品必须能够吸引中国网购消费者。在评估该业务模式的盈利能力时，还要考虑物流成本和供货周期。如果品牌在中国网民中有很高的知名度，或者在原产国占据领先的市场地位，则对进入中国市场会有莫大的帮助。

其次，与现有商家一样，新进入者也要确保将其跨境电商产品的价格与在原产国的价格维持在一个合理的价差范围内。如果做不到这一点，也就无法与跨境电商领域的其他大型零售商甚至水货商一较高下。在中国收取高额加价的时代已经终结，即使是一些奢侈品品牌，也不得不从2015年开始大幅降低在中国市场的售价，其中部分原因来自出境旅游的普及以及跨境电商的蓬勃发展。

最后，打造明星单品非常重要。每个大型平台上都充斥着成千上万个品牌和产品，明星单品贡献了店铺销售额的绝大部分比重，它们也是吸引客流量、提升品牌知名度的重要动因。举例来说，成功的明星单品战略使Costco一跃成为天猫国际商超类的销售巨头。

7.8.2 壁垒的形成

以甲公司与乙公司的竞争为例，借助博弈论，可以很好地分析与理解寡头怎样阻碍潜在进入者。表7-8给出了每家公司的利润，该收益矩阵取决于乙公司是否会进入该市场和甲公司是否会抵制乙公司的进入。

乙公司首先行动，它必须决定是否进入该市场。如果乙公司进入该市场，甲公司必须决定是否要抵制。根据表7-8，甲公司不会抵制，因为利润在抵制时比不抵制时少100万元。了解到这一点，乙公司将进入市场，因为进入市场后的利润要比不进入时的利润多300万元。当然，甲公司也可能威胁抵制。但是，由于收益矩阵已给定，因此这种威胁是不可信的。

表7-8 甲公司不可信的抵制威胁的收益矩阵

策略	乙公司进入	乙公司不进入
甲公司抵制	甲公司利润：300万元	甲公司利润：1300万元
	乙公司利润：600万元	乙公司利润：900万元
甲公司不抵制	甲公司利润：400万元	甲公司利润：1300万元
	乙公司利润：1200万元	乙公司利润：900万元

为了阻止乙公司进入该市场，甲公司可以改变其收益矩阵。例如，如果乙公司要

进入，甲公司可以建立过剩的生产能力，用来增加产量，降低价格。随时维持过剩的生产能力会带来成本，甲公司的利润将比它不抵制或乙公司不进入时减少200万元。新的收益矩阵如表7-9所示。此时，甲公司抵制时的利润要比不抵制时多100万元。所以，甲公司要抵制的威胁就变得可信。同时，乙公司不会进入该市场，因为进入该市场的利润要比不进入少300万元。

表7-9 甲公司可信的抵制威胁的收益矩阵

策略	乙公司进入	乙公司不进入
甲公司抵制	甲公司利润：300万元 乙公司利润：600万元	甲公司利润：1100万元 乙公司利润：900万元
甲公司不抵制	甲公司利润：200万元 乙公司利润：1200万元	甲公司利润：1100万元 乙公司利润：900万元

案例 优质动力电池产能紧缺：日韩入场将推动价格战？[①]

在中国新能源汽车销量高速增长的同时，国内的动力电池行业呈现出一半是海水、一半是火焰的局面。从整体来看，国内动力电池企业众多，电池质量良莠不齐，不少边缘企业开始被市场淘汰。但是，与此同时，头部的两家企业宁德时代和比亚迪风头正盛。

全国乘用车市场信息联席会发布的动力电池装机量数据显示，2017年，宁德时代和比亚迪的市场份额分别为28.9%和15.5%。动力电池行业两极分化越发明显，行业趋向集中。电池行业的投资热很严重，大家普遍认为电池是一个重要的投资领域，所以都在买设备、建厂，但是真正掌握电池技术的只有少数企业。目前，电池企业太多、太饱和，电池的质量良莠不齐，电池行业的洗牌是必然趋势。

产业的过度集中，导致像宁德时代这样的企业产品供不应求。为了改变这一现状，整车企业采取了入股和合资建厂等方式，与电池企业合作。2018年7月，华晨宝马与宁德时代签署"战略合作协议"，华晨宝马获得后者后续在实施境内或境外股权融资时上限金额为28.525亿元的股权投资权；上汽和广汽则分别与宁德时代成立了合资公司。此外，长安汽车也与比亚迪达成了合作。

电动车产业快速发展，但是车企要想更大规模地普及电动车，就要降低成本，并且形成一定的技术优势。自建或联合电池企业建设专供自己的电池厂，是车企电动化转型的路径之一。有业内人士表示："动力电池投入高，并且要追求一定的规模效益。电池又存在一定的技术壁垒，自建电池工厂的风险较大。车企与电池企业

[①] 参见左茂轩：《优质动力电池产能紧缺：日韩入场将推动价格战？》，载《21世纪经济报道》2018年12月11日第19版。

合资建厂,既可以保证品质,也可以保证货源充足,还可以降低成本。"

同时,有一股中国动力电池企业不容忽视的力量——来自日韩的电池企业,正准备在中国市场大干一场。随着新能源汽车补贴将在 2020 年之后退坡,多种迹象显示这种趋势越发明显。从 2018 年开始,包括三星、LG、SK 在内的韩系三大电池公司卷土重来,在华纷纷加紧布局投资建厂。对中国电池企业而言,在电池技术与日韩企业相比没有足够优势时,大规模标准化生产是实现成本控制的有效途径。

除了降价和建立过剩的生产能力,广告宣传也可用来抵制进入者。

在美国东部,麦斯威尔是占主导地位的咖啡销售商。福格斯出于战略的考虑,也开始开拓东部的市场。麦斯威尔对此作出的反应是大量地增加广告宣传,其目的是鼓励消费者储备麦斯威尔咖啡,并降低消费者关注福格斯广告宣传的可能性。此外,麦斯威尔还希望增加的广告宣传能使福格斯的新品牌沉淀在销售渠道里。

麦斯威尔确立的目标是其广告宣传要超过进入者(福格斯)的 50%。同时,麦斯威尔的广告宣传与福格斯很相似,从而削弱了福格斯广告宣传的新颖之处。如果消费者弄不清楚这种相似性,麦斯威尔的销售额可能增加。因为消费者对主要品牌更熟悉,这个办法可以打消潜在的购买者尝试福格斯咖啡的念头,而且可以防止忠实于主要品牌的消费者转向福格斯。这是一种能够行之有效地抵制进入者的方法。

在研究了寡头想要阻碍进入者的各种例子之后,我们看看面对那些没有被任何企业利用的投资机会,首先利用这些机会的企业可能获得丰厚报酬的例子。例如,A 超市是一个成功的区域性连锁企业,在江苏的众多城镇建立了成百上千家连锁式超市。虽然城镇的市场很大,但是在一个具体的地理区域内,市场却很小,A 超市采取的策略是先占策略。这样一种策略为什么是有道理的?假设 A 超市和 B 超市都在考虑进入苏北的某一个小城镇。表 7-10 给出了相对应的收益矩阵。

表 7-10　收益矩阵:A 超市与 B 超市

策略	进入	不进入
进入	A 超市:−50 万元 B 超市:−50 万元	A 超市:100 万元 B 超市:0
不进入	A 超市:0 B 超市:100 万元	A 超市:0 B 超市:0

在此博弈中,有两个纳什均衡:或者 A 超市进入,或者 B 超市进入。到底会出现哪种均衡取决于二者谁先采取行动。如果 A 超市抢先进入并能确定 B 超市不可能再进入,那么会获得 100 万元的利润。

7.9 企业的最佳策略选择

在讨论了描述各种寡头行为的模型以及企业的各种策略之后，也许有的企业管理者会提出疑问：究竟商业上的哪种策略是最成功的？根据调查得来的市场策略对利润的影响（PIMS）数据，哈佛大学的罗伯特·D.巴泽尔和布拉德利·T.盖尔得出结论：影响商业企业盈利能力的最重要的单个因素是相对于其对手的产品和服务的质量。在短期内，较好的质量会增加利润，因为企业可以收取额外的利润。在较长时期内，优越的品质既能赢得市场份额，又能开拓相关市场。所以，即使因提高产品品质而增加短期成本，一段时间后，短期成本也会被规模经济抵消。

当然，这并不意味着所有提高产品品质的努力都是值得的。在作出决策之前，企业管理者认真估计预期收益是否会超出成本是很重要的。一般来说，企业获得品质优势先是通过产品设计的革新，然后是通过产品和工艺的改变实现的。

巴泽尔和盖尔强调市场份额与盈利能力有很强的相关性，认为一个商业企业的投资回报与其市场份额是直接相关的。不过，他们又指出，这种相关性也可能是不真实的，因为市场份额与盈利能力很可能反映其他因素，诸如管理技巧或运气。他们最后声称，即使考虑各种各样的其他市场和策略性因素，市场份额仍好像对盈利能力有正面的影响，因为较高的市场份额易带来规模经济。

这些结论虽都暗示努力扩大企业的市场份额是明智的，但并不总是正确的。例如，雅马哈曾对世界摩托车市场的主宰者本田发起"进攻"。雅马哈通过降低价格，推出新的车型，并且进行大量的广告宣传，意图扩大自己的市场份额。但是，本田进行了疯狂的反击。结果，雅马哈摩托车的销量大幅下降，公司遭受了惨重的损失。后来，雅马哈董事长承认："我们无法与本田的产品开发和营销力量相匹敌。"

本章小结

1. 寡头垄断的特征是市场中只有几家企业，而且它们之间是相互依赖的。

2. 寡头垄断行业要经历几个阶段——引进、成长、成熟和衰退。行业处于不同的阶段，企业的性质会随之改变。在早期，行业技术和应最早开拓哪个市场有很大的不确定性。在成熟期，企业之间会产生抢夺对手市场份额的趋势。

3. 寡头垄断不存在划一的模型，根据条件的不同，有许多模型。寡头垄断行业中的条件常常有利于形成合谋，因为企业的数目少，而且企业意识到了它们之间的相互依赖性。企业之间合谋的优点很明显：增加利润，降低不确定性，而且有较好的机会去控制新企业的进入。然而，合谋协定很难维持。因为一旦形成了合谋协定，任何企业都可以通过私下违背协定增加利润。同时，企业可能发现很难找到一种对该行业所有企业都有利的行动。

4. 寡头市场中的任何一个企业都可以成为价格领导者，通常是市场中的主导企业，可能是以良好判断力著称的企业，也可能是成本最低、最有效的企业（尽管不是规模最大的企业），还可能是最大胆或最有声誉的企业。

5. 博弈论常被用来描述和分析寡头垄断行为。两人博弈的有关特征可以用收益矩阵来表示。如果每家企业都有一个占优策略，那么其最佳选择就是该策略，而不管其他企业如何去做。但是，并非所有的博弈对每家企业来说都有一个占优策略。

6. 在纳什均衡中，每家企业采用的策略是在给定另一家企业选择的条件下的最佳选择。一些博弈不存在纳什均衡，而另一些博弈则存在不止一个纳什均衡。

7. 囚徒困境是一种博弈，它对于分析卡特尔成员是否应互相欺骗对方等情形十分有用。如果博弈只进行一次，那么存在很强的欺骗对手的动机；而如果博弈重复多次，其他策略（如针锋相对）可能更好。消费者最惠条款可以作为打消对手降价念头的"武器"。

8. 在讨论是否应采取威胁对手的措施过程中，寡头应该考虑还击发生的可能性、还击的速度和还击的有效性。让企业的竞争对手相信以下几点常常是很重要的：企业承诺将实行已制定的战略决策；如果竞争对手采取某一特定的措施，企业承诺将迅速有效地予以还击；企业应承诺不会实行对竞争对手有威胁的措施。

9. 寡头经常努力地阻止其他企业进入市场，它们常常使收益矩阵发生变化，从而使其抵制进入者的威胁更加可信。博弈论也可被用来分析先占策略。

10. 影响一个商业企业盈利能力的最重要的单个因素是相对于其竞争对手的产品和服务的质量。市场份额与盈利能力是紧密相关的。

 习题

1. 金戈尔公司和红星公司是仅有的两家生产和销售某种机械产品的企业，它们的产品具有相同的需求曲线：$P=580-3Q$。金戈尔公司和红星公司的总成本函数分别是：$TC_J=400Q_J$，$TC_H=460Q_H$。

(1) 如果两家公司合谋，想最大化总利润，应各自生产多少产品？

(2) 红星公司会同意这样一种安排吗？为什么？

2. 华新和埃克森是仅有的两家生产一种非常精密的摄像机的企业，它们在商业杂志上投入或高或低的广告费用。收益矩阵如下表所示：

表 7-11 收益矩阵

广告支出	低	高
低	华新利润：1200万元 埃克森利润：1300万元	华新利润：1100万元 埃克森利润：1200万元
高	华新利润：1300万元 埃克森利润：1200万元	华新利润：1200万元 埃克森利润：1100万元

(1) 华新的广告支出应高还是低？埃克森的广告支出应高还是低？

(2) 每家公司是否都存在占优策略？

3. 假定销售某种机械工具的行业由两家公司组成，它们的定价相同，而且拥有相同的市场份额。每家公司的需求曲线和总成本函数如下表所示：

表 7-12 需求曲线和总成本函数

价格（千元）	每日需求量（单位）	每日产量（单位）	总成本（千元）
10	5	5	45
9	6	6	47
8	7	7	50
7	8	8	55
6	9	9	65

(1) 假定每家公司都认为另一家公司的定价与之相同，那么价格应定为多少？
(2) 在（1）假定的情况下，每家公司的每日产量应为多少？

4. 两家日化用品制造商索富特和佳丽在即将到来的"广告战"中或侧重于报纸，或侧重于杂志。收益矩阵如下表所示：

表 7-13 收益矩阵

广告载体	报纸	杂志
报纸	索富特利润：800万元 佳丽利润：900万元	索富特利润：700万元 佳丽利润：800万元
杂志	索富特利润：900万元 佳丽利润：800万元	索富特利润：800万元 佳丽利润：700万元

(1) 对每家公司来说，是否都存在占优策略？如果存在，各是什么？
(2) 每家公司的利润各是多少？
(3) 该博弈是不是囚徒困境？

5. 建德公司是行业的价格领导者。也就是说，建德公司确定价格，而其他公司在此价格下销售它们想销售的数量。该行业产品的需求曲线是：$P=300-Q$，其中 P 是产品价格，Q 是总需求量。其他公司的总供给量是 Q_r，$Q_r=49P$。P 的单位是元/件，Q、Q_r 和 Q_j 的单位是百万件/周。

(1) 如果建德公司的边际成本是 $2.96Q_j$，其中 Q_j 是产品的产量，那么在什么产量水平下能实现公司利润最大化？价格应定为多少？
(2) 在此价格下，行业的总产量为多少？
(3) 建德公司在行业中占优势吗？

6. 国际航空运输协会（IATA）多年来作为一个卡特尔存在，制定和强制执行统一的价格。

(1) 如果 IATA 想最大化所有成员的总利润，统一的价格应如何确定？
(2) 在成员之间应如何分配运输量？
(3) IATA 会使价格等于边际成本吗？为什么？

7. 如果两家软饮料生产商健力和乐百私下合谋联合定价，每家公司都必须决定是遵守协定还是欺骗对方。收益矩阵如下表所示：

表 7-14 收益矩阵

策略	遵守协定	欺骗对方
遵守协定	乐百利润：2900 万元	乐百利润：2600 万元
	健力利润：2900 万元	健力利润：3000 万元
欺骗对方	乐百利润：3000 万元	乐百利润：2800 万元
	健力利润：2600 万元	健力利润：2800 万元

（1）每家公司将选择何种策略？利润各为多少？

（2）维持相当长一段时间的协定与一次性协定有什么区别？

（3）这个博弈是囚徒困境吗？

8. A 公司的产品需求曲线为：$P=28-0.14Q$。A 公司董事会作出决定：即使会降低利润，A 公司至少在短期内应该增加总收入。

（1）为什么 A 公司董事会作出这一决定？

（2）如果 A 公司想最大化总收入，应将产品价格定为多少？

（3）如果 A 公司的边际成本是 14 元，那么产品产量是大于还是小于利润最大化时的产量？大于或小于的差额是多少？

9. 焦点公司和视佳公司都生产视力系统。视力系统的需求曲线是：$P=200000-6(Q_1+Q_2)$。其中，Q_1 是焦点公司每月的生产和销售数量，Q_2 是视佳公司每月的生产和销售数量。已知焦点公司和视佳公司的总成本分别为：$TC_1=8000Q_1$，$TC_2=12000Q_2$。

（1）如果每家公司都想确定其产量水平以实现利润最大化，假定另一家公司维持其产量水平不变，那么均衡价格是多少？

（2）每家公司产品的产量各为多少？

（3）每家公司的利润各为多少？

第三篇

产品与定价

第8章

技术创新

技术创新可能导致新产品的出现。例如，蓝牙耳机在几十年前并不存在，现在却很常见。在许多场合，获得新产品可以被看作生产函数的一种变化。因为如果保持原有需求不变，新产品只是满足人们原有需求的更有效方式。在企业使用新产品的情况下，就更是如此。对于消费者而言，这意味着他们得到的最终产品很少或者没有改变。但是，在另一种情况下，得到新产品并不能被看作生产函数的变化。因为新产品代表着一种重要的、不同的产品，满足的是消费者的另一种需求。

8.1 创新的类型

创新，是指对新产品、新方法的商业化，以及对新组织结构等进行搜寻、研究、开发、改善和采用的一系列活动的总称。创新是由熊彼特率先提出的。在他看来，创新建立在一种新的生产函数或供给函数之上，即把一种从来没有过的生产要素和生产条件的新组合引入生产体系。这种创新既包括科学技术上的发明创造，也包括科学技术的商业化过程。一般而言，创新包括：(1) 引进新产品；(2) 引进新技术；(3) 开辟新市场；(4) 控制原材料的新供应来源；(5) 实现工业的新组织。由此可见，技术创新不过是熊彼特主张的创新体系的一部分而已，后来的大部分研究都是沿着他的思路进行的，并由此产生了技术创新学派和制度创新学派。

技术创新，一般是指企业应用新技术、新知识、新工艺，采用新的生产方式和经营管理模式，提高产品质量，开发和生产新产品，提供新服务，占据市场并实现市场价值的一系列相关活动。技术创新有两种基本类型：过程创新和产品创新。前者是指在试验中寻找生产某种新产品的成本节约型技术所进行的投资。后者则是指寻找生产新产品的技术。从逻辑角度看，两者并没有什么根本区别，产品创新也可以被视为一种成本节约型创新。但是，过程创新侧重于产品生产技术的重大变革，如新工艺、新设备、新的管理和组织方法；产品创新则更强调技术上有变化的产品的商业化，如全新的产品或改进的产品。

技术创新往往导致一种生产函数的变化。如果生产函数很容易观察，通过对两个不同时期生产函数的比较，管理者就可以对各个时期变化中的技术变动效应进行简单对比。如果只有两种投入品即劳动和资本，而且规模收益不变，那么给定时期生产函数的特征就可以由一条等产量线得到。人们可以通过简单观察这条等产量线的变动,了解技术变动效应。在一个特定时期内,如果图 8-1 中的这条等产量线的位置由 A 移到 B,则这一时期内技术变动的影响就比等产量线的位置移动到 C 时要小。

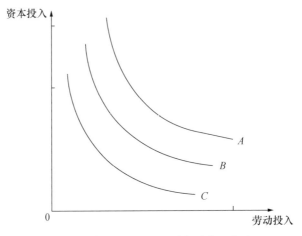

图 8-1 等产量线在不同时期的位置变动

研究与开发活动有五种类型:(1) 基础研究,与新理论的发现和检验相关联,其目的在于发现新知识,而不是立即应用新知识;(2) 策略研究,是指应用前景虽不明朗,但还可知预期效果的研究;(3) 应用研究,是指基础研究、策略研究成果的商业化,其目的在于获取某种特殊的应用知识;(4) 开发,是指将创新原型应用于市场并在它的周围建立生产线,其目的是充分利用在新产品、新工艺方面现有的生产知识;(5) 扩散,是指创新通过市场或非市场的渠道,在产业内、产业间以及国家间传播。

8.2 创新的测度

8.2.1 劳动生产率

决策者一直对生产率即投入产出比率比较重视。最传统、最一般的研究生产率的标准是劳动生产率,如劳动的每小时产出。技术变动率是劳动生产率增长的一个决定性因素。在所有其他情况都相同时,技术变动率越高,似乎越能引起劳动生产率的较快增长。不过,技术变动率并不是劳动生产率增长唯一的决定性因素。虽然从结果上看,劳动生产率常常被用来评价技术变动率,但是这实际上是一种不完整的评价。

图 8-2 表明了劳动生产率的变化是如何产生关于技术变动率的错误信号的。假定有关的等产量曲线是 II',A、B、C 表示的是等成本曲线。投入品的最小成本组合是劳动量 L_1 和资本量 C_1。现在假设投入品的价格变化了,劳动相对于资本的成本更高了,结果等成本曲线移动到 A'、B'、C' 等。在新的条件下,生产相同产品的投入品的最小成本组合就是劳动量 L_2 和资本量 C_2。由于产量保持不变,劳动投入减少,因此

投入品价格变化后,劳动生产率增长了。但是,这种劳动生产率的增长并不表明技术的变动,这时生产函数根本没有变动。

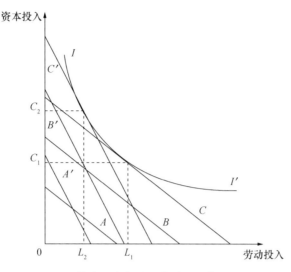

图 8-2　技术既定条件下劳动生产率的增长

8.2.2　全要素生产率

对于技术变动的最好衡量是全要素生产率。它表明产量的变化与劳动和资本投入两方面的变动有关,而不是只与劳动投入的变动有关。假如生产函数是简单形式,则:

$$Q = a(bL + cK) \tag{8.1}$$

这里,Q 为产量,L 为劳动量,K 为资本量,b 和 c 是常数。以 $bL+cK$ 去除式(8.1)的两边,可得:

$$\frac{Q}{bL+cK} = a \tag{8.2}$$

这就是全要素生产率。在这种简单情况下,通过全要素生产率的变动,就可以衡量效率的变化。

如果一个企业使用两种以上的投入品,全要素生产率就等于:

$$\frac{Q}{a_1 I_1 + a_2 I_2 + \cdots + a_n I_n} \tag{8.3}$$

这里,I_1 是所使用的第一种投入品的数量,I_2 是所使用的第二种投入品的数量,I_n 是所使用的第 n 种投入品的数量。在某一个基本时期内计算全要素生产率时,企业用 a_1 表示第一种投入品的价格,用 a_2 表示第二种投入品的价格,用 a_n 表示第 n 种投入品的价格。与劳动生产率相比,全要素生产率的主要优点是,它包括更多种类的投入品,而不仅仅是劳动。此外,它还减少了许多劳动生产率的局限性。

企业计算全要素生产率是为了衡量其在一定时间内经营效率的变化。意识到新技术和其他因素的增长空间对生产率增长的影响，对于企业管理者而言是很重要的。比如，在国内的领先企业看来，电子商务这种重大创新可以在一定程度上减少交易的成本，使采购或销售所需要的劳动人员减少许多，并使采购或销售所需要的时间缩短，进而减少存货的资金积压。

为了计算一家企业或工厂在一段时期内全要素生产率的变化，管理者必须得到每个时期产量以及所使用的投入品和投入量的有关资料。例如，假定佳佳公司使用三种投入品：劳动、能源和原料。1996年，它使用10000小时劳动、100000千瓦小时能源以及5000公斤原料去生产400000公斤产品。1998年，它使用12000小时劳动、150000千瓦小时能源以及6000公斤原料去生产700000公斤产品。那么，它每年的全要素生产率是多少？

要回答这个问题，首先必须得到某一基本时期如1996年，每种投入品价格的有关资料。假定劳动价格是每小时8元，1千瓦小时能源的价格是0.02元，每公斤原料的价格是3元。把这些数字代入式（8.3）中，可以得出1996年的全要素生产率是：

$$\frac{400000}{8 \times 10000 + 0.02 \times 100000 + 3 \times 5000} = 4.12$$

1998年的全要素生产率是：

$$\frac{700000}{8 \times 12000 + 0.02 \times 150000 + 3 \times 6000} = 5.98$$

可见，从1996年到1998年，全要素生产率增长45%，即从4.12增长到5.98。

应当注意，使用基期年份的投入品价格是对于所有年份而言的，并不是恰好指向基期年份。例如，在佳佳公司的案例中，所有年份使用的均为1996年的投入品价格，并不恰好就是1996年的价格。在这方面，我们假定价格保持不变，不让其在时间上的变动影响结果。

8.3 创新的动机

关于创新动机的产生问题，一种观点认为，由于创新的私人剩余低于社会剩余，因此厂商没有创新动机。另一种观点认为，由于商业窃取效应的存在，市场上不能内部化那些应由其竞争对手承担的损失，因此存在着过剩的创新（可由消费者剩余来衡量）。这样，就很难预知是否存在低于或高于最低水平的创新规模。一般而言，有关研究与开发这一话题的研究均集中在成本节约型过程创新方面，而不是产品创新。产品创新常常与产品的差别化、广告等问题联系在一起。如果新的优质产品的成本低于现有产品，厂商就会采取一系列策略行为，以便"创造"出这种产品的需求。

例如，在电子学和化学这样有科学基础的产业中，一家企业的成功取决于其进行研究与开发的范围与性质。研究与开发涉及各种工作。基础性研究的目的纯粹在于创造新知识，应用性研究可以期望有实际回报，而开发的目的在于把研究的发现转变到实践中去。发明可以在研究阶段或者有组织的研究开发阶段和开发活动中产生。

机遇在研究与开发中扮演着一个重要的角色,而在取得任何成功之前,一连串失败会频繁发生。一项研究或开发项目可以被看成一个不确定性减少的过程或者学习过程。例如,假定有一个企业试图用两种合金中的一种来装配一种零件,但是不可能用标准化的资源来确定其特征。假如强度是最重要的,该企业对于这些合金强度的估计,即合金 X 与合金 Y 的强度,以表 8-1 中 A 部分的概率分布为代表。如果该企业被迫立即作出选择,它很可能选择合金 Y,因为合金 Y 的强度更有可能优于合金 X。

这种选择更有可能排除错误的决定,因为要是使用合金 X,最终零件将较不结实。这样,该企业也许决定对要作的选择进行一种事前的检验。在检验结果的基础上,该企业将给出新的估算公式,以表 8-1 中 B 部分的概率分布为代表。这些概率分布不像 A 部分那么分散。

表 8-1 合金 X 和合金 Y 强度的主要概率分布

强度范围	概率			
	A. 检验之前		B. 检验之后	
	合金 X	合金 Y	合金 X	合金 Y
非常高	0.20	0.30	0.10	0.10
很高	0.40	0.50	0.20	0.80
高	0.20	0.10	0.60	0.10
中等	0.10	0.05	0.10	0.00
低	0.10	0.05	0.00	0.00
合计	1.00	1.00	1.00	1.00

8.4 研发的风险

研发在本质上是一种投资行为,厂商希望借此降低自己的成本或者提高产品的吸引力,从而增加获利能力。也就是说,厂商是否愿意进行研发投资或者投资多少金额,取决于能否拥有自己的创新成果。

8.4.1 风险的存在

第一,技术上的不确定性。技术本身的不成熟、辅助性技术的缺少、技术寿命周期的缩短以及企业竞争的加剧等,都会降低企业创新的积极性。在创新竞争中,并不是所有厂商都能够找到所需要的成本节约型技术。如果没有进行技术更新,一方面会形成研究与开发的沉没成本,加大厂商的成本负担;另一方面会影响决策者以及研究与开发人员的创新积极性,而且可能间接地降低其他厂商研究与开发活动的不确定性。

第二，市场上的不确定性。市场变化较快、市场预测不准确、模仿的存在、技术引进等多方面因素，可能使创新者处于不利地位。竞争对手则可能利用后发优势找到成本节约型技术，进而生产出新产品。与此同时，消费者又常常把创新者与高质量产品的供给相等同，这就有可能使后创新者的需求曲线向外移动，并且有可能吸引一部分原来"追随"先创新者的消费者。另外，如果创新产品并未创造或满足需求，那么这种创新也是失败的。所以，创新的时间长短、创新与需求的关系将决定研究与开发是否有效率。

第三，道德风险。信息不对称、专业性资产投资等会导致产生道德风险，进而产生机会主义行为，即通过欺骗满足私利的行为。在研究与开发竞争中，广泛存在着道德风险问题，只不过是强弱程度不同。例如，厂商同研究与开发组织、研究与开发团队同团队成员之间都有发生机会主义行为的可能。组织者规模较庞大、信息沟通不畅通时，研究与开发的成功率可能是相当低的。解决这个问题的根本途径是建立一套"激励相容"机制。

第四，研究与开发的公共物品属性。公共物品具有不可分性和非独占性。为鼓励厂商研究与开发以生产公共物品，就必须有一套能够保障创新厂商排他性权利的制度，否则就会削弱其创新动机。但是，要作出上述保障是很难的，而且保障的成本也可能超过其收益。此外，模仿的存在也使厂商的独占利润有可能被模仿者"掠"去一部分。这样，创新者的私人成本较高，其私人利益却较低。新工艺的保护虽相对容易一些，但仍存在溢出效应。

8.4.2 风险的控制

研究与开发比大多数经济活动更具风险。在许多开发项目中，使用平行努力的办法，以帮助减少不确定性。例如，在原子弹的开发中，有几种方法制造核裂变材料，而科学家们对哪种方法最可靠并没有形成一致的意见。为了确定最好的方法，就给各种方法以相同的注意力。结果，最先生产出令人满意数量的核裂变材料的方法是一开始被认为相对不可靠的方法。

一个企业的管理者怎样才能证明其令人满意地进行了平行的研究与开发工作？什么因素决定了平行工作的适当数量？假如企业能够在几个月的期间内每月花费 C 元，选择 x 种方法，最后在这一时期结束时挑选一种看来是最可靠的方法，运用它去完成其他未完成的部分，并假定唯一有关的标准是开发成本的大小，那么结果的有用性以及被假定为同样与平行努力无关的开发时间就会受到关注。为了进一步简化，假定所有的方法都被看作同样可靠。在这些条件下，x 的适当的值，即平行研究与开发努力的数量，与 C 成反向关系，而与下一个时期内要学习的总量直接相关。随着每种努力的成本增加，平行努力的适当数量就会减少。随着学习的预期数量增加，平行努力的适当数量也会上升。

有时候，使用平行努力的办法是节约成本的。可以假设这样一个案例，开发项目的每种方法都有一个 500 万元成本对半开的概率和一个 800 万元成本对半开的概率。由于我们假定所有的方法都同样可靠，因此这些概率对于所有的方法都是相同的。用每种可能发生的结果乘以这种结果发生的概率，预期的总开发成本就是开发成本的总量。如果使用单一方法，预期的总开发成本就是（单位：万元）：

$$0.5 \times 500 + 0.5 \times 800 = 650 \tag{8.4}$$

如果平行使用两种方法，每种方法的实际开发成本可能在每月花费 C 元之后决定，则预期的总开发成本为（单位：万元）：

$$0.25 \times 800 + 0.75 \times 500 + C = 575 + C \tag{8.5}$$

把式（8.4）与式（8.5）相比较，如果 C 小于 75 万元，那么平行使用两种方法预期的总开发成本显然比单一方法要低。

在更一般的情况下，如果开发成本是 C_1 的概率为 P，而成本是 C_2（$C_2 < C_1$）的概率为 $1-P$，那么在使用单一方法时，其预期成本为：

$$PC_1 + (1-P)C_2$$

如果平行使用两种方法，那么其预期成本为：

$$P^2 C_1 + (1-P^2)C_2 + C$$

假定：

$$P^2 C_1 + (1-P^2)C_2 + C < PC_1 + (1-P)C_2 \tag{8.6}$$

平行使用两种方法的预期成本就小于使用单一方法的预期成本。

另外，为消除研究与开发的风险，降低成本，厂商还可以组建研究型合资企业（RJV）。RJV 有助于厂商分散风险，防止重复投资，加速信息的扩散并获得独占利润。研究与开发合作的强度受环境因素影响，项目越复杂，风险越高，组建 RJV 的可能性越大。当溢出效应较大时，RJV 收益即合作利益将大于非合作利益。但是，RJV 也有成本，如谈判、监督、协调的成本，也可能存在管理风格不相容的问题。RJV 还可能减少独立创新的数量，降低研发的整体努力程度，减少同一问题解决方法的多样化。决定上述成本的因素是研究与开发项目的复杂程度和规模以及 RJV 成员的市场份额情况。另外，RJV 也需要进行生产、分配方面的合作。若厂商共同研发的预期利润会因激烈的市场竞争而消失，那么就不可能存在有意义的 RJV 问题。

8.4.3 影响研究与开发的决定因素

一项研究与开发项目在经济上成功的可能性取决于三个独立因素：（1）技术上成功的概率；（2）商业化的概率（假定技术上成功）；（3）经济上成功的概率（假定商业化已实现）。一项经验研究表明，所有这三种概率直接关系到一个研究与开发项目能够以多快的速度实现其经济上的估价，而不是进行技术估价或潜在的估价。另外，在研究与开发过程中，如果研究与开发人员不能密切地工作，或者不能与营销人员相适应，具有市场现实性的整体研究与开发活动将带有随意性或被推迟，或者两者兼而有之。商业上成功的创新所依赖的正是这种整体性。大量创新案例研究得出了相同的结论：营销同研究与开发之间的联系越紧密，商业化的概率就越大（假定技术是完备的)。

　　同一行业中的公司,其商业性研究与开发的能力也可能明显不同。更一般地讲,一家公司研究与开发的努力也许不能继续下去,因为在后续工作中也许不能恰当地使用研究与开发成果。一项从执行角度进行的调查发现,人们通常相信,如果从事营销和生产的人能充分利用研究与开发成果,研究与开发项目的经济成功率将提高一半。如果这一数字接近事实,那么研究与开发同其他职能之间的衔接对生产率就具有非常重要的影响。

8.5　创新与市场结构

　　一般认为,对竞争厂商的市场结构实施垄断最有利于技术创新,原因如下:

　　第一,在寡头垄断的市场结构中,有可能存在价格勾结行为,但却很难进行研究与开发勾结。与降价行为不同的是,成功的研究与开发难以追随。这样,每个厂商都认为创新至少可以带来超越对手的暂时优势。

　　第二,厂商间的研究与开发"竞赛",有利于建立多个创新中心,从而有助于采用不同的设计方法或技术问题的解决方案。

　　第三,每个寡头垄断厂商都有足够大的市场份额,可以获得大部分创新利益。虽然存在模仿,但是不会对垄断者的创新力产生多大的影响。

　　第四,寡头垄断价格的制定,意味着可获得经济利润,这为创新提供了必要的资金支持。

　　第五,价格机制的作用使厂商重视长期利益,从而有利于推动研究与开发活动。

　　根据熊彼特的观点,垄断是大规模研究与开发活动的必要条件。相对于竞争厂商,垄断厂商会从事更多的研究与开发活动,原因有以下两个方面:

　　第一,在创新动机方面,拥有较大市场份额的厂商希望创新能为其带来更好的财务绩效。在竞争行业中,创新可以被大多数竞争者模仿,创新者在这时就会认为创新所得不足以使创新更有价值。在完全竞争的极端条件下,新思想很容易被复制,厂商普遍缺乏研究与开发的动机。所以,同业厂商越多,进入市场越容易,就越不利于创新。

　　第二,在创新能力方面,有市场力的厂商可以通过对研究与开发进行投资而获得更大利润。同时,当厂商对未来有一个良好预期时,也愿意承担研究与开发的风险,从而提高研究与开发的水平。由于免除了竞争,因此部分垄断厂商有足够的时间使其研发项目"开花结果"。

　　值得注意的是,影响技术创新的因素绝对不仅仅是市场结构,除此之外,市场的规模、创新机会在不同产业的分布、企业家精神等均对创新有巨大影响。例如,迅速发展的新产业的创新机会要多于传统产业,科学技术知识密集型产业的生产率要高于非科学技术知识密集型产业。这在一定程度上也解释了高新技术产业迅速发展的原因。

8.5.1 利用研究与开发进行方案选择

无论管理工作做得如何细致，一些公司的领导者仍忽视了研究与开发的重要性。一家公司的领导者首先必须规划公司的商业目标，然后与研究人员和工程师交换意见，才能有效地利用其研究与开发能力。对于研究与开发而言，只有在服务于经济目标时才会有意义。

单纯地把研究人员和工程师们组成一个研究与开发小组，并让他们在自己感兴趣的方面开展工作，也许可以产生很好的技术成果。但是，这些成果多半不会有很多直接的商业价值。因此，大多数公司发现有必要对项目提案和延续项目进行经济价值的评估。这些评估毫无疑问是有用的，因为它们迫使决策者明确作出决定。那些评估完成得越快的研究成果，其最终取得商业成功的可能性也越大。

因为研究类和开发类项目不同，所以这些评估的性质也会有所差别。随着一个项目从实验室走向市场，它从技术和经济两个角度受到了更加详尽的考察。在研究阶段，对提案的详尽考察一般很快，而且是非正式的。因为这一阶段的成本较低，预期其结果非常困难。但是，随着项目进入开发阶段，成本和可预见性都提高了，要求有一种更详尽的经济评估程序。

管理经济学家提出了一些较为精确的模型以帮助解决这些评估问题。一些人相对直接地采用了资本贴现技术。例如，每个项目的净现值或内部收益率可以被计算出来而加以比较。另一些人则使用数学规划技术。这些模型复杂的形式制约了其大量使用，因为很多模型不能认识到研究与开发基本上是一种信息的获取过程，不成功的项目仍然可以提供有价值的信息，这种信息将为不确定条件下后续的决策制定提供方便。除此之外，更复杂的模型的应用需要更高的成本予以支撑。更重要的是，这些模型依赖过分乐观的估计，而这些估计并不是很可靠，反映了研究过程的不确定性以及研究人员和其他人把项目"推销"给决策者的意愿。

8.5.2 时间—成本的替代作用

对一个具体的创新者而言，时间和成本很可能有一种替代作用。如果企业压缩开发和引入创新的总时间量，就会产生较高的成本。当企业缩短开发时间时，必须同时进行更多的任务，而不能陆续进行；同时，由于每项工作提供的信息在进行别的工作时都是有用的，因此同时进行多个任务会带来更多错误的开端和无用的设计。随着越来越多的技术工人被同时安排到项目上，收益也会减少，并且会持续下去。

面对这种时间—成本的替代作用，企业应该以多快的时间开发和引入创新，取决于来自创新的利润（总创新成本）的现值与企业开发和引入该创新的时间之间的关系。如果 $R(t)$ 是总利润的现值，项目持续时间是 t，时间—成本替代函数是 $C(t)$，那么利润为：

$$\pi(t) = R(t) - C(t) \tag{8.7}$$

利润最大化的一阶条件为：

$$\frac{dC}{dt} = \frac{dR}{dt} \tag{8.8}$$

因此，在图 8-3 中，最适度的项目持续时间是 t^*。

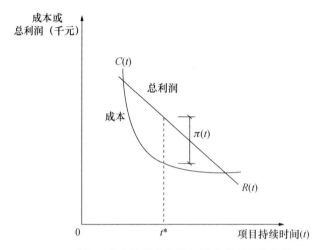

图 8-3 时间—成本的替代作用与适度的项目持续期

为了更清楚地理解这个问题，在此举一例：星辰公司要开发一种新型塑料，其研究与开发部门负责人认为，该项目的时间—成本替代函数为：

$$C = 520 - 100t + 5t^2$$

其中，C 为成本（以千元计），t 为项目持续时间（以年计）。该等式假定 $t \geqslant 1$（项目不能在少于 1 年的时间内完成）。星辰公司的决策者认为：

$$R = 480 - 20t$$

其中，R 为来自创新的利润（总创新成本）的现值（以千元计）。

$$\frac{dC}{dt} = \frac{d(520 - 100t + 5t^2)}{dt} = -100 + 10t$$

$$\frac{dR}{dt} = \frac{d(480 - 20t)}{dt} = -20$$

根据式（8.8），星辰公司应当选择 t，从而可得：

$$-100 + 10t = -20$$
$$t = 8$$

因此，星辰公司应当在大约 8 年内完成该项目。

案例 有关时间—成本替代函数的分析

A和B是两家进行软件开发的企业。图8-4表示了这两家企业开发软件的时间—成本替代函数。

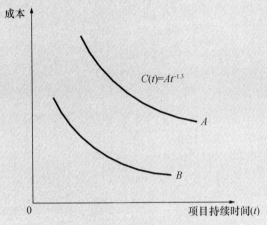

图8-4 时间—成本替代函数

A为了适应市场需求，决定加快研究与开发速度，扩大研究与开发队伍，力图先于竞争对手推出新产品，抢占市场。现在假设研究与开发项目的时间减少10%，根据时间—成本函数，将得到：

$$C(t') = A(t')^{-1.3} = A(0.9t)^{-1.3}$$
$$= 0.9^{-1.3}At^{-1.3} = 0.9^{-1.3}C(t) = 1.15C(t)$$

所以，当t减少10%时，C增加大约15%。

从图中可以看出，保持开发软件的持续时间不变，B的成本低于A。由此可知，在给定的时间内，A开发产品的成本过高。

8.6 学习曲线

在许多产业中，技术的变动在相当大程度上被归因于学习和一个企业在生产越来越多既定产品时的工作经验积累。如果企业的产出率保持不变，其平均成本就会随着累积总产量（过去生产这种产品的总量）的增加而降低。例如，每月生产的机床数量大致相同，前100台具体型号的机床的生产也许会比接下去100台同一型号的机床的生产多付出50%的劳动时间。于是，这种机床的平均成本实际上是随着累积总产量的增加而降低的。

应该区分学习所引起的成本降低和更大的生产规模所引起的成本降低。若该企业过去生产的这些机床数量保持不变，现在扩大了产量，当前生产这些机床的平均成本就很可能降低，但是，这不同于学习。假定当前生产的这种机床的数量保持不变，如果平均成本降低了，就是学习引起的。

管理者、经济学家和工程师们常常用学习曲线来描述生产。图 8-5 表明了两种真实产品的学习曲线：一条是光学设备（由光学设备公司生产）的学习曲线，另一条是轻便涡轮机（由电子机械设备公司生产）的学习曲线。如图所示，学习使得这两种产品的平均成本大大降低。当然，这些成本的降低并不是自动发生的，而是工人和管理者们努力提高效率的结果。

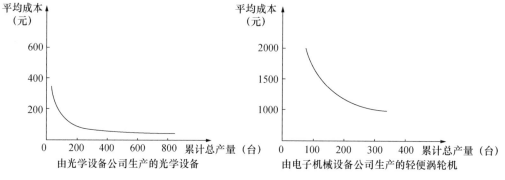

图 8-5　学习曲线评价成本

8.6.1　学习曲线的应用

在实际应用过程中，许多企业在学习曲线的基础上采用定价策略。例如，格兰仕公司是小家电和其他电子产品的生产商，其主要产品是微波炉。在国内微波炉产业相对年轻时，格兰仕公司就将产品的价格定得低于后来通行的平均成本，以便增加其产出率和累积总产量。由于认为自身的学习曲线相对陡峭，格兰仕公司希望将其平均成本降低到其产品在这种价格上生产与销售能够盈利的程度。这种策略是十分成功的。当格兰仕公司不断削价时，其竞争对手越来越难以进入市场。格兰仕公司的产量继续上升，其成本却进一步减少，其利润也提高了。

这种学习曲线可以表示如下：

$$C = aQ^b \tag{8.9}$$

其中，C 为生产的第 Q 单位产品的投入成本。如果这种描述是准确的，a 就是生产的第一个单位产品的成本。b 的值为负，因为累积总产量的增加降低了成本。如果 b 的绝对值较大，与 b 的绝对值较小时相比，其成本随累积总产量的增加而降得更为迅速。对式（8.9）两边取对数，可得：

$$\log C = \log a + b\log Q \tag{8.10}$$

在这种对数形式上，b 就是学习曲线的斜率。

要通过成本和累积总产量的历史资料去估计学习曲线，可以使用回归技术。如同式（8.10）所表示的，$\log C$ 是 $\log Q$ 的线性函数。因此，要估计 a 和 b，可以由 $\log Q$ 回归 $\log C$。当然，a 和 b 的值将因产品和企业的不同而不同。

为了说明学习曲线在具体事例中的使用,我们假定利基公司这家大型机床制造商的管理者发现其学习曲线(以对数形式表示)是:
$$\log C = 4.0 - 0.3 \log Q$$
其中,C是以元表示的。从这个等式,可以估计未来每单位产品的成本将降低多少。例如,如果要估计第100台特型机床的成本,那么:
$$\log C = 4.0 - 0.3 \log 100 = 4.0 - 0.3 \times 2 = 3.4$$
由3.4的反对数为2512,可计算得到成本为2512元。

8.6.2 扩散模型

另一种类型的技术性预测技巧是以使用经济计量的扩散模型为基础的。这种模型分析的是创新扩散率。尽管它预测的是已经存在的新流程和新产品的扩散,而不是未来才出现的发明的扩散,但是实际上限制并不那么严格。因为已经产生的发明大多数是短期和中期的事,往往要花很长时间才能将其引入商业之中。例如,在原油提炼方面的一项重要创新——分解催化剂被首次使用前,经过了大约9年的时间。

与创造新流程和新产品的早期同化一样,扩散过程基本上也是一个学习过程。但是,学习过程不仅发生在实验室和少数企业之中,还发生在大量的使用者和生产者之中。当创新首次出现时,潜在的使用者并不能确定其性质与效率,他们一般会把这看作一种经历。有时,在创新成功之前,要求额外研究与开发。有时,尽管在重新设计和改善方面作出努力,创新也不能成功。关于创新存在、特征和可获取性的信息是由生产者通过广告和销售代理人传播的,关于使用者对于创新的反应的信息则往往是通过商业出版物和非正式途径传播的。

行业中新技术的扩散过程有两个重要特征。第一个重要特征是,随着使用创新的企业数量增加,创新技术的使用概率也会增加。因为随着创新经验与信息的积累,引入创新的风险变小了,竞争压力上升了,模仿效应也增加了。图8-6反映了扩散过程

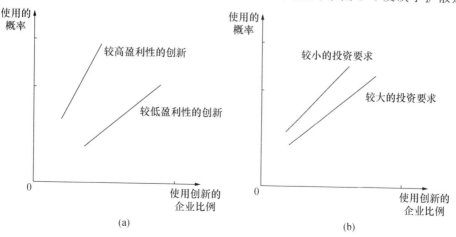

图8-6 创新的盈利性和投资规模对创新被使用概率的影响

的第二个重要特征。(a) 图表明了在产业中已经使用创新的企业比例保持不变时，盈利性对潜在使用者使用创新的概率的影响。相对来说，更具盈利性的创新被采用的概率会更高些。创新投资越具盈利性，企业估计能得到包括安装在内的风险补偿的可能性也就越大。

(b) 图表明，当产业中已经使用创新并实现盈利的企业比例保持不变时，潜在使用者使用创新的概率由于创新所要求的投资规模较小而变得较高。因为企业投资大型的、高支出的项目时，将面临更多融资困难和风险，这使得投资者更为谨慎。如果第一个重要特征描述的关系成立，也就说明使用创新的企业比例 $P(t)$ 将会按照图 8-7 中所表示的 S 形曲线增加。该曲线的公式（常常被叫作"逻辑曲线"）就是：

$$P(t) = \frac{1}{1 + e^{-(A+Bt)}} \tag{8.11}$$

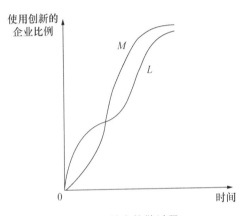

图 8-7 技术扩散过程

其中，A 和 B 是不同创新的参数。不同行业中的企业发现扩散模型能够更为合理地解释所能得到的关于扩散过程的资料。

本章小结

1. 技术变动常常引起现有产品生产函数的变化，或者产生一种新产品。技术变动率常常以生产率的变动进行衡量。全要素生产率的变化往往被企业用来衡量效率的变化。

2. 研究与开发可以被看作不确定性减少的过程或者学习的过程。变化在研究与开发中具有重要的作用。许多项目使用平行努力的办法以帮助减少不确定性。

3. 一个研究与开发项目在经济上成功的可能性取决于三个独立因素：（1）技术上成功的概率；（2）商业化的概率（假定技术上成功）；（3）经济成功的概率（假定商业化已实现）。这三个因素直接关系到一个研究与开发项目能够多快通过经济评估。

4. 为了促进研究与开发的成功，研究与开发、营销人员之间必须有一种强有力的联系，而项目选择技术必须是有效的。但是，这并不意味着需要使用更加复杂的数量选择技术。

5. 对于一项具体的创新，很可能存在一种时间—成本替代函数。如果企业减少开发和引入创新的总体时间，就将产生较高的成本。时间—成本替代函数在各个企业之间是不同的，因为某些企业比其他企业更多地采用和经历了对一种具体创新的开发和引入。项目最适当的持续时间，是最大化的贴现总利润超过贴现成本的时间间隔。

6. 在许多产业中，存在着一条学习曲线，它表明生产一件商品的平均成本会随着累积总产量的增加而下降的范围。这条学习曲线在定价中发挥着重要的作用。

7. 当使用新流程的企业数量增加时，潜在使用者使用创新的概率也会增加。潜在使用者使用创新的概率在盈利较多的创新上比在盈利较少的创新上要高，而对要求较少投资的创新来说，其采用概率比那些要求较多投资的创新要高。以这些观点为基础的模型有时可以被用来预测创新的扩散率。

习题

1. 某公司使用三种投入品：劳动、能源和材料。1980 年，20000 小时劳动、50000 千瓦小时能源和 10 吨材料，能生产 200 吨产出品。到 2001 年，30000 小时劳动、100000 千瓦小时能源和 14 吨材料能生产 300 吨产出品。1980 年，劳动的价格是每小时 10 元，每千瓦小时能源的价格是 0.2 元，每吨材料的价格是 5 元。

   (1) 1980 年的全要素生产率是多少？
   (2) 2001 年的全要素生产率是多少？
   (3) 以上计算全要素生产率时的基期年份是哪一年？

2. 假设某工厂开发和引入一种新药品，成本函数为（以百万元计）：
$$C = 100 - 19t + 0.5t^2$$
其中，t 为开发和引入这种新药品所花费的年数。

   (1) 该工厂的管理者决定在 6 年内开发和引入这种新药品，其成本最低的计划期间是多少年？
   (2) 为什么贴现利润会随着 t 的增加而下降？

3. 已知某汽车厂的学习曲线方程为：
$$\log C = 5.1 - 0.25 \log Q$$
其中，C 是投入成本（以元计）。

   (1) 生产第 100 辆汽车的投入成本估计是多少？
   (2) 生产第 200 辆汽车的投入成本估计是多少？
   (3) 如果产量增加一倍（从 100 辆到 200 辆），每单位投入的成本下降幅度为多少？

4. 在飞机制造业，许多研究表明，累积总产量增长一倍会使成本降低大约 20%。如果一种型号的飞机生产第 30 架的成本为 1200 万元，那么生产第 60 架的成本是多少?生产第 120 架的成本又是多少?

5. 某研究所正试图开发一种能排放较少污染物的改良引擎。有两种方法可以解决这个技术问题。如果两种方法都采用,花费 200 万元开发这种引擎的机会有一半,而花费 100 万元开发这种引擎的机会也是一半。

(1) 如果选择其中一种方法并贯彻到底,那么开发这种引擎的预期成本是多少?

(2) 如果两种方法平行进行,那么开发这种引擎的预期成本是多少?

(3) 应当使用平行的方法吗?

6. 某家公司要开发一种能使其成本降低 10% 的新生产工序。有两种方法可以用于开发这种工序。如果采用第一种方法,花费 500 万元开发这种工序的概率为 0.6,而花费 300 万元开发这种工序的概率为 0.4。如果采用第二种方法,花费 300 万元开发这种工序的概率为 0.7,而花费 500 万元开发这种工序的概率为 0.3。

(1) 如果采用第一种方法,开发这种工序的预期成本是多少?

(2) 如果采用第二种方法,开发这种工序的预期成本是多少?

(3) 如果两种方法平行进行,而且采用每种方法进行开发的真实成本可以在花费 50 万元之后得到确定,那么开发这种工序的预期成本是多少?(假定采用两种方法的结果是独立的。应注意,被采用的每种方法的总成本额包括 50 万元。)

7. 在机械行业中使用机器人的企业的百分比可以由下列等式给出:

$$P(t) = \frac{1}{1 + e^{-(-6.1 + 0.41t)}}$$

其中,$P(t)$ 为百分比,t 为从 1970 年以来的年数。

(1) 在哪一年机械行业中使用机器人的企业占比达到 25%?

(2) 在哪一年机械行业中使用机器人的企业占比达到 50%?

第9章

定 价 策 略

9.1 加 成 定 价

在过去的半个多世纪里,西方国家的一些学术研究机构以及其他组织和个人对商业定价行为进行了许多调查。调查的结果取得了惊人的一致,即绝大多数企业不按边际原则定价,而采用加成定价法(全部成本法)。在德国,70%以上的企业采用成本加成定价法;在英国,这一比例接近60%;美国和其他欧洲国家的情况也较为类似。在我国,成本加成定价法也是占主导地位的定价法。[①] 典型的加成定价法包括以下两步:第一,企业要估算每单位产量的成本。因为这种成本一般会随产量水平的变化而变化,所以企业的估算应建立在所设定的产量水平上。为此,企业通常按生产能力的百分比估算,一般是在2/3与3/4之间。第二,企业在估算的平均成本上加成(一般是以百分比的形式)。这个加成包括特定产品中的成本和企业投资的回报。

9.1.1 定价方法

用最基本的代数式,加成的百分比可表示如下:

$$\text{加成} = (\text{价格} - \text{成本}) / \text{成本} \tag{9.1}$$

其中,分子(即价格－成本)为净利润。所以,如果一本平装书的成本是40元,价格是60元,则加成为50%。

从式(9.1)中求出价格,可得成本加成法的标准公式:

$$\text{价格} = \text{成本} \times (1 + \text{加成})$$
$$P = AC(1+s) \tag{9.2}$$

那么,平装书的价格就是:$40 \times (1+0.50)$,即60元。这里,加成是50%。s为成本加成率,是企业为生产产品所耗费的每1元成本应附加的利润,可用公式表示为:

$$s = \pi / (AC \times Q)$$

其中,π是根据企业的目标投资回报率(ROI)所确定的目标利润,Q是产品产量,AC是依此产量计算的平均成本。

---

① 参见〔德〕赫尔曼·西蒙:《价格管理》,宋耀鼎等译,南开大学出版社1993年版,第56页。

另一个成本加成公式也广泛应用于企业定价[①]，设 d 为销售利润率：
$$d = (P - \mathrm{AC})/P$$

则有：
$$P(1-d) = \mathrm{AC}$$
$$P = \mathrm{AC}/(1-d) \tag{9.3}$$

该公式虽在形式上与前述成本加成定价标准公式不同，但实际上是一致的。它可变形为：
$$P = \mathrm{AC}[1 + d/(1-d)]$$

即 s 为 $d/(1-d)$。

在目标回报率定价法下，价格等于：
$$P = L + M + K + F/Q + r \times A/Q$$

其中，P 是价格，L 是单位劳动成本，M 是单位原材料成本，K 是单位营销成本，F 是总固定成本或间接成本，Q 是企业在相应计划期内打算生产的产品数量，A 是总营运资本，r 是资本利润率。

如果采用加成成本定价法 $P = \mathrm{AC}(1+s)$ 表示，可得：
$$\mathrm{AC} = L + M + K + F/Q$$
$$s = r \times A/(\mathrm{AC} \times Q)$$

所以，单位劳动成本是 2 元，单位原材料成本是 1 元，单位营销成本是 3 元，总固定成本是 1 万元，产量是 1000 单位产品，资本是 10 万元，相应的目标回报率是 15%。这样，产品的价格是：
$$P = 2 + 1 + 3 + (10000 \div 1000) + (0.15 \times 100000 \div 1000) = 31(元)$$

案例 ▶ 通达公司的加成定价

通达公司生产应用于化学和其他行业的工艺流程控制中的计算机，它按照以下的程序为其型号为 1000X 的计算机制定价格：首先估算平均生产成本（已包括间接成本），再加上 33.33% 的加成，最后得出结果。

工厂成本：	192000 美元
33.33% 的加成：	64000 美元
在美国的价格：	256000 美元

[①] 参见〔美〕菲利普·科特勒：《营销管理》（新千年版·第十版），梅汝和等译，中国人民大学出版社 2001 年版，第 559 页。

> 通达公司从可信赖度、精度和灵活性上判断，其产品是同类型产品中性能最好的。因此，它并不想以在美国的价格出售1000X型计算机。虽然公司所制定的价格常高于其竞争对手，但是优良的品质使其产品能在美国和海外市场的竞争中获胜。公司的管理者认为，降价不仅减少利润，而且会对公司的品质形象产生不利影响。当然，如果这种避免降价的行动没有正确地使用，那么公司付出的代价将是昂贵的。

9.1.2 对加成定价法的评价

企业在定价时，为什么普遍采用加成定价法，而很少依据利润最大化的要求采用边际原则？原因通常有以下几个方面：(1) 信息不充分。由于依据企业现有的财务资料与统计数据难以计算市场需求曲线以及边际成本与边际收益，因此很难按边际原则定价。(2) 企业目标多元化。不少企业的经营目标不是利润最大化，而是销售收入最大化、市场份额最大化、销售增长率最大化等。即使是以利润最大化为目标的企业，在特定时期内，也可能以维持生存、反击"价格战"等为目标。显然，以利润最大化为目标的边际原则不适合这些企业。(3) 加成定价法的逻辑关系清楚，易为不同层次的企业管理者所接受，而且应用简便。(4) 加成定价法为企业变动价格提供了正当理由。企业通常将提价归因于成本的增加。

早期的研究者较多对加成定价法持批评态度，其中最为有力的批评是：加成定价法将价格视为平均成本的函数，完全颠倒了因果关系。因为平均成本的高低由产量决定，而产量的大小则取决于价格。

$$价格 = 成本 \times (1 + 加成)$$
$$P = AC(1+s) = TFC/Q + TVC/Q + \pi/Q$$

其中，Q 是依据标准开工率计算的预计产量。如果市场需求不足，实际产量达不到预计数量，那么为了实现加成率 s，应该提高价格。但是，提高价格会使市场需求萎缩，产量又会进一步减少。显然，在这样的情况下，成本加成会导致错误的结果。但是，研究者对加成定价法越来越宽容，不少文献指出按边际原则定价实际上也是一种成本加成定价。

为了理解这一点，回忆一下前面的内容：

$$MR = P(1 - 1/\eta) \tag{9.4}$$

其中，MR 是产品的边际收益，P 是价格，η 是需求的价格弹性。这是价格、边际收益和需求的价格弹性之间的基本关系。公司要最大化其利润，就必须使边际收益等于边际成本。因此，可以 MC 去替代式 (9.4) 中的 MR，结果变成：

$$MC = P(1 - 1/\eta) \tag{9.5}$$

其中，MC 是产品的边际成本。

将式 (9.5) 两边同除以 $(1-1/\eta)$，可得：

$$P = \text{MC}[1 + 1/(\eta - 1)] \tag{9.6}$$

回顾一下式（9.2）可以发现，根据加成定价法，价格等于成本乘以（1+加成）。所以，如果实际采用的成本是边际（非平均）成本，而且加成可以表示为：

$$\text{加成} = 1/(\eta - 1) \tag{9.7}$$

加成定价法就会实现利润最大化。

换句话说，如果公司在边际（非平均）成本上进行加成，而且加成等于式（9.7）的值，那么公司可以实现利润最大化。正如式（9.7）所示，此时加成完全依赖于需求的价格弹性。如果某一产业的成本结构能够满足 AC＝MC 的条件，则加成定价法是以边际原则定价的一种表现形式。许多文献指出，在零售业中，长期边际成本与平均成本往往差别不大，因此加成定价法是零售企业谋求利润最大化的一种合理方法。

表 9-1 列出了与各种需求价格弹性相对应的利润最大化的最优加成百分比，相关信息既有趣又有用，能帮助企业经营者推算和制定一个有效的定价政策。

表 9-1 最优加成百分比与需求价格弹性的关系

需求价格弹性	最优加成（%）
1.2	500
1.4	250
1.8	125
2.5	67
5.0	25
10.0	11
20.0	5
50.0	2

表 9-1 很清楚地显示，当产品的需求价格弹性下降时，最优加成百分比会上升。加成百分比与需求价格弹性之间的反比关系显然是有道理的。那么，如果某种产品的需求量对其价格不敏感，它的价格应定得高一些还是低一些？显然，如果想赚尽可能多的钱，应定高价，这与常识也是相一致的。

木森公司的主要产品是一种木桌，每台成本是 376 元，其中已包括运费及相关成本。虽然木森公司有经常性的管理和营销成本，但是这些成本基本上是固定的，所以边际成本可近似地认为是 376 元。假定在木森公司的地域范围内有许多企业生产具有相当竞争力的木桌，木森公司的营销经理相信产品的需求价格弹性是相当高的，大约是 2.5。因此，根据表 9-1，如果要实现利润最大化，就应将加成百分比定为 67%。

根据式（9.2），最优价格是：

$$\text{价格} = \text{成本} \times (1 + \text{加成})$$
$$= 376 \times (1 + 0.67) = 628(元)$$

结果是，为实现利润最大化，木森公司每台木桌售价应为 628 元。事实上，企业很少能精确地估计其边际成本和需求价格弹性，而且得到精确估计值的成本往往过于高昂。既然企业认识到所估计的仅仅是近似值，那么根据自认为是最有利可图的价格对近似值作小的调整是可以接受的。

案例　杂货店的加成

杂货店通常使用加成定价法，典型的对各种商品的加成如表 9-2 所示：

表 9-2　杂货店的加成

商品	加成（%）	商品	加成（%）
咖啡	5	新鲜水果	45
软饮料	5	新鲜蔬菜	45
早餐食品	10	调味品	50
冰淇淋	20	专卖药品	50

从专卖药品和新鲜蔬菜的价格弹性要低于咖啡和早餐食品这个意义上说，这个定价体系将使杂货店的利润趋于最大化。一般说来，商店很可能对那些消费者受价格影响不大（即价格弹性低）的商品制定较高的加成。对于那些消费者对其价格敏感（即价格弹性高）的商品，商店意识到必须将加成压低，因为把加成提高是十分愚蠢的做法，会使消费者跑到别处去。

这虽然并不意味着杂货店或其他公司总是能找到明智的定价政策，但是确实说明了加成定价法的合理性。

9.2　多种产品定价

在讨论了加成定价法之后，我们接下来讨论生产多种产品的企业定价问题。如果一个企业不止生产一种产品，那么它必须意识到一种产品价格或销量的变化可以影响消费者对其生产的其他产品的需求。例如，联华公司生产和销售两种产品：X 和 Y，它的总收入即销售额可表示为：

$$TR = TR_x + TR_y \tag{9.8}$$

其中，TR_x 是从产品 X 中得到的总收入，TR_y 是从产品 Y 中得到的总收入。每种产品的边际收益是：

$$MR_x = \partial TR/\partial Q_x = \partial TR_x/\partial Q_x + \partial TR_y/\partial Q_x \tag{9.9a}$$

$$MR_y = \partial TR/\partial Q_y = \partial TR_y/\partial Q_y + \partial TR_x/\partial Q_y \tag{9.9b}$$

每个等式中的最后一项代表两种产品需求之间的关系。因此，在式（9.9a）中，最后一项代表产品 X 销量的增加所引起的对产品 Y 销售收入的影响。这个影响可能是正的，也可能是负的。如果产品 X 和 Y 是互补品，那么这个影响将是正的，因为一种产品销量的增加会使另一种产品的销售收入增加。如果产品 X 和 Y 是替代品，那么这个影响将是负的，因为一种产品销量的增加会减少另一种产品的销售收入。

如果定价者没有理解企业所销售的产品之间这种需求上的联系，而且没有给予足够的重视，那么可能犯相当严重的错误。例如，如果产品 X 是产品 Y 非常近似的替代品，而且联华公司生产产品 X 的部门发动了一场增加销量的行动，那么其结果将对这个部门有利，对整个公司却有害。为什么？因为产品 X 销量的增加在很大程度上是以产品 Y 销量的减少为代价的。

案例　欧洲市场的汽车定价

欧洲消费者协会的一系列研究表明，同一型号汽车的税前价格在欧洲各国之间的变化率超过90%。表9-3列出了几种车型在几个不同国家的相对成本加成的估计值（用销售价与单位成本之差除以单位成本）：

表9-3　所选汽车在所选国家的相对成本加成　　　　　单位：%

车型	英国	法国	德国	意大利	比利时
菲亚特 Uno	8.7	8.7	9.8	21.7	7.6
尼桑 Micra	12.5	23.1	8.9	6.1	8.1
福特 Escort	11.5	9.5	8.9	8.9	8.5
标致 405	11.6	13.4	10.2	9.9	9.9
梅赛德斯 190	12.3	14.4	17.2	15.6	14.3

资料来源：Frank Verboven, International Price Discrimination in the European Car Market, *The Rand Journal of Economics*, Vol. 27, No. 2, 1996。

以上成本加成的差别可以用不同的原因来解释，如可能是由于合谋水平在某些国家比在另一些国家高，也可以归因于进口配额，其中价格歧视是最不能被忽视的原因。我们可以思考以下问题：

(1) 通过对以上数据进行分析可以发现，成本加成水平在汽车生产国较高，如菲亚特在意大利，标致在法国，梅赛德斯在德国。为什么会出现这种情况？是因为汽车生产国的消费者对本国的产品需求缺乏弹性吗？

(2) 日本汽车尼桑的成本加成在法国为23.1%，在英国为12.5%，远高于在意大利的加成。如何解释这种情况？

(3) 企业利润最大化的价格为：$P = MC \times 1/(1-1/\eta)$，其中 MC 为边际成本，$\eta$ 为需求价格弹性。假定福特汽车在制定售价时不考虑其他因素，而只考虑边际成本与需求价格弹性。福特汽车在法国的边际成本比在英国高6%；在法国的需求价格弹性为 12，而在英国的需求价格弹性为 10；P_f 是在法国的价格，P_e 是在英国的价格，MC_f 是在法国的边际成本，MC_e 是在英国的边际成本，η_f 是在法国的需求价格弹性，η_e 是在英国的需求价格弹性。通过如下公式：

$$P_f/P_e = [MC_f \times 1/(1-1/\eta_f)]/[MC_e \times 1/(1-1/\eta_e)]$$

可以得出福特汽车在法国与英国的价格相差的百分比吗？

9.2.1 固定比例联合定价

除了在需求上相互影响外，一家企业的产品在生产上常常也是相互影响的。例如，产品有时是以固定比例生产的，就像从每头牛身上都能得到牛肉和牛皮一样。在这样一种情形下，应从生产或成本角度出发，而没有理由去区分产品。既然产品是以固定比例生产的，那么从生产角度来看，它们不是单个产品，而应被视为产品组合。因此，一张牛皮和两片牛肉可以被看作一头牛的产品组合。因为产品是组合生产的，所以不存在把生产产品组合的成本分摊到单个产品上去的合理办法。

为了决定每种产品的最优价格和产量，应该比较产品组合的边际收益和边际成本。如果总边际收益——组合中每种产品的边际收益之和——大于产品组合的边际成本，就应该扩大产量。假定有两种产品 A 和 B，图 9-1 表示每种产品的需求和边际收益曲线（为简便起见，假定产品 A 的需求曲线不受产品 B 价格的影响，而且产品 B 的需求曲线不受产品 A 价格的影响），以及以固定的比例生产这两种产品的产品组合的边际成本曲线。总的边际收益曲线是单个产品的两条边际收益曲线的垂直相加，因为每单位产品组合的收益是由两种产品的销售收入决定的。图 9-1 中利润最大化的产量是 Q，此时总边际收益等于边际成本。产品 A 的最优价格是 P_A，产品 B 的最优价格是 P_B。必须注意到，在 Q_0 产量水平以上，总边际收益曲线与产品 A 的边际收益曲线是重合的。当产品 B 的边际收益为负值时，企业不会销售任何一单位的产品 B。这

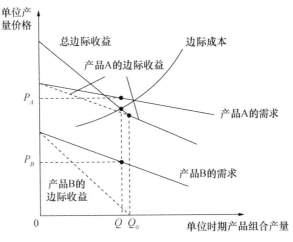

图 9-1　固定产品组合的最优价格（假定情形 1）

意味着，如果减少销量，那么收入会增加。所以，如果总产量超过 Q_0，那么总边际收益将等于产品 A 的边际收益。

在图 9-1 中，如果边际成本曲线与总边际收益曲线相交于产量 Q_0 的右边，结果会怎样？假定情形如图 9-2 所示，图中的边际成本曲线比图 9-1 中的边际成本曲线低，其他曲线是一样的。利润最大化的产量是 Q_1，此时边际成本曲线与总边际收益曲线相交。所有产品 A 都将被售出，价格是 P_A。但是，并非所有的产品 B 都会被卖光，售出的数量将被限制在 Q_0。所以，产品 B 的价格保持在 P_B。"多余"的产品 B 不能进入市场，从而避免压低价格。

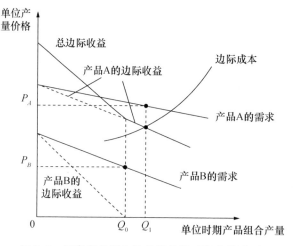

图 9-2　固定产品组合的最优价格（假定情形 2）

以银桥公司为例，该公司以相同的数量生产两种产品 A 和 B 的产品组合。也就是说，不论公司是否愿意，每生产一单位的产品 A，也会生产一单位的产品 B。银桥公司的总成本函数是：

$$TC = 100 + Q + 2Q^2 \tag{9.10}$$

其中，Q 是单位产量的数目。两种产品的需求曲线分别是：

$$P_A = 200 - Q_A \tag{9.11}$$

$$P_B = 150 - 2Q_B \tag{9.12}$$

其中，P_A 和 Q_A 是产品 A 的价格和产量，P_B 和 Q_B 是产品 B 的价格和产量。在单位时期内，银桥公司的每种产品应生产多少？每种产品的价格应是多少？

银桥公司的总收益等于两种产品所获收益之和：

$$TR = P_A Q_A + P_B Q_B \tag{9.13}$$

把式（9.11）和式（9.12）中的 P_A 和 P_B 代入式（9.13），可得：

$$\begin{aligned} TR &= (200 - Q_A)Q_A + (150 - 2Q_B)Q_B \\ &= 200Q_A - Q_A^2 + 150Q_B - 2Q_B^2 \end{aligned}$$

假定银桥公司会卖掉所生产的全部两种产品，$Q_A = Q_B = Q$。正如上文所强调的，一种产品生产一单位时，另一种产品也会生产一单位。因此，可得：

$$TR = 200Q - Q^2 + 150Q - 2Q^2$$
$$= 350Q - 3Q^2 \tag{9.14}$$

为了得到银桥公司的利润 π，必须用式（9.14）中的总收入减去式（9.10）中的总成本，结果是：

$$\pi = (350Q - 3Q^2) - (100 + Q + 2Q^2)$$
$$= -100 + 349Q - 5Q^2$$

因此，可求利润最大化的产量水平：

$$d\pi/dQ = 349 - 10Q = 0$$
$$Q = 34.9$$

换句话说，为实现利润最大化，银桥公司的每种产品各生产34.9单位。① 要把这部分产品卖光，式（9.11）显示，产品 A 的价格应是：

$$P_A = 200 - 34.9 = 165.1$$

同时，式（9.12）显示，产品 B 的价格应是：

$$P_B = 150 - 2 \times 34.9 = 80.2$$

我们在上文假定银桥公司会卖完生产的所有两种产品。为了验证此假定是否为真，我们必须验证如果 $Q=34.9$，两种产品的边际收益是否都是非负的。只有当此条件成立时，银桥公司才会卖完生产的所有两种产品。式（9.11）和式（9.12）显示，TR_A（产品 A 的总收益）等于：

$$TR_A = P_A Q_A = (200 - Q_A)Q_A = 200Q_A - Q_A^2$$

同时，TR_B（产品 B 的总收益）等于：

$$TR_B = P_B Q_B = (150 - 2Q_B)Q_B = 150Q_B - 2Q_B^2$$

因此，产品 A 和产品 B 的边际收益分别是：

$$MR_A = dTR_A/dQ_A = 200 - 2Q_A = 130.2 (Q_A = 34.9)$$
$$MR_B = dTR_B/dQ_B = 150 - 4Q_B = 10.4 (Q_B = 34.9)$$

既然两个边际收益（MR_A 与 MR_B）都是非负的，那么假定是有效的。②

9.2.2 可变比例联合定价

在讨论了两种产品的组合以固定比例生产的情形后，我们再来看以可变比例生产的情形。一般来说，这是更现实的情形，尤其是在相当长一段时期内。即使对一头牛来说，牛皮和牛肉的比例也是可变的，因为牛可以通过饲养生产出相对于牛皮来说更多或更少的牛肉。

假定某企业生产和销售两种产品 A 和 B，而且图 9-3 中的每条等成本曲线（用

---

① 这里的 Q 不一定是个整数，可以通过在 10 个单位期间内生产 349 单位产品实现。
② 如果 Q_A 和 Q_B 等于 34.9，一种产品的边际收益为负，那么最优解就包括此种产品的产量大于销量的情形。企业会销售边际收益为零时的产品，而另一种产品的边际收益将用来决定最优的产量水平。

TC 表示）都表示在同一总成本下可生产的两种产品的组合。因此，那条 TC＝13 的等成本曲线就表示在每天总成本等于 13000 元时，两种产品产量的各种组合。例如，可以生产 26 单位的产品 A 和 10 单位的产品 B，或者是 8 单位的产品 A 和 30 单位的产品 B。

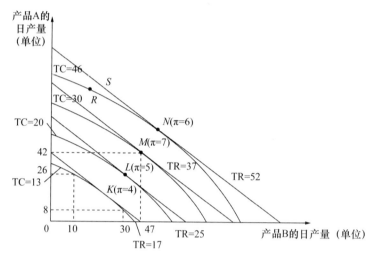

图 9-3　可变比例联合生产的最优产量

图 9-3 中还有等收益线（用 TR 表示），每条等收益线都表示能带来相同总收益的两种产品各种产量的组合。例如，TR＝52 的那条等收益线表示能带来日收益 52000 元的各种产量的组合，如与点 S 或点 N 相对应的产量组合。其他等收益线分别代表能带来总收益为 17000 元、25000 元和 37000 元的产量组合。

企业面临的问题是应生产多少产品 A 和产品 B。解决这个问题的第一步是观察，如果产量组合位于等收益线与等成本曲线不相切的点上，此产量组合不可能是最优的。因为如果产量组合位于非切点（如点 R）上，那么可以通过向等成本曲线与等收益线相切的点（如点 N）移动（在同一条等成本曲线上），以增加收入（并没有改变成本）。

假定实际情况就是如此，我们能够通过比较每个切点的利润水平并选择利润水平最高的点的方法，找到最优产量组合。例如，图 9-3 中有四个切点：K、L、M 和 N，对应的利润水平（用 r 表示）分别是 4000 元、5000 元、7000 元和 6000 元。因此，如果我们必须在图 9-3 所示的等成本曲线中选择产量，那么对企业来说，最优产量组合将位于点 M 上。此时，企业每日生产和销售 42 单位的产品 A 和 47 单位的产品 B。

9.3　价格歧视

价格歧视意味着企业对同一种产品或服务向不同的消费者收取不同的价格，即根据购买数量、购买者的特征或者各种销售条款确定相应的价格。例如，航空公司向商务旅客收取的某一班次机票的价格高于普通旅客所支付的。即使产品不完全相同，只要制定的价格对于它们各自的成本是不成比例的，也形成价格歧视。例如，一家香水制造商将一种香水装入普通的玻璃瓶中，予以命名并树立形象，定价为 500 元。然后，该制造商用一种花式瓶装入同样的香水，予以不同的命名与形象，定价为 1500 元。这就是典型的形象定价的价格歧视。显然，相似产品的价格之间存在不同并不能说明已形成价格歧视，只有当这种价格的不同没有真实反映成本的不同时才形成价格歧视。

价格歧视是企业攫取消费者剩余的常用手段。一般认为，实行价格歧视需要具备三个条件：(1) 企业必须拥有一定的市场垄断力量，是一个价格制定者；(2) 实行价格歧视的企业必须能够防止购买者之间转卖行为的发生，即防止转售；(3) 不同购买者（购买量）的需求价格弹性不同。

因此，如果一家公司能够并准备采取价格歧视，那么它首先要将公司产品的购买者划分为不同的细分市场①。这些细分市场对产品的需求价格弹性必须有相当大的不同，而且划分细分市场的成本必须是可以接受的。同时，由于消费者对不同价格信息的了解不完全，或者是由于买卖的交易成本太高，以至于转售无利可图等原因的存在，产品不能轻易从一个细分市场转到另一个细分市场。如果不是这样，人们可以通过在低价格细分市场购买而到高价格细分市场出售的办法赚钱，从而导致难以执行细分市场之间的价格歧视。不同细分市场的购买者在产品的需求价格弹性上的不同，可能是由于收入水平、品味或者能否得到替代品等原因造成的。因此，商务旅客对航班的需求价格弹性要低于普通旅客。

9.3.1 价格歧视的分类

通常，按照企业攫取消费者剩余的多少、企业所拥有的购买者的信息、差别定价的不同，可以将各种表现形式的价格歧视划分为三种类型：一级价格歧视、二级价格歧视、三级价格歧视。在一级价格歧视中，企业知道每个消费者为了能够买进每一单位产品所愿付出的最高价格，并据此确定每一单位产品的销售价格。由于一级价格歧视攫取了所有消费者剩余，因此又称"完全价格歧视"。

图 9-4 表明了一级价格歧视的原理。如果厂商对所有消费者实行统一价格，根据 MR=MC 原则，价格应定为 P_1。此时，消费者剩余表示为 $\triangle P_1 AB$ 的面积，厂商的利润就是 MR 线与 MC 线之间的 ADE 的面积。如果实行一级价格歧视，则意味着 MR 曲线逆时针旋转到与 P 曲线重合。因此，产量扩大到 Q_2，厂商增加的利润为 ACD 的面积，攫取的消费者剩余为 AP_2C 的面积。

现实中，尽管一级价格歧视是不可能做到的，但是不少厂商仍然千方百计地了解消费者的意愿价格，尽力根据消费者的支付能力定价。因此，近似的一级价格歧视还是存在的。经典的案例是：一个小镇上的医生熟知每一位居民，包括他们的经济情

---

① 细分市场的规模依据经济学家对价格歧视的分类，可以小到每个消费者都是一个细分市场。

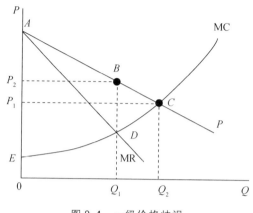

图 9-4 一级价格歧视

况。根据这些信息，这位医生估计每一位前来就诊的病人所能支付的费用，并以此制定相应的收费标准。在我国，存在着大量的农贸市场和专业市场，这些市场内交易的商品通常不标价或者明码不实价，交易价格通过讨价还价决定，而讨价还价的过程实际上成为厂商了解消费者的意愿价格并据此定价的过程。厂商的报价通常很高，目的是试探消费者的购买意愿及意愿价格，而消费者在一轮又一轮的讨价还价中逐渐透露自己的意愿价格。最后，消费者剩余不知不觉转移为厂商的利润。因此，国内多数地方的物价部门要求专业市场的厂商对商品明码实价，这或多或少能对消费者的合法权益起到保护作用。拍卖定价可以实现近似的一级价格歧视。所谓拍卖，就是用于单一物品有多方竞购的场合，由竞购者中出价最高者购得，该高价即为近似的意愿价格。因此，中标者的消费者剩余接近或等于零。实际上，拍卖定价方式可以更广泛地适用于大宗商品的交易定价。在欧美国家农产品交易市场上，鲜花、水产品、水果、蔬菜等普遍采用拍卖定价方式。

对一级价格歧视来说，一个企业必须有较少的购买者，并且能够估计消费者愿意支付的最高价格。二级价格歧视要普遍得多，在许多公共事业如煤气、电力、水的定价中起着重要作用。所谓二级价格歧视，是指厂商将同一产品、服务划分为不同消费量的区段，并对不同区段收取不同价格的行为。二级价格歧视的关键特征是单位价格依赖于购买数量，而与消费者身份无关。例如，一份电话账单一般由月租费（固定费用）和通话费（变动费用）组成，由于存在固定费用，单位价格将随通话时间的增多而下降。这种歧视也称"非线性定价"。

下面讨论一个煤气公司的例子，该公司的每个消费者都有如图 9-5 所示的需求曲线。消费者每月的消费量如果少于 X 单位，煤气的价格将是 P_0；如果多于 X 单位，煤气的价格是处于中间的 P_1；如果超过 Y 单位，煤气的价格会更低，为 P_2。所以，煤气公司获得的总收入等于图 9-5 中的阴影部分，消费者以价格 P_0 购买 X 单位，以价格 P_1 购买 $Y-X$ 单位，以价格 P_2 购买 $Z-Y$ 单位。

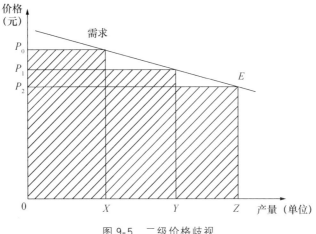

图 9-5 二级价格歧视

通过对各种消费量收取不同的价格，煤气公司能够大幅度地增加总收入和总利润。如果该公司只制定一种价格且销量为 Z 单位，那么它不得不将价格定为 P_2。此时，该公司的总收入要比图 9-5 中的阴影部分小得多。显然，制定不同的价格可使该公司增加利润。

所谓的三级价格歧视，是指企业把消费者分为具有不同需求曲线的两个或多个组，并将同一产品按不同价格向不同组的消费者销售。在三种类型的价格歧视中，三级价格歧视是最常见的一种。例如，航空公司对商务旅客与普通旅客收取不同的票价，旅游景点的内外宾门票价格不同，学生乘坐火车、飞机可打较大的折扣。又如，在公费医疗制度改革之前，一些医生对享受公费医疗的病人开高价药，并加上一些不很必要却十分昂贵的医疗检查，而对自费的病人则开低价药。

如果一家公司要采取三级价格歧视，它必须解决两个问题：在各细分市场的购买者之间如何分配产量？针对不同市场的购买者，价格各是多少？假定只有两个细分市场的购买者，并且该公司此时的总产量已经确定，那么唯一的问题就是如何在两个细分市场分配产量。如果该公司在两细分市场之间的产量分配使从一个细分市场获得的边际收益等于从另一个细分市场获得的边际收益，那么这种分配方法可以实现利润最大化。如果第一个细分市场的边际收益是 25 元，而第二个细分市场的边际收益是 10 元，那么这种分配方式不是最优的。因为如果增加一单位对第一个市场分配的产量，而减少一单位对第二个市场分配的产量，利润将会增加。只有当两个细分市场的边际收益相等时，才是最优的分配方式，此时两细分市场之间的价格比率为：

$$\frac{P_1}{P_2} = (1 - 1/\eta_2) \div (1 - 1/\eta_1)$$

其中，η_1 是第一个细分市场的需求价格弹性，η_2 是第二个细分市场的需求价格弹性。因此，如果两个需求价格弹性相等，就没有必要进行价格歧视。显然，如果价格歧视可行，那么需求缺乏弹性的细分市场的价格会较高。

现实的情形是，企业还必须确定总产量。因此，企业不仅要考虑两个细分市场的需求，还要考虑自己的成本。企业必须选择使边际收益（从两个细分市场获得的）等于边际成本（全部产量的）的产量。在图 9-6 中，D_1 是第一个细分市场的需求曲线，D_2 是第二个细分市场的需求曲线；R_1 是第一个细分市场的边际收益曲线，R_2 是第二个细分市场的边际收益曲线。此外，还有企业的边际成本曲线。企业首先把两条边际收益曲线 R_1 和 R_2 相加，得到曲线 G，它表示在每种边际收益水平上，要维持从每个细分市场获得边际收益不变所需的产量水平。因为边际成本必须等于从每个细分市场获得的边际收益之和，所以最优产量就是边际成本曲线与曲线 G 的交点。如果实际情况并非如此，那么可以通过增加产量（如果边际成本小于边际收益）或减少产量（如果边际成本大于边际收益）以增加利润。所以，企业会生产 Q 单位的产量，并将 Q_1 单位在第一个细分市场中出售，将 Q_2 单位在第二个细分市场中出售。第一个细分市场中的价格将是 P_1，而第二个细分市场中的价格将是 P_2。这种价格歧视所带来的利润将高于企业在两个细分市场制定相同价格所带来的利润。

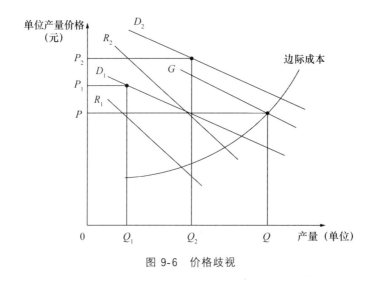

图 9-6 价格歧视

9.3.2 航空业的价格歧视①

有关国外的价格歧视，较常被引用的是航空公司机票的案例。例如，20 世纪 90 年代，从美国纽约到洛杉矶的往返机票价格有许多种，头等舱票价几乎要 2000 美元；常规无限制的经济舱大约为 1200 美元；而特别折扣价只要 500 美元就能买到，不过需要提前两星期预订，或者忍受星期六晚上在飞机上度过。类似的价格歧视在欧美国家的航空公司中十分普遍。显然，航空公司可从价格歧视中获得可观的利润。

这种价格歧视存在的原因之一是，商务旅客的需求价格弹性要小于假期旅行者的需求价格弹性。商务旅客经常必须尽快与客户或供应商见面，所以不论机票价格是多

---

① 参见〔美〕平狄克、鲁宾费尔特：《微观经济学》（第三版），张军等译，中国人民大学出版社 1997 年版，第 303 页。

少，只要在合理的范围内，他们都会购买。假期旅行者通常需要提前计划好，因此对行程的安排比较有弹性，而且对机票价格的细微差别也很敏感。所以，航空公司为实现利润最大化，尽可能对商务旅客制定高价，而对假期旅行者制定较低价格。显然，与假期旅行者相比，商务旅客预订或购买机票需耽搁一个周末夜晚的机票的可能性要小得多。

如果需求是可预测的，如假期旅行者预订机票，那么航空公司可以更好地安排设备和人员，能够降低成本。这种价格歧视不会带来什么损失。

不过，另外一个例子却说明航空公司进行价格歧视有时比较困难。美国西北航空公司引入一种长期折价售票法，区分商务旅客和休闲旅客，用来吸引那些往往等待飞机起飞前航空公司大幅降低票价的家庭和团队顾客。这种优惠票将在任何时候给一起旅行的两个或两个以上的乘客 20%—40% 的折扣。西北航空公司的经理们希望这一措施不仅可以刺激家庭旅行，而且可以避免商务旅客使用特价优惠票。因为绝大多数商务旅客都是独自一人出行，不可能利用该优惠。

《华尔街日报》认为上述推断在某些方面有些理想化，指出组成团队的商务旅客可以绕过限制而获得优惠，旅行社也可能将相同出发地互不相识的旅客组成团队。显然，确实有很多方法可以打消航空公司实行有效价格歧视的企图。

西北航空公司认识到问题所在，努力使混合购买行为变得困难：要求旅客一起登记其飞行安排，一起检票，遵照相同的飞行路线购买，以便确认给予团队折扣；同时，预订这类机票的旅客不仅不能退票，而且需要在飞机上度过一个星期六晚上，并要提前两周预订。如此严格的条件使得商务旅客很难获得这种优惠。但是，这些条件又会打击许多休闲旅客的积极性，而这些消费者恰恰是航空公司所要吸引的对象。很明显，单身的休闲旅客将被排除在外。

9.3.3 制药业的价格歧视

为了说明如何应用价格歧视，我们假设有一家以欧洲与中国为主要市场的中外合资药品制造商。由于受法律限制，药品不能在一地区购买，然后到另一地区销售。中国对药品的需求曲线是：

$$P_c = 10 - Q_c \tag{9.15}$$

其中，P_c 是药品在中国的价格（欧元/颗），为统一量纲，按人民币与欧元的汇率折算为欧元；Q_c 是药品在中国的销量（百万颗）。欧洲对药品的需求曲线是：

$$P_e = 20 - 1.5Q_e \tag{9.16}$$

其中，P_e 是药品在欧洲的价格（欧元/颗），Q_e 是药品在欧洲的销量（百万颗）。

生产全部药品的总成本是：

$$\text{TC} = 4 + 2(Q_c + Q_e) \tag{9.17}$$

企业从欧洲和中国所获总利润是：

$$\begin{aligned}\pi &= P_c Q_c + P_e Q_e - \text{TC} \\ &= (10 - Q_c)Q_c + (20 - 1.5Q_e)Q_e - [4 + 2(Q_c + Q_e)]\end{aligned}$$

$$= -4 + 8Q_c - Q_c^2 + 18Q_e - 1.5Q_e^2 \qquad (9.18)$$

为实现利润最大化，式（9.18）对 Q_c 和 Q_e 求导，并使其等于 0。

$$\partial \pi / \partial Q_c = 8 - 2Q_c = 0$$

$$\partial \pi / \partial Q_e = 18 - 3Q_e = 0$$

求解这两个等式，可得 Q_c 与 Q_e，即在中国销售 400 万颗药品，在欧洲销售 600 万颗药品。

将 $Q_c=4$ 和 $Q_e=6$ 分别代入式（9.15）和式（9.16），可得药品在中国和欧洲的最优价格，结果是：药品在中国的最优价格是每颗 6 欧元，在欧洲的最优价格是每颗 11 欧元。将 P_c 和 P_e 的值以及 Q_c 和 Q_e 的值代入式（9.18），可以得到企业利润：

$$\pi = -4 + 8 \times 4 - 4^2 + 18 \times 6 - 1.5 \times 6^2 = 66 \text{（即 6600 万欧元）}$$

如果采用前述作图法，其结果与计算法是完全一致的。那么，价格歧视给企业带来多少额外的利润？假设该企业不能实行价格歧视，P_c 等于 P_e，都等于 P，则式（9.15）变为 $Q_c=10-P$，式（9.16）变为 $Q_e=(20-P)/1.5$。所以，企业的总销量是：

$$Q = Q_c + Q_e = 10 - P + (20 - P)/1.5 = 23\tfrac{1}{3} - \tfrac{5}{3}P$$

$$P = 14 - 0.6Q \qquad (9.19)$$

因此，企业利润是：

$$\pi = PQ - TC$$

$$= (14 - 0.6Q)Q - (4 + 2Q) = -4 + 12Q - 0.6Q^2 \qquad (9.20)$$

等式两边对 Q 求导并使之为 0，求使利润最大化的 Q 值。

$$\mathrm{d}\pi/\mathrm{d}Q = 12 - 1.2Q = 0$$

解 $Q=10$。由此可知，如果企业不实行价格歧视，药品的总产量将是 1000 万颗。将 $Q=10$ 代入式（9.19）和式（9.20），可得：

$$P = 14 - 0.6 \times 10 = 8$$

$$\pi = -4 + 12 \times 10 - 0.6 \times 10^2 = 56 \text{（即 5600 万欧元）}$$

由此可见，如果企业不实行价格歧视，利润将是 5600 万欧元；而实行价格歧视时的利润为 6600 万欧元。

9.3.4 优惠券的价格歧视

正如前文所指出的，如果一家企业实行价格歧视，要能根据需求价格弹性将消费者明确分成几个细分市场。优惠券作为支付意愿的可靠信号常被用于此目的。虽然统计资料表明大约有 80%—90% 的成年人曾经使用过优惠券，但是所有的优惠券只有 2% 被使用，这说明人们对优惠券的使用非常有选择性。因此，优惠券只有在能对市场进行细分时才有价值。食品和日常生活用品这类消费品的生产者经常通过信件、作为报纸和杂志广告的一部分、附在产品包装外面或里面的方式分发优惠券。这些优惠券的持有者可以在购买商品时获得折扣。

对于营销者来说，应当注意的是，优惠券使用者对品牌的忠实程度要低于其他消费者。统计资料表明，优惠券使用者的需求价格弹性往往高于不使用优惠券者。比如，优惠券使用者对蛋糕的需求价格弹性约为 6.5，而不使用优惠券者的需求价格弹性只有约 4.3。通过分发优惠券，企业可以把消费者分成两类：不愿使用优惠券的人（一般约占全部消费者的 1/4）和愿意使用优惠券的人。其中，对价格较敏感的细分市场，为优惠券使用者；对价格较不敏感的细分市场，为不使用优惠券者。

案例 ▶ **IBM 和施乐的联系定价**

IBM 和施乐是采用联系定价的公司。当企业销售的一种产品（如复印机或计算机）在使用中需要消费另一种互补品（如纸张或计算机用纸）时，联系定价就产生了。消费者在购买企业出售的产品的同时，一般要按合同规定购买互补品。例如，使用施乐复印机的消费者要购买施乐生产的纸张，而租用 IBM 计算机的消费者不得不购买由 IBM 生产的计算机用纸。

企业为什么实行联系定价？原因之一是可实行价格歧视。将互补品的价格定得远高于其成本，这样企业从大量使用互补品的消费者身上实际所得要高于从很少使用互补品的消费者身上所得。例如，消费者 A 用施乐复印机每月复印文件 10000 份，而消费者 B 每月只复印文件 1000 份。施乐若想通过在复印机价格上做文章，从使用密度大的消费者 A 身上获得更多收入，是很困难的。但是，如果施乐将复印纸的销售和复印机的使用联系起来，就可以从消费者 A 那里获得比从消费者 B 那里更多的利润，因为它从复印纸上赚得了更多的利润。

实行联系定价不只是为了实行价格歧视，还有其他原因。有时，企业为了保证其产品的正常工作和维护其品牌，坚持要求消费者必须使用其生产的互补品。例如，某电子公司安装一种公共天线系统，要求购买者必须接受一份五年期的维修合同，以避免不正确的维护所导致的故障。

9.4 转移定价

以上各节都是假设企业把产品卖给其他企业。虽然事实一般就是如此，但是有些大企业很分散，其中的一个部门会把产品卖给另一个部门。例如，在福特汽车公司，发动机铸造部会把产品转移给汽车组装部，而汽车组装部又会把产品转移给汽车营销部。转移定价的原则是，售出产品部门对购买产品部门的要价应能使整个企业的利润实现最大化。

比如，宏达公司包括两个独立的部门：生产部门和营销部门。生产部门生产的初级化工产品在内部出售给营销部门。这种转移发生时所依据的价格被称为"转移价格"。营销部门把初级化工产品包装成最终产品，出售给消费者。在本节，我们假定公司以外没有这种化工产品的市场。在下一节，我们将放宽这个假定。

既然公司以外没有这种化工产品的市场，营销部门就只能完全依靠生产部门对这种产品的生产供应。如果这种产品的市场不存在，营销部门又不想要，那么生产部门生产的这种产品根本卖不出去。因此，由生产部门生产的这种初级化工产品的数量必须等于营销部门的销量。为简便起见，假定这一时期内生产的所有初级化工产品必须在当期卖掉，即没有存货。

图 9-7 给出了企业作为一个整体的最优产量和价格。企业在任何产量水平上的边际成本 MC，等于生产的边际成本 MC_P 与营销的边际成本 MC_M 之和。因此，企业通过选择使边际成本等于边际收益的产量 Q，以实现利润最大化。为销售此产品，最终产品的价格应确定为 P_M。

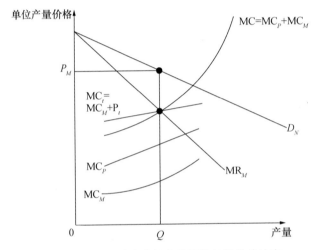

图 9-7　不考虑外在市场条件下的转移价格决定

了解了企业作为一个整体的最优产量和价格之后，转移价格应确定在何种水平上？换句话说，生产部门向营销部门出售这种初级化工产品应收多少钱？如果每个部门都要最大化本部门的利润，转移价格应等于 MC_P，也就是在最优产量 Q 下的边际生产成本。转移价格一旦确定，生产部门将面临一条对这种产品的水平的需求曲线，并且其边际收益将等于 P_t。为最大化利润，企业会选择边际成本 MC_P 等于 P_t 的产量水平。如图 9-7 所示，这一产量水平是 Q，也就是使整个企业利润最大化的产量。

如果转移价格是 P_t，那么营销部门的边际成本曲线是 MC_t，也就是营销部门的边际成本 MC_M 与转移价格 P_t 之和。要实现利润最大化，营销部门必须将购买量定为 Q，因为在此数量上边际成本 MC_t 等于边际收益 MR_M。为销售这部分产品，营销部门将价格定为 P_M。所以，营销部门像生产部门一样，为促进企业的整体利益而行事。营销部门确定的产量水平 Q 和价格水平 P_M 将最大化企业的整体利润。

9.4.1　完全竞争市场的转移定价

在许多案例中，从企业一个部门转移到另一个部门的产品往往是同时销售给其他企业的。如果宏达公司也是如此，那么生产部门和营销部门在数量水平上就不一定相等了。如果营销部门对这种初级化工产品的需求量大于生产部门的产量,那么它可以从外面的供应者那里购买。如果生产部门生产的数量大于营销部门的需求量,那么它可以把一些产品卖给外面的消费者。假定这种产品的市场是完全竞争的,那么就能容易地找到在此情形下企业确定转移价格的方法。

图 9-8 给出了企业作为一个整体的最优价格和产量。既然这种初级化工产品的市场是完全竞争的,那么生产部门所面临的是一条水平的需求曲线 Q_p,价格将是 P_t,也就是这种产品在外面市场的价格。为最大化利润,企业应生产使边际生产成本 MC_p 等于价格 P_t 的产量 Q_p。从这个意义上说,生产部门的行为就像一个完全竞争厂商。

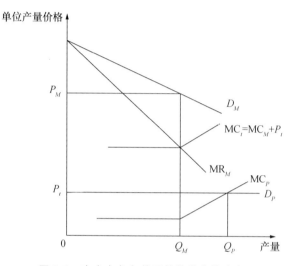

图 9-8 完全竞争条件下的转移价格决定

为最大化企业的整体利润,转移价格应等于 P_t,也就是这种化工产品在企业以外的完全竞争市场上的价格。既然生产部门在价格 P_t 下想卖给外面的消费者多少就能卖掉多少,那么它就没有以低于 P_t 的价格将产品卖给营销部门的动力。同样,既然营销部门在价格 P_t 下想从外面的供应者手中买多少产品就能买到多少,那么它就没有以高于 P_t 的价格从生产部门购买产品的动力。

不论是向谁购买,营销部门购买这种产品的价格肯定是 P_t,其边际成本曲线 MC_t 也就是营销的边际成本 MC_M 与产品的价格 P_t 之和。为最大化自己的利润,营销部门必须选择使边际成本 MC_t 等于边际收入 MR_M 的需求量 Q_M。既然营销部门的销量 Q_M 小于生产部门的产量 Q_p,那么此种情形下的最优解就是生产部门将其部分产量(明确地讲,就是 Q_p-Q_M)出售给外面的销售者。当然,Q_M 并不总是小于 Q_p,两者的大小取决于边际成本曲线的形状和位置,以及外面的完全竞争市场上这种产品的价格。

案例 ▶ A.O. 史密斯和福特的转移定价

许多企业的政策是：一个部门购买另一个部门产品的价格不能比其从外面的市场上购买同种产品的价格高。A.O. 史密斯公司规定，出售某产品的部门提供给买入部门的价格至少要与从任何可能的渠道获得的价格一样令人满意。如果由各种原料、劳动力、可变的管理费用和运输费用等组成的总成本超过了外面卖主的售价，或者在运送上存在问题，那么应该考虑外面的卖主。

有时候，因为产品出售部门想得到一个较高的价格，而产品买入部门想得到一个较低的价格，在部门之间产生什么是最优的转移价格的争论。在福特汽车公司，就有一个特殊的公司内部定价协调人，他是公司财政部门的成员，负责管理转移定价政策并调解纷争。

9.4.2 一个数字例子

为了说明企业管理者是如何估算最优产出率的，我们再次以宏达公司为例。但是，宏达公司的需求和成本条件不再是图 9-7 所给出的。现在假定宏达公司营销部门销售的最终产品的需求曲线是：

$$P_M = 100 - Q_M \tag{9.21}$$

其中，P_M 是最终产品的价格（元/吨），Q_M 是销量（百万吨/年）。剔除初级化工产品的成本，营销部门的总成本函数是：

$$TC_M = 200 + 10Q_M \tag{9.22}$$

其中，TC_M 是营销部门的总成本（百万元）。

宏达公司生产部门的总成本函数是：

$$TC_P = 10 + 2Q_P + 0.5Q_P^2 \tag{9.23}$$

其中，TC_P 是总生产成本（百万元），Q_P 是总产量（百万吨/年）。该产品的市场是完全竞争市场，假定价格是每吨 42 元。

在这些条件下，可以解出每个部门的最优产出率和初级化工产品最合适的转移价格。因为生产部门可以每吨 42 元的价格卖掉其想卖掉的所有产品，所以它的边际收益等于 42 元。既然边际成本是 TC_P，那么可解得：

$$MC_P = dTC_P/dQ_P = 2 + Q_P \tag{9.24}$$

令边际收益等于边际成本，可得使生产部门利润最大化的产量：

$$42 = 2 + Q_P$$

$$Q_P = 40$$

因此，生产部门每年应生产 4000 万吨产品。

初级化工产品的转移价格应等于外面的完全竞争市场中的价格。既然市场价格是每吨 42 元，那么转移价格应与之相同。营销部门的边际成本 MC_t 等于其边际营销成本 MC_M 与转移价格 P_t 之和：

$$\mathrm{MC}_t = \mathrm{MC}_M + P_t$$

因为 P_t 为 42 元，并且边际营销成本等于式（9.22）中 TC_M 对 Q_M 的一阶导数，所以可得：

$$\mathrm{MC}_t = \mathrm{dTC}_M/\mathrm{dQ}_M + 42 = 10 + 42 = 52 \qquad (9.25)$$

当边际成本等于边际收益时，营销部门实现利润最大化。营销部门的总收益是：

$$\mathrm{TR}_M = P_M Q_M = (100 - Q_M) \times Q_M$$

以总收益对 Q_M 取一阶导数，可得边际收益：

$$\mathrm{MR}_M = \mathrm{dTR}_M/\mathrm{dQ}_M = 100 - 2Q_M$$

令边际收益与式（9.25）中的边际成本相等，可得：

$$100 - 2Q_M = 52$$
$$Q_M = 24$$

因此，营销部门每年的销量应是 2400 万吨。

综上所述，宏达公司生产部门每年应生产 4000 万吨初级化工产品。其中，1600 万吨以市场价格即每吨 42 元出售给外面的购买者；2400 万吨转移给营销部门，转移价格与市场价格相同。

案例　有关定价公式的争论

根据加成定价法，即一种将平均成本（ATC）加上其一定比例的定价方法，$P = \mathrm{ATC} \times (1+\text{加成})$。也就是说，价格 = 成本 × (1 + 加成)。根据价格歧视，即对于同样的商品与服务，对不同的顾客收不同的价格，可得：

$$MC = P(1 - 1/\eta)$$
$$P = MC \times \eta / (\eta - 1)$$

一家石油化工公司包括两个部门，一个生产销售天然气产品，另一个生产有关的石化产品。前者拥有 10 家工厂，其中包括从天然气流中提取出液化天然气的提炼厂和把液化天然气流分离成特殊液化天然气的分离厂。后者包括一系列化工厂，它们所使用的乙烷大约一半是从前者处购买的。

天然气生产部门向化工产品部门收取的价格是由一个公式决定的。根据此公式，天然气生产部门可获得 12% 的投资回报率。此公式是由两个部门的前领导协商形成的，但是天然气生产部门的现领导认为此公式应该予以修正，因为可以将产品卖给企业外的购买者而获得更多回报（由公式所得的价格要低于现在乙烷的市场价格）。另外，化工产品部门的现领导指出，天然气生产部门生产乙烷的设备是为化工产品部门提供乙烷而建立的。

如果你是这家公司的顾问，你会支持天然气生产部门的现领导的建议吗？为什么？

本章小结

1. 如果市场中存在相互依赖性，估计产品的需求状况是十分困难的，甚至是不可能的。此时，MR＝MC 法则将会无用武之地。企业家们将采用其他一些定价方法。实证研究表明，加成定价法为许多企业所采用。加成定价法要求企业估算每单位产品产量的价格（以某种假设的产量水平为基础，如最大生产能力的某个百分比），在此基础上加成，构成产品的价格。此加成包括不能分配到任何特定产品上去的成本以及企业进行投资应得的回报。该方法存在两个问题：(1) 需明确采用何种产出水平衡量 ATC 是合适的；(2) 无法确定合适的加成率。但是，如果企业的平均成本是不变的且等于边际成本，而且加成的大小是由产品的需求价格弹性所决定的（以正确的方法），那么加成定价法就能使企业实现利润最大化。

2. 企业一般不止生产和销售一种产品，了解产品的需求之间的关系是很重要的。同时，企业的产品在生产中是相互联系的。如果企业以固定比例生产两种产品的组合，那么利润最大化的产量就位于总边际收益曲线——单个产品边际收益曲线的垂直相加——与这个产品组合的边际成本的交点上（假定每种产品的边际收益都是非负的）。

3. 如果两种产品是以可变的比例组合生产的，那么可以建立等成本曲线，每一条曲线代表在同一成本下的各种产量组合；也可以建立等收益线，每一条线代表能带来相同收入的产量组合。最优产量组合必须位于等收益线与等成本曲线的切点上。确定哪种产量是最优的，需要比较位于切点上的利润水平。利润最高的切点就是最优产量组合。

4. 当同一种产品以不止一种价格出售时，或者相似的产品出售的价格不足以反映边际成本的不同比率时，价格歧视就发生了。价格歧视是企业攫取消费者剩余的常用手段。一般认为，实行价格歧视需要具备三个条件：(1) 企业必须拥有一定的市场垄断力量，是一个价格制定者；(2) 实行价格歧视的企业必须能够防止购买者之间转卖行为的发生，即防止转售；(3) 不同购买者（购买量）的需求价格弹性不同。如果企业能够依据消费者不同的需求价格弹性划分市场，而且能够分离市场以阻止高价市场的购买者到低价市场采购，那么一家企业能够并愿意实行差别定价。如果一个完整的市场被分割成不同细分市场，那么实行差别定价的企业可以通过选择使每个细分市场的边际收益等于边际成本的方法实现利润最大化。

5. 许多分散化的大企业的一个部门会把它的产品卖给同一企业的另一个部门。为了最大化整个企业的利润，正确制定转让时的价格是很重要的。如果企业之外不存在转让产品的市场，那么转让价格就应该等于在最优产量上的边际生产成本。如果企业之外存在一个转让产品的完全竞争市场，那么转让价格应该等于此市场产品的价格。

习题

1. 康达公司生产两种产品 X 和 Y 的组合，与总成本 50 万元相对应的等成本曲线是：

$$Q_Y = 1000 - 10Q_X - 5Q_X^2$$

其中，Q_Y 是产品 Y 的数量，Q_X 是产品 X 的产量。产品 X 的价格是产品 Y 的 50 倍。

（1）如果最优产量组合在此等成本曲线上，那么产品 X 的最优产量是多少？

（2）产品 Y 的最优产量是多少？

（3）你能肯定最优产量组合在此等成本曲线上吗？

2. 威海的威瑞公司生产一种医疗机械，在日本、欧洲和美国销售。运输成本在总成本中的比例可忽略不计。此种产品的需求价格弹性分别是：在日本为 4.0，在美国为 2.0，在欧洲为 1.33。受法律限制，产品一旦卖给某地区的消费者，就不能再转让给另一地区的消费者。

（1）公司的副总经理建议，该医疗器械的价格在日本应为 1000 美元，在美国应为 2000 美元，在欧洲应为 3000 美元。他的建议合理吗？

（2）在公司采纳副总经理的建议一个销售季度后，营销经理向董事会提交报告指出，该医疗器械在美国的销量比预期的要低。请评价一下营销经理的报告。

（3）经过激烈争论，美国市场的销售经理们同意将价格降为 1500 美元。这是一个明智的决定吗？为什么？

（4）能否肯定公司实现了利润最大化？为什么？

3. 福瑞公司估计其产量为 1 万单位时，总的市场成本是每单位产量 10 元。此时，公司的生产能力发挥了 80%。公司的目标是投资利润率达 20%，投资额为 25 万元。

（1）如果公司采用加成定价法，价格将是多少？

（2）在此价格下，公司能卖掉 1 万单位产量吗？

（3）反对这一价格政策的观点的依据是什么？

4. 古力特公司由一个营销部门和一个生产部门组成。生产 1 单位产品的边际成本是 10 元，而销售的边际成本是每单位 4 元。公司产品的需求曲线是：

$$P = 100 - 0.01Q$$

其中，P 是每单位产品价格（元），Q 是产量。由生产部门生产的这种产品在外面没有市场。

（1）公司的最优产量是多少？

（2）产品定价应是多少？

（3）生产部门向营销部门收取的价格应是多少？

5. 永安公司是一家生产滚珠轴承的企业，在两个不同的市场上销售产品，并且这两个市场之间是完全封闭的。在第一个市场上，该公司产品的需求曲线是：$P_1 =$

$18-2Q_1$，其中 P_1 是产品价格，Q_1 是销量。在第二个市场上，该公司产品的需求曲线是：$P_2=12-Q_2$，其中 P_2 是产品价格，Q_2 是销量。公司的总成本曲线是：$5+2Q$，其中 Q 是总产量。

(1) 公司在每个市场上各应销售多少单位的产品？

(2) 产品在每个市场上的价格各是多少？

6. 威腾公司生产一种边际成本为 120 元的网球拍。此种网球拍存在许多替代品，需求价格弹性大约为 2。在一定的产量范围内，平均可变成本与边际成本十分接近。

(1) 公司经理认为加成定价法对公司来说是适用的，因此他在平均可变成本的基础上加成 100% 以确定价格。请评价他的定价策略。

(2) 因为竞争加剧，网球拍的需求价格弹性上升至 3。公司经理继续采用与以前相同的成本加成公式。请评价他的定价策略。

7. 达文化学公司生产两种产品 X 和 Y。公司每生产 1 单位产品 X，就会生产 2 单位产品 Y。公司的总成本函数是：

$$TC = 500 + 3Q + 9Q^2$$

其中，Q 是生产的单位数量（每单位包括 1 单位产品 X 和 2 单位产品 Y），TC 是总成本（元）。

公司两种产品的需求曲线分别是：

$$P_X = 400 - Q_X$$
$$P_Y = 300 - 3Q_Y$$

其中，P_X 和 Q_X 是产品 X 的价格和产量，P_Y 和 Q_Y 是产品 Y 的价格和产量。

(1) 在每个时期内，两种产品的产量各是多少？

(2) 两种产品的价格各是多少？

8. 古力特公司包括一个营销部门和一个生产部门，其中营销部门负责包装和销售生产部门生产的初级塑料制品。由营销部门销售的最终产品的需求曲线是：

$$P_0 = 200 - 3Q_0$$

其中，P_0 是最终产品的价格（元/吨），Q_0 是销售量（千吨）。

剔除这种初级塑料制品的生产成本，营销部门的总成本函数是：

$$TC_0 = 100 + 15Q_0$$

其中，TC_0 是营销部门的总成本（千元）。

生产部门的总成本函数是：

$$TC_1 = 5 + 3Q_1 + 0.4Q_1^2$$

其中，TC_1 是总生产成本（千元），Q_1 是这种初级塑料制品的总产量（千吨）。

外面存在这种初级塑料制品的完全竞争市场，价格是每吨 20 元。

(1) 生产部门的最优产量是多少？

(2) 营销部门的最优销量是多少？

(3) 这种产品的最优转让价格是多少？

(4) 营销部门应以什么价格出售这种产品？

9. 安源运输公司承运煤炭和制成品。煤炭生产者对其服务的需求曲线是：
$$P_C = 495 - 5Q_C$$
其中，P_C 是煤炭每吨公里的承运价（元），Q_C 是承运煤炭的吨公里数（千）。

制成品生产者对其服务的需求曲线是：
$$P_M = 750 - 10Q_M$$
其中，P_M 是每吨公里的制成品的价格（元），Q_M 是承运制成品的吨公里数（千）。

公司的总成本函数是：
$$TC = 410 + 8 \times (Q_C + Q_M)$$
其中，TC 是总成本（千元）。

(1) 公司承运煤炭的价格应为多少？

(2) 公司承运制成品的价格应为多少？

(3) 如果主管部门要求公司对承运煤炭和制成品制定同样的价格，那么公司的利润会减少吗？如果会，减少多少？

10. 大林公司生产一种应用于化学实验室的科学仪器，销售价格是按照平均可变成本的 180% 制定的。公司的营销经理接到一家大化学公司打来的电话，对方想以每台 50000 元的价格购买 6 台仪器。为了满足对方的需要，大林公司必须在其后的 3 个月里生产这 6 台仪器。但是，这也意味着大林公司由于生产能力的限制而失去了 4 台仪器的订单。如果得到 4 台仪器的订单，这些订单将以每台 72000 元的正常价格成交。

(1) 公司是否应接受大化学公司的订单？为什么？

(2) 公司要求大化学公司支付的最低价应是多少？

(3) 对于公司是保持还是抛弃加成定价法，你有何建议？

第四篇

网络平台

第 10 章

网 络 经 济

为动态监测我国经济发展新动能变动情况,2019 年 7 月底,国家统计局统计科学研究所测算了 2015—2018 年,我国经济发展新动能指数。据测算,2015—2018 年,我国经济发展新动能指数分别为 123.5、156.7、210.1 和 270.3,分别比上年增长 23.5%、26.9%、34.1% 和 28.7%,持续保持较快增长势头。

我国经济发展新动能指数包括经济活力、网络经济、创新驱动、转型升级、知识能力五个分类指数。2018 年,五个分类指数均实现了不同程度的提高。其中,网络经济指数增长势头最为强劲,数值量化为 605.4,比上年增长 67.2%,对总指数增长的贡献率为 80.8%,是五大分类指数中贡献率最高的。

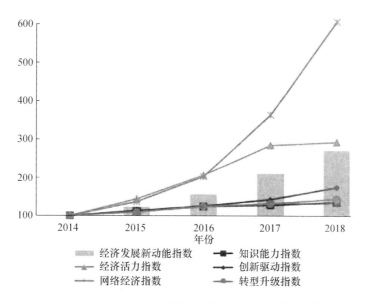

图 10-1 2015—2018 年经济发展新动能指数及分类指数
资料来源:《国家统计局统计科学研究所所长闾海琪解读 2018 年我国经济发展新动能指数》,http://www.stats.gov.cn/tjsj/sjjd/201907/t20190731_1683091.html,2019 年 10 月 28 日访问。

以网络经济为代表的数字经济建设持续发力,成为发展壮大新动能的重要力量。从主要构成指标来看,截至 2018 年年底,我国移动互联网用户数达到 14 亿户,比上年增长 9.9%;移动互联网接入流量高达 711.1 亿 GB,比上年增长 1.9 倍。2018 年,我国电子商务平台交易额达到 31.6 万亿元，比上年增长 8.5%；全国网购替代率为 80.4%，比上年提高 0.3 个百分点。

我们生活的周围正弥漫着网络经济的气息。网络经济从不同的方面向历史"宣战"，如信息传播方式的改变，人们交往、生活、办公、娱乐和消费方式的改变，人们接受教育和进行科研活动方式的改变等。网络经济几乎已经渗透到我们生活的各个方面，可谓"无处不在"。

10.1 网络经济概述

21 世纪，人类社会进入一个计算机信息网络时代。计算机信息网络作为一种新的社会生产力，引发了社会经济的一系列重大变革，从而导致整个社会经济关系的改变，一种新的经济形态由此逐渐展现端倪。这一新的经济形态形成的物质基础是计算机信息网络，而社会基础是依托计算机信息网络所形成的经济网络。因此，我们将这种新的经济形态称为"网络经济"。网络经济的出现导致经济运行中的一些规律和法则发生改变，对这些新的规律和法则进行研究，产生了经济学的一个新的分支——网络经济学。网络经济学处于现代经济学的理论前沿，是对现代经济学的进一步丰富和发展，并正在成为现代经济学的一个重要组成部分。

10.1.1 网络经济的发展历程[①]

20 世纪 90 年代以来，我国的互联网技术不断普及，网络经济依托互联网平台表现出强大的发展潜力，电子商务、网络游戏、网络购物等网络新经济悄无声息地走进我们的生活，影响并改变着整个社会经济发展的现状和方向。我国的网络经济涉及的面较广，主要有：

（1）网络广告市场。网络广告是互联网产业举足轻重的一部分，与传统广告相比，它具有很多方面的优势。影响范围广、信息量大、持续时间久等优点注定了互联网广告在未来将会有更广阔的发展空间。2018 年，我国网络广告市场规模达到 4843.1 亿元，较上年同比增长 21.52%。从单个季度看，第四季度的规模最高，为 1493.2 亿元。2019 年上半年，我国网络广告市场规模达到 2592.1 亿元，增速呈上升趋势。

（2）网络游戏市场。目前，我国的网络游戏开发和运用市场得到了快速发展。以网络游戏为先导，其他众多相关产业也得到了很好的发展。网络游戏市场成为当下网络交易的主要消费对象，众多网络游戏公司如雨后春笋般涌现。近年来，网络游戏行业不断优化资源配置，产业链逐渐完善，成为推动我国信息产业蓬勃发展的重要动力，并成为我国文化创意产业的重要组成部分。同时，网络游戏行业的蓬勃发展有力地促进了产业链上下游企业的发展。相关数据显示，2008 年，我国游戏产业的实际销售收入还仅为 185.6 亿元；到 2018 年，已高达 2144.4 亿元。

[①] 参见石明杰：《浅析中国网络经济发展概况》，载《新经济》2016 年第 12 期。

（3）电子商务市场。电子商务依托互联网新技术，摆脱了传统商务形式中时间和空间的约束，从而大大提高了资金的周转速度，也扩展了商务交易的范围和空间。电子商务逐步扩展到世界各国的各个领域，大大减少了时间成本，提升了经济效益。自2016年开始，电子商务在我国从超高速增长期进入相对稳定的发展期。相关数据显示，2018年，全国电子商务交易额达31.63万亿元，同比增长8.5%。2019年上半年，我国实物商品网上零售额同比增长高达21.6%，电子商务持续发力。同时，电子商务在壮大数字经济、共建"一带一路"、助力乡村振兴、带动创新创业等方面均发挥了积极作用。

（4）网络购物市场。自2014年以来，我国网上消费一直以较快速度增长，网络购物零售额逐年增长。网络购物零售额占社会消费品零售总额的比重逐年上涨，从2014年的10.6%上涨至2018年的23.63%。2018年，全国网上零售额突破9万亿元，其中实物商品网上零售额约7万亿元，同比增长25.4%；对社会消费品零售总额增长的贡献率达45.2%，较上年提升7.3个百分点。在规模增长的同时，新旧动能转换进一步加快，线上线下融合、业态模式创新、质量服务提升等新动能加速形成。互联网购物平台的产生和发展，是我国消费领域的一场革命，越来越多的人喜欢网络购物，其方便、快捷的优势备受广大消费者青睐。但是，网络购物在发展过程中也存在一系列的问题，如网络诈骗、相关的物流产业发展滞后以及次品充斥市场等。不容否认，网络购物作为一种新兴的消费模式，表现出强大的生命力和影响力。在日后的发展中，网络购物势必会进一步查漏补缺，越来越好。

（5）移动互联网。截至2018年12月，我国手机网民规模约为8.17亿人，占网民总人数的98.6%。同期，我国市场上监测到的移动应用程序（APP）在架数量约为449万款。共享经济模式的迅速崛起与移动互联网的快速发展和普及是密切相关的。2018年，我国互联网共享经济的市场规模超7万亿元，参与人数超7.6亿，其中作为服务提供者的约有7500万人。在世界范围内，基于移动互联网的共享经济已在短期内催生了一大批"巨无霸"式互联网企业。这些企业在规模上已超越或正在接近它们在传统领域经营多年的竞争者。目前，我国的共享经济创新方兴未艾，如共享单车已成为道路上的一道新风景。

10.1.2 网络经济的概念

网络经济，就是与网络相关联的经济。从词义学的角度解释，网络是指纵横交错的组织或系统。当一个组织或系统的内部各部分相互连接，具有一种纵横交错的结构时，我们就称之为"网络"。在现代社会中，网络通常特指以国际互联网——Internet为代表的计算机网络。计算机网络是将分布在不同地理位置上具有独立功能的计算机、终端及其附属设备，依靠通信手段连接起来，以实现资源共享的系统。它是一种集现代通信技术、计算机技术、信息技术和网络技术于一体的综合技术。就计算机网络本身而言，它是一种新技术，是人类历史上又一次重大的技术革命。就其实质而言，它又是一种新生产力。计算机网络的出现，标志着一种以人的智力为核心的新生产力的形成。在历史上，以机械、电力为代表的新生产力取代以人力、畜力为代表的旧生产力时，曾经推动了农业社会向工业社会的转变，而以智力为核心的网络生产力的形成也必将引发社会经济的进一步变革，导致一种新的经济形态——网络经济的产生。由此可见，计算机网络以及与之相关的各种技术是网络经济赖以存在的物质基础。

为了更准确地表达网络的内涵，经济学研究更倾向于采用以下定义：网络是实体被模式化为图论中的节和链。换句话说，网络是一种由节和链组成的拓扑关系结构。在这里，不管节和链具体为何物，是计算机、组织还是单个的人，当二者相互作用而形成某种特定的经济联系并成为一个系统时，我们就可以将其视为组成了一个经济学意义上的网络。这里所说的"特定的经济联系"，是指在网络中各经济主体之间具有某种相互依赖、相互补充的关系，用经济学的术语来表述，即相互之间具有正的外部性。在网络中，每一个经济主体都对其他主体产生价值，同时自己的价值又需要依赖其他主体的存在而实现。只有当所有的经济主体都形成这样一种关系时，由此构成的网络才是真正意义上的经济网络。

案例 阿里巴巴成功的秘诀[1]

在2007年9月的第四届中国网商大会上，时任阿里巴巴集团董事长马云和台湾鸿海集团董事长郭台铭进行了一场关于网络经济时代下"蚂蚁"与"大象"的精彩对话，从中我们不难发现网络经济下阿里巴巴成功的秘诀。如果把中小企业比作"蚂蚁"，把传统大企业比作"大象"，那么阿里巴巴的发展之所以专注中小企业，用马云自己的话来说，是因为这些"蚂蚁"最需要帮助，最具有团队意识。"今后是谁越灵活越成功，而不是谁规模越大越成功"，所以马云希望世界上有更多的"蚂蚁"超过"大象"。

阿里巴巴B2B企业间电子商务平台是全球最大的网上贸易市场，注册用户超过1900万，网上商品数超过4000万，连续多年被《福布斯》杂志评为全球最佳B2B网站，在Alexa.com的"国际商贸"和"进出口"分类中均排名第一。目前，阿里巴巴集团旗下有多个子公司，如淘宝网、支付宝等。阿里巴巴在复杂多变的经济社会中准确定位自己，凭借稳定的经营模式，找到了属于自己的一片天空，如今已经发展成为全球领先的网上贸易市场和商人社区。依托于自身的独特优势，阿里巴巴告别了单一的网络营销模式，率先对网络营销资源进行了有效重组，引领了一站式网络营销整合时代的到来。马云甚至预言："各种电子商务形态在未来都将融合，结合在一个大平台上运行，连通B2B和C2C平台之后，一种全新的B2B2C网络交易模式将会产生。"

---

[1] 参见夏杰、杨尚勤：《阿里巴巴：网络经济下中小企业共发展》，载《经济导刊》2008年第3期。

在发展过程中，对会员制收费模式和支付、物流环节收费这两大盈利模式的把握决定着阿里巴巴创业成功和保持持续增长的可能性。阿里巴巴的会员分为两种，一种是"中国供应商"，一种是"诚信通会员"。"中国供应商"的服务主要面向出口型企业，依托网上贸易社区，向国际上通过电子商务进行采购的客商推荐中国的出口供应商，从而帮助这些出口供应商获得国际订单。"诚信通"更多针对的是国内贸易，通过向会员出示第三方对其的评估，以及在阿里巴巴的交易诚信记录，帮助会员获得采购方的信任。在支付、物流环节收费这一模式上，支付宝是阿里巴巴旗下的支付宝公司针对网上交易推出的安全付款服务。支付宝作为信用中介，在买家确认收到商品前，替买卖双方暂时保管货款。

阿里巴巴借助互联网创立了自己独特的经营模式，不仅向全球买家展示中国企业，而且向中国企业提供国际买家。阿里巴巴除掌握了大部分国内企业的信息外，还掌握了上千万家海外商户的信息，能够帮助国内企业实实在在地发展对外出口贸易。"中国供应商"为企业提供独立的账号和密码，建立英文网站，让全球两百多个国家专业买家在线浏览企业，为企业创造了巨大的商机。阿里巴巴还积极并购雅虎，推出了一种可以延伸发展的电子商务搜索系统。电子商务搜索系统可以将电子商务所涉及的产品信息、企业信息以及物流和支付等有关信息串联起来，逐步形成一种电子商务信息的标准。阿里巴巴形成了以雅虎为平台、以大型网络购物平台淘宝网为依托的交易信息搜索系统，为来自全球的商人提供更广阔的交流空间和交易平台。

10.2 网络经济的特征

网络经济是在经济全球化、信息网络化、资本自由化的大背景下产生的，不同于一般意义上的经济，其主要特征表现如下：

第一，以信息和知识为主导。网络经济是以信息和知识等非物质资源为主要资源，并在各种资源中占主导地位的经济；而传统经济则是以土地、劳动、资本等物质资源为主要资源，并在各种资源中占主导地位的经济。这是网络经济与传统经济相区别的根本所在。占主导地位的资源类型的改变，改变了经济的性质和发展模式，从而导致经济形态的改变和网络经济的产生。在传统经济的各种生产要素中，物质资源占有绝对的比重，并对经济增长起决定性作用；而在网络经济中，物质资源则退居次要位置，起主导作用的是信息和知识等非物质资源。在网络经济的社会产品中，包含更多的信息和知识，它们的应用对财富的生产和经济的增长起决定性作用。这虽然只是一个量的变化，但是由量变导致质变，从而引发社会经济性质和经济形态的改变。

第二，开放性。在信息时代，全球逐渐成为一个整体，崭新的网络文化开始形成。网络的开放性不仅在于任何一个终端都与全球相连，网络四通八达，更重要的还在于其透明性，打破了传统的"金字塔"式的管理结构，提高了人们的社会自治能力，还进一步冲淡了空间距离造成的"地域聚居群体"观念，促进了全球文化的形成，从根本上改变了人类的生存状态和经济活动方式。

第三，边际效用递增。不同于传统经济中的边际效用递减规律，在网络经济中，出现了边际效用递增规律。所谓边际效用递增规律，是指随着对某种商品消费量的增加，消费者从该商品连续增加的每一消费单位中得到的效用增量即边际效用是递增的。通俗地说，某种商品的消费者越多，新增加的消费者从中获得的效用就越大。

第四，正反馈起主要作用。网络经济学向传统经济学发出的另一个挑战是，在网络经济学中，正反馈（市场反均衡）起主要作用，打破了传统经济学所崇尚的市场均衡理论。正反馈，即强者越强，弱者越弱。正如一个人对着麦克风讲话，通过反复放大，稍大一点的声音会变得震耳欲聋，起到加强的作用。

第五，打破临界规模。2005 年 YouTube 刚成立时，市场上还存在着四十多家视频网站。如今，其中大部分都倒闭了。更常见的情况是，大多数平台还未达到临界规模就已经失败了。平台的增长受到网络效应的驱动，同时还面临着临界规模的问题。临界规模的问题类似于交易所的流动性问题，只有那些拥有足够流动性的交易所才能在竞争中生存下去。平台在创建初期想方设法吸引客户参与，以保证平台能够运行。YouTube 是一个成功解决临界规模问题的案例。视频网站必须先吸引足够多的人上传足够多的视频，这样才能吸引更多的人观看视频，而大量的观众又会刺激更多的人上传视频。这就是 YouTube 平台蓬勃发展的原因。适者生存，如 Hulu 和 YouTube；反之，则像 Revver（另一个视频分享网站）那样被市场淘汰。临界规模就如同一堵无形的墙，一旦网络企业家们能使新平台冲破这堵墙，新平台就能存活。在双边理论中，排他性协议是"先有鸡还是先有蛋"问题的解决方法，反之亦然。如果在位平台企业想要防止新竞争对手的兴起，只要限制其达到临界容量即可，这样后者就无法拥有独家客户群体。

第六，跨界与演变。在网络上，有很多跨界演变的案例。这意味着，通过对现有服务的整合，开发出新的服务。Square 就是这样一个例子，它是由 Twitter 的创始人之一杰克·多尔西创建的一个新支付系统。它的软件应用程序可以被安装在 iPhone 上。商户可以在自己的 iPhone 上添加一个正方形的图标，然后就可以接受刷卡消费（当然是在签订协议后）。消费者输入自己的卡号，然后再输入自己的电子邮件，就可以加入此支付系统。这种新型平台的出现提供了另一种支付方式。这样，网络产业就可能以意想不到而又相对容易的方式迅速变化。例如，LinkedIn 是一个职位公告板和招聘工具，它通过帮助用人单位招聘、推销工作职位等方式实现盈利。跨界与演变对市场界定和市场支配力的分析至关重要。例如，TomTom 曾是手持导航设备的首席供应商，它还收购了导航地图的主要供应商 TeleAtlas。当谷歌把安卓手机和谷歌地图组合在一起的时候，彻底扰乱了手持导航市场。安卓手机可以变成一个强大的导航工具，人们可以在车里使用，而且几乎没有什么成本。在安卓手机推出该导航程序后，TomTom 和 Garmin 公司（另一个导航设备制造商）的股票价格一落千丈。

案例 微博的发展历程[①]

在我国，微博的发展可以分为三个阶段：

第一阶段（引入期）：极客（geek）型（2007—2008年），以"海内""饭否""叽歪""做啥"为代表。微博主以极客为主，大部分都是IT人，也有如媒体等少量其他行业精英。此时的微博追求和手机、即时通信（instant messaging，IM）的互通，只有"叽歪"在市场方面作了较多探索。不过，这一阶段的微博因种种原因，最终绝大多数没有生存下来。

第二阶段（探索期）：试探型（2009年），以"嘀咕""Follow5"为代表的企业进一步深化和探索微博应用，虽然有了很多新花样，但是仍未走出困局，纷纷开始转型。

第三阶段（成长期）：门户型（2009年下半年到2010年），以各门户网站、大型网站为主要代表，新浪微博、腾讯微博是其中的佼佼者。在此阶段，微博突出媒体和社交特性，将人群扩大到更大范围，让微博走向了普及阶段。

2009年8月，新浪推出微博产品。新浪在内测期间，邀请了很多明星和业界"领袖"使用微博。由于"名人效应"的带动作用，普通大众纷纷注册新浪微博。媒体也纷纷开始进行报道，明星话题尤其引人注目，之后突然间成为热门话题。

随后，搜狐、网易、人民网等门户网站都推出了微博服务，腾讯也正式推出了腾讯微博。一时间，微博成了各大门户网站的"标配"服务。

2013年4月29日，新浪微博宣布与阿里巴巴牵手成功并签署了战略合作协议：阿里巴巴以5.86亿美元的价格购入新浪微博18%的股份，双方将在用户账户互通、数据交换、在线支付、网络营销等领域进行深入合作。随后，新浪微博有了很多明显的变化，微博页面放置了淘宝商家的热卖产品广告，而且是根据淘宝的搜索内容向用户推荐他们想要的商品。

2014年，继腾讯撤销微博事业部之后，网易微博也跟用户说再见，搜狐微博坚持了一段时间后也处于停滞状态。此时，新浪微博却表现出色。2014年4月17日晚，新浪微博（Nasdaq：WB）正式登陆美国纳斯达克股票交易所，市值超过40亿美元。据新浪微博财报显示，截至2018年第四季度，微博月活跃用户4.62亿，连续三年增长7000万+；微博垂直领域数量扩大至60个，月阅读量过百亿的领域达32个。

微博的发展可谓当下社交网络平台的动态经济过程的一个样本。微博行业的浮沉体现了正反馈机制作用下的"强者越强，弱者越弱"。网易微博、搜狐微博等在市场的激烈竞争下退场，新浪微博迅速发展，并与阿里巴巴跨界联合，逐步发展成

[①] 参见秋叶、萧秋水、刘勇编著：《微博营销与运营》，人民邮电出版社2017年版。

如今一家独大的局面。新浪微博持续推进社交赋能，强化社交资产，不断巩固其中国最具影响力的社交媒体平台地位。近年来，新浪微博坚持拓展平台内容与完善传播形态，不断完善全媒体化内容布局，优化内容品质和用户体验，深耕垂直领域，满足了用户的多元化诉求，强化了平台的网络效应。

10.3 网络经济原理

许多基于网络兴起的重要业务就是经济学家所说的"多边平台"。多边平台为两组或多组相互依赖且都依赖平台进行交易的客户群体提供产品和服务。它往往通过降低交易成本以实现增值交易。

简单来说，在交易成本和其他障碍存在且不变时，额外的价值往往伴随各边客户的聚集而产生。例如，eBay的出现就大幅降低了二手商品买卖双方的交易成本。各类多边平台通常在某种程度上分别体现着三个相互关联的核心功能：第一，它们充当媒介，方便了各边客户间的搜寻匹配，从而促进了交易。平台可以是为了交友（如Tinder），也可以是为了交易（如eBay）。第二，它们培育社区或客户群体，这会使各边客户找到合适匹配对象的可能性增加。例如，Facebook的价值部分体现于，人们使用它，找到想遇到的人的概率更大。另外，广告商也可借此接触到大量的受众，平台的价值会随客户群体的增加而增加。第三，它们共享资源，减少了为各边客户提供服务的成本。

多边平台的一个主要特点是间接网络效应的存在。这意味着，多边平台对一边客户的价值将随着另一边客户数量的增加而增加。消费者在网上购物时，如果搜索引擎提供的广告与消费者的搜索相关度高，那么该搜索引擎对消费者就更有价值。同时，如果商家能接触到更多的潜在消费者，那么该搜索引擎上的广告就更有价值。网络经济活动不是抽象的，而是具体的，并且具有全球化扩张的特征。网络经济理论作为对网络经济活动的理论抽象，是以网络经济活动中最具普遍意义的范畴和具体问题作为研究对象的。

网络系统内在的根本特性在于它的自组织特性，自组织使得网络内部元素即使在没有外部力量驱动的条件下也能协调运作。在空间、时间或功能上实现一种联合行动网络的自组织反映了网络内部具有自我调节、自我繁衍与自我复制的功能。当然，一旦外部力量作用于网络自组织，就会使复杂无序的结构发生演化与分化，并与系统内部要素形成反馈机制，从而推动网络自组织由无序向有序演进。网络的自组织特性必然使其具有开放性和融合性。网络由时间、空间、动态三维坐标构成，动态性使网络不受时空限制而演化，吸纳新的元素，成为一个耗散结构和开放的系统。开放的网络相互连接时就会产生网络间的融合现象，"智慧地球"的形成关键就在于网络之间的融合性特征。传统经济与信息经济的对接也基于网络的开放性、渗透性与融合性。

网络之间的连接不仅是经济上的连接，还要以技术网络为基础，并借助社会网络的连接，从而使微观主体先连接成一个小网络，小网络之间的连接再形成集群或簇群，若干个集群又连接成社区，由区域到地方，再由地方到全国，最后由全国到全球。就这样，微观主体通过网络的连接方式逐步演化，最终形成宏观经济社会网络。

追求共同经济利益成为网络演化出网络经济的动力。在网络演化的过程中，网络增长速度越快，网络内部元素越多，网络规模就越大，收益自然会增多。在作用于经济社会的过程中，网络的多重属性相互交叠并相互作用。建立在技术网络基础之上的经济网络在信息技术推动下不断演化、扩张，并镶嵌于社会网络之中，而非独立于社会架构之外。网络经济是当代市场经济的形态之一，二者不能画等号。网络经济相当于当代市场经济大圆圈里的一个小圆圈。市场经济之中被网络化的那部分经济，即建立在技术网络基础之上而形成的网络化、信息化的经济才是网络经济。网络经济作为一种先进的生产方式，必将逐步改造、重塑、整合和渗透于传统的市场经济，以信息化、网络化推动其向网络经济转变和升级。

案例 "蚂蚁" VS. "大象"[①]

在网络经济时代，企业结构由传统的"金字塔"式逐渐走向扁平化，中小企业这些"蚂蚁"能够与传统的大企业即"大象"分庭抗礼。

中小企业与大企业相比，不管是在资金还是技术等各方面，都明显缺乏竞争力。然而，在网络经济和电子商务的迅速发展下，中小企业有了一个极佳的发展平台。

诞生于20世纪90年代中期的网络经济对传统经济造成了很大的冲击。在"快鱼吃慢鱼"的竞争年代，赢得反应速度就能赢得胜利。与传统经济相比，电子商务具有及时性，突破响应速度障碍的显著特征。互联网突破了传统的国家、地区界限，把地球变成为一个"村落"。在网上，能够以快捷、方便的方式介绍产品，全面提供技术支持，快速查询各种信息，及时反馈客户信息等，可以使客户的请求得到快速的响应，提高客户的满意程度。

网络经济和传统经济不同的关键在于，它具有效益递增性。一般情况下，边际效益随着生产规模的扩大会呈现出不同的增减趋势，网络经济却显现出明显的边际效益递增性。网络产生和带来的效益将随着网络用户的增加而呈指数形式增长。

网络经济提高了广大中小企业的话语权，使它们能够与传统的大企业相抗衡。网络经济下的电子商务能够使企业最优规模下降，更有利于中小企业的发展和竞争。

---

① 参见夏杰、杨尚勤：《阿里巴巴：网络经济下中小企业共发展》，载《经济导刊》2008年第3期。

在网络经济时代，电子化交易平台无限延展了交易空间。交易主体无论实体规模的大小，都可以利用电子交易达到自己最大的交易空间，实现最优生产规模。此外，电子商务中信息网络的出现打破了地域的界限，使企业的交易成本大幅降低。电子商务提高了中小企业的营销管理水平和经营方式。网络技术的发展将给广大的中小企业带来与大企业几乎同等的信息资源。网络技术的应用增加了中小企业获取全球信息，广泛联系客户的机会，帮助中小企业获得市场的需求信息与供给信息，确定市场定位，设计、生产出顾客满意的产品，并制定合适的价格与分销渠道。通过计算机网络，可以将中小企业的产品信息以低成本、高效率的形式传递给市场用户，实现对消费需求个性化的满足。同时，以网络化为基础的电子商务不仅要求交易双方和服务部门的商业信用和银行信用高度成熟，而且要求金融机构、供应商和客户在电子网络交易系统中高度整合与兼容，使网上市场成为交易参与者密切关联的集合体。

随着信息技术的飞速发展，网络已从过去单纯的通信手段变成重要的战略资源，形成了网络经济。网络经济的迅速发展尤其对中小企业的生产经营活动产生重大影响，成为中小企业构建竞争优势的新平台。

10.4　竞争与监管政策

在网络经济中，金融理论的变化、管理当局与银行以及银行与消费者之间的非对称地位的变化、资金转移和金融市场的变化，使金融治理面临着一些新问题。网络经济的特性打破了由管理当局制定"游戏规则"的固有模式，与金融机构合作，充分依赖金融企业和市场的自我管理与规范，将是未来管理当局需要遵守的一条基本原则。

在网络经济中，一切发展得如此之快，任何由管理当局单方面制定的规则都有可能出现在尚未形成最终法案前，规制对象已发生改变的情况下。即使规则本身没有问题，金融企业也可能利用网络的全球性便利，离岸经营。如果再考虑到网络有效的匿名性、海量的数据和浩如烟海的内容，管理当局只有承担起网络金融发展的合作者、促进者和协调者的角色，加强基础设施建设、金融信息沟通，提供积极的服务，才能在这一过程中履行其管理职能。

网络经济给竞争管理机构带来两大挑战：一方面，在目前的网络环境下，关于多边平台的法律和经济理论都还不健全。与此同时，网络经济的发展又非常迅速，势必会招致反垄断投诉和调查。另一方面，竞争管理机构和法院在处理相关反垄断问题时需要十分小心，既要保障消费者的合法权益，又不能危害企业的发展。

从根本上说，网络经济的实质是信息化、全球化和一体化。随着网络在世界范围内的延伸，从长远来看，各国管理当局都将面临跨国性的业务和客户，金融监管的国际性协调日益重要。管理当局不仅要尽可能避免金融资产的价格扭曲，放松对利率、汇率的管制，更要建立与国际体系中其他金融体制相适应的新规则和合乎国际标准的市场基础设施，如信息的真实披露、资金的实时清算等，以提高金融管理的透明度。这是适应未来网络经济发展的有力保障。

从过去到现在，世界范围内的网络平台不可避免地受到反垄断审查。迄今为止，这样的审查或者是因为竞争当局的主动调查，或者是因为企业内部不同的利益相关者的投诉，又或者是因为竞争对手的投诉。这些网络平台在各自经营范围内拥有大量的市场份额。尽管这样的划分是否符合反垄断市场的定义还存在争议，但是竞争当局及申诉人仍然可能将此作为出发点。欧盟法律规定，当一个公司的市场份额达到40%及以上时，可以被认为占支配地位。然而，在许多国家，有许多平台的份额甚至超过80%。欧盟委员会在针对微软的案件中就曾建议，对像这样的"超级主导企业"，应该加大审查力度。一些观察人士认为初审法庭在判定中已经接受欧盟委员会的建议。根据美国法律，当企业拥有超过60%的市场份额时，通常被认为具有垄断力量。在美国，虽然原告利用各种垄断理论变得越来越困难，但是将产品捆绑在一起并为捆绑产品提供折扣这样的做法还是为原告进行反垄断诉讼提供了机会。

间接网络效应和规模经济的存在意味着这些网络平台正在"赢者全得"和"少数赢家通吃"的市场上竞争。这导致企业为了赢得市场份额，不惜以打压对手为代价进行激烈的竞争。一方咄咄逼人的商业策略在使得竞争对手的销量减少，甚至迫使其退出市场时，也会引发竞争管理当局的担忧，招致竞争对手的投诉。更加严重的是，竞争管理当局和法院很难以多边平台理论区分促进竞争和抑制竞争的商业行为。因为多边平台通常会对一边或多边客户收取低于成本的价格，而在某些情况下，由于"外围控制"商业策略的作用，低价实际上推动了竞争。那些缺少获利渠道的平台在竞争中将无法幸存。

考虑到网络经济可能的发展方向，以下竞争与监管问题可能陆续出现：

（1）出现牢不可破的垄断厂商。人们对在某些特定领域可能出现的垄断现象表示担忧。在网络经济下，市场主导者的更替愈发频繁。eBay和雅虎已经失去曾经牢不可破的地位就与上述观点不谋而合。然而，网络经济的演变与其他行业的演变是一致的，都需要时间选出赢家。在这种情况下，少数企业将在某些特定领域拥有近乎完全垄断的地位是有可能的。美国反垄断政策法规承认这种形式的垄断是对成功投资和创新的回报。欧盟的竞争政策把竞争视为更合理的结果，当竞争缺失时，它将给支配企业强加义务。

（2）渗透到相邻市场。网络生态系统的结构表明，行业领先企业为了获取配套产品或服务，可能寻求进入相邻市场。因为这些企业都基于软件平台，所以添加新的功能和服务变得相对容易。例如，在与PayPal的竞争中，谷歌通过扩展它的软件平台，推出了"谷歌支付"服务，在"谷歌产品搜索"中集成代码，并将"谷歌支付"与为广告商服务的AdWords绑定。另外，行业领先的网络平台通常还提供配套服务。如果一个垄断者拥有配套市场的垄断地位，或者可以用配套垄断替代竞争市场，那么它必将能够获得更大的利润空间。因此，在网络经济中，如果竞争行不通，我们还可以期待行业领先企业将垄断地位延伸到其他领域，通过兼并或者向另一企业发起挑战以取代其地位的方式实现。

（3）平台的开放。当一个平台需要与另一个平台合作（交互操作）时，涉及其他平台或者相关知识产权的问题就会出现。这里介绍一组关于"封闭的平台"的问题。苹果公司的 iTunes/iPod 平台在很大程度上是封闭的，即并不鼓励交互操作。事实上，苹果公司力图阻止其他音乐商店为 iPod 制作音乐，也不希望其他公司的设备连接 iTunes 下载和播放音乐。虽然从开放式策略中可以获得间接网络效应，但是苹果公司仍选择了软硬件高度集成的商业模式。这一模式也是欧盟与苹果公司争论的重点。其他平台只在特定范围内封闭自己。例如，Facebook 不允许搜索引擎抓取它的网页，因此搜索者无法获得 Facebook 网页上的内容。

另一类问题与数据的可移植性相关。网络平台通过各种途径收集到的数据可以派生效益。eBay 的"反馈论坛"提供的关于卖家服务质量的信息对买家就非常有价值；用户在 MySpace、Facebook 这样的社交网站上输入大量有价值的个人信息；谷歌保留搜索查询数据，以用于优化搜索和投放广告。在这些情况下，可以想象，竞争者们会如何在欧盟法律下利用"必要设施"理论寻求获得这些信息的机会。同样可以想象，平台又会采用怎样的竞争策略，以阻止用户将他们的数据导入竞争网站。随着 Facebook 的竞争对手们公开游说要将社交网络数据进行移植，这场战斗已经打响。

因此，竞争管理当局和法院在未来若干年内将不得不面临一系列极具挑战的有关网络经济的案件。因为企业希望通过整合获得足够的规模经济和间接网络效应，所以并购案件一定会发生。由于封闭平台会拒绝其他企业进入，因而会发生拒绝交易类案件。此外，还会有掠夺行为，因为企业会抱怨竞争对手的不正当竞争（免费提供服务等）搞垮了自己；捆绑案件，因为一些平台会利用软件平台技术增加功能和特性，结果也会搞垮竞争对手；独家经营类案件，因为一些平台会通过固化某边或某几边客户的需求，以获取间接网络效应。竞争管理当局和法院要在保持经济活跃度与打击不正当竞争之间做好平衡。

案例 ▶ 未成年人网络游戏监管立法提上日程[①]

2019 年 3 月发布的《2018 年全国未成年人互联网使用情况研究报告》显示，截至 2018 年 7 月 31 日，我国未成年网民规模为 1.69 亿人，未成年人的互联网普及率达 93.7%，只有不到 7% 的未成年人没上过网。近九成的未成年网民会使用互联网从事与学习相关的活动。

2019 年 5 月 11 日，国务院办公厅发布《国务院 2019 年立法工作计划》。该计划指出，将"围绕加强社会主义文化建设，提请全国人大常委会审议著作权法修订草案，制定未成年人网络保护条例"。随着互联网时代和信息社会的到来，网络游

---

① 参见朱宁宁：《未成年人网络游戏监管亟待完善立法》，载《政府法制》2019 年第 13 期。

戏已成为一个内容丰富、市场价值巨大的产业。但是，与此同时，网络暴力、网络违法和不良信息大量存在，未成年人网络游戏成瘾逐渐成为一个严重的社会问题。

伴随着网络游戏在我国的迅猛发展，未成年人涉足网络世界，接触最多的内容就是各种网络游戏。未成年网游玩家群体巨大，已成为网络游戏玩家群体的重要组成部分。网络游戏在丰富人们精神生活、繁荣文化市场的同时，引发的各种法律和社会问题也不容忽视。其中，尤其值得关注的是未成年人荒废学业，花费大量时间，挥霍巨额金钱。

一些未成年人沉迷于网络游戏，甚至因此走上违法犯罪的道路。早在2014年，中国预防青少年犯罪研究会调研时就发现，未成年人接触网络游戏的比例是66.3%。2018年6月发布的《未成年人涉网刑事案件大数据分析报告》显示，在未成年人犯罪中，"沉迷网络"的占比为85%。目前，针对未成年人网络保护，我国只在《中华人民共和国未成年人保护法》（以下简称《未成年人保护法》）和《中华人民共和国网络安全法》（以下简称《网络安全法》）中有相关原则性规定；而对网络游戏的监管，立法尚属空白。据清华大学法学院程啸介绍，先前规范网络游戏的具体规定仅是由原文化部颁布的《网络游戏管理暂行办法》（2019年7月废止）。他指出，该办法虽然对从事网络游戏研发生产、网络游戏运营、网络游戏虚拟货币发行和交易服务等形式的经营活动进行了规定，但是效力位阶太低，只是部门规章；同时，对于未成年人网络游戏的监管内容不够具体详细。因此，加强对网络游戏的监管力度十分必要。从法律上看，首先，应尽快颁布效力位阶更高的网络游戏监管方面的行政法规或法律。其次，应加强对网络游戏内容的监管，鼓励有益于青少年身心健康的游戏产品研发，禁止有诱发未成年人违法犯罪以及渲染暴力、色情、赌博、恐怖活动等危害未成年人身心健康内容的游戏。

此外，不少专家学者指出，防沉迷是需要进行重点监管的内容，建立预防未成年人沉迷网络尤其是沉迷网络游戏的制度保障和技术措施至关重要，出台专门的加强监管的相关规定十分必要，仅仅依靠行业和企业自律是不够的。根据《未成年人保护法》第33条和《网络安全法》第13条的规定，国家采取措施，预防未成年人沉迷网络。国家支持研究开发有利于未成年人健康成长的网络产品和服务，推广用于阻止未成年人沉迷网络的新技术，为未成年人提供安全、健康的网络环境。但是，由于缺乏更加具体的规定和举措，这些内容在实践中无法有效落地。

中国政法大学传播法研究中心朱巍指出："防沉迷，不仅包括网络游戏，还包括网络直播、网络深度阅读等。"防沉迷系统既包括技术方面的内容，如人脸识别、实名制、家长监护、家长守护系统，也包括制度层面的内容。换言之，如果一款网络游戏的相关技术措施达不到标准，网络游戏公司就不能向社会推广。因此，如何防沉迷就上升为游戏公司和平台的责任问题。但是，目前平台责任、企业责任大都是内部的标准，标准的依据是什么并不明确。

相关数据显示，约87.4%的未成年网民会使用互联网进行学习。其中，在网上做作业的未成年网民占比最高，约为45.5%。此外，接受在线教育辅导的未成年网民占比约为14.4%。但是，一些允许公开上架的青少年教育学习类APP中被发现存在儿童色情的内容，引起各方关注。

"事实上，单纯地防止沉迷游戏很难，游戏不让人沉迷就不是游戏了。"程啸给出了另外一个立法路径，即可以从个人信息保护法律法规入手，要求未成年人在上网尤其是玩网络游戏时，必须获得父母或其他监护人的有效同意，否则就可以据此处罚网站。这样，就有利于防止未成年人沉迷网络游戏。

本章小结

1. 网络经济是在经济全球化、信息网络化、资本自由化的大背景下产生的，具有以信息和知识为主导、开放性、边际效用递增、正反馈起主要作用、打破临界规模、跨界与演变的特征。

2. 网络经济的兴起带动了"多边平台"的发展。多边平台为两组或多组相互依赖且都依赖平台进行交易的客户群体提供产品和服务，往往通过降低交易成本以实现增值交易。多边平台的间接网络效应推动了网络经济的全球化扩张。

3. 网络系统内在的根本特性在于它的自组织特性。自组织使得网络内部元素即使在没有外部力量驱动的条件下也能协调运作。在空间、时间或功能上实现一种联合行动网络的自组织反映了网络内部具有自我调节、自我繁衍与自我复制的功能。

4. 网络之间的连接不仅是经济上的连接，还要以技术网络为基础，并借助社会网络的连接，从而使微观主体先连接成一个小网络，小网络之间的连接再形成集群或簇群，若干个集群又连接成社区，由区域到地方，再由地方到全国，最后由全国到全球。就这样，微观主体通过网络的连接方式逐步演化，最终形成宏观经济社会网络。

5. 追求共同经济利益成为网络演化出网络经济的动力。在网络演化的过程中，网络增长速度越快，网络内部元素越多，网络规模就越大，收益自然会增多。

6. 网络经济相当于当代市场经济大圆圈里的一个小圆圈。市场经济之中被网络化的那部分经济，即建立在技术网络基础之上而形成的网络化、信息化的经济才是网络经济。网络经济作为一种先进的生产方式，必将逐步改造、重塑、整合和渗透于传统的市场经济，以信息化、网络化推动其向网络经济转变和升级。

7. 在网络经济中，金融理论的变化、管理当局与银行以及银行与消费者之间的非对称地位的变化、资金转移和金融市场的变化，使金融治理面临着诸如垄断、相邻市场渗透等新问题。网络经济的特性打破了由管理当局制定"游戏规则"的固有模式，与金融机构合作，充分依赖金融企业和市场的自我管理与规范，将是未来管理当局需要遵守的一条基本原则。

习题

1. 论述网络经济与传统经济的关系。
2. 传统经济学的边际收益递减规律在网络经济下有何变化?
3. 简述网络经济的特征。
4. 网络经济是否会颠覆市场经济运行的基本原理?
5. 结合本章案例,对网络经济未来的竞争与监管政策加以探讨。
6. 我国在网络经济发展方面尚存在哪些问题?

第 11 章

平 台 经 济

11.1 平台经济概述

平台经济学可以通过一个异性恋者交友俱乐部的例子予以说明。一个类似于美国曼哈顿的 Bungalow 8 的俱乐部为男女寻找对象进行约会提供平台。该俱乐部同时为男性和女性服务,男性和女性有相应的比例。只有少量女性顾客的交友俱乐部无法吸引到男性。同样,几乎没有男性顾客的交友俱乐部也将会对女性缺乏吸引力。定价策略能够对此进行很好的平衡。如果女性顾客较少,俱乐部会为她们提供优惠,如提供较低价格或免费的饮料。

交友俱乐部的例子符合双边平台的非正式定义。这里,有两组顾客:男性和女性。平台提供了一个地方让他们聚在一起,进行互动,从而使两组顾客通过相互接触获取收益。

2006 年,法国经济学家罗切特和梯若尔发表文章,提出一个正式的定义:"如果交易平台可以通过向市场一边收取更高价格而向另一边降低价格的方式等量影响交易成交额,这样的市场就是双边的。换句话说,价格结构问题的核心是平台必须使双方都留在平台上。"[1]

根据这个定义,终端消费者之间的剩余外部性问题是他们不能自己解决的。[2] 与此相反,在小麦市场中,买家和卖家之间并没有外部性,并且市场的定价结构并不重要,对小麦课征的税收对买家和卖家有同等的影响。

此外,通过平台的定价结构进行双边套利是绝对不可能的。举个例子,男性和女性都希望能够在大量的异性中寻求约会机会,很难为女性单独设计一种机制,或者奖励那些被拒绝的男性。其他存在双边市场的产业也同样困难。由于平台的所有者可以利用间接网络效应决定定价结构,因而消费者试图通过套利的方式推翻定价结构是不可行的。一般来说,平台提供了一种解决外部性的技术,减少了交易成本。

这有助于我们评估四个不同类型的双边平台:交易所、广告支撑型媒体、交易系

---

[1] Jean-Charles Rochet and Jean Tirole, Two-Sided Markets: A Progress Report, *The Rand Journal of Economics*, Vol. 37, No. 3, 2006.

[2] Ibid.

统和软件平台。

11.1.1 交易所

交易所有两组客户，通常被称为"买家"和"卖家"。交易所帮助买家和卖家寻找可行的合同（这就是一个买方和卖方可以进行互利贸易的方式），并且以最好的价格（这就是买方尽可能少支付，卖方尽可能多收益）达成交易。在有组织的交易所，市场是双边的之必要条件是，科斯定理并不适用于双方之间的交易。以纽约证券交易所为例，通常认为，参与双方是流动性提供者（同时为买家和卖家报价的专家或造市者）和流动性消费者（普通顾客接受流动性提供者的供应①）。我们在这里宽泛地使用"买家"和"卖家"两个术语。"交易所"这个词涵盖了各种活动，如约会服务和就业机构。它还涵盖传统交易所，如拍卖行、B2B、P2B 和 P2P 商务网站，各种行业（保险和房地产行业）的经纪人，以及证券和期货交易所。此外，交易所还包括各种提供经纪服务的企业，包括出版商（读者和作者）、文学代理商（作者和出版商）、旅游服务商（游客和旅游相关企业）和票务服务商（参加活动的人和赞助活动的人）。

交易所的存在给了一边参与者寻找另一边参与者并进行完美匹配的机会。当两边都拥有大量参与者的时候，各边参与者实现匹配的可能性就增加了。然而，在交友俱乐部或交易大厅之类的实体平台上，过多的参与者会导致"拥塞"。此外，通过预先筛选的方法，成功匹配的可能性增加了，参与者获取的价值也增加了。

一些交易所只向一边收费。例如，eBay 提供的服务只向卖家收取费用。美国的房地产销售也是如此。另外一些交易所则向双方收取费用，而定价标准也可能与任一边的边际成本没有关系。虽然互联网交友服务向每个人收取相同的费用，但是实体交友平台有时对男性的收费会超过女性。又如，拍卖行会同时向买家和卖家收取佣金。长期以来，保险经纪人在某些类型的交易上同时向保险客户和保险公司收取费用。

11.1.2 广告支撑型媒体

广告支撑型媒体，如杂志、报纸、免费电视和门户网站，也是基于双边商业模式的。平台通过创建内容（如报纸）或购买别人的内容（如免费电视节目）的方式吸引消费者（观众、听众、读者等），然后利用消费者吸引广告商。这样，广告商和消费者之间就存在着清晰的间接网络效应，即广告商青睐于拥有更多观众的平台，而消费者对广告商的评价则存在争议。

大多数广告支撑型媒体获得的丰厚收入基本来自广告商。② 印刷媒体通常提供给

---

① See Bernhard Friess and Sean Greenaway, Competition in EU Trading and Post-Trading Service Markets, *Competition Policy International*, Vol. 2, No. 1, 2006.

② 其实，双边平台的利润是无法判断具体源于哪一边的。这不仅仅是由于成本的原因，更是因为一边的经营势必会影响到另一边。如果完全依赖市场一边，我们将销售额与变动成本之间的差额称为"毛利润"。比较形象的例子是游戏主机的制造成本和报纸的边际印刷成本。

读者的价格接近或低于边际印刷和分销成本。在另外一些情况下，有些报纸、电视节目是完全免费提供的。谷歌、雅虎等门户网站通常只从广告位的出售中获得收入。

11.1.3 交易系统

只要买家和卖家愿意使用，任何付款手段都是可行的。人类的交换行为始于物物交换，那时人们同意使用一个标准的交换媒介（如金属硬币或贝壳）。尔后，人类在此过程中不断发展进步。政府通过确保硬币（不同程度）的完整性并利用其发行货币的权力，促进交易的进行。在大多数现代经济体中，不具有内在价值的纸币也提供了一个支付平台，因为买卖双方希望其他买家和卖家会使用它。当然，政府也通过各种法律和自己的买卖活动维护这一支付系统的稳定性。

政府至少在原则上可以通过强制手段创建一个平台。由此可见，营利性交易系统是面临挑战的，尽管它们都是基于同样的原则。银行支票、旅行支票也是以营利为目的的交易系统的例子。在这里，我们更关注的是支付卡系统，它已经成为许多国家竞争监管部门审查的重点。

大莱俱乐部1950年开始使用的大莱卡是第一个双边支付系统。在此之前，商户也会发放只能在自己的商店中使用的支付卡给客户。通过说服一些餐厅同意顾客使用其大莱卡付款，大莱俱乐部的支付卡业务得以开展起来。具体而言，就是顾客用大莱卡来签单，然后大莱俱乐部再从持卡人处收回资金。另外，俱乐部还说服个人消费者持大莱卡消费。就这样，这一业务从曼哈顿的一小块区域快速发展到遍布全美和其他国家。

大莱卡最初的收费标准是这样的：持卡人必须缴纳年费，而餐厅则需支付每次用餐账单的7%。结果是，大莱卡获得的大部分收入以及几乎所有的毛利润都来自餐厅。其他竞争对手进入签账卡和借记卡市场也遵循同样的方法。信用卡的情况要复杂一些，因为该产品捆绑了一个交易特性（持卡人支付有限制）和借款特性（持卡人存在借贷费用）。然而，因为信用卡持卡人存在循环余额，所以可以肯定地说，商户才是主要的收入来源。

美国运通卡、发现卡以及将大莱卡吞并的万事达卡都将对商户的收费称为"商户让利"，对持卡人收取年费。当然，也存在各种奖励措施，而这可能引起交易价格的反向变动。信用卡组织如万事达和VISA已经成为双边平台合作的经典案例。一般来说，为了确保交易的顺利完成，需要一个能够合理分配利润、分担风险的机制。大多数卡组织是通过设置一定比例的交换费解决这一问题的。交换费的设置决定了持卡人（发卡行获得持续不断的收益流）和商户（收单行将部分成本转移给商户）之间相对的交易价格。这样的交换费设定无论在法律上还是政策上都受到了严格的关注和审查。

11.1.4 软件平台

软件平台为应用程序开发者提供服务，帮助开发者更好地理解和操作硬件设备。

只有使用相同的软件平台,用户才可以运行开发者设计的应用程序,开发者才能向用户出售应用程序。

软件平台是几个重要行业的核心,其中包括个人电脑(如苹果、微软)、个人数字助理(如 Palm Treo)、智能手机(如沃达丰)、视频游戏(如索尼 PlayStation、微软 Xbox)以及数字音乐设备(如 Creative Zen Micro、Rio Carbon)。除了视频游戏,软件平台所有者的大部分收入和几乎所有的毛利润都来自用户方,而开发者通常能够获得免费的平台服务,还能以较低的价格获得各种有助于程序开发的软件产品。与其他平台相反的是,视频游戏主机制造商通常以接近或低于生产成本的价格销售游戏主机,而通过授权游戏开发商使用软硬件设备以获取大部分毛利润。

软件平台通过降低重复成本,促进应用程序市场的发展。许多应用程序中的任务项其实是类似的。为避免重复编写代码,软件平台开发商将代码进行了标准化并植入平台之中,再通过应用程序接口(API)将其功能开放给程序开发者。用户受益于这样的标准化,因为这减少了电脑上系统所需的代码,也减少了程序之间的不兼容,降低了学习成本。成本的降低增加了平台应用程序的供应,最终使软件平台对于终端用户的价值得以提升,并且触发了对于应用程序开发者的正反馈效应。

11.1.5 交易成本最小化的途径

平台市场在经济社会中的最根本作用是,使平台参与各方从交易中获利,或者降低交易成本。双边平台通过匹配、培育用户群基础和最小化成本做到了这一点。不同平台的侧重点不同,软件平台主要是减少重复成本,广告支撑型媒体主要是积累用户,而交易所则主要充当中间人的角色。所有这些,各平台在某种程度上其实都有所涉及。平台都旨在通过为客户提供一个虚拟或实体的聚集场所,从而降低成本。牵线匹配、培育客户群基础以及消除重复以降低成本是平台实现交易成本最小化的根本途径。

MySpace 的案例完美地诠释了双边平台在最小化交易成本的过程中是如何发挥上述功能的。MySpace 是一个流行的互联网网站,人们可以在上面发布个人资料、添加网络朋友。它在注册用户和对这些用户感兴趣的广告商之间建立了某种联系。MySpace 作为平台,为同样是一边参与者的广告商和那些渴望出名的用户(包括音乐人)培育了潜在的受众群体。通过提供一个"场所",它降低了人们聚集的成本。

11.2 平台产业的特征

11.2.1 平台规模和结构的决定因素

几个基本因素决定了相互竞争的双边平台之间的相对规模,表 11-1 总结了各因素对规模大小的影响/集中度("+"表示平台规模与该因素之间正相关)。

表 11-1　产业结构的决定因素

决定因素	对规模大小的影响/集中度
间接网络效应	＋
规模经济	＋
拥挤	－
平台差异化	－
多重归属	－

第一，间接网络效应。

两边主体之间的间接网络效应促进了双边竞争平台规模的扩大或者缩小。在每一边拥有更多客户的平台相对其他平台而言更有价值。例如，使用软件平台的用户越多，该平台对开发人员而言越有价值，而拥有大量开发人员的软件平台对用户而言也越有价值。这种正反馈效应使在每一边都拥有大量客户的平台更有价值。举另一个例子，为大量商户所接受的支付卡对持卡用户而言更有价值，这就是卡组织在广告中强调本组织的卡被广泛接受的原因。比如，万事达卡的广告语是：没有卡比我们更为人们所接受。

要是没有抵消因素，我们希望在间接网络效应的作用下，平台能够通过相互竞争的方式争夺市场。在其他条件都相同时，先行者具备优势。获得先行优势的公司在正反馈效应的作用下，会不断扩大规模，最终赢得市场。① 其他竞争平台必须提供可以抵消先行者规模优势的商品，才可以与之进行竞争。

间接网络效应可能随着平台规模的扩大而降低。随着两边参与者数量的增加，发现匹配机会的可能性呈递减趋势（包括买家或卖家、男性或女性）。在某种程度上，正外部性的参与者可能变成负外部性的参与者。

第二，规模经济与规模不经济。

对于许多双边平台而言，平台的创建需要相当的固定成本，而这将导致一定范围内的规模经济。例如，支付卡系统必须对网络进行维护，以为持卡人与商家之间的交易进行授权和结算。开发、创建和维护这些网络的成本在某种程度上与产量是无关的。又如，开发一个软件平台一开始是需要一部分固定成本的，但是以后提供给开发人员和终端用户的产品和服务的边际成本是很低的。在某些情况下，规模经济效应可能只集中在某一边。例如，提供报纸给读者的过程中存在规模经济效应（报纸的创建需要高额的固定成本，但是其复制和分销的边际成本较低），而为广告商提供广告位的过程中就不存在规模经济效应。最后，交易大厅和交友俱乐部这样的实体平台至少在短期内是存在规模经济效应的，具体取决于各自的实际情况。

---

① See David S. Evans and Richard Schmalensee, A Guide to the Antitrust Economics of Networks, *Antitrust ABA*, Vol. 10, 1996.

规模不经济现象的发生在某种程度上很可能是由于平台一边或者双边的原因。例如，平台供应商必须添加产品特性和功能，才能说服现有终端用户替换（即升级）现有平台软件。这鼓励应用程序开发人员编写新的应用程序或者改进应用程序，进而使最终用户受益。然而，随着软件平台变得更大、更复杂，添加产品特性和功能变得更加昂贵，并且耗费更多时间。例如，微软的 Vista 操作系统曾存在长时间的延迟问题。

第三，拥挤和搜索优化。

若干设计问题限制了双边平台的规模。交易大厅、交友俱乐部、拍卖行和购物中心这样的实体平台帮助客户寻找交易匹配对象，完善各方主体之间的交流互动。在规模不变的基础上，增加平台上的客户数量会导致拥挤现象的发生，增加搜索和交易成本。[①] 实体平台可以通过扩大规模减少拥挤，但是可能增加搜索成本。事实上，为了优化交易对手的搜寻，双边平台最好的做法是限制平台的规模，同时为双边客户进行预筛选，以增加成功匹配的可能性。通常，交友俱乐部就是这样做的，如明确自身就是一个"排他性"的俱乐部，或是在名称上进行暗示（如教会式俱乐部、地中海度假村）。拥挤现象可能仅仅出现在平台的某一边。例如，增加报纸上的广告不仅会压缩原本吸引读者的内容，而且会导致信息的混乱，降低特定广告的有效性。

第四，平台差异化和多重归属。

平台商可以通过构建不同质量等级的平台，即所谓的"纵向差异化"区分自身和竞争者。消费者选择高或低质量平台取决于其相对收入和对质量的需求，如高档和低档购物中心。此外，平台的特征和价格策略也能吸引特定的客户群体，即所谓的"横向差异化"，从而实现区分自身和竞争者的目的。这就是许多吸引特定读者和广告商的杂志（如 *Fly Fisherman*）存在的原因。

横向差异化可能导致客户同时选择使用多个平台，罗切特和梯若尔称这种现象为"多重归属"。客户发现不同竞争平台的某些特性很具吸引力，于是同时依附于这几个平台。支付卡是一个两边同时存在多重归属的经典案例。大多数商户会接受多个系统的信用卡和借记卡。许多持卡人也会携带多张卡片，尽管他们可能倾向于使用一张最喜欢的。广告支撑型媒体也有两边同时存在多重归属现象。在不同的媒体平台上，广告商和浏览者都存在相互依赖的关系。其他类型的双边平台可能只在某一边存在多重归属现象。例如，虽然开发人员会同时为几个平台编写应用程序，但是大多数用户的个人电脑只会使用一个软件平台。

[①] 关于匹配、搜寻以及拥挤现象，更具一般性的讨论参见 Robert Shimer and Lones Smith, Matching, Search, and Heterogeneity, *The B. E. Journal of Macroeconomics*, Vol. 1, No. 1, 2001; Marc Rysman, Competition Between Networks: A Study of the Market for Yellow Pages, *The Review of Economic Studies*, Vol. 71, No. 2, 2004。

11.2.2 双边产业结构的经验证据

从双边平台占主导地位的各产业组织形式中,我们可以得出一些规律。表 11-2 和表 11-3 显示出以下几个特点:

第一,基于双边市场的产业很少出现垄断或近似垄断的局面。某些产业会存在若干大型的差异化平台,而其他产业则存在众多小型的平台,这些平台根据地理位置和其他因素可以被识别和区分。

第二,平台的一边出现多重归属现象是常见的。水平的产品差异将成为常态。

第三,不对称定价机制较为普遍。许多双边平台从某一边获得主要的营业利润(收入减去直接成本)。双边平台定价机制最突出的特点在于,对某一边的定价可能低于边际成本甚至是负值。

表 11-2 双边平台定价结构的相关案例①

产业	参与方	接入费	使用费
异性恋者交友俱乐部	男性	√	√
	女性	√	√
房产中介	卖方	∅	√
	买方	∅	∅
杂志	读者	√ (≤MC)	∅
	广告商	∅	√
大型商业中心	购物者	—	∅
	商店	√	∅
个人电脑操作系统	用户	√	∅
	开发者	√ (<MC)	∅
视频游戏	玩家	√ (≤MC)	∅
	开发者	√ (<MC)	√
支付卡系统	商家	∅	√
	持卡人	√ (<MC)	∅

注:√和∅表示该经济体支付和没支付,分别对应双边平台的接入费或者使用费。项目后面的括号表示双边平台对该边的定价不高于边际成本。

---

① 该表展示的是这些行业常见的定价结构。很多时候,定价结构的不同会导致具体收费的不同。举个例子,有些俱乐部会对女性免费开放,有些杂志的订阅是免费的,有些网络游戏是免费的,还有些支付卡是免费办理的,经常使用还能获取奖励。具体到异性恋者交友俱乐部,男性会员和女性会员购买酒水的花费相当于免费。房地产卖家的使用费指的是出售房屋的花费,消息在系统上的发布有很多时候是免费的。消费者在大型商业中心支付的负使用费是指他们可以在那儿免费停车。游戏玩家一般无须支付操作主机的使用费,但是仍需向视频游戏开发者支付费用。支付卡持卡人不得不面临一些惩罚性费用,如还款超期或超期支付,这部分费用并没有在表中体现。

表 11-3 美国各行业的多重归属现象及其领先者所占的市场份额

多边平台	参与方	多重归属的存在	美国国内领先者所占份额
房地产经纪	买方 卖方	不普遍：多重归属或许是不必要的，因为多重登记服务系统使得已被登记的资产可以被所有会员机构的顾客和中介机构浏览到	50 家最大的公司拥有 23% 的份额（2002）
证券经纪	买方 卖方	普遍：平均来说，证券经纪的客户会在 3 家公司拥有账户；客户可以是买方，也可以是卖方，或者两者都是	4 家最大的公司拥有证券经纪市场 37% 的份额以及金融资产组合管理市场 16% 的份额（2002）
报纸和杂志	读者 广告商	普遍：1996 年，每个人平均每个月阅读的杂志数量为 12.3 本；对于广告商同样普遍：2003 年 8 月 26 日，AT&T 无线公司在《纽约时报》《华尔街日报》《芝加哥论坛报》以及其他很多报纸上打广告	《华尔街日报》在最大的 5 家报纸中占有 28% 的市场份额（2001）
网络电视	观众 广告商	普遍：例如，波士顿、芝加哥、洛杉矶、休斯敦以及其他主要城市的观众可以选择至少 4 个主要的网络电视频道：ABC、CBS、FOX 和 NBC；对于广告商同样普遍：例如，Sprint 公司分别在 ABC、CBS、FOX 和 NBC 广播公司投放广告	美国法律禁止广播公司拥有可以接触整个国家电视观众 35% 以上的电视台
个人电脑操作系统	用户 开发者	对于用户不普遍：个人通常只使用一个操作系统；对于开发者是普遍的：为多个操作系统进行开发的开发者的数量表明开发者有着显著的多重归属特征	微软在客户操作系统销售收入中占有 96% 的市场份额（2004）
视频游戏	玩家 开发者	对于玩家是多样的：每个家庭平均有 1.4 个操作平台；对于开发者是普遍的：2003 年，艺电有限公司为任天堂、微软和索尼平台开发视频游戏	索尼 PS1 和 PS2 有着北美市场操作平台 63% 的份额（2003）
支付卡系统	持卡人 商家	普遍：大多数运通卡持有人同时持有 Visa 卡或者万事达卡中的一种；运通卡持有人能在几乎所有可以刷运通卡的地方使用 Visa 卡或者万事达卡	Visa 系统有着贷记卡、记账卡、借记卡购买数量 45% 的市场份额（2004）

资料来源：David S. Evans, The Antitrust Economics of Multi-Sided Platform Markets, *Yale Journal on Regulation*, Vol. 20, No. 2, 2003; Industry Share Data from United States Census Bureau, 2002 Economic Census, available at http://www.census.gov/econ/census02/guide/IND-SUMM.HTM, visited on Dec. 25, 2019; Top 20 U.S. Daily Newspapers by Circulation, Newspaper Association of America, 2001, available at http://www.naa.org/info/facts01/18_top20circ/index.html, visited on Dec. 25, 2019; Stephen Labaton, U.S. Backs Off Relaxing Rules for Big Media, *NY Times*, Jan. 28, 2005; A. Gillen & D. Kusnetzky, Worldwide Client and Server Operating Environments 2004-2008 Forecast, IDC Market Analysis, No. 32452, Dec. 2004; Schelley Olhava, Worldwide Videogame Hardware and Software 2004-2008 Forecast and Analysis, IDC Market Analysis, No. 31260, May 2004; The Nilson Report, No. 828, Feb. 2005; The Nilson Report, No. 833, May 2005。

11.3 平台市场商业模式

11.3.1 促使双方同时参与平台

双边市场的一个重要特征是，如果一方对平台没有需求，那么不管价格为多少，各边之间的相互需求都会消失。早期有很多文献关注于解决"先有鸡还是先有蛋"问题。比如，如果人们不准备使用支付卡消费，家庭就不需要支付卡。如果没有持卡人，零售商也就不需要接受支付卡。那么，究竟要先说服谁？持卡人还是零售商？如果没有客户使用支付卡，商家也不会接受支付卡，支付卡交易就无法达成。另外，计算机用户不会使用一个不兼容其所需应用程序的操作系统。公司债券的卖家不会使用一个没有卖家参与的交易系统。这些行业的企业必须找到能使双方同时参与平台的方法，而投资策略和定价策略就是保证双方同时参与的关键。

实现临界规模的一种方法是提供免费服务，甚至贴钱给一边客户，由此获得那一边客户群的青睐。这一策略一点也不奇怪，特别是在企业刚刚进入，亟须打开市场时。大莱俱乐部起初向持卡人提供的是赊账卡，没有年费，并且用户获得浮动利益。美国网景公司为了获得临界规模数量的计算机用户，将浏览器免费提供给大部分计算机用户使用。在微软把浏览器免费开放给所有的用户后，网景公司也紧随其后。据报道，微软为了吸引游戏玩家参与平台，一直对购买 Xbox 的消费者进行补助。在出现垄断和双头垄断的情况时，如果对交易的评估出现显著偏差，那么在均衡时人们就将大量涌入被低估的市场，无须承担风险就能获益。

另一个解决"先有鸡还是先有蛋"问题的方法是对市场的一边进行投资，从而降低那一边客户参与平台的成本。微软就是一个很好的例子。微软在投资于软件开发工具的同时还提供其他帮助，而这一切都旨在为程序开发人员的工作提供便利，让他们能更好地使用微软操作系统。再举一个例子，当债券交易冷清并长时间无法在买方和卖方之间完成，阻碍市场定价和流动性时，债券交易商会为买方和卖方交易的债券在自己的账户坐盘。通过这种投资方式，双边中间商能够培养市场的一边（最初甚至可以充当供应方）或双边，从而激发平台获得全面的成功。

对市场一边定价或者转移定价，鼓励受益群体参与，是能够帮助平台解决"先有鸡还是先有蛋"问题的。反过来，也就是说，网络效应的存在会鼓励非受益群体参与。有学者将这个策略称为"分割包围，逐个击破"。给市场一边提供便利还有另一个效应，那就是能够抑制竞争平台。比如，Palm 向 PDA 应用软件开发人员提供免费的工具和支持，鼓励这些开发人员写出能在 Palm OS 平台上运作的程序，但是这也会导致这些开发人员减少为其他操作系统开发程序的时间。

11.3.2 定价策略和利益平衡

解决了"先有鸡还是先有蛋"这个核心问题之后，成熟的多边企业仍然需要设计和维护最优定价结构。在大多数多边市场中，企业制定的定价结构一般都是明显偏向一边的，这是为了防止一边利润（价格减去边际成本）太过低于另一边。比如，2001年，除去财务费用收入，美国运通82%的收入来自商户一边；如果包含财务费用收入，则这一比例达62%。微软的大多数收入来自 Windows 的授权许可费（向计算机制造商或终端用户收取）。房地产经纪人的大部分收入通常来自卖方。有关宏观政策的激烈争论也表明，各边寻求的只是自己的狭隘利益，都希望对方支付更多。这在支付卡行业是一个常见现象。例如，某欧洲零售商协会就要求欧盟委员会强制卡协会废除交换费。另外，在美国零售商诉讼案件中也存在这样的情况。

发现最优定价结构是在多边市场进行竞争的挑战之一。有时候，很多平台会使用相同的定价策略。例如，微软、苹果、IBM、Palm 和其他操作系统公司本可以向应用程序开发人员收取较高费用，向最终用户收取较低费用。但是，它们都发现向开发人员收取较低费用是有意义的。尤其是微软，它提供的服务完全是免费的。与其他操作系统公司相比，微软以在开发人员这一方花费更多精力著称。

不同的平台也会作出不同的定价选择。20世纪80年代末，ATM 网络就拥有持卡人基础，持卡人可以在 ATM 上取款或者获得其他服务。但是，当时并没有商户接受这种卡消费。为了在现有 ATM 卡基础上增加借方服务，ATM 网络服务商收取了低于卡协会要求的交换费，以此鼓励商户安装可以读取 ATM 卡并支持密码输入的密码键盘。很多商家相继投资安装了密码键盘。信用卡协会的商户成员接受的是信用卡，并不能像 ATM 卡那样直接与消费者的支票账户相连。另外，信用卡系统的交换费远高于 ATM 网络系统，前者在一笔30美元的交易中要收取约37美分，而后者只收取约8美分。ATM 网络服务商通过这个手段，说服银行发行借记卡，并说服持卡人使用这种卡。流通中的 Visa 借记卡从1990年的约760万张增加到2001年的约11700万张。

另外，还有其他因素会影响定价结构。市场的一边可能存在罗切特和梯若尔所说的"优质买家客户"或者"人买家客户"，这些客户对市场的另一边极具价值。大买家的存在往往会压低对买方的定价，提高对卖方的价格标准。"大买家客户"现象的存在可能是因为长期合同或沉没成本投资的存在，使得某些客户非常忠于某个双边公司。例如，相比其他信用卡公司，美国运通公司已经能够收取较高的商业折扣，尤其是其商务卡，因为商户认为美国运通公司的客户是极具价值和吸引力的。当客户是"优质买家客户"时，美国运通公司就会提高对市场另一边即商户的收费标准。与此相反的是，当 ATM 系统进入支付系统时，凭借其忠实的持卡人（因为直接与支票账户相连，持卡人无须使用其他支付手段），迫使商户购买和安装昂贵的机器设备（为了处理在线借记卡交易）。

11.3.3 平台市场结构的类型

目前，存在着几种不同类型的多边市场组织：（1）重合性平台：若干多边平台向同一边客户提供可替代的产品或服务。电子游戏、个人电脑操作系统和支付卡系统就是这样。（2）交叉性平台：若干 N 边平台向 n（n 小于 N）边客户提供可替代的产品或服务。这就像浏览器，既是操作系统的一边，也是门户网站业务的一边。（3）垄断平台：在任一边都没有竞争。虽然这在理论上是可能发生的，但是在实践中很难找到这样的例子。也许，某段时间黄页在某些方面是这样的。

平台竞争关注的另一个问题是一边客户同时归属多个平台的程度。用户只专注某一个平台可能是出于单一平台更有效或者更便利的考虑。例如，在个人数字助理领域，大多数用户并不想同时使用多个操作系统。当然，一边用户也会发现某些情况下多重归属才会有效和更便利。这就好比大多数商户会同时接受几大竞争性支付系统的支付卡。

平台行业往往至少会在一边体现多重归属的特征。表11-4就展示了这样的情况。以个人电脑为例，它有着终端用户和应用程序开发人员这两边客户。终端用户并不是多重归属的，因为他们几乎总是使用单一操作系统。目前，大多数用户使用的是微软操作系统。但是，开发人员是多重归属的。据乔希·勒纳调查，2000年，为微软操作系统开发软件的软件公司占总量的68%，19%的公司为苹果操作系统开发软件，而为包括Linux在内的Unix操作系统开发软件的公司占到48%，另外还有36%和34%的公司分别为在微型计算机上运行的非Unix操作系统和在大型主机上运行的专有操作系统开发软件。① 事实上，近年来，为非微软操作系统开发软件的公司数量是增加的。

表11-4 可选双边平台上的多重归属现象

双边市场	A方	A方多重选择的比例	B方	B方多重选择的比例
房地产经纪	买方	罕见的：多重选择可能是多余的，因为多重上市服务系统要求买家看到会员机构列出的所有资产	卖方	罕见的：多重选择可能是不必要的，因为多重上市服务系统要求会员机构和消费者都能看到列出的资产
证券经纪	买方	普通的：一般的证券经纪人代理3家公司（顾客可以是买家，也可以是卖家）	卖方	普通的：一般的证券经纪人代理3家公司（如前所述，顾客可以是买家，也可以是卖家）
B2B	买方	多重复合：比如，对于一些在线B2B网点的存在，多重选择可能是多余的，因为买家可以直接去B2B平台，而不是联系多边个人供应商	卖方	多重复合：多重选择可能是多余的，因为B2B花费不多就可以吸引大量顾客
报纸和杂志	读者	普通的：1996年，美国每人每月阅读的杂志平均为12.3本	广告商	普通的：比如，2002年8月20日，Sprint公司在《纽约时报》《华尔街日报》和《芝加哥论坛报》上登广告
网络电视	电视观众	普通的：例如，在波士顿、芝加哥、洛杉矶和休斯敦以及其他主要大都会区能至少收到4个主要的网络电视频道：ABC、CBS、FOX和NBC	广告商	普通的：例如，Sprint公司在ABC、CBS、FOX和NBC广播公司登广告

---

① 总共205%的百分比表明开发商一方存在大量多重连接。

(续表)

双边市场	A方	A方多重选择的比例	B方	B方多重选择的比例
操作系统	应用程序用户	罕见的：通常，一个人只用一个操作系统	应用程序开发人员	普通的：开发各种操作系统的开发商数量表明开发商使用有效的多重选择
电子游戏	玩家	多重复合：中等游戏玩家平均拥有4台游戏机	游戏开发人员	普通的：例如，美国艺电开发任天堂游戏、微软的Xbox、索尼的PlayStation 2和很多其他的游戏机
支付卡	持卡人	普通的：大多数运通卡持卡人同时持有Visa卡或者万事达卡	商家	普通的：运通卡持卡人在运通卡可用的地方也能使用Visa卡和万事达卡

多重归属和交叉性平台都会影响价格水平和定价结构，但是在理论和实践方面的研究都还不够，远远没有达到成熟的程度。

11.3.4 规模效应和流动性

微软、eBay、雅虎和大莱俱乐部等成功的多边企业都会花费很多时间测试调整它们的平台，这样做是为了在进行大规模投资前就积累足够的流动性。一般来说，这些公司一开始在小型市场上进行试点，反复试验，从而找到正确的技术并保障投资运行顺畅。很多成功的多边企业凭借扎实稳固的市场进入策略持续发展，平台规模不断扩大。大多数网络经济学文献都认为多边企业需要依靠合理的初始投资以积累流动性，关键是如何找到正确的技术以及平台运行的保障。基于此，我们认为，成功的多边企业一定是首先发现了自己在匹配构建买卖交易方面的优势，并在平台验证有效后才进行大规模投资的。

例如，直到在用户一边积累了足够的流动性之后，Palm才大规模投资于开发人员支持项目。开始时，虽然在随Palm Pilot一起发布的软件开发工具包（SDK）上进行了小型投资，以方便外部开发人员熟悉和使用Palm OS，但是在1998年拥有大量用户之前，Palm在与重要发展伙伴签约以及通过讲课、会议等活动支持Palm社区发展方面投入的精力有限。

很多成功的多边企业已经找到非常经济的检测和改良平台的方法，并且利用最佳方式进行扩张。雅虎公司就是这样一个例子，随着时间的推移，该公司尝试开发了多种不同的板块，如雅虎交友（Yahoo Personals）、雅虎财经（Yahoo! Finance）和雅虎旅游（Yahoo! Travel）。1996年，雅虎开发了雅虎儿童网站（Yahooligans!），这是一个与儿童相关的目录性网站。在雅虎儿童网站的早期投资中，雅虎只雇用了一个程序员和一个业务开发人员。在项目正式启动前三个月，两人还只是兼职性质的。当时的普通宽带速度很慢，显然无法吸引孩子们的注意力。可以说，雅虎儿童网站在当时雅虎各版块中是相对失败的，但是失败带来的损失是最小的。

最后观察一下商业模式。与传统的网络效应经济理论和基于该理论的商业建议相反,没有证据表明快速抢占市场份额是平台企业占据市场主导权的秘诀(网络经济学的观点是基于强大的网络效应)。很多多边产业的早期进入者最终并没有始终保持领先地位,如支付卡行业的大莱俱乐部、个人电脑行业和手持设备领域的苹果公司以及在线交易行业的 Onsale 公司。同样,如上所述,尽管具有网络效应,很多平台行业都存在若干业务重叠的竞争平台,但是其中的大多数至少有一边参与者具有多重归属的特征。

11.4 竞争政策与发展趋势

通过降低参与各方的交易成本,提高货币以及非货币交易的效率,是平台的典型作用。同时,对于平台来说,价值创造和分配过程是相辅相成的。平台商决定着价值在各边的分配,也决定着消费者剩余的分配。当然,平台自身也参与分配,作为其利润的来源。平台对价值在各边的分配情况在一定程度上体现了其吸引参与各方的轻重缓急。具体来说,为了确保某一方参与,平台很可能对其进行补贴,而通常对另一方的定价将会低于边际成本。

平台价值的创造以及消费者剩余的分配部分取决于平台在增加正的外部性、减少负的外部性方面取得的成绩。当然,要实现价值和消费者剩余的可持续提供,平台必须达到临界规模。

在平台实现临界规模,并且持续创造价值的过程中,垂直性约束将会起到很好的辅助作用。前文对双边平台的分析结论同样适用于多边平台。

11.4.1 多边平台下垂直性约束对竞争的促进作用

垂直性约束对竞争的促进作用主要体现在三个方面:第一,垂直性约束有助于平台达到自然垄断的状态,从而使消费者的利益最大化;第二,垂直性约束有助于解决参与者福利获得的期望和协调问题;第三,平台一边的垂直性约束将使另一边获益,从而增加消费者的总福利。

(1)自然垄断

由于正的间接网络效应的存在,各边客户都认识到,如果有更多的另一边参与者,他们就能获取更大的价值。基于此,从社会化最优角度看,只有一个平台最好。也就是说,行业中某一平台企业最终将成为自然垄断者。[①] 如果成本没有呈现规模不经济趋势,没有需求拥挤效应,各边顾客都是同质的,那么此时多种差异化平台并不是最优选择。如果正反馈效应带来的效益大于垄断高价的损失,那么垄断平台是能够最大化消费者价值的。在这种情况下,垂直性约束使消费者在专注于一个平台的同

---

① 传统观点认为,自然垄断是规模经济的产物。在这里,自然垄断就是各边客户同时参与同一个平台的最终结果。只要规模不经济的成本不超过固化需求的受益,那么只有一个平台或者说自然垄断是有效率的。

时，也提升了自身的福利。①

当然，自然垄断的情况并不多见，这一结论还适用于其他类似的情况。比如，垂直性约束可以用于使消费者专注于几个差异化的平台。其原理就是，由于正的间接效应的存在，消费者只要不分散，就能提升自己从平台获取的价值。

(2) 需求协调、预期以及垂直性约束

除了固化需求，提升消费者福利的作用外，垂直性约束促进竞争的作用还体现在其他方面。比如，垂直性约束的运用可以保证平台的一边 A 参与人数超过临界规模的数量，在正反馈效应的作用下，实现平台的持续增长，从而增加平台对于各方参与者的价值。看到如此之多的 A 边客户，另一边 B 就会觉得参与平台的投资一定会得到回报。另外，垂直性约束也降低了平台"内爆"的可能性。随着参与者数量的增加，从平台交易中获取收益的期望值也在上升。平台向参与者描绘了一幅流动性供给充足的画面，即有着众多的潜在交易对手，时刻都能进行增值交易。这样，就有效解决了基础性的协调问题。当一边参与者渴望另一边加入时，平台的保证才会变得有意义。

除非平台自身不适用，否则垂直性约束对竞争的促进作用是很明显的。对于新建平台来说，如果不向一边客户保证对其有价值的另一边交易对手也会参与进来，很可能就达不到临界规模。对于已经达到临界规模，无须加大投资的一类平台而言，如果人们发现存在这样一种风险，即一边参与者数量的减少通过方向相反的正反馈效应作用，形成了恶性循环，那么他们是不会愿意参与其中的。在这种情况下，平台要么不再适用，要么由于规模过小，所能提供的价值十分有限，最终将被淘汰。

(3) 垂直性约束和间接外部性

对 A 边的垂直性约束是能让 B 边获益的。尽管一开始对 A 边的约束会导致 A 边客户福利的下降，但是随着 B 边客户福利的增加以及正反馈效应的作用，最终 A 边客户的福利也是会增加的。另外，还可以通过其他方式使平台增值。平台向 B 边客户保证，在平台上提供的产品和服务都是高质量的，而且交易是透明的，不存在投机取巧的行为，也不会有其他伤害行为出现。这些约束性的规则有的是垂直性约束的延伸，而有的就是垂直性约束，如禁止额外收费原则。

11.4.2 典型的垂直性约束分析

基于上文的分析，我们将从以下几个方面探讨垂直性约束对竞争的促进作用：

(1) 独家经营

独家经营合约限制了顾客从其他地方购买的可能性，而认为这种合约能够促进竞争的理由主要适用于多边平台环境。

毫无疑问，独家经营合约提高了需求的确定性，会减少企业面临的风险，增强企

---

① 行业发展史告诉我们，平台需要面临垂直性约束，只有在竞争中幸存的企业才能赢得市场。当然，即使平台占据了市场，它还得用垂直性约束来抑制竞争者进入市场。

业安排生产资源的能力，最终将会使顾客受益。举个例子，如果看到占据很大面积的核心商户在其附近有独家经营的商铺，或者在竞争对手那儿也有店铺，那么购物广场的开发商就会面临不小的压力。

独家经营合约的出现使企业不再对沉没成本投资有所顾虑，因为它们不用担心投资后顾客会变卦而使投资血本无归。以金融交易平台为例，在投资之前，平台会和一些大的交易者达成协议，以避免之后可能出现的讨价还价现象，因为投资的成本是要转嫁给交易者的。这样的协议也会避免"搭便车"现象的出现，即顾客在享受某一厂商A所提供服务的同时，从其他定价更低却无法提供上述服务的厂商B处购买。举个例子，电子商务平台为买卖双方进行互惠交易提供了便利，但是买卖双方很可能为了避免支付平台交易费用而选择私下交易。

正的间接外部性的存在也是独家经营合约提升多边平台效率的原因之一。平台通过吸引更多的参与者，使各边客户能够获取更大的价值。理论上，平台之间竞争的结果将会使人们都去参与最有效率的平台。但是，在实践中，可能存在协调问题。如果人们都往一个平台去，他们是能够获益的，但是从一个平台转移到另一个平台是有成本的，再加上信息不对称的原因，需求是很难固化（集中在一个平台之上）的，这样就会存在无谓的效率损失。通过独家经营合约这种形式，平台特别是高效率平台就能使签约客户固化需求，从而提高效率。

对于一边客户为单一归属的情况，这一方法提升平台效率的作用更为显著。为了匹配这一类型的客户，其他边的参与者可能要花费不菲的经济或非经济成本，从各个平台上寻找，有时就算在某一个平台上找到了，也可能因市场厚度（市场流动性）不够而不能从匹配交易中获取多大的价值。通过独家经营的形式固化单一归属一边客户的需求，将使参与各方都能从交易中获取更多更大的价值。

平台与A边客户群体签订的独家经营合约也保证了B边客户将会获得潜在价值。因为对于客户群B来说，他们可以很明确地知道未来在这个平台上可以与相对固定的客户群A进行交易。类似的保证对于那些不得不进行沉没成本投资的客户群B的成员更具价值。

独家经营模式不但能够确保各边客户的参与，还能保证平台达到临界规模，实现自身增值。有了这样的保证，企业家和投资者的投资热情和信心都会得到强化，更加愿意对平台进行投资。比如，视频游戏生产商会与游戏开发商签订合约，以保证有充足的游戏供给；也会与游戏玩家达成类似的协议，以防止他们被其他游戏平台吸引过去。

（2）捆绑让利、迎合竞争以及其他价格约束

随着捆绑让利这种销售形式的出现，人们关于竞争的担忧也出现了，因为这种形式在客观上激励消费者只在一家商店进行消费活动。但是，对于多边平台，这一销售形式与独家经营一样，对竞争有促进作用。与后者不同的是，捆绑让利并不需要签订合约，它对于消费者而言是实实在在的经济刺激。

目前，已经有研究者为捆绑让利这种销售形式辩护了，不过都是从单边企业的角

度考虑的，如捆绑让利避免了双重加价，降低了交易成本，以及其他一些关于价格歧视的解释。当然，这些解释也适用于多边平台环境。但是，当涉及消费者福利是否也增加时，就需要考虑这一定价机制对另一边需求的影响以及正反馈效应。

迎合竞争对竞争的促进作用除了有单边企业环境下的解释外，在多边平台下也有相关的解释。为了解决由需求的相互依赖性导致的问题，多边平台需要采用一系列复杂的定价机制。一方参与主体能够为平台创造价值的原因在于其对于另一方参与主体有价值。因此，平台在定价时考虑的就不仅仅是成本了，还得考虑各边对于平台的价值大小。正是由于定价机制的复杂性，才给了竞争平台通过提供更好的服务以分流客户的机会。迎合竞争的相关条款降低了平台因未达到临界规模而遭受损失的可能性，从而激励企业投资平台的更新换代，使客户更好地受益。与单边企业不同的是，即使多边企业的定价等于边际成本，也不能保证顾客不会流失。把价格定在与边际成本同样的水平时，平台也可能无法达到临界规模，也不能保证能够实现平台价值的最大化。

（3）捆绑和搭售

关于为什么消费者的福利会因购买捆绑和搭售产品而增加的问题，已经有文献解释过了，[1] 而那些解释同样适用于多边平台。

在这里，还有一个适用多边平台的特有解释。有这样一种情况，随着客户群 B 使用了平台提供的额外产品和服务，客户群 A 从中受益了。电子商务平台通常就会指定专门的支付平台，这样就将交易匹配和支付服务捆绑在一起了，方便了消费者的支付。报纸也是一个很好的例子，读者必须多个版面一起购买，这样方便了承担大部分印刷成本的广告商，也更容易定位潜在的目标客户。

（4）行为约束和标准

多边平台对平台参与者的行为是有约束的，[2] 对违反平台规则行为的检查、裁决以及惩罚有完善的规制结构。许多规则的制定是为了防止参与者向其他人传递负的外部性。这包括鼓励成员提供真实信息、履行对交易对手的承诺、避免投机取巧的行为以及其他旨在限制负的外部性和增加正的外部性的行为。以 eBay 为例，它为买卖双方制定了一系列的规则，对于违反规则的顾客将予以"驱逐"。

有时，平台约束性的规则在减少一方客户福利的同时，也增加了其他客户群的福

---

[1] See Christian Ahlborn, David S. Evans, and Jorge Padilla, The Antitrust Economics of Tying: A Farewell to Per Se Illegality, *Antitrust Bulletin*, Vol. 49, No. 1-2, 2004; David S. Evans and Jorge Padilla, Designing Antitrust Rules for Assessing Unilateral Practices: A Neo-Chicago Approach, *University of Chicago Law Review*, Vol. 72, No. 1, 2005; David S. Evans and Michael Salinger, Why Do Firms Bundle and Tie? Evidence from Competitive Markets and Implications for Tying Law, *Yale Journal on Regulation*, Vol. 22, No. 1, 2005.

[2] See David S. Evans, Governing Bad Behavior by Users of Multi-Sided Platforms, *Berkeley Technology Law Journal*, Vol. 2, No. 27, 2012.

利。有学者发现，平台有时会为了商户的便利而增加消费者的搜寻成本。[①] 购物广场为了最大化店铺的客流量，需要增加消费者寻找和去到目的地店铺的时间。

除了约束性的规则外，平台还为各方参与者制订了一系列的标准：有技术标准，就像支付系统服务商对商户支付设备的技术要求；有信息发布标准，就像在Facebook中创建个人页面；有程序标准，就像实体交易所对于是否接受交易给出明确的信号。

有时，竞争监管机构及法院会认为某些行为约束和标准是垂直性约束，因为它们限制了客户与竞争对手之间的交流或交易。支付卡系统的例子就很有启发性。各支付系统一直禁止那些接受其支付卡的商户对持卡人持卡消费额外收取费用的行为。竞争监管机构则认为，无附加费原则抑制了竞争，在这一规则下，商户无法引导消费者选择支付方式，因而也就无法与支付系统进行某种形式的竞争。

无附加费原则增加了商户的成本，却使消费者受益了，因为刷卡消费的金额将会是确定的。这就使消费者免受商户投机取巧行为的伤害，因为有时消费者可能没有其他替代支付选择（如没带现金）。除了竞争监管机构对附加收费的禁令外，有的国家已经立法禁止额外收取费用的做法。[②] 有证据表明，为了获取额外的收益，在实践中，有商户用额外收费来实现价格歧视，同时也有投机取巧的行为（多收一个算一个）。

因此，垂直性约束提升平台效率以及便利消费者的作用取决于在实践中的具体使用。至于垂直性约束对竞争的抑制作用，也要具体情况具体分析。

11.4.3 多边平台下垂直性约束对竞争的抑制作用

为了检验垂直性约束的效应，经济学家们建立了一系列的模型。为模型建立所作的假设可能适用于任意单一市场，也可能不适用，可以肯定的是模型得出的结论与假设息息相关。完全垄断的利润原理说明，垄断产品搭上竞争产品进行销售是无法获取额外利润的。当然，只有按照固定比例搭配，上述结论才会完全成立。经济学家们通过模型解释了固定比例搭售是如何降低社会福利的。他们发现，如果搭售产品的生产存在规模经济现象，这种销售方式就必然会降低社会福利。

主要经济模型对垂直性约束促进或者抑制竞争作用的描述，无论是显性的还是隐性的，都是基于单边情形的。当然，这也涉及一些多边环境下的研究，但是并不能保证得到的结论完全适用于多边平台。例如，对平台一边的产品进行搭售，毫无疑问将影响到另一边客户的需求，但是已不在搭售标准理论考虑范围之内，不管是固定比例还是随意搭售。

有些学者对原始模型进行了改进，用来对多边平台下垂直性约束的效用进行分

[①] See Andrei Hagiu and Bruno Jullien，Why Do Intermediaries Divert Search?，*The Rand Journal of Economics*，Vol. 42，No. 2，2011.

[②] 立法禁止商户额外收取费用的国家有奥地利、斐济、法国、意大利、保加利亚、拉脱维亚、立陶宛、菲律宾、葡萄牙、罗马尼亚、斯洛文尼亚、瑞典和阿联酋等。

析。这里对他们的工作作一概括,并检验其对垂直性约束抑制竞争的研究。但是,与标准理论一样,改进后的理论也是建立在特定的、难以验证的假设之上的,因而其对垂直性约束效应的预测显得缺乏说服力。

(1) 捆绑和搭售

温斯顿发现,产品 B 所在市场中如果存在规模经济效应,出售产品 A 的垄断厂商通过搭售协议成为 B 市场中的垄断者是有利可图的。当然,这是有前提条件的。[①] 对于这种情况下社会福利是否会降低,他认为需具体问题具体分析,不能一概而论,要作具体的数据分析。这一单一分析方法能否适用于多边平台?可以确定的一点是,随着参与方的增加,分析难度也大大增加了。

阿梅利奥和朱丽安曾经分析过一个双边案例,其中搭售这种形式不但有利可图,而且增加了消费者福利。[②] 假设利润最大化的定价要求之下,对一边的收费要小于零,通常不可能征收负的费用,但是通过捆绑另一件商品就完全满足条件了。他们证明,在垄断情况下,消费者福利增加了;而在竞争环境下,消费者福利并没有得到提升。

杰伊·皮尔·乔伊提出了一个旨在捕获针对微软的反垄断诉讼中相关事实的模型,[③] 涉及的项目包括 Windows 媒体播放器及其软件平台。在该模型中,存在两个平台 A 和 B,都连接内容供应者和消费者。另外,平台 A 还生产产品 M。为了使用平台 A 或者 B,M 是必须购买的。乔伊假设内容供应者是多重归属,即同时为两个平台提供相同的内容。这时,如果消费者是单一归属,那么 A 和 M 的搭售就会将 B 挤出市场。同时,如果网络效应足够强大,而且消费者对两个平台没有特别的偏好,那么福利还将得到提升。但是,当消费者也是多重归属时,A 和 M 的搭售就不能将 B 挤出市场,因为没有规模经济效应。不过,可以肯定的是,社会福利会有所增加。乔伊的分析明确指出了理解多重归属的重要性。

朝镛和德登格尔的研究主要集中在混合捆绑销售方面,包括单独出售以及以低于单独出售的折扣价捆绑出售产品。[④] 以一个垄断的视频游戏平台为例,它通常会采用混合捆绑策略:出售游戏主机和游戏的组合,或者单独出售游戏主机,让游戏开发商自行发布和出售游戏。不考虑间接网络效应,人们会认为最优捆绑策略下的价格应该要比单独销售的总价高。因为根据消费者对游戏数量需求的不同,企业可以细分市场,实行价格歧视。两位学者的模型证明,考虑到间接网络效应的存在,最优的做法应该是在捆绑销售的同时降低游戏主机和游戏的价格。在单边环境下,混合捆绑策略

[①] See Michael D. Whinston, Tying, Foreclosure, and Exclusion, *The American Economic Review*, Vol. 80, No. 4, 1990.

[②] See Andrea Amelio and Bruno Jullien, Tying and Freebies in Two-Sided Markets, *International Journal of Industrial Organization*, Vol. 30, No. 5, 2012.

[③] See Jay Pil Choi, Tying in Two-Sided Markets with Multi-Homing, *The Journal of Industrial Economics*, Vol. 58, No. 3, 2010.

[④] See Yong Chao and Timothy Derdenger, Mixed Bundling in Two-Sided Markets: Theory and Evidence, Working Paper, 2012.

就是一种价格歧视机制;而在多边平台下,为了刺激游戏玩家和开发商的参与热情,有必要降低捆绑后的游戏主机和游戏的价格。

(2) 独家经营

在美国得克萨斯州的达拉斯,《达拉斯晨报》与《达拉斯时代先驱报》互为竞争对手。它们有着类似的版块,有专栏,也有从环球新闻集团转载的连环漫画。1989年8月,《达拉斯晨报》与环球新闻集团签订了独家经营合约。《达拉斯时代先驱报》失去了合作机会。为此,它还提起了反垄断诉讼,但是败诉了。1991年,《达拉斯晨报》的母公司收购了《达拉斯时代先驱报》并将其关闭。这一案例促进了周杜利和马丁所作的关于独家经营合约的研究,他们认为独家经营这种形式使得平台竞争者失去了实现关键的互补性输入的机会。如果消费者没有明显的偏好,而且经营的固定成本很高,那么独家经营模式的引入会提升社会福利。但是,对于消费者来说,他们的境况肯定变坏了。

赛格尔和温斯顿的研究成果表明,如果存在显著的规模经济效应,在位垄断者能够有效地阻止效率更高的潜在竞争者进入。具体来说,就是垄断者在竞争者进入市场之前,说服大量的消费者与自己达成独家协议,稳定住客户群基础。多戈诺格鲁和怀特研究的重点是,在没有规模经济效应而存在直接和间接网络效应时独家经营策略的有效性。以具有间接网络效应的双边平台为例,他们发现在位垄断者可以在竞争对手进入市场前,通过与一边客户达成对其有吸引力的独家协议(通常包括低价或补贴),达到挤压、排斥新进者的目的,随后再向另一边客户征收高额费用以实现盈利。在具有规模经济效应的单边情形下,这样的独家经营模式严重制约了新进者获取足量顾客以实现发展的可能性。在多边平台下,任意一边客户需求的固化都会剥夺进入者获取另一边客户的可能性。也就是说,平台并没有必要锁定所有客户,它要做的只是锁定部分客户,让新进者无利可图就行了。从这个角度来说,独家经营模式降低了消费者福利。

上述所有对于独家经营模式的分析,其对象都是在位平台。就像有学者指出的,这一模式也能帮助新进平台打开市场。独家经营模式能够打破竞争性瓶颈均衡,此时的客户是单一归属在位平台的。为实现临界规模而使用的独家经营策略给竞争策略分析增添了复杂性。在动态竞争时期,这一策略的运用能够起到促进竞争的作用。问题是,在平台已经具备相当大的市场支配力时,这一策略是否还有存在的必要?

(3) 有条件返利、迎合竞争以及其他垂直性约束

多边平台的相关文献资料对许多其他类型的垂直性约束还缺乏分析。有条件返利这样的垂直性约束的存在,增加了那些参与竞争对手平台之客户的成本(无论单一归属还是多重归属)。因此,有些人认为这些约束与独家经营模式类似,也存在阻止更有效率或者区别于在位垄断者的平台进入市场的可能性,就更别提获利的可能性了。

11.4.4 垂直性约束、临界规模以及排他性策略

垂直性约束对竞争的抑制作用会妨碍竞争平台实现临界规模。夏皮罗曾指出,排

他性合同以及排他性会员规则对网络行业有百害而无一利，因为它们的存在使得运用新的和改进的科技的企业无法达到能真正威胁现有市场领导者地位的临界规模。多边平台文献对排他性协议的研究更为深刻和细致，除了更加深刻地定义了"临界规模"的概念外，更是涉及多边平台可能使用的旨在阻止竞争企业达到临界规模的一系列策略，还提出了多边平台下独家经营协议能够促进竞争的观点。最后，人们发现，对于间接网络效应以及临界规模的研究已经远远超出高科技行业的范围。

（1）临界规模

有人认为，从发展的角度看，平台的整个发展过程可分为两个阶段：创建阶段和成熟发展阶段。在创建阶段，平台的目标是招募参与者以达到临界规模。在第二个阶段，平台依靠网络效应，实现自身长期均衡增长。当然，每个平台的长期均衡增长途径是不一致的，取决于实际竞争状态下平台的利润最大化规模以及行业中产品的差异性。

临界规模或者临界状态位于平台创建和均衡发展之间，是产生正反馈效应的各边需求之和。在平台达到临界规模后，信息完全的客户加入平台一边，不但自己能够获取价值，还能增加平台的价值，使平台能够吸引到信息完全的另一边客户。这样的正反馈效应会持续下去，直到平台达到长期均衡的规模。

平台临界规模的概念与交易流动性有些相似。① 充足的买入和卖出指令是一个交易平台能够持续经营的基础。因为只有这样，市场才会具有充足的流动性，流动性需求者和供给者才会愿意为参与交易平台而花费。如果流动性不足，买卖双方都不会加入。一旦有充足的流动性，更多的买卖双方会被吸引过来，平台自身也会得到快速发展，将能吸引包括造市商在内的更多流动性供应者。

在创建阶段，平台所有的策略都是为达到临界规模服务的。从正式的经济学理论来看，平台就好比是基石。在实践中，平台总是想方设法进行推广活动（如优惠促销、营销攻势、口口相传），并努力留住这几类顾客：早期接受者（喜欢尝试新产品）、对平台评价高的客户、极具价值的大客户。另外，平台也会不断与顾客进行沟通，向其灌输平台临界规模的实现将能为他们提供更大的价值的观念，使顾客的期望具体化。

据不完全统计，大多数平台在创建初期就失败了，更别提达到临界规模了。② 临界规模蕴含的经济学原理为我们揭示了其中的原因。平台如果不能达到临界规模，就无法产生自我持续的正反馈效应，而客户也会发现对他们有价值的另一边客户数量不足。这时，那些早期接受者、高价值用户以及曾经相信平台会达到临界规模的人都将放弃并撤离平台。随着向临界规模增长的势头减缓，在参与者撤离后不久，方向也会

---

① 事实上，临界规模反映的是最低流动性要求。See Larry Harris, *Trading and Exchanges: Market Microstructure for Practitioners*, Oxford University Press, 2002; Maureen O'Hara, *Market Microstructure Theory*, Blackwell Publishers Ltd., 1995.

② 确实，大部分单边企业会以失败最终，而临界规模是多边市场特有的关键环节。

扭转。虽然经济模型无法为平台的创建阶段给出确切的时间轴，但是这段时间明显是有限的。在创建阶段，人们加入平台和放弃平台的时间间隔一般不会太长。

独家经营协议对于创建初期的平台来说是达到临界规模的备选方案之一，因为协议至少确保了一方会参与平台，而这就足以吸引和招募到另一边参与者，特别是当协议方对另一边参与者极具价值时。

（2）垂直性约束与平台创建初期

在位平台可以通过一系列策略的使用，加大新平台在创建初期达到临界规模的难度，而新进者在此情况下很可能失败。基于对各种约束策略的理解，吸取失败平台的教训，企业和投资者不会轻易下注，特别是在相关行业和领域。很多时候，在位平台是依靠垂直性约束制约新进平台达到临界规模的。①

垂直性约束能够很好地解决顾客多重归属的问题，固化他们对于在位平台的需求。当然，这也是在位平台打击竞争平台的手段之一。

独家经营协议这样的垂直性约束就是典型的例子，它扼杀了新进平台通过招募各边参与者达到临界规模的可能。对于若干相互竞争的平台来说，这样的约束协议防止了自己的客户参与其他平台现象的发生。有条件让利和迎合竞争条款也能达到相同的目的，就是没有独家经营那么直接。有条件让利使顾客平台交易量的下降显得不划算，更别提转投其他竞争平台了。即使转移很少的交易量，也是很不划算的。迎合竞争条款更是直接赋予在位平台挤垮竞争平台的机会。

垂直性约束的采用并不意味着要挤压竞争平台各边客户的需求，只要阻止后者获取达到临界规模的客户需求（视为一个组合）就可以了。图 11-1 向我们展现了一种典型的情形。垂直性约束可以用于阻止平台从每一边获取足够的客户需求，在图中表示为 A 边的 a' 和 B 边的 b'。将 A 边需求控制在 a' 以下，将 B 边需求控制在 b' 以下，平台无论如何也无法达到临界规模。另外，只要将各边的需求组合控制在阴影部分，即临界规模边界 $C'C''$ 左下方的三角形区域，平台就无法达到临界规模。图中 $C'C''$ 是达到临界规模的最少参与人数要求，因为只有这样的市场才会有厚度，才会有足够的流动性，才能支持平台的可持续增长。一旦平台达到临界规模，在图中就表示为 $C'C''$ 上的任意一点，就有希望实现潜在利润最大化（在图中表示为 D^*）；如果平台未能达到临界规模，其规模将会不断收缩，最后必然失败。一般来说，达到临界规模的最优增长路径以及实现长期均衡的路径越远离水平轴和竖直轴越好。另外，相对均衡的增长也是很重要的。这一点在图中体现为，达到临界规模的增长路径应该位于三角形 $OC'C''$ 之内。如果一边参与者过多，另一边参与者过少，也会导致平台的"内爆"。

对于新进平台来说，达到临界规模的最大障碍是一系列有效的策略被限制使用。在平台创建初期，阻止那些对新进平台异常重要的客户（可能是大客户）加入是在位平台最有效的打压手段。同样，即使新进平台考虑到了可能的困难，想要提前与潜在客户达成排他性协议，垂直性约束的存在也是不允许那些客户这么做的。

---

① 在位平台也可以实施掠夺性行为，这里不再展开。

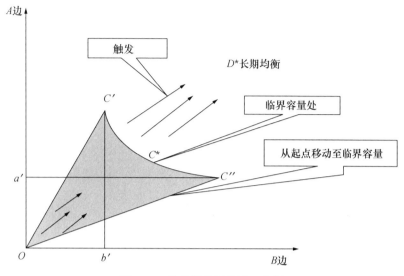

图 11-1 临界规模以及进入抑制

上述分析说明了一点,那就是垂直性约束通过制约新进平台获取任意一边潜在客户需求的方式阻止其达到临界规模。通常,平台各边的价值是有所区别的,一边客户会更具价值,而对这一边平台定价时会相对倾斜(定低价)。因此,固化那一边客户的需求对打压竞争者,阻止其进入市场和发展壮大十分有效。这也就解释了为什么在位平台一般会与"足量"的某一边客户达成排他性协议。当然,在位平台还可以采取其他的方法。虽然平台各边客户之间会产生正反馈效应,但是贡献是有区别的。有一边客户可能数量不多,贡献却较大。这样的关键客户也是在位平台极其看中的,会通过各种协议固化他们的需求。

对于新进平台,如果不能达到临界规模,就无法在竞争中生存下来,更别提实现均衡增长了。但是,生存问题不仅仅是新进平台所要面临的,在位平台也得考虑。即使是那些达到了临界规模并正向长期均衡规模发展的在位平台,稍有不慎,在竞争中也会被其他竞争平台利用各种手段挤压下去。我们以形象化的场景总结一下:捕食者通过垂直性约束固化顾客的需求,防止他们跑去竞争对手的平台,然后开始慢慢掠夺竞争对手的客户(尽管在掠夺阶段可能是无利可图的),最终将"猎物"的规模死死地压在临界规模以下。

(3)产品差异化和排他性策略

稍早一些时候关于网络效应的研究认为,直接和间接网络效应辅以效率、运气以及抑制竞争策略,最终会使企业独霸市场。根据对不同行业多边平台企业的实证分析,我们发现这一结论是不成立的。绝大多数多边行业发展到一定程度都会出现几个平台相互竞争的局面。产品差异化可能是导致这一现象的原因。①

---

① 拥挤和规模不经济现象是其他原因。

我们建议，新进平台如果想要与在位平台进行竞争，最好让平台显得有所不同。这么建议的原因有两个：第一，如果只是盲目模仿，新进平台很难与在位平台进行竞争。在位平台一般已经达到临界规模，能够给予客户更大的价值。即使新进平台实行价格竞争，也几乎不能影响在位平台的市场表现。第二，差异化会使达到临界规模的过程更顺利。新进平台一开始就能吸引到早期接受者和对其差异化服务感兴趣的高价值用户。因为目标客户与在位平台有所区别，新进平台与客户达成排他性协议的成本也就更低了。

早期分析网络效应的学者曾担忧，由于网络效应的存在，在位者很可能使用排他性协议，特别是独家经营的方式阻止新进者，从而保证自己的市场垄断地位。产品差异化的出现从两个方面缓解了这种担忧：第一，从经验来看，在绝大多数多边行业中，企业不能避免竞争。第二，差异化策略是应对在位者利用垂直性约束的有效方法。

(4) 促进竞争的垂直性约束

在位者利用垂直性约束打压新进者的事实并不能说明垂直性约束的存在就是为了抑制竞争的。在位者也可以利用垂直性约束提升平台效率，而消费者享受到的便利很可能大于垂直性约束抑制新进者进入和发展带来的伤害。我们接下来讨论垂直性约束促进竞争的作用，同样基于临界规模的分析。

第一，垂直性约束和静态效率。

平台运用包括独家经营协议在内的垂直性约束，可以保证其在竞争中达到临界规模。平台不但会在创建初期使用排他性协议，而且会在达到临界规模并向长期均衡发展的过程中使用。平台这么做的原因也许是对竞争平台排他性协议的回应，否则自己的顾客很可能被对手挖走。在其他时候，平台这么做可能是为了保证对另一边顾客的吸引力。不管怎样，足够多顾客的背离会使得正反馈效应逆转，导致平台规模再次落到临界规模之下。

平台也会出现这样的情况，当优惠措施（价格优惠等）被取消后，受惠方客户依靠自身的价值，以参与竞争对手平台威胁厂商。对此，平台的解决方法概括来说就是"分割包围，各个击破"：以低价或补贴为手段，与"闹事"一边的部分客户达成协议，要求他们自绝于那些威胁平台的客户，或者不要参与别的平台。阿姆斯特朗和怀特的研究表明，成为竞争性瓶颈的那些客户从排他性交易中获利最大。

与平台签订排他性协议的一边客户的交易对手也将从这些协议中获益。因为对后者来说，至少交易对手将是确定的，这样预期的市场厚度就增加了，平台的价值得到了保证。另外，后者搜寻交易对手的成本也降低了。那些与签订了排他性协议的顾客在一边的顾客也将受益，因为他们可以避免多重归属的成本。同时，协议的签订能保证一定数量的另一边客户的参与，因而平台可以直接与其交易。

一般而言，垂直性约束就是平台管控影响自身价值的正负外部性所采用的基本策略。

第二，垂直性约束和动态效率。

在进入新领域时，多边平台和其他类型企业面临的风险是一样的。尤其是作为初始创新者时，多边平台将面临一系列的不确定性：市场是否会有足够的需求支撑业务的运行？是否会出现更多有效率的竞争者（可能让平台的前期投资化为乌有）？在发掘市场需求和设计有效的盈利模式时，企业不可避免地会面临各种风险。除了这些，多边平台还要面临能否达到临界规模的问题，而这需要通盘考虑各边情况。多边平台企业达到临界规模的时间是有限的。平台在创建初期的最大挑战要数参与者数量有限，这将会导致平台的服务缺乏价值。单边企业就幸运得多，无须考虑需求的相互依赖性，只要专注于提供优质的产品和服务就行，顾客会给予中肯的评价。

临界规模的达到意味着，平台将各方参与者召集在一起创造价值，触发正反馈效应。成功的平台为潜在的竞争平台提供了指引，后者可以"搭便车"，在创建初期就直接定位有价值的顾客。垂直性约束可以制止竞争者的这种"搭便车"行为。平台对客户基础的保护有利有弊：好处是鼓励了为达到临界规模而进行的各种创新活动，促进了一个新的平台商务模式的出现，也遏制了影响创新企业积极性的"搭便车"现象的发生；不利的地方是增长了成功平台的市场支配能力，打压了竞争者，不利于市场竞争。

第三，平台创建和增长阶段的垂直性约束。

多边平台的相关研究表明，独家经营协议有助于新进者打破竞争性瓶颈均衡。实证结果表明，这样的协议对于视频游戏行业的新进者是有价值的。另外，独家经营协议的作用还体现在其他方面，如帮助平台达到临界规模。因此，多边平台运用这样的协议和其他类似的垂直性约束绑定消费者也就不足为奇。

在一个行业成长初期，判定约束性协议对于竞争是起促进还是抑制作用是很困难的。因为此时的多边平台大多处于创建阶段或者向长期均衡发展阶段，长期均衡规模对它们来说是遥不可及的。然而，竞争监管机构和法院对于行业所处的具体阶段并不清楚。一个行业领先企业可能处于发展的初始阶段，离临界规模尚远；而一个财务状况良好的企业则可能正处于临界状态。若此时对排他性协议进行干预，则对领先企业实现长期均衡以及保障消费者的最高利益有百害而无一利。打压领先企业的结果是，人为地给新进者创造了机会。

案例　平台经济——余额宝案例分析[①]

余额宝是蚂蚁金服旗下的余额增值服务和活期资金管理服务产品，于2013年6月推出。天弘基金是余额宝的基金管理人。余额宝对接的是天弘基金旗下的余额宝货币基金，特点是操作简便、低门槛、零手续费、可随取随用。除理财功能外，余额宝还可直接用于购物、转账、缴费、还款等消费支付，是移动互联网时代的现金

[①] 参见蓝色 e：《平台经济——蚂蚁森林余额宝案例分析》，https://www.jianshu.com/p/66b318ed20d5，2019年10月23日访问。

管理工具。自2018年5月开始，余额宝陆续接入其他基金公司的货币基金供用户选择。截至2019年6月，余额宝总计已接入20只货币基金，天弘余额宝货币基金一家独大的局面得以改变。对此，蚂蚁金服方面表示，未来余额宝将陆续开放更多基金供用户选择。由于货币基金的利率是随着市场而变化的，因此用户可以自行选择心仪的货币基金。

　　余额宝本质上就是货币基金，是把大家的零钱汇集起来，投向个人投资者无法投资的货币市场。其基金用户群具有广泛、分散、小额储蓄的特征，99%为个人用户，70%以上的用户存款在10000元以下。纯散户化避免了机构大进大出的冲击。余额宝与消费联系紧密，很多人将自己支付宝账户上的小额消费资金转入余额宝之中获取收益，实现了储蓄收益和消费的统一。小额资金聚合而成的理财工具的性质，加上其紧贴现实的消费属性，让余额宝更加稳定，不容易受到各种经济和资本市场的冲击。

　　余额宝的平台"画布"：

　　1. **价值单元**：每一笔收益、每一次心愿的实现、每一次攒钱的成功、每一次成功还贷、每一次转出……

　　2. **消费者**：有闲散资金的用户、有购买货币基金欲望的用户……

　　3. **过滤器**：判断用户是否有闲散资金、是否想要购买货币基金。

　　4. **生产者**：货币基金管理人。

　　5. **平台价值**：将用户买入余额宝的货币基金用于投资国债、银行存款等安全性高、收益稳定的有价证券等，从而获取一定的利息，并通过一定的利率返回给用户，这样每个用户就都能分到一杯羹；用户买入货币基金，依然可以将余额宝直接用于购物、转账、缴费、还款等消费功能服务。

　　6. **生产者用于创造的工具与服务**：支付宝用户买入的每一笔货币基金、基金管理人的投资能力、各种渠道的券……

　　7. **消费者用于消费价值单元的工具与服务**：基金的收益可以用于购买其他物品、理财产品。

　　8. **货币**：现金货币即消费者买入的货币基金收益；社交货币即"蚂蚁心愿"，可以对其他用户点赞祝福。

　　9. **参与者之间的交互**：(1) 消费者与消费者之间：在"蚂蚁心愿"里可以查看其他人的心愿以及实现心愿要攒的钱有多少，可以点赞祝福，发出的心愿可以选择是否匿名，坚持的时间越长，"星星"越亮、越大等；(2) 消费者与平台之间：可以自行选择转入的货币基金类型，查看货币基金详情。

　　10. **用户需求**：将钱转入余额宝，我平时要花钱就花钱，还能什么也不干就挣点"小钱"，何乐而不为呢？可是，当出现相同类型的基金时，用户会选择七日年化率（收益）更高的基金。

余额宝的关键技术正是通过建立一个基于大数据的管理平台,管理支付宝公司十多年积累的海量数据,将大量的、分散的数据汇聚成可预知、可预测的数据,从而实现精准投资及精确测算,预测出资金的流动趋势,平衡资金进出。相关资料显示,余额宝资金流出预测系统每日所作业务预测的平均预测命中率可达86%,最高可达97%,准确率非常高。

在天弘基金公司2019年推出的《余额宝一周年大数据报告》里,首次披露了余额宝用户的人均账户持有额、年龄、性别、地区差异、交易时间等信息。通过这些数据的互相结合、重组,能够发现许多传统小数据发现不了的问题。比如,通过对客户行为的数据分析发现,用户中很多人在每月5号左右发工资,通常在此时做出购入行为;而每个月月底通常是各类账单付款时间,用户需要偿还房贷及生活开支等各类杂费,大部分人会做出赎回行为。通过对客户行为的精准分析,公司可提前部署资金安排,将尽可能多的资金用于投资回报,为客户创造较好的收益,同时又能满足客户随时赎回的需求。

余额宝处于平台发展的成熟阶段。在这一阶段,平台企业应关注可以为用户创造价值、推动创新以及有效应对竞争对手战略威胁的一些衡量指标。

随着不断向前发展,余额宝也有被取代的可能性,如与微信支付等第三方支付平台联合的基金。从目前的收益水平来看,微信理财通接入的货币基金的整体收益略高于余额宝接入的货币基金。不过,不少人对余额宝有着特殊的情结,余额宝在市场认可度和受欢迎度方面比微信理财通要稍微强一些。微信支付能成为中国第三方支付市场份额排名第二的产品,是因为它首先推出了"发红包"的功能,基于中国的传统习俗,发现国民的需求,在社交软件中开发出新的功能。之后,支付宝立马推出年前集福分大奖、花呗免还一年等活动扳回一城。2018年,微信支付推出"零钱通",号称是"微信版的余额宝"。今后,余额宝要想持续占据市场,必须开发出更多更好的核心交互产品或者功能,以核心交互带来的平台价值留住用户。

平台绝大部分的价值是从其服务的社群获取的。做好用户社群建设和服务,是促进平台核心交互必不可少的。

本章小结

在许多重要的产业中,由单个企业服务的客户之间存在很强的间接网络效应。这些产业中的企业往往拥有双边平台。关于双边平台的经济学理论为人们了解这些企业和产业的竞争行为提供了崭新的视角,主要包括市场界定、合作行为、单边行为和效率评估等。经济学研究已经得出明确的结论,即各边消费者的需求是相互依赖的。与标准模型相反,价格与成本之间没有密切的联系。关于双边市场的结论多依赖于片面的假设,但是这些假设有助于我们进行分析。

将经济学理论应用于政策建议往往要非常谨慎。第一,像在产业组织的其他领域一样，目前的研究得到的理论性结果是基于非常抽象的模型，这些模型对需求和成本作了特定假设，以解释产业如何运作。第二，几乎没有严格的关于双边平台的实证研究。第三，目前的理论和实证研究表明，双边业务的运作高度依赖于所在行业的特殊制度和技术。因此，对于双边平台理论的推广需要小心谨慎。

多边平台市场正日益成为经济的一个重要组成部分，对信息技术热潮产生了很大影响，而且随着商业模式的网络化，在新兴和传统经济中的比重会越来越大，将继续发挥重要作用。除了互联网商务，多边平台商业模式还将会在其他一些重要性不断提升的行业起支配性作用。

虽然许多问题是需要进行深入调查的，但是我们还是可以归纳出一些比较常见的商业模式：第一，差别定价是吸引双边客户参与平台的重要手段；第二，在双边客户都参与平台后，定价仍然是维持双边平台参与热情的关键；第三，多重归属现象在多边平台上很常见；第四，复杂定价已被证明在创建一个规模小但极具扩展性的平台上是成功的。

 习题

1. 论述平台市场的多种商业模式并分析其发展特点。
2. 列举平台规模的影响因素并详细分析各因素的影响程度。
3. 竞争政策会对平台经济的发展带来什么影响？
4. 结合本章案例，探讨平台经济的未来发展方向。

第12章

平台生态系统

我国经济发展进入"新常态",未来的竞争不再是企业个体之间的竞争,而是商业生态系统之间的对抗。近年来,网络平台商务活动发展迅猛,成为拉动居民消费、促进经济增长的重要来源。阿里巴巴、京东、亚马逊等网络商务巨头纷纷构建起包括消费者、生产商、零售商、广告商、物流商、数据和软件提供商等相关主体在内的网络平台型商业生态系统。

12.1 网络平台型商业生态系统运行机制

网络平台作为新兴行业,其商业模式、技术、制度等都具有较大的不确定性,使得该行业中的企业自动调整其目标、功能、结构和行为,促进系统的价值创造能力,以增强环境适应性能力。这就需要我们用发展的、动态的思维来看待。

12.1.1 网络平台型商业生态系统架构

网络平台型商业生态系统是一种新的商业模式,我们需要从整体出发,关注其参与主体的多样性、交易关系的多重性、交易规则的灵活性。

1. 参与主体

网络平台型商业生态系统是多主体参与的复杂系统,各主体在系统中担当不同的角色和功能,对系统中成员的角色定位和匹配是维持系统协调发展的前提。

根据摩尔对商业生态系统内种群的划分,我们可以将平台型商业生态系统内的参与主体按照功能不同划分为:(1)核心种群,即平台企业,是整个生态系统资源的领导者,为系统成员提供共享式的平台服务,抛出创新的"种子",吸引其他成员加入。该种群扮演着资源整合者和协调者的角色,致力于促进生态系统的价值创造与价值分享。(2)支配型种群,即平台型商业生态系统内围绕平台企业进行交易的主体,主要包括客户、供应商、制造商、分销商、互补商等,是系统内其他群体服务的对象。该种群的用户需求是整个生态系统的核心驱动力。(3)利基型种群,即网络交易环境下,交易主体必须依靠的企业组织,包括物流公司、金融机构、软件供应商、大数据管理商等。该种群的数量众多,差异明显,不依赖于生态系统生存,是促进平台系统的互补性创新,进而帮助提高系统整体竞争力的存在。

2. 交易关系

平台型商业生态系统作为一种复杂适应系统,其理论的精髓在于,主体在与环境和其他主体的相互作用中,不断改变自身的行为规则,适应环境,与其他主体协调发展。生态系统中的企业关系是多样化的,包括共生、共栖、偏害、互利共生、竞争、捕食等。在这里,我们将平台型商业生态系统中的交易关系分为竞争和合作两种。

(1) 平台型商业生态系统中的企业竞争

按照是否在同一平台型生态系统中、是否在同一产业内这两个标准,可以将这一生态系统中的企业竞争分为四类(如图12-1所示):第一类,同一平台型商业生态系统中的同一类型企业之间的竞争,它们可能是为了争夺生态系统资源,也可能是为了争夺领导者地位;第二类,同一平台型商业生态系统中的不同类型企业之间的竞争,为了获得持久竞争优势,它们争夺系统的领导者地位;第三类,不同平台型商业生态系统中的同一类型企业之间的竞争,其顾客类型相似,本质是平台之间的竞争;第四类,不同平台型商业生态系统中的不同类型企业之间的竞争,其实质是市场交易竞争。虽然第一类和第二类都是在平台内部展开的竞争,但是其目的、策略有所不同。

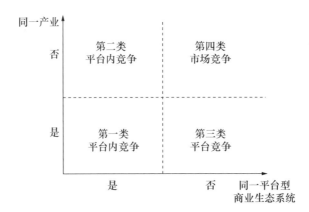

图12-1 平台型商业生态系统中的企业竞争分类

(2) 平台型商业生态系统中的企业合作

平台型商业生态系统中的企业在长期的博弈过程中,为了缓解竞争和生存压力以及获得双赢,相互之间的负影响不断减弱,正影响关系趋向增强。互利共生是企业之间合作的必要条件。企业在合作过程中共同创造、分享价值,有利于相互之间构建、维系共生关系。因此,互利共生与长期合作之间是互为因果、相辅相成的。

从平台核心企业的角度来说,通过提供突破性技术创新,构建生态系统架构,协调生态系统互补者之间的关系,从而满足平台生态系统参与者之间的异质性需求,利用网络效应不断发展壮大自己。从支配型企业和利基型企业的角度来说,它们通过与生态系统内的其他互补企业合作,提升自身的销售额,增加IPO发行的可能性,获得更强大的延伸能力。生态系统内企业之间的这种长期利益均衡,有利于提升企业之间的合作效率,降低交易成本。

3. 交易规则

平台型商业生态系统中的交易规则界定为：为管理各个主体之间的关系而制定的法律法规和奖惩机制。法律法规为市场因素，属于平台外部力量。奖惩机制为平台内部因素，为平台企业所控制。为了获得平台型商业生态系统的协调发展，平台企业需要解决主体之间的信任危机、利益冲突、信息不对称等问题，从而提高主体之间的合作效率，降低交易成本。因此，平台生态系统的核心企业需要建立相应的关系协调机制、利益协调机制。

（1）关系协调机制

平台型商业生态系统中各成员之间的关系协调需要从两方面着手：其一，信任关系的建设。基于契约的信任关系机制适用于发展初期的商业生态系统，系统成员之间了解不够深入，掌握的信息较少。随着生态系统的进一步发展、技术的进步以及信息的积累，核心种群能够作为第三方权威提供一种信誉机制，对于那些破坏合作关系的企业进行惩罚。其二，缓解信息不对称问题。平台企业可以通过制定产品或服务的质量标准，从技术层面缓解一定程度上的信息不对称问题。此外，平台企业需要构建信息发布平台，为系统成员创造信息共享的环境，从而更容易甄别产品或服务的质量高低。最后，平台企业应以第三方的身份对信息共享情况进行监控，建立身份认证机制、奖惩机制等。

（2）利益协调机制

平台企业可以从利益分配和激励约束两方面对商业生态系统内的成员进行利益协调。在利益分配方面，平台企业应当从成员在系统中的地位、为生态系统创造的价值等方面出发，公平合理地进行成员之间的利益分配。在激励约束方面，平台企业应当对整个生态系统的利益进行再分配，对于那些对整个系统贡献很大而在利益分配时却处于弱势的成员，给予适当的物质激励；相反，对于那些破坏商业生态系统整体利益的成员企业，作出相应的处罚。

12.1.2 网络平台型商业生态系统的演化运行机制

网络平台型商业生态系统结构的复杂性决定了其演化运行的方向选择是具有适应性的。无边界发展是基于互联网技术的平台企业未来的发展方向，其发展是一个从破界到跨界再到无边界的演进过程。

1. 破界阶段

在破界阶段，平台企业需要实现的目标是构建核心业务平台，首要任务是利用平台的网络效应吸引双边用户以达到临界规模。为了能够在用户数量不断变化的情况下维持其功能和运行能力，成员企业应当具备可伸缩性。这具体表现在平台对用户数量的容纳性上，即随着用户数量的不断增减，平台能够在不出现故障的情况下顺利运行。

随着支配型种群规模的增大，更多的物流、广告、信息、营销服务等利基型种群主体逐步被纳入生态系统，为核心业务平台服务。为了使成员之间协同服务，维持生态系统自身的服务水平，平台型商业生态系统必须增强自身的弹性，其特点是具有容错度、可修复性和稳健度。在平台生态系统层面，这表现为，生态系统在一个成员企业发生失误时能够快速恢复功能或运转正常。在成员企业层面，这表现为，即使平台或是其他与之交互的企业出错或倒闭，它也具有正常运转的能力。为了增强这一特性，平台型商业生态系统需要进行渠道资源的积累，通过构建各类制度机制，确保各类成员之间的关系协调和信息交互。

在能够维持正常的结构和功能的情况下，为了获得破界阶段的战略性演化，平台生态系统成员需要依靠积累的信息技术资源，根据从内外环境中获得的反馈信息，进行自主调整，增进自身功能，即增强可组构性。平台生态系统的维护费通常只有25%用于修复错误，其余75%的维护费是用来增进功能变化的。因为若无法迅速有效地改变系统成员的组织结构，则可能错过转瞬即逝的商业机会，在激烈的市场竞争中被淘汰。

2. 跨界阶段

跨界阶段的平台型商业生态系统的目标是，在维持核心业务平台运行的基础上开拓衍生业务。维持核心业务平台运行的主要任务是增加系统的流量。在"注意力时代"，注意力是平台市场的流量，是可以给企业带来无形资产增值、潜在产品或服务市场的稀缺资源。随着互联网功能的多样化发展，用户的空余时间逐渐接近上限，获得更多用户的关注变得越来越困难。事实上，随着注意力的飘忽不定，平台出售产品或提供服务的能力以及卖个好价钱的机会都会受到极大的影响。因此，平台生态系统需要注重增强维持用户注意力的能力，即黏性。对系统黏性，可以用用户数量的增长速度来衡量。

为开拓衍生业务，平台生态系统需要挖掘价值终端的潜在需求，及时响应长尾需求，这依赖于系统成员在合作状态下为终端用户设计、提供新功能的能力，即可塑性。它反映了系统成员快速创新以满足新需求的可能，具体体现在平台生态系统孵化衍生业务的能力上。

参与者加入平台生态系统，是为了杠杆化利用系统资源，在与其他成员协同的情况下，提高销售业绩和增加 IPO 发行的可能性。因此，在跨界演化的策略性阶段，随着衍生平台的出现，系统成员的数量不断增加。核心企业作为领导者，需要通过进一步完善各类认证机制、规则制度，增加系统协同性。系统协同性的增加意味着系统成员随着时间的推移，整合并利用系统资源的能力更大。这同时也意味着，系统成员对平台生态系统的依赖程度更大。因此，系统协同性的增加是一把"双刃剑"，一方面可能增强系统成员的能力与系统的整合性，另一方面也可能提高系统对成员的锁定性。

3. 无边界阶段

经过破界和跨界的演化进程，系统成员个体和系统整体获得足够的可持续竞争能力，平台型商业生态系统开始进入无边界的演化过程。这一阶段的基本特征是，不同领导核心的同质生态系统之间的竞争开始不断升级。为扩大平台生态系统的边界，包络战略成为平台进入新市场后克服在位者已有网络效应阻碍的有力方式，它通过提供新功能向具有重叠用户群的系统扩张。成功的包络需要满足三个条件：（1）原系统必须与包络系统存在共享规模经济；（2）关键杠杆资产必须是相关的，并且已经准备好向目标包络市场转移；（3）包络功能必须与包络系统领域相邻，包括用户相邻和价值链相邻。

平台生态系统在对其他系统实施包络的时候，需要注意拒绝被其他系统包络的威胁。这就需要生态系统培养自身的可持续性，即系统成员长时间维持竞争优势的能力，它衡量了系统成员在不断变化的竞争环境中的适应能力。为了增强系统的可持续性，平台生态系统需要不断整合包络资源，合理利用包络资源，增强自身的核心业务和衍生业务能力。

演化的进程不仅体现在系统规模上，还体现在子系统数量的变化上。平台型商业生态系统最终的战略性指标体现为突变性，即意外地、偶然地创造一个衍生平台。这一衍生平台继承了母系统的一些特性，却又有与母系统完全不同的功能。它是平台生态系统的一种进化，能够维持其竞争优势。首先，衍生系统保留了母系统的一些优势特征。其次，突变通过创建不直接与现有产品或服务竞争的产品或服务，为母系统提供存活于激烈竞争市场的解决方案。突变的实现与平台生态系统中创新流的累积直接相关，因此受到平台生态系统中期演化过程之可塑性的正向影响。

12.2 网络平台与传统产业的协同发展

12.2.1 网络平台战略驱动的传统企业跨界协同发展模式

在我国工业经济步入新常态、互联式服务型经济快速崛起的趋势叠加影响下，在"立体网络式"格局的产业生态系统中，将工业生产、服务、消费和创新通过平台连接形成一个动态闭环正反馈开放体系，用互联网思维将传统企业改造为更具弹性、灵活的互联式平台，促进企业的跨界成长，从而为工业经济增长注入新动力。网络平台战略驱动的传统企业跨界协同发展模式如图12-2所示。

以平台为基础的产业生态系统增长受到网络效应的驱动，如何保证足量的同边和跨边主体参与平台型产业生态系统，突破临界规模，激发间接网络正反馈效应，是企业能否成功实现跨界成长的最大挑战。具体而言，就是平台注意力竞争、临界规模的突破、平台身份的锁定和平台竞争优势的获取。传统企业应当在网络平台战略驱动下，通过路径依赖的"自强化"机制、经济行为与社会结构的"互嵌"效应以及强化平台竞争优势的"反哺"效应，在产业生态系统中实现以平台企业为核心的、"鸡蛋相生"的正反馈协同效应。

同时，对于产业生态系统中的企业而言，产业间的互动发展机制是影响系统中企业间能否协同演进的主要因素，进而会影响其成长性和成长轨迹。随着平台产业生态系统逐渐成熟，跨界整合资源能力的特征逐渐强化。但是，实体经济资源有边界约

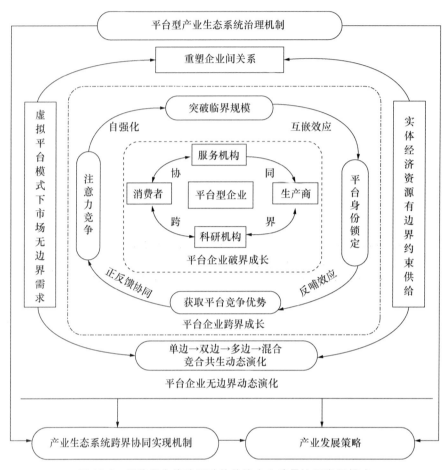

图 12-2 网络平台战略驱动的传统企业跨界协同发展模式

束,供给不能及时响应虚拟平台市场无边界需求的矛盾也愈加突出,并会进一步阻碍平台企业的跨界成长。平台企业需要重塑产业生态系统中的企业间关系,进行无边界化整合。

尽管平台型产业生态系统能更好地整合并合理布局企业和产业的资源,为其他外部实体进入平台范畴并构建产业平台和产业链打下基础,但是在以创新驱动战略协调推进信息化和工业化深度融合的背景下,我国产业转型升级的现实情境及其可行性"规定"了何种产业生态系统跨界协同模式真正有效率。

另外,还需要考虑平台参与主体的不良行为会导致经济效率丧失,进而使平台整体价值降低。因此,有必要完善平台型产业生态系统的治理机制,对各个利益相关者进行创新激励,在确保平台应用多样化、互补性的同时,协调降低平台企业间的潜在冲突。

12.2.2 传统企业跨界成长的策略分析

传统企业在构建平台型产业生态系统的起步阶段,首先要保证多边群体的关注和足量加入，然后触发网络效应，突破临界规模，获得平台的发展，进而锁定生态系统领导者地位，建立隔绝机制，获得竞争优势。

1. 平台注意力竞争策略

第一，扩大注意力范围策略。（1）定价策略。在综合考虑用户的平台产品需求价格弹性、用户的交叉网络外部性的强度、用户的平台黏性以及免费或补贴的成本收益比等后，对需求价格弹性大、交叉网络外部性强、平台黏性高的用户进行补贴、免费提供或者收取较低价格；当该边用户的网络外部性带来的平台收益低于平台对其免费提供甚至进行补贴的成本时，则放弃此策略。（2）包络策略。一是转化企业已有的用户资源，将原有的用户数据充分予以线上化；二是通过平台包络，增加平台功能模块，为更多的供应方和需求方提供产品和服务；三是为用户提供多样化的"捆绑服务"，增加多边用户之间的互动频率，使用户之间以及用户与平台之间的依赖程度加深。（3）合作策略。在网络经济时代，企业间以平台为依托，满足长尾需求，扩大平台企业的注意力范围。合作扩大了平台企业的资源边界，不仅可以充分利用对方的异质性资源，而且可以提高本企业资源的利用效率。

第二，增强注意力黏性。（1）个性化战略。注意力具有目标性，在大数据技术日益成熟的情况下，大数据精准营销成为平台挖掘潜在注意力、增强注意力黏性的有效策略。（2）降低用户搜寻成本。平台企业为用户创造价值不仅体现在为用户提供产品或服务上，还体现在其平台架构能够降低用户的搜寻成本，帮助用户寻找到更满意、更有效的产品或服务上。（3）优化平台接口。平台企业为了突破地理、空间上的界限，需要通过其支持层提供的 APP 软件连接多方用户群体。

2. 临界规模突破策略

平台的基本特征是拥有两个或两个以上不同的群体，其运行的基础是网络效应，即一方获利的多少取决于另一方的规模。突破临界规模是为了激发网络效应，而网络效应的激发不应当局限于规模，还应当注意用户之间的网络关系强度。传统企业构建平台后，根据网络效应的特征、平台的形成机制以及用户的影响力，进行临界规模突破策略选择。

第一，常规曲折向前策略。选择这一策略的平台企业本身不进行产品销售，只是作为多边群体的连接媒介。平台往往采取免费甚至补贴的方式吸引早期用户的加入，随着网络效应的激发，开始获得利润。

第二，两步走策略。采用这一策略的平台企业，其一边的用户对另一边的用户存在较强的交叉网络外部性。平台需要采用免费的方式在一边招募到足够数量的参与者，然后再去另一边招募用户群体。

第三，大买家策略。当平台用户在一边甚至多边具有个人影响力的时候，不仅能够提高所在平台对于潜在用户的价值，而且能够为平台吸引大量新的用户。因此，平台企业在创立初期可以通过实施大买家策略，迅速获取足量的多边用户。

第四，自主供给的曲折向前策略。平台企业可以自行充当平台某一边的经济主体，至少在启动阶段，通过自身良好的信誉吸引多边群体的关注和加入。

3. 平台身份锁定策略

在网络经济发展过程中，平台身份的不断涌现是经济行为和社会结构共同作用的结果。平台企业只有占据商业生态系统的关键位置，获得商业生态系统的控制权，才能不断强化自身的竞争力。

第一，塑造生态系统，立足平台供给，抢占生态系统的规则制定权。受网络经济的影响，在传统企业逐渐平台化的过程中，原本处于弱联结状态甚至是没有关系的众多企业聚集成一个有机的网络系统，或是打破原来合作与竞争平衡的生态系统，形成新的平台生态系统。但是，许多产业的未来发展模式、行业竞争规则、产业政策制度、空间集聚范围、区位等事关企业发展的产业系统架构还处于高度不确定状态。在这样的情况下，传统企业定位于平台运营商，致力于平台的建设和供给，通过政企关系的建设等，可以抢占优势区位，获取市场势力。

第二，设计生态系统规则，构建产业生态系统的"共同盈利"模式，为生态系统内企业之间的竞争秩序、企业与最终用户之间的交易秩序制定一套相对稳定的标准规则。这种"共同盈利"模式使平台运营商能够优化配置生态系统资源，拉升系统内各个专业化企业的资源短板。只有通过与系统内的企业共同成长，共享系统的创新价值，平台企业才能在与其他企业的健康互动中获得领导者地位，在参与企业数量的增加中获得服务的规模经济效应。

第三，管理生态系统，提出系统性价值主张。为了保证平台生态系统的高效运行，平台运营商需要及时处理生态系统内各种交易中的冲突。通过提出核心价值观，为生态系统成员提供有价值的技术方案和创新模式，核心企业能够增加其他主体对自己的依赖性，增强生态系统的凝聚力，维持生态系统的竞争优势，并在此基础上对核心价值观进行去物质化、聚核、扩网，丰富其价值主张，推动企业从边缘走向核心。

4. 平台竞争优势获取策略

平台企业在完成基础用户沉淀、网络效应激发、身份锁定之后，已经搭建起平台竞争的主导框架。为获得持续发展，平台还需要建立隔绝机制，即获得竞争优势。

第一，模块化创新，降低竞争对手的替代威胁。从传统工业经济时代到互联网经济时代，价值创造的起点从供给端发展为消费端。为增加产品价值，平台应当从消费端的需求出发，对产品进行极致化分工，满足消费者的个性化需求。

第二，形成专属价值，降低竞争对手的模仿威胁。为了控制创新流出给平台造成的成本，平台需要形成专属价值。这种基于维持企业存在和发展的基础作用力，以品牌、文化为载体而形成的平台专属价值，其存在形式稳定，变化可控，难以被竞争对手复制。平台可以通过积累的大量数据以及平台的界面规则，借助技术和商业模式创新，实现平台升级，创造专属价值。

第三，形成开放式创新生态系统，创造更多的创新流。平台应当克服知识流动、共享障碍，实现企业之间的互动与合作；同时，利用互联网技术，突破物理时空约束，向外无限拓展，实现实体与虚拟空间的互联互通，进行无边界发展。随着平台的无边界发展，平台与系统内的企业逐渐融合，平台管理超越水平边界和垂直边界。在

"共赢"的理念下,信息、资源、创意不仅能在企业内自由流动,还能在系统内自由流动。平台通过充分调动内部和外部资源,增强内部和外部的合作关系,灵活地反映市场需求,创造更多的创新流。

案例 美特斯邦威与韩都衣舍——服装业陷"围城",线下线上融合①

美特斯邦威(以下简称"美邦")是昔日火爆一时的"国民品牌"。2008年,美邦服饰在深交所上市,年底市值攀升至185亿元,成为A股服装板块市值最高的公司。2011年是美邦发展历程中的巅峰之年,年底门店高达4164家,全年公司营收将近100亿元,净利润12亿元,双双创下新高。在2011年走上巅峰,创下辉煌纪录后,美邦就掉转直下,连续下滑,2017年更是亏损超过3亿元。如今,美邦每年的营收约为六七十亿元,远逊巅峰时期,市值缩水了8成,股价在2元多徘徊。

2008年以来,行业大环境发生了剧变,电商崛起势头正猛,给线下门店造成巨大冲击。国内服装行业爆发库存危机,盈利能力承压。美邦三次互联网转型失利,不仅没能讨回消费者欢心,反而加重了费用负担。

从2010年起,美邦开始大踏步发力电商,在淘宝网开旗舰店的同时,推出自己的电商平台邦购网。但是,由于低估了线上平台所需的运营成本,欠缺完善的供应链和物流体系,上线一年后,邦购网便因持续亏损而被剥离上市公司体系。2013年,美邦收回邦购网的电商业务,发力线上线下融合的O2O战略,计划3年内开出千家O2O体验店,但是也以失败告终。2015年,美邦又以面向"90后"的时尚搭配体验平台"有范"APP,杀入移动互联网市场。遗憾的是,"有范"APP同样陷入"雷声大,雨点小"的尴尬境地。2017年8月,"有范"APP停止运营。

成功的互联网平台选择决策能帮助企业快速成长。韩都衣舍创立于2006年,目前已经成为中国服装类互联网品牌生态运营商之一。韩都衣舍早期借力第三方电商平台获得了飞速发展,2011年在各类电商平台服饰类销售中名列前茅,2013年推出自建网站韩都商城,同时深耕第三方平台。2016年,韩都衣舍在新三板上市,成为互联网服饰第一品牌。2017年,韩都衣舍加强战略转型,与国际大牌、国内传统品牌、网红品牌进行合作,推出"智汇蓝海互联网品牌孵化基地",独创了"场内孵化+云孵化"的线上品牌生态孵化运营模式。

美邦在互联网平台选择上决策错误而错失良机,韩都衣舍选择了正确的平台战略而事半功倍,如何审慎地进行互联网平台选择已经成为关系众多企业命运的重大决策。那么,美邦与韩都衣舍的平台搭建差异在哪里?为什么美邦逐渐没落,而韩都衣舍却蒸蒸日上?"由线下到线上"与"由线上到线下"的经营模式有何优劣势?如何进行选择?

---

① 参见张彬:《从服装龙头到行业垫底 美邦是如何走向衰落的?》,https://www.sohu.com/a/302376702_120072214,2019年10月29日访问。

12.3 网络平台型商业生态系统企业成长路径

在当今社会正处于离散化解构和全息化重构的背景下,一些传统企业难以适应互联网背景下的跨界竞争与合作成长模式。基于网络平台的商业生态系统是复杂、动态商业环境下一种高效的企业成长机制。

12.3.1 企业成长路径选择逻辑

首先,合理的成长路径选择,应有利于整个系统目标的实现。系统目标包括高稳健性、高效率和高缝隙生态位的创造性等。

其次,网络平台型商业生态系统不同,企业角色不同,成长路径选择也不同。不同企业需要结合内外部情境,在网络平台型商业生态系统中正确选择企业边界,并有效控制相应的商业生态系统活动,从而巩固并增强企业的竞争实力。由于外部环境在不断更新,企业也需对外界需求作出动态响应,并最终形成动态正反馈开放进化系统环,以推动企业自身的成长。

最后,标准选择将决定企业的成长路径选择。资源属性、价值目标和锁定能力构成了企业成长路径选择的标准。企业拥有控制权的物质资源、网络权力、声誉等都是企业进行成长路径选择的资源基础。各种资源具有约束度和灵活度两种属性,企业在运用资金、更改规则等方面的约束性因子越多,约束度就越高;灵活性因子越多,灵活度就越高。企业的价值目标包括价值类型、价值获取,是其行为决策的直接导向。企业持续成长关键取决于其锁定能力,具体表现为企业核心能力和系统中权力边界的拓展。因此,在网络平台型商业生态系统中,企业的成长路径选择就是在约束度和灵活度的共同作用下,将自身资源在业务维度上进行再次分配的逻辑,以期占据商业生态系统的关键位置,获得控制权,改变产业结构,重构合作关系,并不断强化自身的核心竞争力。

12.3.2 原生型网络平台商业生态系统中企业成长路径选择

在原生型网络平台商业生态系统中,平台企业的成长路径选择具有很高的灵活度,在系统价值主张定位、平台接入者类型、目标用户群体选择等方面都有很大的自由度。基于价值是商业模式的核心,系统中的平台企业应建立差异化、清晰化的价值主张,并以此为定位,构建商业生态系统的框架。随着以平台为基础的商业生态系统逐渐受到网络效应驱动而呈现增长态势时,如何保证足量的同边和跨边主体参与原生型网络平台商业生态系统,突破临界规模,是平台企业能否激发间接网络正反馈效应,实现跨界成长的关键。此时的平台企业可以开放接口,以方便双边用户接入,提高与相关平台的兼容性,多方面开展合作,提高用户知晓度,步入扩张成长阶段,完成跨界积累。

平台企业的功能接口的多样化程度决定了用户需求满足度和系统生物复杂度，而系统的多样化功能由功能型企业和渠道型企业共同提供。因此，当原生型网络平台商业生态系统突破临界规模后，应当通过多样化功能接口的构建与完善，达成多方合作，间接性地获取甚至控制更多的能力和资源，并转化为系统内在的创新能力，从而有助于平台企业核心身份的锁定和竞争优势的获取。为了原生型网络平台商业生态系统的健康发展，平台企业不仅要建立公平的价值分配体系，降低系统内企业间的摩擦，提高平台接入企业的黏性，还要接入更多的缝隙型企业，丰富系统的多样性，完善系统的价值供给，提高用户黏性。

在平台构建阶段，平台企业、功能型企业和渠道型企业相互依赖，内部竞争压力不大。此时，顾客价值正在从产品向解决方案、强调体验迁移。高水平的客户体验是提高声誉和增加价值的重要因素，能使企业在愈加激烈的竞争中脱颖而出。从长远来看，功能型企业在嵌入原生型平台商业生态系统后，应借助平台系统的资源聚合和信息整合优势，关注、发现并创造顾客需求，将产品或服务创新作为其成长路径选择。同时，也需注意，产品价格是功能型企业的约束性因子，过高的价格定位会使系统客户脱离，因此要平衡长期利润与短期利润以实现稳健成长。渠道型企业要明确自己的价值定位，借助先入优势，提高企业产品或服务的差异化水平，提高客户黏性，避免盲目扩张业务范围而降低核心竞争力，通过窄而精的成长路径选择，提高企业在系统中的锁定能力，从而成为系统子领域的领导者。

12.3.3 衍生型网络平台商业生态系统中企业成长路径选择

衍生型网络平台商业生态系统对母平台具有较强的依附性，母平台为其发展提供重要支持。因此，系统中的平台企业面临着较高的选择约束，需要兼顾母平台的利益和自身的发展，通过加宽与母平台的连接通道，使母平台的资源在新系统中得到深度挖掘和再利用。

平台经济的用户本位主义表明，平台的扩张要重视用户的关键作用。母平台的客户资源是与衍生平台距离最近的用户群，要通过宣传和服务绑定，积极引导母平台用户率先接入新平台。平台企业应当沿着从专业化、辅助性到多样化、相对独立性的成长路径，借助母平台积累的网络外部性效应，深度挖掘客户资源，审时度势地与具有特殊能力和特定资源的企业合作，通过不断提升自身的核心竞争力，建立模仿障碍，稳固平台企业的身份锁定能力。这正如支付宝平台从起初的淘宝网专业化支付工具发展成现在的集理财、生活缴费等服务为一体的多功能平台，不再附属于淘宝网而存在。

功能型企业和渠道型企业都有两种类型，一种是嵌入母平台的企业，另一种是新嵌入企业。原有嵌入企业具有在位优势，新嵌入企业需在价格或产品上采取渗透战略。母平台的功能型企业应借助在位优势，将企业的价值边界延伸到新平台，在两个平台间动态调整资源配置，巩固和强化在两个生态系统中的话语权。新接入的功能型企业与原有用户和系统内其他企业的关系比较松散，可以深入挖掘用户的潜在需求，从而区别于在位功能型企业的价值内容，重视高价值输出，以渗透性的价格实现成长。

渠道型企业一般具有轻资产的特征，资源的多重利用性是其灵活性因子。已经嵌入母平台的渠道型企业应重视范围经济，抢占新平台的缝隙型角色，获得双重成长通道。新接入的渠道型企业在关系劣势下，需要找出系统功能的缝隙并嵌入其中，通过不断强化自身的专业化水平，为平台上的用户提供特色服务。

12.3.4 转化型网络平台商业生态系统中企业成长路径选择

转化型平台企业面临着将已有业务、价值网络和用户群选择性地转移到新平台上的挑战，其商业生态系统的转化设计要具有平滑性和衔接性，这为其成长路径选择设置了很多约束性因子。以原有客户需求为支点，最大限度地保留客户，是平台企业能否成功转型的关键。因此，平台的扩张应重视维持已有用户，为已有用户设置平台转换通道，降低转换成本，借此快速激发间接网络效应，突破临界规模而实现扩张。同时，在新的平台商业生态系统的构建中，平台企业的灵活度较高，根据自身需求，对原有价值网络进行解构和重新整合，以已有品牌力吸引更具价值的新的功能型企业和渠道型企业加入，将利益相关者纳入价值创造之中，更好地实现资源配置，从而实现平台企业的自有价值。

最初，转化型网络平台商业生态系统中功能型企业的角色主要由平台企业承担，它的主要任务是使最终用户达到一定规模，同时吸引更有价值的第三方功能型企业加入系统，并激发间接网络效应，进而突破临界规模。

新进入的功能型企业在产品价值种类的选择上有较大的灵活度，通过专注于自身原有的互补功能，与平台企业所提供的功能型产品或服务形成差异化，逐渐在平台上成为自有功能领域的核心主体，借助平台优势，逐步提高自身的锁定能力。但是，随着平台上同类企业数目的增加，利润获取难度相应增加，功能型企业仍需在扩张中修炼"内功"，让用户参与改进，在兼顾最终用户的价值需求下，优化产品基本功能。在成长到一定阶段后，功能型企业既要增加与品牌一致的新产品或服务，也要坚守品牌核心，可以将次要业务外包出去，实现分工效益，深化自身的竞争优势，提升品牌形象。

渠道型企业一方面来自平台自建，另一方面来自平台外部。在平台的支持下，平台自建的渠道型企业具有垄断性特征，以专业化的渠道功能为基础，向平台化运营发展是其成长的合理方式。来自平台外部的渠道型企业在定位时，要避免与平台自建的渠道型企业的生态位重叠，以独特的价值贡献实现自身增值，另辟蹊径，增强对系统的锁定性，从而获得在系统中长远发展的机会。

表 12-1 基于网络平台型商业生态系统的企业成长路径选择

企业类型		原生型网络平台商业生态系统	衍生型网络平台商业生态系统	转化型网络平台商业生态系统
平台企业		建立差异化、清晰化的价值定位→临界规模突破→多样化功能接口→平台身份锁定	借助母平台资源→临界规模突破→向多样化、相对独立性转变→平台身份锁定	以原有客户需求设置平台转换通道→激发间接网络效应→重构价值网络→平台身份锁定
功能型企业	原有企业	产品创新→解决方案/客户体验迁移→子领域核心→价值链再构	基于在位优势→资源互补→协同创新→价值链再构	借助平台→形成规模经济/范围经济→技术创新→价值链再构
	新入企业		基于高价值输出→协同创新→子领域核心→价值链再构	专注自身功能→坚守品牌核心→子领域核心→价值链再构
渠道型企业	原有企业	明确价值定位→差异化扩张→窄而精的创新服务→子领域核心→价值链再构	抢占新平台缝隙→规模经济→子领域核心→价值链再构	平台自建→子领域核心→平台化运营
	新入企业		填补缝隙→强化专业化→子领域核心→价值链再构	填补缝隙→强化专业化→子领域核心→价值链再构

12.4 平台企业跨界成长金融支持模式

融资活动贯穿企业发展的始终。企业融资决策问题至少包括两个方面：一是在特定发展阶段可供企业选择的融资方式有哪些；二是在可供挑选的融资方式面前，基于理性原则，企业融资方式选择的顺序是怎样的。企业是以盈利为目的的组织，当前和预期的盈利能力决定了市场投资者对企业价值的判断，进而会影响企业的融资决策。

无边界企业理论指出，企业的无边界发展要经历从破界、跨界到无边界的演进过程。在互联网平台企业跨界演进的每个阶段，平台用户规模、业务多元化程度、经营绩效等经济特征会发生相应的变化。这些经济特征的变化反映了平台企业盈利能力和风险特征的变化，进而会影响在各演进阶段平台企业融资方式的选择和最终呈现的融资模式。

12.4.1 破界阶段

平台企业在破界阶段的核心任务是，聚集双边用户构建平台，并形成核心业务。若对照企业生命周期，则破界阶段对应于平台企业的萌芽期和成长期前段。

创业者自有资金往往是企业在初创阶段的第一笔资金来源。破界阶段的互联网企业的平台商业模式还未成形，核心业务在市场上立足未稳，衍生业务的拓展空间遭竞争对手挤压，用户社群规模很小且不稳定，盈利能力和现金流状况差，留存收益等几乎没有，更多地依赖外源融资。此外，破界阶段的平台企业多"烧钱"以补贴用户，积累用户以构建平台，资金需求量较大，内源融资显然不能予以满足，因此需要大量的外部资金支持。

互联网企业的轻资产特性和独特商业模式决定了在破界阶段，天使投资、风险投资和私募股权投资机构的投资资金是平台企业融资的主要来源。互联网企业的主要资产为较难评估的人力资本，而且以服务模式创新为主，利用有限的资产获得较高的利润。由于盈利能力差，缺乏固定资产等抵押资产，人力资本的价值评估困难，发展前景、市场声誉没有确立，因此创业初期的平台企业几乎不可能获得银行抵押贷款以及发行企业债券等。互联网企业的高成长性和平台模式的优越性，正是风投机构所看重的。尽管有高风险，但是能够承受高风险是风投机构天生具有的基因属性。另外，风投机构具有对未来技术发展方向的把握和在预测方面的专业能力，可以为破界阶段的企业提供市场咨询、公司管理等增值服务，利用自身广泛的社会关系网络，帮助互联网企业尽快走上正常运营的轨道，协助构建平台商业模式，促使平台企业破界发展。

12.4.2 跨界阶段

跨界阶段是平台企业依托核心平台业务的优势，跨越各种边界的限制，拓展衍生业务，并开始构建价值网络的阶段。在这个价值网络中，居于主导地位的是平台企业。这一阶段对应于平台企业的成长期中后段。

跨界阶段的的平台企业在核心业务的基础上进行衍生业务的拓展，在资本运作上主要是兼并收购等，资金需求量大。此时，平台用户超越临界规模，平台商业模式逐渐成形，企业价值逐渐得到市场的认可，可供平台企业选择的融资方式增多。

上市融资是跨界阶段的平台企业融资的首选。实践中，众多互联网企业在业务扩张时期就谋划上市融资。跨界阶段的平台企业具有一定的规模，成长速度较快，商业模式趋于成熟，财务状况良好，得到了广泛的市场认可，具备到创业板市场上市的条件。上市 IPO 将成为互联网平台企业进一步成长的催化剂，可以利用募集到的大量长期资金进行跨界并购，拓展业务领域，夯实平台用户基础。另外，随着生态系统中某一业务板块日渐成熟，子公司独立出去进行上市融资，将大大提升整个生态系统的市场价值。相比于破界阶段，因为融资选择增加了，所以跨界阶段的风险投资对于互联网平台的关键作用有所下降。但是，风投机构的投资意愿增加了，提供的增值服务依然不可替代，如协助进行上市准备、产业并购重组和提供管理咨询等，推动企业进行商业模式调整。

跨界阶段的平台企业在内源融资和债权融资方式的选择上有所突破。首先，平台企业的经营业绩迅速提升，产生一定的经营现金流收入，留存收益增多，但是规模较小。由于互联网企业的轻资产特性，加上尚处成长期，因此固定资产折旧较少。留存收益规模较小和固定资产折旧较少导致内源融资在企业资本结构中比重很小。其次，针对一些专门的投资项目，发行用途特定的企业债券或者票据融资成为重要的融资选择。由于发行债券融资的资金用途明确，虽然互联网新兴产业风险高，但是一旦成功，未来成长速度将非常快，更加具有投资价值，容易获得债券市场投资者的青睐，尤其对那些风险偏好型的投资者具有吸引力，而且适度的债务还可以减少税收，进而提高企业业绩。最后，上市带来的好处不仅仅是获得规模较大的权益资金，也在于借此向金融市场释放关于企业当前自身价值和未来发展潜力的强烈信号。此时，平台企业的企业信誉提高，资产规模增大，商业模式渐趋成熟，经营现金流状况得到改善，达到银行信贷的标准，资本的逐利性将促使资金向高效的新兴互联网产业部门转移。在跨界阶段，银行信贷资金往往会跟进，加入平台企业的成长之中。

总之，在跨界阶段，平台企业的融资方式较多，主要还是以股权融资为主，上市成为其成长过程中的标志性事件。平台企业在债权融资约束方面得到缓解，具备发行企业债券、获得银行贷款的条件，但是在企业资本结构中所占比例较小。

12.4.3 无边界阶段

在无边界阶段，平台企业依托其用户基础和平台模式的核心能力，完善价值网络或平台生态系统。这一阶段可以对应于平台企业的成熟期。

在无边界阶段，平台企业除了在新业务上继续拓展之外，整个平台生态系统的基础设施也得到完善。在互联网经济条件下，完善平台生态系统的基础设施，核心是围绕数据进行整合和挖掘。抓住了用户活动的数据，就抓住了互联网经济中最宝贵的资源，无边界发展便有了坚实的基础支撑。

进入无边界阶段，平台企业借助平台商业模式和大数据，对传统业务的整合能力大大增强，企业的市场价值得到巨大提升。平台企业的经营状况步入稳定增长期，盈利带来留存收益的增加，固定资产折旧增多，内源融资在融资结构中的比重上升。同时，鉴于内源融资几乎零成本的优势，平台企业在进行融资决策时应优先考虑内源融资。

由于已经上市，平台企业可以根据发展需要，通过增资扩股的方式向市场融通资金。相较于IPO，增发股票的融资效率较高。但是，增发普通股票会影响控股股东的控制权。因此，为了不稀释股权，平台企业可以发行收益权与所有权相分离的特殊股票，同时满足企业发展和财务投资者的需求。

在无边界阶段，债券融资的比重将会上升，因为债券融资不影响控股股东对企业的控制权，有利于平台企业的创始人团队贯彻既定的发展战略，从而避免沦为资本市场竞相追逐的"猎物"。同时，债券融资的规模一般较大，可以有效支撑平台企业进行无边界扩张的资金需求。近年来，世界经济进入低利率周期，债券融资的利息成本较低。

银行信贷资金同样不会侵蚀股东股权，而且资金规模大，可以调节财务结构，降低综合资金成本。因此，在无边界阶段，银行贷款在企业资本结构中的比重会上升。此外，产业整合需要大量资金，平台企业跨界并购可以申请并购贷款，补充并购资金，尽快促成并购，扩大市场占有率。相较于跨界阶段，此时平台企业可以申请中长期贷款，银行也有意愿给予平台企业较长期限的资金支持，以获得较高的贷款收益率。此外，一些具有独特比较优势的银行，如中国进出口银行和国家开发银行等，对于平台企业在全球范围内保持竞争力，在全球产业价值链中保持优势地位，具有重要的促进作用。

可见，到了无边界阶段，平台生态系统的市场价值得到认可，融资方式的选择更为自由。考虑到控股股东对平台企业经营发展的掌控要求，股权融资的比重会有所下降，而各种形式的债权融资会得到平台企业的青睐，在企业资本结构中的比重将大大提升。

12.5 网络平台型商业生态系统绩效评价

网络平台型商业生态系统是新兴商业模式，对其绩效评价有待研究。本节将系统成员分为核心类、扩展类、支持类和环境类，依据双向驱动、协同共创的价值创造标准，基于系统层级视角和功能分类视角进行绩效评价。

12.5.1 不同层面的网络平台型商业生态系统绩效评价

1. 企业层面的绩效评价

网络平台型商业生态系统中整合了多方企业，各企业所创造的价值包括其在实体空间中基于物质资源的增值活动所创造的价值以及基于网络平台的信息资源所创造的价值增值两个部分。基于物质资源的价值创造活动，是指企业通过对自身拥有的物质资源进行一系列有联系的价值活动，最终将价值传递给顾客的过程。基于物质资源的价值创造活动构成实体价值链，在实体价值链上包含物流、资金流和信息流。基于信息资源的价值增值创造，是指成员企业在基于物质资源的价值创造的基础上，通过网络平台的信息共享开展增值活动，为顾客创造新的价值。在网络平台型商业生态系统中，产业边界不断延伸，信息技术得到深入应用，企业能够通过对基础用户信息的深入挖掘、分析和共享，提供基于顾客需求的定制化服务，并与其他成员企业积极展开合作，协同创新，共同为顾客创造价值。

对于网络平台型商业生态系统的核心平台提供者而言，对其价值创造的绩效评价基于平台的核心业务为顾客创造的价值，以及作为平台供应商对系统内不同企业的聚集和整合能力，涉及系统的运行标准制定、系统内信息共享机制的实现以及对系统领导权的锁定能力，保证成员之间的协同创新和价值共创，从而触发平台生态系统的网络效应。

对于网络平台型商业生态系统内的扩展类企业而言，其价值创造来源于基于企业自身物质资源的价值创造活动和基于平台生态系统信息价值挖掘的价值增值活动两个方面。依托平台生态系统的基础数据库和大数据、云计算等互联网技术服务，扩展类企业可以充分挖掘和分析顾客需求，细分市场，精准营销，为顾客提供新的价值；同时，通过与其他成员企业共享信息经验，可以提高协同合作效率，降低协作成本，减少顾客提供产品和服务所消耗的资源成本，从而为顾客创造额外的价值。

2. 系统整体层面的绩效评价

基于价值创造，对商业生态系统整体层面的绩效评价，就是衡量系统整体为顾客创造价值的能力和效果。随着互联网的发展以及市场供需结构的变化，顾客与企业的关系也发生了改变。顾客不仅是企业产品和服务的感受方，更成为企业价值创造的重要来源。随着"体验经济时代"的到来，企业根据自身资源提供产品和服务的时代已经渐渐远去。从顾客需求出发，为顾客提供差异化服务，提升顾客体验，成为越来越多的企业竞争和关注的重点。从顾客体验的价值出发，系统为顾客创造价值的能力取决于基于平台基础用户数据库的系统协同运作的能力，覆盖用户信息资源的获取、整合、共享和价值挖掘等多个环节。

首先，在基础用户数据库的构建阶段，平台的用户规模是保证获取用户数据、考察系统价值创造能力的重要因素。平台可以通过将传统用户线上化、吸引和培育新的平台用户以及收购其他已有数据资源，实现用户数据的获取和拓展。在互联网技术的支持下，平台生态系统的边界日益延伸，为提升顾客体验，与外部其他行业数据库积极建立互联互通机制，实现开放和共享，是提高信息匹配和使用效率的重要推动力。因此，平台用户规模、系统的接口开放程度以及与外部数据库企业的联通共享情况是在构建阶段考察系统价值创造能力的重要因素。

其次，在基础用户数据库构建完成后，如何进行充分有效的价值挖掘，为顾客提供定制化、差异化的产品和服务，触发网络效应，获取顾客价值，成为系统价值创造的关键，而这又依赖于平台生态系统内各种机制的建立和完善。

12.5.2 不同类型的网络平台型商业生态系统绩效评价

1. 电子商务型平台商业生态系统

在电子商务型平台商业生态系统中，平台供应商提供网上交易的核心业务，同时通过构建平台将服务边界不断延伸，吸引供应商、生产商、代理商、物流企业、金融服务企业等相关主体加入系统。这些嵌入企业一方面基于自身物质资源，为用户提供围绕核心电子商务业务的配套增值服务，包括物流配送、广告搜索、实时通信、支付理财等，提高客户的网上交易体验和对平台的忠诚度；另一方面，利用平台基础用户数据库资源和软硬件设施，深入分析和挖掘用户需求，开发和创新个性化、定制化的产品和服务，提高自身业务的营销精准度和服务效率，从而不断获取客户价值增值。随着服务边界的不断拓展，平台上的利益主体渐多，相互关系也日益复杂。作为平台供应商，必须制定全面系统的运行标准，引导并监督参与者的行为；同时，要建立合理的利益共享和分配机制，保证各嵌入企业的利益均衡。

对电子商务型平台商业生态系统的绩效评价基于系统实现的价值，包括用户流量和信息数据流量、用户访问平台的频率和滞留时间、交易成交额、基于平台沉淀资金实现的投资收益、核心业务及衍生增值业务共同创造的价值总额等。

2. 网络门户型平台商业生态系统

网络门户型平台商业生态系统的核心为搜索引擎平台，核心业务为搜索引擎服务,由三方群体共同构成,包括提供搜索服务的运行平台、在平台上发布广告的企业和进行信息搜索的用户。搜索引擎首先通过搜索技术搜集网页链接地址,向有查找信息需求的用户提供搜索服务,之后基于汇集在平台上的巨大用户流量资源,为企业提供广告链接的收费服务。当用户输入关键词时,有关企业的产品或官网会以排名形式出现在页面的某个醒目位置,以获取用户的点击率,实现价值创造。在网络门户型平台商业生态系统中,平台企业开展搜索这一核心业务,并通过网络社区服务、内容服务、游戏服务等增值业务,提高搜索平台的用户流量和用户黏性。提供增值业务的嵌入企业凭借平台用户流量,获得了更大的业务开展空间,提高了基于自身物质资源创造的价值。同时,基于平台系统的基础用户数据库,可以分析用户的兴趣和偏好,从而提高广告的营销准确度,增加广告的点击率和交易成交率,提高搜索引擎业务的收入。

在对网络门户型平台商业生态系统的绩效评价方面,系统创造的价值包括核心业务实现的广告收入、衍生配套服务创造的游戏收入、电子商务收入等,而用户流量是广告收入的基础,因此平台用户规模和用户忠诚度(可通过用户访问平台的频率和滞留时间进行衡量)也是重要考察因素。

3. 软件平台型商业生态系统

软件平台型商业生态系统以软件操作系统为核心平台,通过提供拥有庞大用户基础的软件操作系统,吸引众多软件公司到系统平台上,为用户开发设计功能和种类丰富的应用程序;同时,与硬件设备商合作,设计生产搭载软件操作系统的硬件设备产品,通过产品的销售获得增值收入。软件平台为第三方软件开发商提供了既方便又高效的软件销售平台,提高了软件开发者的积极性,并且通过软件平台用户数据库,能够准确把握用户的需求和偏好,从而使软件开发实现高速和良性发展。应用程序数量、种类和质量的提高,反过来可以吸引更多用户加入软件平台,并推动相应的硬件设备的销售。

对软件平台型商业生态系统的绩效评价基于软硬件的共同价值创造:在硬件方面,包括各硬件产品的销量和销售收入;在软件方面,通过应用程序数量和下载量以及实现的应用程序收入衡量。软件平台为产品供应方和用户提供了直接交流互动的机会,用户体验的好坏直接决定了用户价值能否实现,因此有效的用户反馈机制至关重要。

案例 阿里巴巴的跨界成长

阿里巴巴集团(以下简称"阿里巴巴")成立于1999年6月28日,是世界最大的电子商务企业。作为以电商起家,如今在金融、物流、健康、文化、云计算等领域均有涉猎的庞大商业集团,阿里巴巴的投资布局吸附了海量的用户、资源、信息、数据。

1999—2006年是阿里巴巴的破界阶段。电子商务是阿里巴巴平台生态系统的核心业务，电商平台积聚了大量的用户群体规模，为其他业务衍生提供了坚实的用户基础。在互联网刚刚进入中国，网民数量很少的情况下，阿里巴巴B2B业务自1999年3月投入运作约半年，平台用户数就超过了4万。当年年底，用户数达到了10万，来自全球约180个国家和地区。阿里巴巴显示出巨大的发展潜力。在平台发展初期，技术投入较大，通过补贴、免费等吸引用户的策略需要较多资金的支持。

作为新兴的商业模式实践者，阿里巴巴随时都有倒闭的可能，投资风险极大。在此阶段，阿里巴巴选择的主要融资方式是风险投资。1999年10月，阿里巴巴获得高盛领投的500万美元天使投资，解了燃眉之急。2000年1月，阿里巴巴获得软银的风险投资2000万美元。有了成本低、周期长、规模较大的风险投资资金的支持，阿里巴巴千方百计吸引用户使用阿里巴巴平台，加快平台构建。1999—2003年，阿里巴巴网站连续4年被《福布斯》杂志评为"全球最佳B2B网站"。

用户规模事关电商平台的生死存亡，积累尽可能多的用户资源是应对市场竞争的基础。阿里巴巴加大在网站、用户补贴、宣传营销等方面的建设，需要大规模的资金支持。为此，2000年2月，阿里巴巴再次从软银等投资者那里融得8200万美元的私募股权投资。阿里巴巴在2002年年底首次实现盈利，2004年实现全年平均每天盈利约100万元。之后几年，围绕电子商务模式的各种优势和短板，阿里巴巴四面出击：收购雅虎中国，弥补搜索短板；收购口碑网，用本地化生活信息社区平台增强电商用户的黏性；推出阿里软件，为平台上的中小企业提供在线软件服务；推出阿里妈妈，帮助商户提升营销水平等。2005年，阿里巴巴与雅虎之间的战略融资为以上并购、投资等提供了充足的资金支持。根据iResearch的数据，按注册用户数目计算，阿里巴巴在2006年是中国最大的网上B2B公司；而按收益计算，阿里巴巴占中国B2B电子商务市场的大部分份额。自此，阿里巴巴的B2B核心业务平台得以确立。2007年在香港上市时，阿里巴巴已经发展成为世界范围内电商平台模式的领导者。

IPO上市标志着阿里巴巴跨界阶段（2007—2012年）的到来。在跨界阶段，阿里巴巴的发展目标是向电商C2C、B2C模式拓展，孵化支付宝平台，构建电商生态系统。2003年5月，阿里巴巴推出淘宝网，涉足C2C电商业务。之后，淘宝网平台飞速发展，逐渐成为中国最大的消费者购物平台。2008年，阿里巴巴推出淘宝商城，逐渐成为独立的B2C电商平台。2012年，淘宝商城改名为"天猫"，现已成为中国最大的第三方品牌及零售平台。

支付是互联网经济的核心环节，几乎所有的经济活动都与支付有关，因而支付平台可以成为平台企业跨界经营的连接纽带。阿里巴巴的支付平台就是支付宝。时至今日，支付宝已经发展成为一个综合性的大平台，几乎连接了阿里巴巴所有的业务。阿里巴巴依靠支付宝平台开发跨界新业务，如支持水、电、煤、通信等缴费，跨界公共事业；推出蚂蚁花呗和蚂蚁借呗，跨界消费金融；推出余额宝、招财宝和蚂蚁聚宝,跨界理财市场;全面接入淘宝、天猫移动端,跨界移动电商等。支付宝已经成为阿里巴巴平台生态系统中的核心子平台,是阿里巴巴跨界经营的重要"大本营"。

2007年上市时,B2B业务是阿里巴巴的主营业务,也是最有价值的部分。但是,随着市场条件的变化和淘宝、天猫、支付宝等业务板块的崛起,原有的B2B业务的市场价值正在逐步下降,而上市的阿里巴巴严重压低了整个集团的市场估值。一方面,退市可以摆脱上市子公司对集团跨界经营战略实施的掣肘,制定对客户最有利的长远规划。另一方面,重组集团业务板块,谋求整个集团的再次上市,可以为阿里巴巴构建平台生态系统筹集资金。2012年,阿里巴巴耗资180亿港币,从香港联合交易所成功退市,完成私有化。为了筹集私有化资金,阿里巴巴先后获得30亿美元的银团贷款和中投公司等提供的20亿美元的股权投资基金。与私有化相伴随的是回购第一大股东雅虎股权行动,阿里巴巴动用巨额资金,包括63亿美元自有资金、价值8亿美元的优先股以及国家开发银行提供的10亿美元银行贷款。可见,进入跨界阶段,阿里巴巴的融资方式仍以股权融资为主,同时也有银行贷款等债权融资。

无边界企业理论指出,无边界是企业跨界能力的无边界,也是资源整合能力的无边界。私有化可以看成阿里巴巴无边界发展阶段(2013年至今)的到来。因为从2013年开始,阿里巴巴依托在电商市场领域的霸主地位,明显加快了跨界并购和投资的步伐,围绕用户的全方位需求,以无边界的姿态拓展和完善平台商业生态系统。

梳理阿里巴巴的并购事件,其无边界发展朝着两大方向推进,分别是布局场景经济和大数据经济。互联网经济已经进入移动互联网时代,O2O(线上到线下)是重要的平台模式。阿里巴巴在线上具有优势,而在线下实体商场部分则存在劣势。为了打造平台商业生态系统,阿里巴巴借助资本市场的力量,加快了从线上到线下的跨界整合力度。阿里巴巴收购高德地图,布局移动互联O2O场景经济。2013—2014年,阿里巴巴斥资约13亿美元收购高德地图,使其成为自己的全资子公司。根据有关资料,在移动互联网时代,67%的业务都与地图导航和LBS(基于位置的服务)有关。2013年4月,阿里巴巴以400万美元投资快的打车,布局交通出行。2014年3月,阿里巴巴以54亿元入股银泰商业,增强O2O线下部分。2015年8月,阿里巴巴以283亿元战略投资苏宁云商,获得19.99%的股份。同时,苏宁云商以140亿元认购不超过2780万股阿里巴巴的增发股份。2015年11月,阿里巴巴斥资21.5亿元入股三江购物,成为其第二大股东。有了高德地图的流量导入,结合银泰商业、苏宁云商、三江购物等的线下商户资源,以及支付宝、阿里大数据等,阿里巴巴一举完成商流、信息流、资金流的生态系统整合,在"场景经济时代"占得先机。

> 从边界视角看，阿里巴巴的成长过程就是不断突破业务等边界的约束，进行跨界经营的过程。伴随着阿里巴巴的跨界成长，它在破界、跨界、无边界阶段的融资方式有所差异。通过梳理阿里巴巴跨界演进的成长过程及其融资历史可以发现，阿里巴巴的跨界成长得到了有效的融资支持。
>
> 互联网平台模式方兴未艾，互联网平台企业的跨界经营如何更好地进行模式选择？平台企业跨界成长是一个复杂的过程，除了传统融资方式，新兴的互联网金融融资方式，如P2P、股权众筹等，如何支持企业跨界成长？大家可以进一步讨论。

本章小结

1. 平台型商业生态系统是一种新的商业模式，具有参与主体多样性、交易关系多重性、交易规则灵活性的特征。

2. 网络平台型商业生态系统的结构复杂性决定了其演化运行的方向选择是具有适应性的。无边界发展是基于互联网技术的平台企业未来的发展方向，其发展是一个从破界到跨界再到无边界的演进过程。

3. 网络平台驱动的传统企业跨界协同发展，将工业生产、服务、消费和创新通过平台连接形成一个动态闭环正反馈开放体系，用互联网思维将传统企业改造为更具弹性、灵活的互联式平台。传统企业在构建平台型生态系统的起步阶段，首先要保证多边群体的关注和足量加入，然后触发网络效应，突破临界规模，获得平台的发展，进而锁定生态系统领导者地位，建立隔绝机制，获得竞争优势。应当促进企业进行从破界、跨界到无边界的动态演变和成长策略选择。

4. 基于整个系统目标、企业角色与环境、标准选择，企业进行成长路径选择。原生型网络平台商业生态系统中的平台企业的成长路径选择具有很大的灵活性，在对系统价值主张定位、平台接入者类型、目标用户群体选择等方面都有很大的自由度。衍生型网络平台商业生态系统对母平台具有较强的依附性，母平台为其发展提供了重要支持，系统中的平台企业面临着较高的选择约束。转化型平台企业面临着将已有业务、价值网络和用户群选择性地转移到新平台上的挑战，其商业生态系统的转化设计要具有平滑性和衔接性，这为其成长路径选择设置了很多约束性因子。

5. 在互联网平台企业跨界演进的每个阶段，平台用户规模、业务多元化程度、经营绩效等经济特征会发生相应的变化。这些经济特征的变化反映了平台企业盈利能力和风险特征的变化，进而会影响在各演进阶段平台企业融资方式的选择和最终呈现的融资模式。

6. 我们基于系统层级视角和功能分类视角进行绩效评价，其中层级视角包括企业层面和系统整体层面的绩效评价，包含电子商务型平台商业生态系统、网络门户型平台商业生态系统、软件平台型商业生态系统三种不同类型的网络平台型商业生态系统绩效评价。

习题

1. 论述网络平台型商业生态系统在破界、跨界、无边界的演化机制中各阶段的特点。

2. 论述在网络平台战略下,如何驱动传统企业进行从破界、跨界到无边界的动态演变以及进行成长策略选择。

3. 举例说明如何从企业跨界演进的角度看平台企业跨界成长过程中的融资模式。

4. 结合对平台商业生态系统绩效评价的论述,你认为提升系统绩效的关键是什么?

第五篇

管制与开放

第 13 章

政府管制

根据2019年《福布斯》财富榜公布的数据，亚马逊总裁杰夫·贝佐斯以1080亿美元成为世界第一富豪，而微软公司前总裁比尔·盖茨以1050亿美元居第二位。1994年，比尔·盖茨的财富刚刚超过80亿美元，当时他和其他微软公司高级董事还得关注美国司法部对企业竞争情况的调查。我们借此想说明：如果你想成为高层管理者，不仅要准备好与同事和竞争者打交道，还要对与政府机构打交道有充分准备。在本章中，我们将讨论公共管制、反托拉斯政策和专利制度的性质与影响。管理者不仅必须了解这些领域公共政策的性质，还必须了解制定这些公共政策的原因。对公共竞争领域作有效研究是增进企业利益（而不仅仅是社会利益）的需要。然而，在实践中，企业主管常常缺乏这方面的知识和意识。

北美和欧洲很多国家都把"竞争"作为一项基本国策。许多经济学家认为竞争比垄断（或其他严重偏离完全竞争状态）要好，竞争可能导致资源的更优配置。从经济学理论中描述社会福利的观点来看，垄断者把产量提高到竞争性水平会更好，垄断性企业通常比竞争性企业缺乏效率。然而，也有相当一部分经济学家更偏向于主张垄断，而不是竞争。

对于促进竞争、抑制垄断的问题，西方国家经过多年的实践，积累了不少经验和方法。本章主要是对美国反垄断政策和法律进行简要介绍，对近年来中国出现的实际问题作对照比较。根据世界上很多国家的做法，处理垄断问题的方法是建立政府机构进行管制。例如，美国联邦通信委员会和州际商业委员会的成立就是为了约束垄断行为，政府试图通过这种方法减少垄断的有害影响。另外，美国国会还颁布了《反托拉斯法》，意在促进竞争、控制垄断，对这类法律的讨论也是本章的重点。事实已经证明，任何一位管理者都必须清楚这类法律的性质，一旦违反，意味着被判高额罚款甚至坐牢。同时，我们也应该意识到，在促进竞争方面，美国比其他主要工业化国家走得更远。当然，这并不意味着所有垄断因素都应该被杜绝。美国国家政策也有模棱两可并充满矛盾的一面，并且显得烦琐和操作困难。另外，一些促进垄断、限制竞争的政策措施或许也是十分必要的，如为促进发明与创新而制定的专利制度。在本章后几节中，我们将看看为什么专利制度是有益的，尽管事实上专利制度导致了暂时垄断。

13.1 对垄断的管制

在一些经济领域，如天然气和电力经销，存在一个以上企业是不经济的，因为存在规模经济。在这样的产业中，单个企业被称为"自然垄断者"，对其产品索价高于竞争价格。因为这样的价格会导致社会资源的低效率配置，同时公众会认为垄断利润过高而不公平，所以应当建立政府管制委员会以限制此类垄断者索价。

例如，A 公司是一个美国的区域电力公司，其需求曲线、边际收益曲线、平均成本曲线以及边际成本曲线如图 13-1 所示。没有管制，企业会索价 P_0，并生产 Q_0 单位的产品。通过设定最高限价 P_1，管制委员会可使垄断者提高产量，从而使价格和产量接近该产业处于竞争状态时的水平。如果管制委员会设定最高限价 P_1，企业的需求曲线变为 P_1AD'，其边际收益曲线变为 P_1ABR'，其最优产出变为 Q_1，并且企业会索价 P_1。通过设定最高限价，管制委员会帮助消费者支付更低的价格而获得更多的产品。由于同样的原因，管制委员会剥夺了 A 公司的一部分垄断权力。

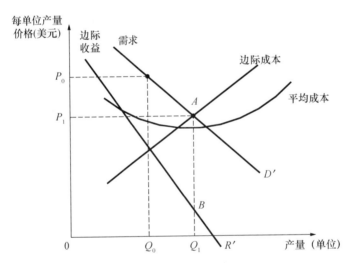

图 13-1 A 公司需求曲线、边际收益曲线、平均成本曲线以及边际成本曲线

管制委员会经常把价格或者最高限价定在等于平均总成本的水平上，包含公司投资的合理收益率。在图 13-2 中，管制委员会把价格定为 P_2，需求曲线与平均总成本曲线在此相交。后一条曲线包含管制委员会所认为的每单位产品的一个合理利润水平。关于什么构成一个合理收益率、哪些行业应该规定一个合理收益率以及合理收益率应该是多少，存在相当多的争议。

为了说明管制过程的运作，我们对美国密歇根州电信业的情况进行考察。其中，有两个机构扮演关键角色，一个是作为厂商的密歇根贝尔电话公司，另一个是作为管制机构的密歇根公共服务委员会。密歇根贝尔电话公司虽不是本州唯一的电话公司，但它是占统治地位的企业，并且在电信业的企业之间不存在直接竞争。密歇根公共服

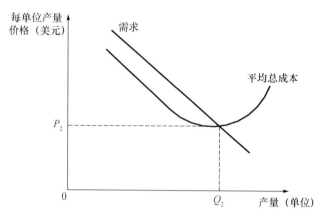

图 13-2 管制委员会把价格定为 P_2 时的需求和平均总成本曲线

务委员会这个由州长任命委员的三人委员会对电信业拥有权威达半个多世纪之久。一般收益率的决定在管制过程中起重要作用，通常是先由企业提出意见，声称盈利太少，需要一个更高的价格水平。由于公用事业部门一般会认为需求对价格缺乏弹性，因而更高的价格会带来更大的收益。通常，最终的管制结果会使厂商一方（电信业）所获得的少于它所要求的。然而，公共服务委员会不会对贝尔电话公司有求必应的事实并不意味着后者受到很大的约束。公共服务委员会试图对电信业进行管制，以使盈利等于一个对于一个企业现有工厂的价值合理的收益。然而，对于什么构成一个"合理的收益"以及什么构成"一个企业现有工厂的价值"，存在许多问题。工厂的最初成本或历史成本虽被大多数委员会作为对工厂价值的估计，但一些企业以重置成本估价作为替代。在美国，20 世纪 80 年代早期，受管制企业往往要求 10% 到 15% 的收益率。近些年来，管制委员会认可了大约 6% 到 10% 的收益率。这种由管制机构确定一个收益率的方法在国内外有广泛的应用，下文先举美国特伦顿煤气公司的例子并以数字加以说明，然后用国内天然气涨价的案例作为对照和应用。

美国特伦顿煤气公司拥有约 3 亿美元的资产。新泽西州公共设施委员会在考虑了企业所承担风险的程度和金融市场的条件之后，确定企业的合理收益率应为 10%。因此，特伦顿煤气公司获准每年获得 3000 万美元的利润。这些利润不是经济利润，而是会计利润。公共设施委员会试图只允许企业获得正常的或合理的收益率，倾向于排除经济利润。

企业的定价会是多少？企业的产量会是多少？要回答这些问题，需注意企业提供的对煤气的需求曲线：

$$P = 30 - 0.1Q \tag{13.1}$$

这里，P 是每个消费者支付的价格（单位为美元），Q 是消费者的数量（单位为百万）。企业的总成本等于：

$$TC = 10 + 5Q + 0.9Q^2 \tag{13.2}$$

这里，TC 是总成本（单位为百万美元）。注意，这个总成本不包括企业所有者投资于

企业的机会成本。因此,企业的会计利润等于:
$$\pi = (30 - 0.1Q)Q - (10 + 5Q + 0.9Q^2)$$
$$= -Q^2 + 25Q - 10 \tag{13.3}$$

这里,π 是企业的利润(单位为百万美元)。

既然公共设施委员会确定企业的会计利润应等于 3000 万美元,令 π 等于 30,那么意味着:
$$30 = -Q^2 + 25Q - 10 \tag{13.4}$$

这是一个形如 $aQ^2 + bQ + c = 0$ 的方程。我们可用下式求这个方程的根:
$$Q = (-b \pm \sqrt{b^2 - 4ab})/2a$$
$$= (-25 \pm \sqrt{25^2 - 4 \times 1 \times 25})/-2$$

公共设施委员会一般希望公共设施的提供尽量满足顾客的需要,Q 应当为较大的数值,$Q = 23.3$ 是相应的一个。因此,有如下定价:
$$P = 30 - 0.1 \times 23.3 = 27.67(元)$$

综上,特伦顿煤气公司的定价会是 27.67 元,为 2330 万顾客提供服务。

案例 ▶ 天然气价格上调,廉价用气时代一去不复返[①]

2019 年 7 月 18 日上午 9 时,长春市召开调整居民天然气价格听证会。有消费者 11 人,长春市人大代表、政协委员、专家学者 6 人,政府部门工作人员 4 人,社会团体组织代表 2 人,经营者 2 人,共计 25 名社会各界代表到场参加听证。此次长春市天然气调价依据《国务院关于促进天然气协调稳定发展的若干意见》《国家发展改革委关于理顺居民用气门站价格的通知》以及吉林省发改委《关于吉林省管道天然气价格及相关问题的通知》的规定,遵循建立节约型社会、公平负担以及建立上游价格上涨实行顺价调整的联动机制原则,拟将居民天然气价格由现行的 2.80 元/立方米调整到 3.04 元/立方米,调价幅度为 8.57%。拟调整后的长春市居民天然气价格与长春天然气有限责任公司为长春燃气股份有限公司执行的非居民天然气价格 3.06 元/立方米、3.02 元/立方米相比,基本持平。

申请人表示,长春市天然气生产成本压力加大。数据显示,截至 2018 年年末,长春市城区居民天然气用户约 188 万户,销售天然气总量约 1.75 亿立方米,约占整个销量的 29.97%。成本监审显示,仅上游价格上涨以及天然气配气成本就达 1.52 元。长春燃气股份有限公司 2018 年亏损达 8831 万元。价格的结构性矛盾更加突显,城市天然气保障面临极大的困境。"一般来说,民用天然气价格相当于汽油价格的 30%、柴油价格的 40%。与国外进口天然气相比,国内天然气价格较低。比

[①] 参见李德庆:《居民天然气价格拟提高到 3.04 元/立方米调整后全年平均每户增加支出 35.40 元》,http://kuaibao.qq.com/s/20190719A00I3400,2019 年 11 月 2 日访问。

如，中亚进口的管道气到新疆边境的价格为2元/立方米，而输送到上海，一个立方米就要亏七八角钱。"中国石油大学工商管理学院董秀成教授介绍道。

为更加准确确定长春市城区居民天然气价格和使用量，长春市发改委委托吉林省社情民意调查中心利用30天时间，对长春市10个辖区的居民家庭进行入户调查。结果显示，此次抽样调查家庭，平均每个家庭人口为3.66人，月均天然气使用量为12.28立方米；全年平均每户增加家庭支出35.40元，占居民家庭可支配收入的0.00027个百分点，对居民用户基本生活影响很小。

7月17日，长春市消费者协会公布天然气调价听证会问卷调查情况报告。据统计，有效电子调查问卷为3421份，访谈调查689人。调查显示，使用天然气每月消费支出在31元至50元间的占35.24%，支出在30元以下的占27.24%，支出在51元至70元间的占20.81%，支出在91元至100元间的占4.81%，支出在100元以上的占4.14%。对本次天然气调价，有14.62%的市民选择"能接受"，有25.57%的市民选择"还能接受"，选择"不能接受"的市民占59.18%。在本次听证会上，长春市消费者协会的钟萍表示："针对天然气价格的调查显示，40%的调查对象能够接受本次调价。但是，其他调查对象认为，长春市人均可支配收入并不高，可是公用服务设施及用品价格都较高。"为确保低保家庭不会因天然气价格调整而影响基本生活，价格调整后，政府决定将按照每月每户3元的标准，对城市低保家庭实行燃气价格补贴。

长春天然气有限责任公司服务总监宋延卫在听证会现场接受采访时说道："从去年开始，上游供气企业中石油、中石化已经把居民的供气价格提高了，调价部分按长春市政府要求由企业自行消化。由于企业长时间运行，经营成本压力逐渐增大，根据国家要求顺价调整机制，现在调整价格，减轻企业的压力，将使企业能够投入更多的安全资金进行管网的维修、维护以及企业的发展。希望顺价调整能够得到听证会通过。"他认为，整体价格的调整对居民消费的压力并不是很大，因为居民用户一个月最多用气不到13立方米，大概将多支出三四元钱。但是，这部分资金，企业收上来之后，可以用于企业未来的发展、保供能力的建设、老旧管网的改造，是一笔急需的资金。

作为对管制部门如何运作的进一步说明，让我们运用前文的知识，假设一些数据，作一些说明。天然气通过管道运到城市的千家万户，其最终价格的形成相当曲折。在上游链条中，包括气田的出厂价、管道输送费以及城市门站价格都是受国家严格管制的，想高价卖是不允许的。进入城市后，情况则较为复杂，城市燃气公司按门站价格购买天然气，再卖给居民，其最终价格是由当地政府根据各方成本核算决定的。因此，我国各地的天然气价格存在较大差异。为了决定燃气公司是否准许提价，政府管制委员会开始确定合适的收益率的基础。委员会将区分用过的和有用的公司资产，作为历史成本估价。在考虑累积折旧之后，计算出燃气公司投入的初始成本。为了确定公司据其投入资本而应赚取的收益率，委员会应估计债务成本、本金资本成本以及各自在总资本中的比重。假设最后计算出燃气公司应赚取的收益率为6%，如果公司的实际利润低于这个水平，那么委员会允许公司提高价格，使其利润达到"合理"水平。

13.2 管制对效率的影响

管制者试图阻止垄断者获得超额利润，可能使消费者的处境更好。但是，企业只能从其投资中获得"合理"的收益率。这种安排的一个困难是，无论企业经营得多好，它只能获得这个收益率，而与本身的效率无关。这会导致企业没有动力提高其效率。

从管制机构开始研究某一个问题到作出最后的决定，一般持续时间较长。不可否认的是，这会部分激励受管制企业提高效率。在许多受管制产业中，政府管制委员会在作出决定之前，会对所提议的提高或降低收益率观察数月。在对于这样一个价格变化有激烈争议的情况下，从委员会举办听证会到随后诉诸法庭，要花数年甚至更长的时间。从提出调整价格到最终安排的延误期叫作"管制滞后"。如果人们希望管制过程更快适应变化的条件，并且能够更加及时地作出决定，就应该经常对较长的管制滞后提出批评。不过，管制滞后的一个好处是，会使低效率受到一定惩罚，而使高效率得到一定回报。为了说明问题，考虑一个受管制公司的情况，其价格定在使企业能获得9%的收益率（这是委员会所认为的"合理"的收益率）的水平上。企业开发并引进一些改进的制造工艺，降低成本，可获得11%的收益率。委员会审查其以前批准的价格并考虑新的（更低的）成本水平，调整价格要花15个月。在这15个月里，企业可获得比不开发并引进改进的制造工艺更高的收益率（11%，而不是9%）。

尽管管制滞后在一定程度上恢复了对高效率的激励，但是不能带来像竞争性市场那样强有力的激励。管制的一个根本性问题是，如果管制委员会阻止企业获得高于平均水平的利润，那么对企业提高其效率并引进创新的激励会很小。

案例 ▶ 网约车平台的管制与出行效率[①]

出租车属于公共交通体系，作为人们生活中"行"的重要部分，是对其他公共交通工具的一种重要补充，其监管和运营与私家车及其他营运性车辆明显不同。出租车的运营具有明显的负外部性。由于出租车的运营时间没有明确的规定，因此一

[①] 参见王帏：《北京出租车每日空驶油费 600 余万 乘客却打车难》，https://gongyi.ifeng.com/news/detail_2011_10/28/10228302_0.shtml；王川：《"滴滴网约车连酿两起命案"入选 2018 年十大女性新闻事件》，https://www.sohu.com/a/286272753_289260，2019 年 11 月 3 日访问。

般出租车公司采取"轮班倒"的方式安排员工,极力提高出租车的运营时间,以最大化公司利益。超长的营运时间无论是对于空气环境还是道路交通资源,都是巨大的消耗。有统计显示,在北京,每辆出租车一天的行驶里程约为400公里,而社会车辆每天的行驶里程约为48公里,前者所占用的道路交通资源约为后者的2.5倍,对城市废气的"贡献"也可见一斑。在我国,对出租车行业的管制模式并不存在唯一标准。我国2015年开始执行《巡游出租汽车经营服务管理规定》,其中提出鼓励出租车实行规模化、集约化、公司化经营。除此之外,我国政府对出租车行业的客运服务、经营资质、检查和投诉等都有一定的罚则规定。这些规定在一定程度上规范了出租车行业的发展。同时,特许经营等规定也造成了打车难、寻租等社会问题。网约车的出现在一定程度上缓解了这些问题。网约车是"网络预约出租车"的简称,即借助移动端软件,实现司机与乘客之间的供需匹配。在我国,滴滴、易到、曹操都属于常见的打车软件。网约车的出现极大地顺应了年轻消费者的打车需求,高效、快捷、相对低廉的价格使其初期在国内市场发展迅猛。伴随着网约车的井喷式增长,相对欠缺的管理和规定使得网约车后来接连发生各种事故,引起了极大的公众反响和社会效应。

2018年5月,郑州一空姐搭乘滴滴平台的"顺风车",不幸被司机杀害。同年8月,浙江乐清一名20岁女孩在搭乘滴滴平台的"顺风车"途中遇害。与此前的"顺风车"事件不同的是,遇害女孩曾在事发前向好友发出明确的求救信号,而且犯罪嫌疑人此前曾遭到另一名女乘客的投诉。这一事件使得滴滴打车平台受到全民讨伐,关于网约车管制的问题也随之被推到风口浪尖。此事件发生后,滴滴打车平台表示将无限期下线"顺风车"业务。此事件以及滴滴平台的处理方式在社会上引起广泛争议。支持者认为,此举有利于规范网约车平台下的"顺风车"业务,对于公众安全起到了有效的保护作用。然而,也存在一部分反对的声音。反对者认为,"顺风车"业务的下线降低了人们的出行效率,对于一些在特定时间段有打车需求的乘客造成了极大的不便。目前,政府对网约车行业也存在若干管制条例,在给消费者带来安全和保障的同时,无疑也降低了网约车的运营效率。那么,对网约车是否需要进行管制?目前对网约车的管制是否合理?如何兼顾安全和效率?这些是一直以来无法回避的问题,大家可以进一步讨论。

13.3　市场集中度

政府管制委员会并不是用以解决垄断问题的唯一方式,还有一种方式是运用国家的反托拉斯法。反托拉斯法反映了这样一种观点,即在相对很少的企业手中握有过多的权力。

反托拉斯法旨在促进竞争、限制垄断。正如前文所强调的,许多经济学家认为竞争优于垄断,因为竞争往往会使资源配置更有效率。为了度量一个产业接近于完全竞争（或垄断）的程度，经济学家们设计出市场集中率指标，这个指标表明了产业中最大的四家企业在产业总销售额或产量中所占的百分比。这个百分比越高，说明该产业的集中化程度越高。

表 13-1 中给出了所选的一些产业的市场集中率，这些比率因产业不同而差异很大。在汽车业中，市场集中率高达 90%。在商业印刷业中，这个比率很低，只有 7%。市场集中率只是对一个产业的市场结构的粗略度量，此外还必须补充产业中产品差异的程度与类型以及关于进入壁垒的数据。即使补充了这些数据，这仍是一个粗略的估计，因为它没有考虑来自国外供应商的竞争。尽管存在局限性，但是事实表明它还是一个有价值的工具。

表 13-1 美国部分制造业的市场集中率

产业	最大的四家企业的市场集中率（%）
汽车	90
照相器材	77
轮胎	69
飞机	72
鼓风炉与制铁厂	44
电子计算机	43
炼油	32
面包与糕点	34
制药	22
广播电视设备	37
报纸	25
商业印刷	7

另一个对市场集中率的度量是赫芬达尔-赫施曼指数，它等于企业市场份额的平方和。例如，如果一个市场上存在两个企业，各占有 50% 的市场份额，那么这个指数等于 5000。美国司法部在 1992 年的一个兼并案的指导方针中采用了这个指数。根据司法部的观点，如果指数（合并后）小于 1000，那么兼并不可能引起反对；如果指数界于 1000 和 1800 之间，且兼并引起的指数变化小于 100，那么兼并可能不会引起反对；如果指数大于 1800，且兼并引起的指数变化小于 50，那么兼并也可能不会引起反对。

13.3.1 《谢尔曼法案》

1890 年，美国国会通过了第一部联邦反托拉斯法——《谢尔曼法案》。尽管普通法很早就取消了对垄断的法律保护，但是在 19 世纪后 50 年，许多美国人认为似乎有必要立法阻止垄断、鼓励竞争。托拉斯这个意在共谋提高价格、限制产量的垄断联盟的形成使事态陷于危机。

《谢尔曼法案》的本质体现于第 1 条和第 2 条。其中，第 1 条规定："意在限制各州间和与国外的商贸的每个契约，托拉斯式或其他形式的联盟或共谋被认为是非法的。签订任何此类契约或者组织任何此类联盟或共谋的任何人被认为是有轻罪的……"根据美国百余年的司法实践，第 1 条所指的限制贸易和商业的行为主要包括：

（1）固定价格，是指竞争者之间就产品或服务确定或维持某种价格水平达成协议。固定价格一般通过两种途径实现：一种是直接确定产品或服务的价格，这是典型的价格垄断；另一种是彼此控制进入市场产品的数量，这是间接控制价格。

（2）串通投标，是指购买产品或接受服务的买方（通常是联邦、州或地方政府）进行招标时，竞争者通过私下密谋确定标底的方式提高价格。

（3）划分市场，是指竞争者之间达成划定销售地区、销售对象及产品的协议。

（4）联合抵制，是指多个企业联合起来，采取一致行动，目的在于通过限制贸易的手段排除、消灭以竞争谋取垄断优势。

《谢尔曼法案》第 2 条是关于垄断或企图垄断行为的规定："要垄断，或企图垄断，或与其他任何人联合共谋以垄断任何部分州间或国家间商贸的每个人，都被认为是有罪的。"

1974 年，美国对《谢尔曼法案》进行了修订，规定违反该法以重罪而不是轻罪判罚。修订后，公司可被判罚款高达 100 万美元；个人可被判罚款高达 10 万美元，且可判最长达三年的监禁。除了被处以罚款和监禁，在民事诉讼中，企业和个人还可能被处以三倍于因违反反托拉斯法而造成的损失的赔偿。但是，该规定对垄断或企图垄断的认定带有很大的不确定性。其优点是，反托拉斯的执法机关和法院可以利用这一特点，对现实中的各种垄断行为作出有利于保护公平的解释；缺点是，在实际操作中比较难以把握，控告、答辩、举证、处理的过程较长。衡量达到垄断状态和实施垄断行为的标准，是反托拉斯的执法机关和法院在长期反垄断实践中总结出来的。判决垄断的一个重要标准是市场占有率。一般认为，一个企业的市场占有率超过 70%，就很有可能被法院判定为具有垄断性的市场力量。如果企业的市场占有率在 50% 至 70% 之间，另外几个方面就显得重要：市场上有多少可替代的产品？有多少竞争者？进入和退出的壁垒如何？企业的市场占有率能稳定保持吗？市场是扩大还是缩小？如果企业的市场占有率小于 50%，则一般不具有市场力量。

13.3.2　《克莱顿法》《罗宾逊-帕特曼法》和《联邦贸易委员会法》

在《谢尔曼法案》实施的前 20 年里，一些人并不认为它很有效。《谢尔曼法案》的无效性导致美国国会于 1914 年通过了另两部法案——《克莱顿法》和《联邦贸易委员会法》。《克莱顿法》试图比《谢尔曼法案》在区分违法行为的规定上更为具体，因为这些行为会显著地减少竞争或倾向于导致垄断。

《克莱顿法》规定不公正的价格歧视为非法。这是一种就同一种产品对一个买者比对另一个买者索价要高的行为。然而，来自所售产品质量和数量上差异的价格歧视以及来自成本和竞争压力不同的价格歧视是被许可的。1936 年，《罗宾逊-帕特曼法》

对《克莱顿法》进行了修订，禁止对同等级、同质量商品的不同购买者制定不同的价格，因为这会显著地在任何商业领域减少竞争或倾向于导致垄断。《罗宾逊-帕特曼法》旨在阻止对大量购入商品的连锁店有利的价格歧视。小型独立零售商对连锁店进货的价格优势感到忧虑，极力要求进行该项立法。

《克莱顿法》也认定采用减少竞争的搭售合同为非法。如前文所述，搭售合同使买者为得到其所需要的商品而购买其他商品。很长一段时间以来，IBM公司出租而不卖出其机器，坚持要求顾客购买本公司的打孔资料卡并接受相应的维修服务。美国最高法院要求IBM公司结束其搭售合同。然而，并非所有的搭售合同都被禁止。如果一家企业需要维持对互补商品或劳务的控制以确保其产品运作正常，则可作为采用搭售合同的充足理由。同样，如果搭售安排是自愿的和非正式的，则也不违法。因此，如果一个顾客不断购买IBM公司的打孔资料卡是因为其认为这样工作效率很高，只要这位顾客不是被迫购买，就没有违法。

《克莱顿法》进一步认定显著减少竞争的兼并为非法。但是，因为该法并不禁止一家企业购买一个竞争对手的厂房与设备，所以它实际上不能阻止兼并。1950年，这一缺陷为《塞勒-凯弗维尔反兼并法》所弥补。然而，这并不意味着兼并不再盛行了。恰恰相反，20世纪80年代，兼并风行一时。

《联邦贸易委员会法》旨在阻止人们所不希望的和不公正的竞争行为。依据该法，美国成立了联邦贸易委员会，以调查不公正的和掠夺性的行为并发布要求停止的命令。该法规定商业上不公正的竞争方式为非法。由总统任命的任期为七年的五位委员组成的联邦贸易委员会承担了确切定义什么是"不公正"这一任务。最终，法院拿走了委员会的许多权力。1938年，委员会又获得了宣布不真实的和欺骗性的广告为非法的这一职能。另外，委员会有权调查美国经济结构的各个方面。

13.4 对反托拉斯法的解释

反托拉斯法的实际影响取决于法院如何对其进行解释。在不同时期，美国法院对这些法律的解释显著不同。典型的做法是，由司法部反托拉斯当局提出对一个企业或一组企业的诉讼，再进行审判，由法官作出判决。在重大案例中，诉讼最终送达最高法院。

1911年，在第一批重大的反托拉斯案例中，标准石油公司和美国烟草公司被迫放弃了所拥有的其他企业的大量股权。在对这些案例进行判决的过程中，最高法院提出并运用了著名的"理由规则"，即只有限制贸易的不合理的联合体而非所有的托拉斯会被依据《谢尔曼法案》定罪。1920年，最高法院运用理由规则，认定美国钢业公司没有违反反托拉斯法，尽管它曾试图垄断所在产业而没有成功。美国钢业公司的巨大规模及其潜在的垄断力被排除在外，因为法律不能仅因规模定罪。定罪需要有公然的犯罪行为。

20世纪二三十年代，美国各级法院，包括保守的最高法院，普遍认为反托拉斯法几乎没产生什么影响。尽管柯达和国际收获机公司控制了其所在市场的极大份额，法院运用理由规则，仍认为它们无罪，依据是它们没有通过公然的强制性或掠夺性行为确立其近乎垄断的地位。

20世纪30年代后期，由于对泛美铝业公司的起诉，这种情况发生了戏剧性的变化。这个案例判决于1945年（始于1937年）逆转了在美国钢铁公司和国际收获机公司的案例中的判决。泛美铝业公司通过在以前的案例中被认为"合理"的手段——保持足够低的价格以阻止进入，增加生产能力以适应市场增长等，获得了其所在市场90%的份额。然而，法院判定泛美铝业公司违反了反托拉斯法，因为它几乎控制了该产业所有的产量。

反托拉斯法不仅对管理者而言可能是个妨碍，而且其本身也颇为模棱两可，以至于要辨别特定行为是否为准许的并不容易。以两家啤酒厂Pabot和Blatz为例，它们拟于1958年合并。尽管两家啤酒厂占全国啤酒销量不到5%，政府仍反对这次合并，因为它们占有威斯康星州啤酒销量约24%的份额。地区法院法官认为应把威斯康星州视为相关市场的一部分，因此驳回了它们的上诉。但是，最高法院作出了否定的裁决。这个案例表明，确定相关市场的界限非常困难。

13.4.1 反托拉斯政策的沿革

1. 20世纪60—70年代

普遍认为，20世纪60—70年代是反托拉斯强有力的一段时期。1961年，美国几家大型电器制造商因共谋价格协议而被判有罪。该产业中的通用电气、西屋电气及其他企业的总裁们承认他们曾为维持价格、瓜分市场份额和消除竞争而秘密会晤与联系。一些总裁因被控有罪而被判监禁。同时，这些企业不得不支付一大笔钱给顾客，以弥补要价过高给他们带来的损失。约有1800起要求三倍赔偿的起诉控告这些企业，索赔额巨大。

20世纪60年代，水平兼并——兼并各方的企业生产基本一样的商品——变得越来越可能与反托拉斯法发生冲突。在1965年的冯氏杂货一案中，法院不允许两家超市兼并，尽管它们的市场占有率合起来不到洛杉矶市场的8%。另外，垂直兼并——向另一家企业提供或销售产品的企业之间的兼并——也受到法院的怀疑。例如，在布朗鞋业公司一案中，最高法院认为布朗公司与R.G.金尼公司兼并意味着其他鞋业制造商将被排除在一大部分鞋业零售市场之外。司法部面临的另一重大问题是企业集团兼并——无关产业的企业之间的兼并。然而，在60年代后期，当企业集团的收益开始令人失望时，这个问题的重要性变小了。

与此同时，反托拉斯法的适用范围有逐步扩大的趋势，如电信、航空、铁路、广播电视等都属于政府管制的范畴。传统上，这些领域带有自然垄断的性质，全部或部分不适用于反托拉斯法。但是，随着技术的进步，某些自然垄断逐步丧失了自然垄断的基础，在这些领域放松政府管制、促进竞争、放开经营是大势所趋。以电信业为例，在20世纪70年代以前一直是由美国电报电话公司（AT&T）垄断的，绝大多数的长途电话和地方电话是由其一家经营的。60年代后，微波技术发展迅速，人们无须通过铜缆就可以达到通信目的，AT&T的垄断地位开始动摇。1974年，美国政府对AT&T提起诉讼，此案与IBM公司一案于1982年的同一天作出判决。根据判决，AT&T放弃了22家公司，这些公司提供了美国大部分地方电话业务，保留了其长途电话部、西部电气公司和贝尔实验室。联邦通信委员会指出，拆分后，长话费下降了约38%。例如，从纽约到波士顿10分钟的长话费从1983年12月的4.09美元降至1988年12月的2.34美元。但是，地方电话的服务费显著上升。当时，一些人估计，拆分将导致顾客间的极大混乱和AT&T代价昂贵的调整。然而，许多观察家认为AT&T会成为更精干、更有活力的企业，并且会比以往更快地引进新技术与新业务。

2. 20世纪80—90年代

20世纪80年代不是反托拉斯行动积极开展的时期。美国反托拉斯机构官员认为应打击固定价格的共谋，不太关注各种类型的兼并。尽管批评家认为反托拉斯措施太过宽松，但是里根政府坚持认为这是在以促进竞争而不是妨碍竞争的方式执行法律。

80年代是兼并风行的一段时期。例如，谢弗伦兼并海湾公司、通用电气兼并RCA公司等。在许多案例中，兼并企业绕过目标企业的管理层，试图直接从目标企业的股东手中购买有控制力的权益。例如，索尔·斯坦伯格，一个著名的投资者，试图以这种方式获得沃尔特·迪士尼公司。关于兼并风潮的社会成本与利益的争论仍在继续。毫无疑问，兼并能带来巨大利益，例如，兼并能带来规模经济，对特定资源作更准确的估价，或者以更有能力的管理层取代能力较差的管理层。然而，兼并后，一家企业可能比以前更没有效率，而不是更有效率。在反托拉斯方面，布什政府比其前任政府更积极。司法部对美国建筑学院提起诉讼，理由是它不合理地限制建筑师之间的价格竞争。联邦通信委员会控告首都ABC公司和大学橄榄球协会限制电视转播的比赛场次。然而，许多观察家认为，不论好坏，20世纪90年代的反托拉斯行动并不过分。

克林顿政府的反托拉斯首脑——安妮·宾加曼更强调反托拉斯行动。她表示，司法部应该密切注意兼并、商业行为，有嫌疑的价格固定行为，以及外国企业是否遵守美国反托拉斯法。因此，平板玻璃、牛奶、移动通信和计算机软件及其他产业的一些企业受到了指控。最著名的行动之一是对通用电气和德比尔公司的指控。

3. 20世纪90年代后[①]

美国反托拉斯法在步入新经济时代以后得到了进一步发展与完善，在20世纪90年代后有了更多的发展趋势。

(1) 对某些特殊行业中出现的反垄断问题给予特别关注。在美国，被司法部称为"特殊产业"的领域主要有国防工业、电子通信以及医疗卫生等。在国防工业反托拉斯方面，重点是防止其他国家的并购。为此，美国颁布了《埃克森-弗洛里奥修正

---

① 参见丁茂中：《美国现代反托拉斯法发展简史（十六）》，载微信公众号"垄断杂谈"。

案》。联邦反垄断机构与国防部经常共同研究，意在拿出评估国防工业公司兼并的标准。在电子通信行业，联邦反垄断机构不仅积极参与相关立法工作，还受理相关案件。在医疗卫生领域，1994年，《卫生领域反垄断准则》颁布，设定了这一特殊领域的"安全区"以及相关评估标准和解决相关案件的流程。

(2) 对知识产权领域的管制有所加强。美国在早期就已经有了规制知识产权滥用的案例，但是与新经济时代对知识产权滥用的规制相比还是较为逊色。从布什政府以来，美国在关于知识产权的相关立法上更进一步，对微软公司反垄断案（以下简称"微软案"）的处理对于日后的影响尤为深远。这个案件的重要意义是，通过知识产权取得市场支配地位的企业不可以滥用这个地位。微软公司捆绑销售浏览器，从而使得其他企业的产品无法进入软件市场。这个案件表明了美国政府对于知识产权滥用行为的态度和处理方法。对于知识产权，美国政府一方面采取保护手段，另一方面在出现滥用的情况下采取严格的管制手段。

(3) 反托拉斯法的境外适用范围逐渐扩大。美国相关反托拉斯法规定，只要某种行为给美国商业带来了不利影响，即便实施该行为的主体是其他国家的公民或公司，也会被判定违反了反托拉斯法。只要侵犯了美国的利益，美国政府便可以行使域外管辖权，相关企业就得"配合"美国的"调查"程序。但是，这也引起了其他国家的不满。一些被美国调查的国家指出，美国政府的介入严重干扰了其国内的公共秩序。由于抗议无效，这些国家对于美国反托拉斯法的境外约束制定了报复性立法进行回击。

(4) 经济学理论对反托拉斯法的影响愈加深远。在新经济时代，经济学家对托拉斯的深入研究使得人们对反托拉斯法有了更深刻的认识，为评估是否违反反托拉斯法提供了参考依据。在上述微软案中，波斯纳被杰克逊法官任命为调解人，并非仅仅因为他是一位杰出的法官，更重要的是因为他具有关于反托拉斯法的经济学知识。

(5) 反垄断执法的国际合作日益加强。美国与相关国家签订了一系列协定：1991年《美利坚合众国政府和欧洲共同体委员会关于双方竞争法实施问题的协定》、1995年《美利坚合众国政府和加拿大政府关于实施竞争和欺诈性营销惯例法的协定》、1997年《美利坚合众国和澳大利亚关于相互实施反托拉斯法的协定》、1998年《美利坚合众国政府和欧洲共同体委员会关于在竞争法执法过程中实施积极的礼让原则的协定》、1999年《日本政府和美利坚合众国政府关于在反竞争活动问题上合作的协定》、1999年《美利坚合众国政府和巴西联邦共和国政府关于双方竞争管理机构在执行竞争法方面合作的协定》、1999年《美利坚合众国政府和以色列政府关于竞争法实施问题的协定》以及2000年《美利坚合众国政府和墨西哥政府关于竞争法实施问题的协定》等。在这些双边合作协定的实施中，美国与欧盟之间的合作机制相对充实与成熟。

13.4.2 反托拉斯政策的两种方法

在对反托拉斯案件的研究中，一些经济学家基本上直接观察市场业绩，包括产业的技术变化率、效率及利润率，以及单个企业的行动等。偏好这种方法的人认为，在对反托拉斯案件的判决中，应细致审查所涉及企业的业绩，以观察它们如何为经济服务。如果它们为经济提供了很好的服务，就不能仅仅因为占有很大的市场份额就认为它们违反了反托拉斯法。正如通常所提倡的，这种测试在很大程度上取决于对有关企业的技术进步性和动力的评价。这种方法存在的一个问题是，难以区分一个特定产业的业绩是好还是坏。经济学家一般不采用这种需了解一个产业精确业绩的方法。

另一种反托拉斯政策的方法强调的是一个产业的市场结构，包括市场上买者和卖者在数量和规模上分布的重要性，以及新企业进入的难易度和产品差异度。这种方法的倡导者认为，应该把市场结构作为不受欢迎的垄断特征的证据。正如诺贝尔经济学奖获得者乔治·斯蒂格勒所指出的，这种方法背后的基本思想是，"一个没有竞争性结构的产业不会有竞争性行为"。

例如，如果在一个市场上，一家企业的年销售额所占比重持续五年或更长时间在50％以上，或者四家或更少企业的年销售额占80％以上，就可以宣布这样的"市场权力"为非法。这种方法存在的一个问题是，市场结构与市场业绩之间的联系是如此之弱，以至于人们或多或少任意选定某一集中水平，并认为如果集中度超过这个水平，则市场业绩不为社会接受可能是个错误。

案例 拆分——现代性与反垄断[①]

2019年5月9日，Facebook的创始人之一克里斯·休斯发表了一篇文章，刊登在《纽约时报》上，标题为"It's Time to Break Up Facebook"（到了拆分Facebook的时点了）。克里斯在文章开头以他和扎克伯格共同创业为切入点，围绕美国自由主义和反垄断法的发展史展开，详细具体地论证了一种观点：在自由经济下，要谨慎提防巨头垄断。

在美国，由于法律的设立，公众与私人的边界早年便已明晰，政府与市场之间的博弈一直存在，此消彼长。亚当·斯密在《国富论》中论证了自由市场是存在的。当政府放手，市场自由发展时，市场会在"看不见的手"的力量驱使之下，达到市场均衡，推动市场的竞争、生产和创新。但是，现实中的市场往往与理想情况有一定的出入。政府放手并不意味着市场最终会归于自由状态。相反，较为强大的资本力量会联结为一体，在市场中具有一定的话语权，占据一定的支配地位，最终成为垄断者。因此，在自由主义早期，盛行一种观点：如果收起政府这只"看得见的手"，完全听凭市场自由发展，会损害整个社会的福利。每个人的自由应当是有一定限制的。政府应该在进行一定程度的市场调控之下，让市场自由发展。随着社会的不断发展，对于行业垄断的监管手段应当与时俱进。近年来，有一种观点开始盛行：当一家公司发展壮大为垄断巨头时，可能影响到竞争与创新，此时应该将这

[①] 参见〔美〕加里·贝克、凯文·梅菲：《反思反垄断》，https://business.sohu.com/2004/01/19/81/article218688112.shtml，2019年11月4日访问。

家公司拆分。

关于拆分的经典案例,最早可以追溯到1911年的美国政府起诉标准石油公司案。1890年,美国国会通过了第一部反垄断法《谢尔曼法案》。美国内战结束后,在短短30年(1870—1900年)内,大量欧洲移民迁往美国,美国的重工业得到飞速发展,资本快速流动,第一批经济巨头应运而生。标准石油公司在1890年前几乎垄断了石油产业的炼油行业。但是,1890年后,标准石油公司不满足于仅在炼油行业占据领导地位,对于石油产业的其他领域如采油、运输和零售等也开始涉及,意图纵向整合,进而控制石油业。洛克菲勒担心公司规模的扩大会引起政府的注意而受到管制,因此没有选择收购其他公司以扩大规模,而是与石油产业链上下游的公司联盟,签署了信托合同,以此对联盟外的成员进行打压。《谢尔曼法案》中提及的"反托拉斯"针对的就是这种情况。在成立了联盟之后,标准石油公司可以通过与上游的运输公司达成协议,制定对自己有利的价格,还可以与运输公司商定对于其他竞争者收取更高的运输价格,增加竞争对手的成本,长此以往,渐渐将竞争对手挤压出局。在将竞争对手踢出局后,标准石油公司便开始提高石油价格,压榨消费者剩余,提升利润。在这种情况下,标准石油公司的行为既有损市场中的竞争,又损害了消费者的福利。对这种垄断行为,法院自然不会坐视不管。1911年,最高法院以《谢尔曼法案》为依据,裁定标准石油公司的行为违反了《谢尔曼法案》,属于垄断行为,需要拆分。最高法院最终判决将标准石油公司拆分成34家公司。

在标准石油公司案之后,美国的反垄断法蓬勃发展,立法、行政和司法机构开始以反垄断法为工具,对行业中的垄断行为进行规制。20世纪70年代,政府权力的扩张遇到了来自经济学界和法律界的双面"夹击"。在经济学界,芝加哥学派的波斯纳等人主张应该重视市场所扮演的角色。他们提出,对于市场中是否存在垄断行为,不能仅仅通过市场占有率、合并或者行业联盟进行判断。在市场可以有效配置资源的前提下,价格是用于判断是否存在垄断行为的唯一标准。比如,即使某企业在市场上占据主导地位,市场份额达到90%,但是它所提供的产品的价格没有变化,说明在市场中竞争依然存在,就是这种竞争制约了产品价格的上涨。随着芝加哥学派的兴起,法律界的学者也开始关注反垄断方面的问题。1978年,罗伯特·勃克写了一本书,名为《反垄断悖论》,对于政府和市场间的周旋从全新的角度作了解读。他认为,在市场中,强者生存、弱者淘汰乃常见之事。如果行业间的整合并没有引起价格上涨,反垄断法的重点关注对象不应是同业竞争者,而应是消费者的利益。换句话说,在市场中,一家企业经营不善,被处于扩张规模的对手击垮,是正常现象。政府不应当就此判定存在垄断行为。但是,当处于占优地位的企业试图抬高价格,进而损害到消费者的利益时,政府就应当对其"特别关注"了。《反垄断悖论》这本书在美国影响较大。政府和市场间的博弈从未停歇,一直在激进主义和保守主义间切换。20世纪80年代起,保守主义暂时战胜了激进主义,政府在监管领域逐渐放手。1979年,最高法院在案例中直接引用了罗伯特·勃克在《反垄悖论》中的言论，并因此确立了新的反垄断法标准，重点关注是否会损害消费者的利益，而不是那些自身较弱的企业是否会受到挤压。1982年，里根政府发布了新的审批并购的规则，将审查重点由是否存在减少竞争的市场结构转变为是否会赋予企业抬高价格的市场控制力。80年代之后，反垄断法的走向基本趋于一致——政府放手，解放公司权力，使公司壮大自身。在新自由主义者的眼里，公司的扩张会带动就业，进而推动消费，加强市场流通，形成经济发展的正向循环。

近年来，开始盛行一种观点：对于巨头公司，要提防其在市场中所占据的支配地位以及其对于社会和消费者权益可能造成的损害。Facebook便是一个比较具有代表性的例子，对于是否应将其拆分一直存在争议。克里斯认为，Facebook在美国的社交产品中占据垄断地位。美国人使用社交软件的可选范围过于狭窄。2018年爆出"剑桥数据门"后，很多网友宣称要卸载Facebook，但是那个时段Facebook的用户数量并没有出现明显下降。归根到底，这还是因为没有其他产品可以替代Facebook，Instagram和WhatsApp也是受Facebook所控制的。由于Facebook为用户提供的产品是免费的，因而并没有受到审查。克里斯认为，Facebook明面上虽没有向用户收取费用，但用户数据及隐私实际上早已标好价签。同时，Facebook在社交产品界的垄断地位会阻碍创新，开发社交产品的创业公司是很难拉到大额投资的。因为投资人大都认为Facebook在业内已处于垄断地位，投资同类型的产品和公司的风险过高。对于创新的阻碍进一步使得Facebook在美国的社交产品界处于霸主地位。

Facebook在发展过程中也遇到过瓶颈期，但是它通过复制和并购这两种手段渡过危机，在社交软件市场占据垄断地位。2012年，Facebook面临从PC端转向移动端以及兴起的移动端社交软件Instagram的挑战时，没有去重新开发一款类似的移动端APP，而是直接将Instagram纳入旗下，一举打开了移动端的市场。

Facebook最让人忧虑的，既不是其在社交产品界所占据的垄断地位，也不是其维持自身垄断地位的商业手段，而是其控制言论的权力。Facebook的用户看到的东西是经Facebook的筛查机制筛选过的。也就是说，数十亿人的言论被不受公众监管的私人主体控制，这其中隐含的威胁性是无法想象的。

在文章末尾，克里斯认为，应将Facebook拆分，将其收购的Instagram和WhatsApp重新变成独立的公司，而且拆分对于创新也有一定的促进作用。也有与之不同的声音出现。克莱格认为，Facebook应当加强数据及隐私方面的保护，拆分并不能解决所有问题。对此，扎克伯格的回应是，如果只由Facebook本身监控互联网内容，所承担的责任过于重大，各国政府及监管机构也应该参与其中。拆分还是不拆分，还有待时间证实。但是，这个案例中所体现的关于反垄断的思想值得深思与探寻。

克林顿执政时代的司法部在乔·克莱因的领导下，推翻了威廉·巴克斯特在里根执政初期发起的更加倾向于自由主义的芝加哥学派的反垄断政策。随着克莱因试图拆分微软，其激进主义政策也达到顶峰。微软案清楚不过地说明，反垄断政策出现了一个更大程度、更加不明智的转变。《谢尔曼法案》的初衷即阻止竞争者之间达成操纵价格的协议，应该再次成为反垄断政策的中心。

上述政策转变产生了三个令很多人甚为苦恼的问题：（1）强调不公平竞争，而不是强调对消费者造成损害的证据；（2）关注如何避免出现市场支配优势；（3）通过强行实施结构性改组，推行"市场工程"。竞争者永远抱怨对手咄咄逼人的举动，他们把这叫作"掠夺"，而不管这些举动会不会让消费者得益。即使一家企业确实在处心积虑地打击竞争对手，或做出了不公平的举动，在其降价和试图取代竞争对手的过程中，消费者也还是可以得到实惠的。

法院即使无所不知，也必须首先掌握证据，证明消费者现在从低定价中得到的好处将比不上这一低定价行动在日后带来的损害，然后才能禁止低定价行为。要证明反竞争的掠夺价格，就必须符合以下前提：企业定出低价的目的是在日后排斥一些竞争者，竞争者后来确实被排斥了，结果损害了消费者的利益，消费者以后的损失将大于目前低价带来的实惠。但是，在现实世界里，收集这样的证据几乎是法院不可能完成的任务。实际上，几乎不存在由经验得来的证据可以支持有关低价掠夺行为的理论。经济学家普遍认为，掠夺行为会损害消费者的利益。在这种情况下，每当政府采取一些措施防止反竞争的行为时，也阻碍了大量有助于竞争的行为。

由于掠夺行为的经济理论缺乏事实的支持，因此在执行公共政策时，我们应该假定，即便是侵略性的竞争行为，也很可能让消费者得益。对于竞争对手和潜在竞争对手提出的"不公平竞争"的抗议，政府应该持特别谨慎的怀疑态度，尤其是在他们提到"掠夺性"定价行为的时候。低定价的做法，不管是不是掠夺性的，总会给消费者带来不可否认且可以衡量的好处。反垄断学说中有一个古老的信条，即大企业本身并没有攻击性。这一学说意识到企业可能通过提高效率以扩大规模。所以，阻止企业追求占有更大的市场份额，实际上可能是阻止企业提高效率。尽管有这么一个睿智的理论，正在变得越来越普遍的反垄断做法却是，在企业取得主导市场的份额时，便对其进行更详细的审查，并执行更严格的职业行为规定。主张这样做的人认定，企业在取得市场支配地位时，出现反竞争行为的可能性就会增加，所以这一做法确实有必要。

然而，这样一种反对企业占支配地位的假说，必然会对在市场中取得成绩的企业造成打击。微软案就是一个典型的例子。20世纪90年代中期，微软凭借在电脑操作系统市场占有的支配地位，完全可以为它的产品索取更高的价格，放任其市场占有率逐步下降，先使短期利润最大化，其他的以后再说。不然，它也可以调低价格，在以后维持甚至逐步扩大其市场份额。所有证据都表明，微软采取的是后一种策略，而且消费者从它的低价策略中得到了实惠。这样一种权衡取舍行为具有普遍意义：企业要么选择提高价格而降低市场份额的策略，要么选择有助于增加市场份额的低价策略，难以两全其美。公共政策关心的是消费者，而不是企业的竞争对手，所以应该鼓励企业降低价格，扩大市场份额，而不是提高价格，利用自己的市场支配地位榨取利润。不幸的是，反垄断措施经常是对取得市场支配地位的企业不利，哪怕企业的市场支配地位是通过高效和低价取得的。

假设企业的市场份额一旦超过一个令人关注的水平，如60%，就必须接受反垄断审查。当企业的市场份额接近这个水平的时候，就会靠提高价格而非提高销量以获得利润，从而避免诉讼和政府干预。但是，这种做法将减少有效的竞争、提高价格并损害消费者的利益。现代经济学表明，传统的"市场支配地位"的说法不仅陈腐，而且有损效率。全球竞争加剧意味着，在国内占据支配地位的企业如果企图利用其地位，靠漫天要价或降低产品质量牟利，那么海外的强大竞争对手就会乘虚而入。更重要的是，在日新月异的高科技和软件领域，竞争常常导致占据市场支配地位的企业被别的运用更尖端技术的企业取代。由于功能强大的个人电脑异军突起，IBM失去了它在行业中的领先位置，而微软操作系统的支配地位也受到互联网发展的冲击。由于在某个领域占支配地位而受到打压的企业，等到反垄断案进入起诉和审理阶段时，多半已经失去支配地位。这也是针对IBM的反垄断诉讼持续超过10年之后出现的局面。弗兰克·伊斯特布鲁克是反垄断政策专家，他指出，在信息产业，如果一种商业行为能够维持一段时间，足以坚持到让人向法院起诉，而且法院有时间作出判决，那么这种商业行为就一定是有效率的。否则，敏感的市场早就会作出反应了。

拆分微软的建议还有可能导致出人意料的结果。将微软的操作系统和应用软件划归不同的独立企业，是要消灭应用软件领域的进入壁垒。不过，这种做法可能打消微软的积极性，而微软本来是乐于降低价格，改进上述两种软件，力求提高市场对整个平台的需求的。这一拆分建议还限制了微软在不同企业之间转换信息和技术的能力。这样的限制也许可能阻止一些反竞争做法，但是对市场作出如此强烈的干预，将会带来严重的反效果，恐怕就不只是降低效率那么简单了。

综上所述，反垄断政策应该体现为一两条既简单又方便援引的规则，这些规则要能在复杂的现代经济中发挥持久的作用。一个明显的例子是反对竞争者之间达成价格协议。不过，市场体制不应由于一些做法而受到削弱，包括阻挠所谓的"不公平竞争"，刁难占市场支配地位的企业，强制施行改组方案，改变企业的边界、市场的结构等。这些做法很可能阻碍竞争、提高价格并损害消费者和国家的利益。

案例 价格联盟[①]

价格联盟,又称"价格卡特尔"。作为合作策略性行为的一种常见形式,价格联盟通过最低限价或限产保价,使同一产业的联盟成员均能各获其利,而不是通过减少他人的利润以增加自己的利润。但是,与此同时,这种联盟一旦形成,价格便会有极大的弹性,其中的某一个成员若降低价格,则必将从中获利。

彩电价格联盟和民航机票价格联盟是我国两种较为典型的价格联盟。

2006年9月,在"国产平板电视备战国庆市场"新闻通气会上,创维、康佳、海信、长虹、TCL、新科等多家国产彩电企业达成共识:无论家电连锁企业如何强硬,"十一"期间都要坚决杜绝主动性亏本销售的价格恶战,务必紧紧守住32英寸和37英寸液晶电视的4999元和7999元的价格生死线。但是,仅仅一周之后,苏宁电器就在上海宣布,目前已经有数款32英寸和37英寸国产液晶电视突破了这一价格防线,其中就有上述几家彩电企业的特价机型。苏宁电器相关人士透露,液晶电视在"十一"期间必定会有大幅度的降价。包括合资品牌在内,已有多家企业与苏宁电器达成协议,为其提供特价机型,最高降价幅度达到了30%。与此同时,国美电器也在广告上透露,上广电一款42英寸液晶电视将直降到4980元。永乐电器相关人士更是表示,将把TCL、康佳、创维、上广电、长虹、海信、海尔、厦华、夏新等9家彩电品牌32英寸的产品降到5000元以下,一款37英寸的合资品牌液晶电视也将降到7000元以下。国产彩电价格联盟昙花一现。

对于彩电价格联盟,国家相关部门负责人明确指出,根据《中华人民共和国价格法》(以下简称《价格法》)第14条的规定,经营者不得相互串通,操纵市场价格,损害其他经营者或者消费者的合法权益。如果这些企业真的成立价格联盟,就是变相垄断,是《价格法》所不允许的。这妨碍了其他经营者的合法权益,也影响了行业的发展动力,最终将损害消费者的利益,不利于培养消费者成熟的消费观念。同时,如果企业明知价格涨不上去却发布涨价消息,显然也违反了《价格法》。也有不少圈外人士评论,"联手涨价"更多是一种"炒作"行为。就关于彩电价格联盟有违《价格法》的指责,相关厂商也作出过回应,强调由多家企业定下的销售最低限价共识不但不存在垄断和操纵市场价格的问题,反而恰恰表明企业正努力阻止不正当竞争行为。

无独有偶,2018年4月20日,中国民航总局推出了《民航国内航空运输价格改革方案》,规定所有国内航线的机票价格可以在规定的基准价之上,下浮幅度不超过45%,以期限制国内航空公司由于价格战导致的恶性竞争。但是,截至2019年

[①] 参见张彦君:《浅析中国彩电业价格联盟的破裂——博弈论角度》,载《金融经济》2008年第22期;张良:《国内航空公司"价格同盟"萌动》,http://news.carnoc.com/list/50/50988.html,2019年11月4日访问。

3月，二折、三折的机票频频出现。当年的一纸公文早已被航空公司抛诸脑后，民航机票价格联盟化为泡影。

2019年4月，中国民航总局又一次开始实行一系列被解读为"价格联盟"的宏观调控措施，其中包括完善价格协调机制、调整机票代理佣金等措施。有一段时间，北京出发至上海、杭州、广州、深圳、成都、重庆、乌鲁木齐等国内主要城市的机票价格普遍上升至六折以上。出发当日、次日的机票则基本为全价票，折扣票完全没了踪影。

相关人士称，不受限制的价格竞争会给航空公司的利润造成很大的压力，而航空公司间的价格协调机制则可以帮助航空公司实现盈利。

但是，对于消费者来说，机票价格上涨并非一个好消息。例如，2019年4月上旬，北京与成都两地间的火车硬卧价格在420元左右，而3月底的机票最低价格是430元。对比之下，许多旅客都会倾向于选择乘坐飞机出行。但是，4月上旬的机票价格最低为860元，上涨了100%。这样的涨幅对于许多消费者来说显然是难以接受的。

对此，北京市消费者协会相关人士认为，机票价格联盟严重剥夺了消费者的选择权，侵犯了广大消费者的合法权益，是市场竞争中严格禁止的不正当竞争行为。这实质上是民航部门利用垄断的独占优势，实施价格垄断的一种表现。

相关民航专家认为，维持民航价格联盟有两个前提：第一，运力的投放和旅客的需求趋近于平衡的状态；第二，旅客人数增长不是受过低价格刺激所影响的，而应是受航空旅行的推动，是受国家经济发展所影响的。目前，国内机票产品的市场化已十分突出，任何价格联盟、价格协调机制都是以市场供需为导向的。因此，无论是政府行为还是企业自发组合，价格联盟首先要得到市场环境和消费者的认同。如果航空运力呈现明显的供大于求的状况，价格联盟是根本无法构建的。同时，要以旅客对机票价格的依赖性为导向。如果大部分旅客过分看重价格因素，机票联盟也很难持久。

在中国彩电业发展史上，几次著名的价格联盟都以失败告终，而近年来的民航机票价格联盟也前途未明。在这背后，值得讨论的是：厂商为什么要形成价格联盟？形成价格联盟之后又为什么难以执行？这种结盟行为是不是违法行为？有关部门是否应该干预？

13.4.3 专利系统

尽管反托拉斯法的制定是为了限制垄断，但是并非所有的公共政策都是为了达到这样的效果。专利制度就是一个很好的例子。1995年6月之后，美国专利法准许发明者排他性控制一项发明的使用时间从最初提出专利申请起，可达30年，作为把其发明作为公共知识的交换。并非所有新知识都可申请专利。在单独的案例中，法院规定一项可申请专利的发明不是对已存在但未知的事物的揭示,而是创造出以前不存在的事物,并且不能给一项抽象的、哲学化的原则以专利。一项可申请专利的发明,其主题实质应是物化结果或获得某结果的物化方式,而不是纯粹的行为方式。同时,它必须包含特定的最低限度的新颖度。"改进"和"发明"是不可互换的。如果仅能给出的最好解释只是相当于对以前的发明的改进,没有体现其他的发明不曾使用的新的运作原则或模式,那么就不是真正的发明。

有三个主要论据可以为专利法的存在提供佐证:第一,这些法律是引导发明者投入发明所需的工作的重要激励。尤其是对于单独的发明者来说,专利保护是强有力的激励。第二,专利对于企业而言是必要的激励,引导它们开展进一步的工作,并对试验工厂和其他把发明付诸商业应用的项目进行投资。如果一项发明一开始就成为公共财产,那么企业为什么要承担试验一种新工艺或产品的成本和风险?如果是这样,另一家企业可以旁观,不承担任何风险,并且可以模仿相关工艺或产品。第三,由于专利法的存在,发明的公开要早于其他方式,并且信息较早传播有助于促进其他发明。

不像其他大多数实物产品,新技术知识不可能耗尽。一个人或一家企业可反复运用一个想法而不会使之耗尽,并且同一个想法可以同时为许多人服务。没有人会因为其他人也在运用这个想法而从中获取更少。这个事实给任何想以发现新知识为己任的企业带来了很大的困难。为了使投资研发有利可图,一个企业必须能直接或间接地以某一价格出售其研发结果。但是,潜在的顾客不会愿意为了一种一旦生产出来就可以被所有人无限量获得的商品而支付一笔钱。专利法是解决这个问题的一种方法,它使企业开发、出售或运用新知识有利可图成为可能。但是,专利制度有一定的缺陷,新知识不能得到它所应当得到的广泛应用。为了获利,专利所有者会把价格定得足够高,使得一些能有效运用专利的人被排除在外。从社会的观点来看,每个能够运用发明的人都应当获准以很低的成本这样做,因为他们运用发明的边际成本实际上经常为零。然而,这是一项颇为短视的政策,因为这几乎不能为发明提供任何激励。

毫无疑问,专利制度使创新者从其创新中所得利益更多。但是,这并不意味着专利制度在这方面很有效。与流行观点相反,专利保护并没有使进入变得不可能或几乎不可能。据估算,在建立专利制度后,一项研究中所包含的受到专利保护的成功创新中有约60%被模仿。然而,专利保护通常会提高模仿成本。在制药业中,专利对模仿成本的影响比在其他产业中要大。模仿成本的平均增长在制药业中约为30%,在化工业中约为10%,在电子和机械业中约为7%。

关于专利制度,最重要、最有争议的问题之一是:如果创新不能获得专利保护,创新滞后或根本不会诞生的比例为多少?为了阐明这个问题,有研究者进行了精心设计的调查研究。这项研究表明,如果没有专利保护,大约有一半的创新专利不会出现。这些创新大多数产生于制药业。除了制药业的发明外,受到缺乏专利保护影响的发明专利在抽样调查中所占比例不到1/4。这就使一些人认为专利可能并不重要,因为它们对于模仿者进入市场的速率之影响往往是有限的。在这项研究中,对于大约一半的发明，企业认为专利阻滞模仿者进入市场不到几个月。尽管专利通常会提高模仿成本，但是成本还没有高到在这些情况下对模仿者进入市场有明显影响的地步。同时，尽管专利保护在大约一半的案例中对于进入市场似乎只有限的影响，但是对于少数案例似乎有很大的影响。据估计，对于大约15%的发明，专利保护延迟了第一个模仿者进入市场大约四年甚至更长时间。

另一项研究在美国12个产业中随机抽取100家企业（排除了规模非常小的企业）。结果表明，企业认为专利保护对于两个产业中30%或更多的商业化的专利的开发与引进是必不可少的，这两个产业是制药业和化工业。在其他3个产业（石油加工业、机械制造业和仿金属业）中，据估计，专利保护对于大约10%到20%的发明的开发与引进是必不可少的。在余下的7个产业（电器设备业、办公设备业、汽车业、仪器业、基础金属业、橡胶业和纺织业）中，专利保护的重要性则相对有限。实际上，在办公设备业、汽车业、橡胶业和纺织业中，关于专利保护对于研究期间发明的开发与引进是否必不可少，各家企业的意见并不一致。

然而，这并不意味着这些企业几乎没有运用专利制度。相反，即使是在那些几乎所有发明没有专利保护也会被引进的产业，大多数可申请专利的发明似乎都申请了专利。在制药业、化工业这样的产业中，专利更为重要。据报道，超过80%可申请专利的发明申请了专利。显然，当专利保护属可能时，企业通常不愿依靠行业秘密保护。甚至是在汽车业，尽管专利往往被认为相对而言并不重要，仍有约60%可申请专利的发明申请了专利。

我国的知识产权保护制度是在改革开放的过程中形成和健全完善的。《中华人民共和国商标法》在1982年8月颁布，1983年3月实施。《中华人民共和国专利法》在1984年3月颁布，1985年4月实施。两法都规定了先申请制和实质审查制。《中华人民共和国著作权法》在1990年9月颁布，1991年6月实施。《计算机软件保护条例》在1991年6月颁布，1991年10月实施。1993年10月1日，我国政府向世界知识产权组织递交了《专利合作条约》的加入书。自1994年1月1日起，我国成为该条约的成员国。

13.5　对环境污染的管制

政府机构管制经济生活的许多方面，而不仅仅是电力公司、电话公司或运输公司的定价。在从炼钢业或化工业到造纸业或石油加工业等广泛的产业中，企业管理者必须了解并应对保护环境的政府规章。为了说明这种情况，我们介绍一下美国储备矿业公司（以下简称"储备公司"）的情况，它通过提炼铁燧岩生产铁。储备公司每生产一吨铁的同时，产生两吨铁燧岩尾渣，尾渣倒入苏必利尔湖。1969年，储备公司发现自身陷入一场官司，争论最激烈的事情之一是在供应给明尼苏达德卢斯的水中发现了石棉纤维。1977年，官司结束时，储备公司被要求建造新型倾倒设施，其成本约为 4 亿美元。虽然代价很高，但是苏必利尔湖中石棉纤维的含量显著下降了。

接下来，我们将解释在没有政府行为的情况下，为什么经济发展中会产生诸多污染。然后，我们将讨论最优污染水平控制并描述各种形式的政府管制。鉴于环境对于管理者和公众的重要性，这个讨论相当有益。

我们先要了解外部经济和外部不经济的含义。当企业或个人的行为给他人带来无须补偿的益处时，就发生了外部经济。例如，一个企业培训工人，而工人最终为其他企业工作，其他企业不必为此付费。一般而言，从社会的观点来看，带来外部经济的行为不多。如果企业或个人的行为对社会福利有贡献，却没有得到应有的报偿，那么这种行为可能不会常常出现。

当企业或个人的行为给他人带来无须补偿的成本或伤害时，就发生了外部不经济。例如，企业产生的烟尘损害了邻近的家庭和企业，一个人没能照看好其财产而降低了附近房屋的价值等。一般而言，从社会的观点来看，带来外部不经济的行为很多。如果企业或个人的行为之成本由其他人承担，那么这种行为就会经常出现。

13.5.1 污染的根源

当企业和个人污染了排水道和空气时，其行为导致了外部不经济。例如，一家企业因倾倒废料而污染了一条河，或因排放烟雾或废物而污染了空气。尽管有些污染是不可避免的，但是从社会的观点来看，这些行为可能过度。

在竞争经济中，资源会配置给为此出价最高的人和企业，如果价格反映了真实社会成本，那么资源就倾向于用在其社会价值最高的方面。假设一些企业或人可免费使用水和空气，而其他企业或人承担了作为超前使用后果的成本。在这种情况下，水和空气的使用者所支付的要少于真实社会成本。于是，水和空气的使用者会根据他们支付的价格作出决策。既然他们所支付的要少于真实社会成本，即水和空气对他们而言较便宜，那么从社会的观点来看，他们会使用较多的资源。

13.5.2 污染的最优控制

与其他社会成员一样，管理者应能从社会角度和个人角度看待这些问题。他们应能敏锐地察觉到自己的行为对社会的总体影响，如同对企业利益的影响一样。一般而言，一个产业的污染物排放量会随产出水平不同而变化。例如，企业可安装如除尘设备等污染控制设备，以降低每一产量水平下的污染物排放量。在这里，我们要确定污染控制的社会最优水平。保持产业产量不变，污染物排放量对应的污染成本见图 13-3。产业排放的未处理废料越多，污染成本越大。图 13-4 表示对应每一产业污染物排放量的污染控制成本。产业要减少的污染物排放量越大，污染控制成本越低。图 13-5 表示污染成本和污染控制成本之和，对应每一产业污染物排放水平。

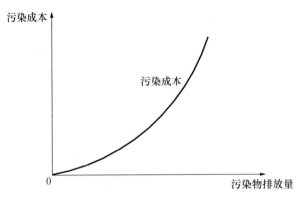

图 13-3　污染成本随污染物排放量增加而增加

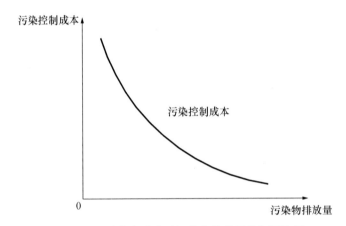

图 13-4　污染控制成本随污染物排放量增加而降低

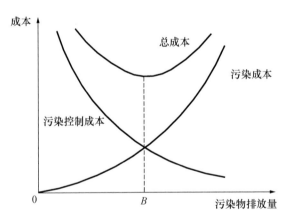

图 13-5　污染成本和污染控制成本之和

从社会的观点来看，产业应把污染物排放量降到污染成本和污染控制成本之和的最小值。在图 13-5 中，产业的社会最优污染水平为 B。如果产业污染物排放量小于这个排放量，那么增加 1 单位污染物而降低的污染控制成本大于会增加的污染成本；而如果产业污染物排放量大于这个排放量,那么减少1单位污染物而降低的污染成本大于会增加的污染控制成本。

图13-6表示对应每一污染物排放量水平的额外的1单位污染物排放量的边际成本,用UU'来表示。该图还表示减少1单位产业污染物排放量的边际成本,用VV'来表示。产业的社会最优污染水平在两条曲线的交点上。在这一点,额外排放1单位污染物的成本恰好等于减少排放1单位污染物的成本。无论我们看图13-5还是图13-6,答案是一样的:B是社会最优污染水平。

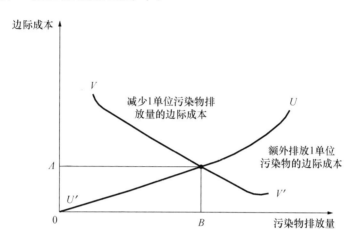

图13-6 额外1单位污染物排放量的边际成本

13.5.3 环境管制的形式

因为图13-6中的产业不必为其造成的污染支付所有社会成本,所以把污染水平降到B会是无利可图的。政府使企业降低污染水平的一个方法是直接管制。例如,政府宣布把该产业的污染水平限制在B单位。美国的许多经济部门都依赖这种直接管制。

政府使企业减少污染排放的另一方法是征收排污费。排污费是污染者必须支付给政府用以处理污染物的费用。例如,在图13-6中,可对每单位污染物征收的排污费为A。这样,产业每增加额外的1单位污染物的边际成本为A。为最大化利润,产业中的企业也会把污染排放减少到B,因为减少污染是有利的,减少1单位污染物的边际成本小于A。污染排放超过B时的情况对企业是不利的。为了说明排污费的作用,我们以德国的鲁尔峡谷为例,这是一个高度产业化的地区,但是供水有限。鲁尔地区采用征收排污费的方法维持当地河流的水质,结果很成功。这当然并不意味着直接管制没有用。处理某些种类污染物的危险性大到以至于唯一合理的方法就是禁止排放。当然,征收排污费有时并不可行,如在测量各个企业和家庭的污染物排放量非常困难的情况下。

政府还有一个可使企业减少污染排放的方法是颁发可转让污染排放许可证,允许造成特定量的污染。许可证在总量上对污染排放予以限制,使污染总量等于政府考虑后确定的水平。这一总量在企业中分配。许可证可以买卖，认为限制污染非常昂贵的企业可能购买许可证，而认为限制污染便宜的企业可能卖出许可证。美国1990年《空气清洁法修正法案》要求使用许可证，以减少硫的氧化物的排放。芝加哥贸易委员会通过投票，支持建立一个许可证交易市场。

案例　我国的排污收费制度[①]

排污收费制度，是指向环境排放污染物或超过规定的标准排放污染物的排污者，依照国家法律和有关规定，按标准交纳费用的制度。排污收费制度是"污染者付费"原则的体现，是一种重要的环境经济政策，可以使污染防治责任与排污者的经济利益直接挂钩，促进经济效益、社会效益和环境效益的统一。随着我国经济、制度的不断发展和完善，现有的排污收费制度相较于最初已有了非常大的改善。排污收费制度作为一种经济手段，对于环境污染的综合整治发挥了较为重要的作用。征收排污费的目的是，促使排污者加强经营管理，节约和综合利用资源，治理污染，改善环境。首先，征收排污费能够强化企业的环境保护意识，促使企业在日常管理过程中加强对生产及制造流程的管理。其次，征收排污费能够从经济的角度对企业在环境与利润之间的决策起到约束作用。企业在一定程度上是追求利益最大化的，因此在作出相应决策时往往忽略环境外部性。排污收费制度使企业不得不在日常生产过程中考虑因排放污染物而造成的环境成本，因而会更加合理、高效地利用资源。综合各方面路径和作用机制，排污收费制度对环境可以起到积极的治理和改善效应。

排污收费的管理依据主要是《排污费征收使用管理条例》。1978年12月31日，中共中央批转了《国务院环境保护领导小组办公室环境保护工作汇报要点》，排污收费制度由此第一次在红头文件中被正式提出。次年9月，《环境保护法（试行）》颁布，其中明确规定了排污收费制度。这是我国第一次将排污收费制度纳入法律考量范畴。之后，各地先后开始试行排污收费制度。1982年2月，国务院发布《征收排污费暂行办法》。当年7月，排污收费制度正式在全国范围内开始执行。2000年修订的《大气污染防治法》从法律层面对根据排放污染物的种类和数量征收排污费作了规定，确定了总量收费制度。2003年1月，国务院颁布《排污费征收使用管理条例》，对之前的排污费征收标准作了一定修改，由超量排放收费到排污即收费，由单一浓度收费到对浓度和总量综合考量后进行收费等，排污收费标准趋严。排污收费制度主要从企业层面对污染源头进行了遏制。企业遵循利润最大化的经济原则，在作出行为决策时需要将环境经济成本纳入考虑范围，改进生产方式以提高生

[①] 资料来源：中国环保网。

产效率，进而助力我国产业发展方式从资源依赖型向技术驱动型转变。自我国实行排污收费制度以来，环境管理、环境执法能力和效率不断提高，各项环境监理工作顺利开展。《中国环境年鉴》的统计数据显示，我国固体颗粒物、污染气体、废水排放水平逐年降低（如图13-7所示），环境污染问题得到有效改善，政府管制在处理环境外部性问题上效果显著。

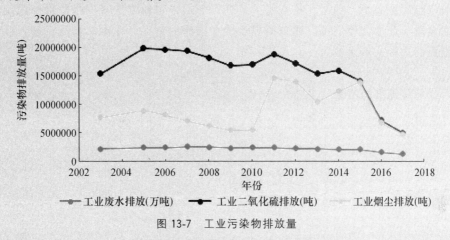

图 13-7　工业污染物排放量

排污收费制度在一定程度上缓解了环境污染问题。但是，为了实现我国在哥本哈根会议上所承诺的到2020年，单位国内生产总值二氧化碳排放比2005年下降40%—45%的目标，更好地发展循环经济，打造低碳生活环境，排污收费制度仍有较长的一段路要走。当前，我国积极推动各项工作稳步发展。回顾和总结我国的排污收费制度，仍有一些问题值得我们讨论与思考。

首先，排污收费标准是否偏低？对企业的环保刺激力度是否足够？排污收费制度主要通过收费的手段，强制要求企业承担污染环境的责任，进而减少污染物的排放。如若收费标准高于企业对于污染的整治成本，那么企业出于降本增效的目的，会加大对新技术的投入与研发工作，提升资源利用率，通过技术创新和设备改造的手段减少污染物排放量。反之，如若污染物排放量低于企业污染治理成本，那么企业很可能作出宁愿交排污费也不进行污染治理的决策，导致排污收费制度失效。

其次，排污收费制度的征收效率如何？按照排污费的征收程序，企业排污的审核工作主要由地区环保部门监督执行。然而，企业数量众多，在企业自行申报后，地方环保部门可能出于人力、成本等考虑，无法逐一对企业进行审核。因此，企业瞒报、少报的现象较为普遍。加上地方保护主义的因素，按人情收费的情况也时有发生。这些现象降低了排污收费制度的政策力度。

如何进一步改革和完善排污收费制度，使之适应我国的基本国情，并为推行低碳、高效的经济发展方式贡献力量，值得进一步讨论。

13.5.4 管制对厂商价格和产量的影响

无论政府怎样引导企业减少污染排放，结果都是企业成本增加。例如，杜邦公司仅在 1990 年就花了约 5 亿美元用于配备环保设备。认识到这个事实和明白企业以提价的方式转嫁给消费者很重要。在这里，我们学习如何确定转嫁程度。

假设政府颁布了一项新规章，要求造纸厂必须采用新方法减少水污染。假定造纸业是完全竞争产业，我们可以比较新规章颁布前后的情况。在颁布新规章前，假定每个造纸商的边际成本函数为：

$$\mathrm{MC} = 20 + 40Q \tag{13.5}$$

这里，Q 是每周纸的产量（千吨）。如果价格为 P（美元），企业为最大化利润，会让价格等于边际成本，这意味着：

$$P = 20 + 40Q$$

或者：

$$Q = -0.5 + 0.025P$$

如果有 1000 家造纸商，都有相同的成本函数，则产业的供给曲线为：

$$Q_S = 1000 \times (-0.5 + 0.025P)$$
$$= -500 + 25P \tag{13.6}$$

假定纸张的市场需求曲线为：

$$Q_D = 3500 - 15P \tag{13.7}$$

我们可以通过令式（13.7）中的需求量等于式（13.6）中的供给量，解出均衡价格和产量：

$$3500 - 15P = -500 + 25P$$
$$40P = 4000$$
$$P = 100$$

因此，需求量为：

$$Q_D = 3500 - 15P = 3500 - 15 \times 100 = 2000$$

供给量等于同一数量：

$$Q_S = -500 + 25 \times 100 = 2000$$

换言之，在颁布新规章前，纸价为每吨 100 美元，每周生产 200 万吨。

新规章对纸张的价格和产量的影响是什么？假设新规章使生产纸张的边际成本上升 25%。在新规章颁布后，每个造纸商的成本函数为：

$$\mathrm{MC} = 1.25(20 + 40Q) = 25 + 50Q$$

每家企业会让价格等于边际成本：

$$25 + 50Q = P$$

或者：

$$Q = -0.5 + 0.02P$$

于是，产业在管制后的供给曲线为：

$$Q'_S = 1000 \times (-0.5 + 0.02P)$$
$$= -500 + 20P \tag{13.8}$$

假定 1000 家造纸商均留在产业内（如果不能避免损失，一些企业可能退出）。为求出新规章颁布后的均衡价格，我们令式（13.7）中的需求量等于式（13.8）中的供给量：

$$3500 - 15P = -500 + 20P$$
$$35P = 4000$$
$$P = 114.3$$

因此，新规章颁布后的需求量为：

$$Q_D = 3500 - 15P = 3500 - 15 \times 114.3 = 1786$$

供给量等于同一数量：

$$Q'_S = -500 + 200P = -500 + 20 \times 114.3 = 1786$$

换言之，在新规章颁布后，纸价为每吨 114.3 美元，每周产量为 178.6 万吨。

显然，新规章的颁布导致价格上涨和产量下降，这是此类规章的典型影响。价格上涨和产量下降的程度取决于产品需求的价格弹性。如果价格弹性很小，价格上涨会比价格弹性很大时要多，产量下降会更少。

除了进行管制外，政府还要履行广泛的经济职能，包括提供商品和劳务。例如，政府负责提供在任何一个社会都极为重要的产品——国防。为什么政府提供某些产品而不是其他产品？一个重要的原因是，对于一些产品即公共产品，私人（非政府）经济部门不大可能生产足够的数量。

13.6 公 共 产 品

公共产品的一个主要特征是，一个人消费公共产品并不会减少其他人消费公共产品的数量。公共产品经常被大规模生产出来，它们不可能被拆开而在普通市场上买卖。一旦公共产品被生产出来，就无法阻止民众消费它。无论民众是否承担公共产品的成本，他们都能从公共产品中获益。显然，这意味着任何企业要使公共产品有效地市场化都会非常困难。

国防是一种公共产品，国防开支带来的益处惠及整个国家，必须由政府提供。洪水控制、环保和其他此类服务的情况也类似。

然而，这并不意味着国防用品必须完全由政府生产。例如，美国空军并不生产 B-2 隐形轰炸机，美国海军也不生产 F14 战斗机，而是由军工生产商生产。尽管国防是公共产品，但是企业的开发与生产起核心作用。政府机构对于广泛的产业有重大影响，而不仅仅是对一些国防设施承造商有影响。

本章小结

1. 管制公共设施的委员会经常把价格定在等于平均总成本的水平，其中包含企业投资的合理收益率。这种安排的一个困难是，既然企业要保证获得这个收益率（无论其经营好坏），那么就没有动力提高效率。尽管管制滞后在一定程度上带来对高效率的激励，但是这种激励往往较弱。

2. 《谢尔曼法案》视任何限制贸易的合同、联合或共谋为非法，并且认定垄断或试图垄断为非法。《克莱顿法》视不正当的价格歧视和减少竞争的联合合同为非法。《罗宾逊-帕特曼法》旨在阻止有利于大量购物的连锁店的价格歧视。《联邦贸易委员会法》是为了阻止不合理、不公平的竞争行为。

3. 美国反托拉斯法的真实影响取决于法院对这些法律的理解。在早期的案例中，最高法院阐述并运用了著名的"理由规则"：不是所有的托拉斯，只有不合理地限制贸易的联合才应根据《谢尔曼法案》定罪。

4. 专利法授权发明者以排他性控制其发明的使用作为公开其发明的交换。专利制度使发明者能在其发明带来的社会福利中占有更大的份额。但是，专利制度往往对模仿者进入市场的速率只有有限的影响。企业不断广泛运用专利制度。

5. 当企业或个人的行为给他人带来无须补偿的益处时，就发生了外部经济。当企业或个人的行为给他人带来得不到补偿的成本或伤害时，就发生了外部不经济。

6. 社会最优污染水平（保持产量不变）在污染的边际成本等于污染控制的边际成本之点。一般而言，这个点是污染物排版量非零的点。为使污染更接近于最优污染水平，政府可采用征收排污费、发行可转让污染排放许可证、实行直接管制等措施。

7. 制定减少污染的规章（和其他措施）往往会提高被管制企业的成本，其产品价格通常会上涨，产量往往会下降。如果需求的价格弹性较低，那么以提价方式转嫁给消费者的成本要高于需求价格弹性较高时的情况。

8. 一个人消费公共产品并不会减少其他人对公共产品的消费量。一旦公共产品被生产出来，就无法阻止民众消费它。私人（非政府）经济部门不太可能生产足够数量的公共产品，如国防。因此，政府负责提供公共产品。

习题

1. 美国微波通信公司（MCI）通过对长途电话收低价的方法与贝尔公司展开竞争。很多人认为，贝尔公司的长途电话服务是自然垄断的。然而，MCI又能够弥补其成本。这种情况可能吗？MCI的进入会受到管制者的鼓励还是禁止？

2. 在实行收益率管制的情况下，收益率过高的厂商必须将其一部分收益返还给纳税人。但是，不能赚到目标收益率的厂商要承担这个差额，国家不给予补贴。这种不对称性会如何影响厂商的革新动机？收益率管制是更适合还是更不适合一个正在进行技术创新的行业？

3. 1985年，美国联合航空公司以 7.5 亿美元的价格购买了泛美航空公司的太平洋分部。美国司法部反对这宗购买交易，运输部却予以批准。1984 年，各航空公司运送的跨越太平洋的旅客占总数的百分比如下表所示：

表 13-2　跨太平洋旅客百分比

企业	百分比	企业	百分比
美国东北航空公司	27.5	美国联合航空公司	7.3
日本航空公司	21.9	中华航空公司	6.8
泛美航空公司	18.5	新加坡航空公司	2.9
大韩航空公司	9.3	其他	5.8

（1）购买前，集中率为多少？

（2）购买后，集中率为多少？

4. 芝加哥贸易委员会经投票，支持建立一个排放硫的氧化物的权利市场。美国 1990 年《空气清洁修正法案》确定了一个始于 1995 年对 110 家发电厂的硫的氧化物排放总量的限制。如果减少硫的氧化物的排放量，会使成本上升，很多企业可能购买可转让污染排放许可证，因为购买许可证的成本小于减少排放量的成本。假定企业可以超过法定限制并为每吨污染物支付 2000 美元罚款，那么排放 1 吨硫的氧化物的权利之价格会大于 2000 美元吗？为什么？

5. A 电力公司正在与当地管制委员会讨论其收益率。企业产品的需求曲线为：

$$P = 1000 - 2Q$$

这里，P 是每单位产量的价格（美元），Q 是产量（千单位每年）。总成本（排除企业所有者投资于企业的资本的机会成本）为：

$$TC = 50 + 0.25Q$$

这里，TC 以百万美元为单位。

（1）A 电力公司要求年价格为 480 美元。企业资产为 1 亿美元，如果其要求得到批准，那么资产收益率为多少？

（2）如果取消管制，那么企业的会计利润会增加多少？

6. 有 7 家企业生产餐桌，假设某年它们的销售额如下表所示：

表 13-3　7 家企业某年的销售额

企业	销售额（百万元）
A	100
B	50
C	40
D	30
E	20
F	5
G	5

(1) 该产业的集中率为多少？

(2) 该产业是寡头垄断产业吗？

(3) 假设企业 A 兼并企业 G，产业的集中率变为多少？

(4) 假设兼并后，企业 A 与企业 G 退出该产业，产业的集中率变为多少？

7. 化工业的污染成本（10 亿美元）为 $C_P=3P+P^2$。P 是污染物排放量（千吨）。污染控制成本（10 亿美元）为 $C=7-5P$。

(1) 最优排污费是多少？

(2) 如果在各个污染水平上的污染控制成本下降 10 亿美元，会改变 (1) 的答案吗？

8. 在纸板箔制造业中，当企业每月生产 1000 单位时，平均成本达最小值。按此生产速度，每单位产出的平均成本为 1 美元。产品需求曲线如下表所示：

表 13-4　产品需求曲线

价格（美元，每单位产出）	数量（每月需要的单位）
3.00	1000
2.00	8000
1.00	12000
0.50	20000

(1) 该产业是自然垄断产业吗？

(2) 如果价格为 2 美元，且每家企业的产量均达到使平均成本最小的水平，那么市场可容纳多少家企业？

9. 1991 年 8 月 28 日，纽约州电力与煤气公司请求将其电力收益率提高 10.7%。理由是：企业的厂房与设备的价值上升了 1.4 亿美元，经营成本也上涨了，且投资者要求一个较高的收益率。

(1) 为什么企业的厂房与设备的价值上升会导致公共服务委员会允许提高收益率？

(2) 为什么经营成本上涨会有同样的效果？

(3) 为什么投资者对其所要求的收益率的态度在此是相关的？

第 14 章

全球视角下的管理经济学

现代产业竞争是全球性的。在汽车、电子、机械工具和其他许多产业，日本、欧洲和美国的企业因为得到政府的大力支持而在激烈争夺中获得优势。在本章，我们将阐述影响一国对一种特定产品出口或进口的因素，汇率的决定因素，以及关税、限额和战略贸易政策的实质和效果。另外，我们还将讨论是否要在国外建厂，在哪儿建厂，以多快速度建厂，以及如果要建厂，是否要把技术转移到海外等问题。在当今世界经济贸易一体化程度日益加深的趋势下，这些问题变得至关重要。

14.1 对外贸易

外贸对于任何国家都是极其重要的，市场制度越开放的国家越重视外贸的作用。以美国为例，如表 14-1 所示，2018 年的出口额约 16642 亿美元，其中排在前几位的商品是机电产品、运输设备、矿产品和化工产品；进口额约 25426 亿美元，其中排在前几位的商品也是机电产品、运输设备、矿产品和化工产品。如表 14-2 所示，2018 年，美国向加拿大、墨西哥、中国和日本的出口约占出口总额的一半，而从中国、墨西哥、加拿大的进口约占进口总额的一半。

我国经济连续多年保持高速增长，对外贸易的贡献功不可没。据海关统计，2018 年全年，全国进出口额总值为 4.62 万亿美元，同比增长 12.6%。其中，出口 2.48 万亿美元，同比增长 9.9%；进口 2.14 万亿美元，同比增长 15.8%。我国的贸易伙伴遍布全世界。

为什么国与国之间会发生贸易？正如经济学家们所指出的，贸易使专业化成为可能，而专业化又提高了产出。因为美国可以和其他国家进行贸易，所以它可以专业化生产其所擅长的产品和劳务，然后可以用这些产品和劳务交换其他国家具有优势的产品和劳务。结果，贸易双方都能获益。国际资源禀赋与各种人力和非人力资源在相对数量上的差异是专业化的重要基础。土地肥沃、资本稀缺和低技术劳动力众多的国家可能发现生产农产品是有优势的，而土地贫瘠、资本充裕和高技术劳动力众多的国家生产资本密集型、高技术的产品可能更好。然而，专业化的基础并非一成不变。随着各国技术发展与资源禀赋的变化，国际专业化的类型也会变化。例如，一个多世纪以前，美国比现在更加专注于生产原材料与食品。即使一个国家生产每种产品，仍可

表 14-1　2018 年美国商品进出口情况

出口		进口	
产品	金额（亿美元）	产品	金额（亿美元）
机电产品	3892	机电产品	7391
运输设备	2756	运输设备	3366
矿产品	1997	矿产品	2397
化工产品	1710	化工产品	2318
光学、钟表、医疗设备	919	贱金属及制品	1396
塑料、橡胶	805	纺织品及原料	1151
贱金属及制品	734	家具、玩具、杂项制品	1066
植物产品	660	光学、钟表、医疗设备	983
贵金属及制品	638	塑料、橡胶	876
食品、饮料、烟草	466	食品、饮料、烟草	697
纤维素浆、纸张	302	贵金属及制品	600
活动物、动物产品	295	植物产品	462
纺织品及原料	271	活动物、动物产品	323
家具、玩具、杂项制品	201	鞋靴、伞等轻工产品	322
艺术品	146	纤维素浆、纸张	254
木及木制品	/	陶瓷、玻璃	/
皮革制品、箱包	/	木及木制品	/
其他	850	皮革制品、箱包	/
		其他	1824
总计	16642	总计	25426

资料来源：美国商务部。

表 14-2　2018 年美国商品进出口的分布情况

国家（地区）	分布（%）	
	出口	进口
加拿大	18.0	12.5
墨西哥	15.9	13.6
中国	7.2	21.2
日本	4.5	5.6
英国	4.0	2.4
德国	3.5	5.0
韩国	3.4	2.9
其他	43.5	36.8
总计	100.0	100.0

资料来源：美国商务部。

表 14-3 2018 年中国进出口商品国家（地区）总值表

国家（地区）	进出口额（千美元）	出口额（千美元）	进口额（千美元）	累计比去年同期增减（%）		
				进出口	出口	进口
总值	4623038037	2487400743	2135637294	12.6	9.9	15.8
亚洲	2381095736	1188105837	1192989899	12.0	8.4	15.8
非洲	204193253	104911201	99282052	19.7	10.8	30.8
欧洲	854175155	474736430	379438725	13.0	10.7	16.0
拉丁美洲	307402781	148790989	158611792	18.9	13.7	24.1
北美洲	697467482	513757078	183710404	9.7	11.4	5.3
大洋洲	178310165	57099206	121210959	12.0	11.4	12.3

资料来源：中国海关总署。

能从专业化与贸易中获益。假设美国生产计算机的效率是中国的 2 倍，生产纺织品的效率比中国高 50%；同时，假设美国用 1 单位资源可生产 2 台计算机或 6000 磅纺织品，而中国用 1 单位资源可生产 1 台计算机或 4000 磅纺织品。在这种情况下，美国生产计算机和纺织品的效率都更高，但是其比较优势在计算机而不在纺织品。

14.2 比较优势

如果各国专业化生产本国有比较优势的商品和劳务并相互进行贸易，那么都能提高其经济发展水平。图 14-1（a）给出了美国的生产可能性曲线，表示给定纺织品的各种产出水平所能生产的最大数量的计算机。图 14-1（b）给出了中国的生产可能性曲线。假设美国有 1000 单位资源并都用来生产计算机，而中国有 800 单位资源并都用来生产纺织品。换言之，美国按其生产可能性曲线上的 G 点生产，而中国按其生产可能性曲线上的 M 点生产。同时，假设美中交换计算机与纺织品。图 14-1（a）中的直线 GH 表示如果美国专业化生产计算机并与中国交换纺织品，美国最终能获得的各种数量的计算机与纺织品。GH 为美国的贸易可能性曲线。GH 的斜率为：$-\dfrac{\text{纺织品的价格（每磅）}}{\text{一台计算机的价格}}$。其绝对值等于美国为得到 1 磅中国的纺织品而必须放弃的计算机的数量。类似地，图 14-1（b）中的 LM 表示中国的贸易可能性曲线，即如果中国专业化生产纺织品并用来与美国交换计算机，中国所能获得的计算机与纺织品的各种数量组合。在图 14-1 的两个分图中，应当注意的重点是两个国家的贸易可能性曲线，即（a）中的 GH 和（b）中的 LM，均在其生产可能性曲线之上。这意味着，通过专业化与贸易，两个国家均能获得比自给自足更多的两种商品，即使美国生产两种商品的效率都比中国高。同时，美国的企业可通过在两个国家生产并销售计算机赚钱，而中国的企业可通过在两个国家生产并销售纺织品赚钱。

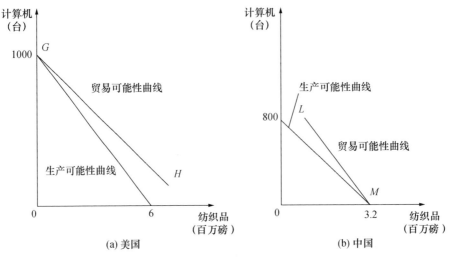

图 14-1　生产可能性曲线

14.2.1　比较优势的变化

出色的管理者必须认识到，如果一个国家在某一特定商品的生产上具有比较优势，那么该国不能指望这种情况会无限持续下去。为说明这个问题，我们以制表业的情况为例。制表业是劳动密集型产业，约 60% 的成本为劳动成本。1945 年，瑞士生产全世界约 90% 的表与表的机件。瑞士企业集中生产高质高价表（所谓"钻石表"）。它们生产的手表大多在珠宝店和一些百货商店销售，这些店的最低利润基本约为 50%。20 世纪五六十年代，瑞士在世界手表产量中所占份额下降了，部分是因为一家美国企业——Timex 公司成功地生产并经销了一种流行的低价表，还因为日本成为手表市场上一股不可忽视的力量。尽管如此，在 70 年代，瑞士仍生产了全世界约一半的手表。

20 世纪 70 年代，制表技术发生了变革，出现了石英表。这种手表的设计非常精确，另外还使手表袖珍化、时间显示数字化。1974—1979 年，模拟石英表（有传统的表面与表针的石英表）的平均可变生产成本下降了约 83%。到 1979 年，直接劳动成本占模拟石英表生产成本的比例不到 20%。许多在美国的半导体企业已完全自动化生产数字石英表。到 1980 年，瑞士制表业不再具有比较优势，仅生产全世界约 15% 的手表，少于中国香港和日本。最大的生产者是中国香港，其大多数手表由半导体企业生产，而不是传统的手表制造商。瑞士手表业 1980 年的企业数量约为 1979 年的一半，雇员人数约为 1979 年的一半。

显然，产品主要销往国外市场（或在本国市场与外国对手竞争）的企业的管理者必须时刻留意比较优势的丧失。在一些情况下，如果比较优势丧失，可把企业的工厂设在成本较低的世界其他地方。例如，Timex 公司在美国销售的许多手表是在海外生产的。如果无法做到这一点，企业最好退出该产业，并将其资源投到其他领域。例如，通用电气公司 1993 年将其航空航天业务出售给马丁·马利塔公司。

14.2.2 供求曲线的运用

在我国对外出口的商品中，轻工业产品占相当大的比例，其中玩具是欧洲、非洲等地区市场上常见的商品。据广东省玩具协会介绍，世界上销售的玩具七成在中国生产。广东省拥有五六千家玩具厂，九成以上的产品出口，出口量占全国出口量的七成以上。广东省玩具业的产值曾达 375 亿元，出口额达 40 多亿美元，居全国首位。我们以中国和南非为例，通过一些假设的数据，说明这一问题。

在南非，一种玩具产品的需求曲线为：

$$Q_a^u = 100 - 2P_u \tag{14.1}$$

供给曲线为：

$$Q_s^u = 5 + 2.6P_u \tag{14.2}$$

这里，P_u 是该产品在南非的价格（南非兰特），Q_a^u 是南非每月对该产品的需求量（万单位），Q_s^u 是南非每月该产品的供给量（万单位）。

在中国，该产品的需求曲线为：

$$Q_a^g = 120 - 4P_g \tag{14.3}$$

供给曲线为：

$$Q_s^g = 2 + 2P_g \tag{14.4}$$

这里，P_g 是该产品在中国的价格（人民币元），Q_a^g 是中国每月对该产品的需求量（万单位），Q_s^g 是中国每月该产品的供给量（万单位）。

如果这种玩具是第一次引入两国，两国的产品经理和分析家都想预测它在两国的市场需求量和产量，以判断该产品是否要出口；如果要出口，由哪个国家出口。要对此作出回答，我们必须注意，如果可以忽略把该产品从中国运到南非（或反之）的运输成本，那么该产品在两国的价格必定是相同的。因为如果价格不同，一个企业就可以通过在价格低的国家买入该产品，再在价格高的国家卖出该产品而赚钱。随着这种情况持续下去，产品价格在前一个国家会上升，而在后一个国家会下降，直至在两国相同为止。

产品在两国的价格相同，意义何在？南非的价格单位是南非兰特，中国的价格单位是人民币元。我们指的是，根据现行汇率，两种货币的价格是一样的。假定 1 元人民币兑换（在银行和其他地方）1.6 南非兰特，这是汇率。① 当我们说两国价格相同时，我们指的是：

$$P_g = 1.6P_u \tag{14.5}$$

如果政府不介入该产品市场，且市场是竞争性的，产品价格会趋于使该产品的世界总需求等于世界总供给的水平。换言之，均衡时：

$$Q_a^u + Q_a^g = Q_s^u + Q_s^g \tag{14.6}$$

将式（14.1）代入式（14.4），我们可把式（14.6）中的每个 Q 均表示为 P_u 或

---

① 此为假定汇率，与实际汇率无关。

P_g 的函数。将这些函数代入式 (14.6)，得到：
$$(100-2P_u)+(120-4P_g)=(5+2.6P_u)+(2+2P_g)$$

用 $1.6P_u$ 代替 P_g，得到：
$$(100-2P_u)+(120-4\times 1.6P_u)=(5+2.6P_u)+(2+2\times 1.6P_u)$$
$$P_u=15$$

既然 $P_g=1.6P_u$，则 $P_g=1.6\times 15=24$。换言之，产品价格在南非为 15 南非兰特，在中国为 24 元人民币。

给定这些价格，我们可以确定是中国还是南非会成为该产品的出口国。据式 (14.1)，南非的月需求量为 70 万单位。据式 (14.2)，南非的月供给量为 44 万单位。因此，南非每月会进口 26 万单位。据式 (14.3)，中国的月需求量为 24 万单位。据式 (14.4)，中国的月供给量为 50 万单位。因此，中国每月会出口 26 万单位。总之，中国是这种产品的出口国，每月出口 26 万单位。

14.3　汇　　率

假设一家新西兰企业想从一家以色列企业购买机床，它必须向机床制造者支付以色列新谢克尔，因为新谢克尔是机床制造者交易的货币。如果机床制造者同意新西兰企业支付新西兰元，那么以色列企业必须把新西兰元兑换成新谢克尔，因为它的账单要用新谢克尔来支付。无论发生何种情况，要么是新西兰企业，要么是以色列企业，必须把新西兰元兑换成新谢克尔。

2010 年，1 新西兰元兑换约 1 新谢克尔，即两种货币间的汇率。随着时间的推移，汇率可能发生巨大变化。2017 年，1 新西兰元兑换约 4 新谢克尔。① 在很大程度上，汇率像竞争性市场上的任何价格一样，是由需求与供给决定的。以新谢克尔为例，如果需求与供给如图 14-2 所示，汇率会是多少？需求曲线表示新谢克尔持有者在新谢克尔的各种价格水平下对新谢克尔的需求量。供给曲线表示新谢克尔持有者在新谢克尔的各种价格水平下所能提供的新谢克尔数额。因为均衡时新谢克尔的供给必须等于新谢克尔的需求，所以新谢克尔的均衡价格（以美分为单位）由需求曲线与供给曲线的交点给定。

为了了解为什么汇率会发生变化，我们必须更细致地观察图 14-2 中的需求与供给曲线。市场的需求方包括：想进口以色列商品到新西兰的企业，想到以色列旅游的人，想在以色列投资建厂的企业，以及其他拥有新西兰元而需要以色列货币的人或企业。市场的供给方包括：想进口新西兰商品到以色列的企业，想到新西兰旅游的以色列人，拥有新谢克尔而想在新西兰投资建厂的企业，以及其他拥有新谢克尔而需要新西兰货币的人或企业。

当新西兰的企业和个人需要更多的以色列商品和劳务时，图 14-3 中的需求曲线向

---

① 此处的汇率及其变化皆属假定。

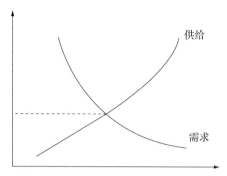

图 14-2 新谢克尔的需求与供给曲线

右下方移动,新谢克尔的价格会趋于上升。当以色列企业需要更多的新西兰商品和劳务时,新谢克尔的价格会趋于下降。

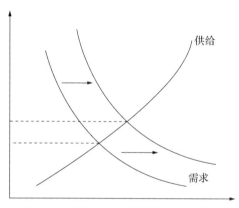

图 14-3 新谢克尔的需求曲线右移效应

为什么以色列企业对新西兰商品和劳务的需求增长会使图 14-3 中的供给曲线向右下方移动?这条供给曲线表示的是在各个新谢克尔价格水平下可提供的新谢克尔数量。以色列企业对新西兰商品和劳务的需求增长会使人们预期在给定新谢克尔价格水平的情况下,新西兰元的供给会更大,这会使新谢克尔的供给曲线向右下方移动。

14.4 汇率决定的因素

从长期来看,所谓的汇率决定的购买力平价理论,是指两种货币间的汇率反映的是两国间价格水平的差异。假设德国和美国是仅有的汽车出口国和进口国,汽车是其唯一的进出口产品。如果在美国一辆汽车的成本为 1 万美元,而类似的汽车在德国的成本为 2 万欧元,那么美元与欧元间的汇率应是多少?显然,1 欧元应值 0.50 美元,否则在世界市场上两国的汽车不会有竞争。如果 1 欧元等于 0.60 美元,则意味着一辆德国汽车的成本为 1.2 万美元,这高于一辆美国汽车的成本。此时,国外买者会从美国购买汽车。

根据这个理论,可以预期,如果 A 国的通货膨胀率高于 B 国,那么 A 国货币相对于 B 国货币可能贬值。假设在美国成本增加了一倍，而在德国仅增加了 50%。在通货膨胀发生之后，一辆汽车的成本在美国为 2 万美元，而在德国为 3 万欧元。根据购买力平价理论，欧元的新汇价应为 0.67 美元，而不是原值 0.50 美元。因为美国的通货膨胀率高于德国，美元相对于欧元贬值了。

虽然相对价格水平在长期内起重要作用，但是其他因素在短期内往往会对汇率施加更多影响。如果一国经济增长率高于其他各国，其货币可能贬值。如果一国经济繁荣，则人们会赚更多钱并购买更多商品，包括外国生产的商品。如果一国进口增长快于出口，其对外币的需求往往会比外币供给增长更快。结果，该国货币可能贬值。

进一步而言，如果德国的利率高于美国，美国的银行、跨国公司和其他投资者会为了投资于高收益的德国证券而卖出美元并买入欧元。另外，德国投资者不可能认为美国证券有吸引力。因此，欧元相对于美元往往会升值，即欧元的需求曲线会右移，而欧元的供给曲线会左移。一般而言，一国利率上升会导致该国货币升值，而利率下降则会导致该国货币贬值。在短期内，利率差对汇率有较大影响，因为大量货币会根据利率差在国与国之间移动。

14.5　关税与配额

当一国某个产业受到国外竞争的威胁时，会请求关税保护。这是一种政府向进口商品征税，为保护本国产业和工人免受国外竞争的威胁而减少进口的制度。显然，如果面临关税，外国企业会减少向该国的出口。实际上，如果关税足够高（所谓的"禁止性关税"），外国企业会发现向该国出口根本是无利可图的。

例如，2001 年 4 月 10 日，日本政府不顾中方和日本国内很多人的反对，强行宣布自 4 月 23 日至 11 月 8 日的 200 天内对中国向日本出口的大葱、鲜蘑菇、蔺草席这三种农产品的超过限额（即 1997—1999 年年均对日出口量）部分分别征收 256%、266%、106% 的关税。作为应对措施，6 月 22 日，中国对原产于日本的汽车、手持和车载无线电话机、空调加征税率为 100% 的特别关税。日本是中国重要的贸易伙伴，中国对日出口的迅速增长引起了日本国内保守势力很大的反应，关税就成为阻止贸易的简便工具。

除了关税以外，自由贸易的壁垒还有配额，这是许多国家对每年能进口的特定商品数量的限制。在许多情况下，配额使本国产业免受国外竞争的威胁比关税更有效。如果外国企业的成本足够低，就能超越关税壁垒；而如果存在一个配额，外国企业便无法超过这个配额。从 1996 年开始，我国对小麦、大米、玉米、大豆、棉花、大麦和食用油等主要农产品采用关税配额管理，进口超过配额数量的部分适用最高达 121.6% 的关税率；同时，对包括汽车、手表、谷物、食用油、化肥、钢铁以及某些纺织品在内的 40 多类商品采取进口数量配额限制。但是，加入 WTO 后，我国逐渐减少配额管理的商品数量和其他数量限制，从 2002 年开始逐步取消大部分配额限制，而且配额水平至少在目前进口配额数量的基础上每年递增 15%。早在 20 世纪 90 年代初，我国为准备加入 WTO 而取消了大量商品的进口许可要求。我国目前仍然要求办理进口许可证的重要商品包括谷物、食用油、棉花、钢铁产品、商用飞行器、客车、拖拉机、橡胶产品等，这些商品进口既要配额又要许可证。许可证的发放要求申请者证明存在进口需求，而且要求其具有足够的外汇。从 2002 年开始，我国扩大许可证发放数量，并且取消了申请的种种要求。

尽管在传统上经济学家们为自由贸易辩护，但是从社会的观点来看，关税与配额有其合理存在的环境。如果一个特定产业对国防至关重要，那么理所当然要保护该产业。另外，如果一个产业还年轻（所谓的"幼稚产业"），那么政府为了使之免于残酷的国际竞争，从而强大起来并能生存下去，采取一定的措施是有道理的。然而，即使存在这样的理由，政府补助也许仍是比关税与配额更直接的保护本国产业的方式。

14.5.1 配额的影响

为了说明配额的影响，我们仍以中国和南非的玩具贸易为例。根据前文的分析，中国每月会向南非出口 26 万单位的前述玩具产品。假设南非玩具生产商成功地使政府确定每月从中国进口该产品的配额为 3 万单位。

Q_a^u 是南非的需求量，Q_s^u 是南非的供给量，从中国的进口可表示为：

$$Q_a^u - Q_s^u = (100 - 2P_u) - (5 + 2.6P_u)$$

因为对进口的配额是 3 万单位，所以可得：

$$95 - 4.6P_u = 3$$

这意味着：

$$P_u = 20$$

因此，该产品在南非的价格为 20 南非兰特，而不是有配额前的 15 南非兰特。显然，价格上升会受到该产品的其他南非生产商的欢迎，而南非消费者则不然。

> **案例**　**新闻纸——配额和汇率的影响**[①]
>
> 废纸是一种重要的可再生资源。由于废纸具有可循环利用、成本低廉等优势，"废纸再造"已成为我国造纸行业的发展趋势。据中国造纸协会测算，2016 年，废纸浆占造纸原料的比例为 64.6%。可见，废纸已经成为我国造纸行业最主要的原材料。废纸作为利用频率最高的可再生资源之一，会经历多次回收、生产、消费的循环过程。废纸的供需逻辑同样围绕这一循环展开，下游产品消费决定生产需求与回收量，上游回收水平决定废纸与生产需求的差距，派生进口废纸需求。我国废纸行业从 2005 年开始进入快速发展阶段，经历了从小微回收商众多到区域性回收龙头、大型纸厂全品种、全链条布局的过程。

---

① 参见网优再生资源：《进口废纸配额制度变动》，https://www.sohu.com/a/169706442_660993；《2018 年禁止进口混杂类废纸，外废进口将进一步趋紧!》，http://news.huishoushang.com/139937.html；媒通研究院：《新闻纸价暴涨，仅存的 5 家纸厂有话说!!!》，https://www.sohu.com/a/195149715_99953831，2019 年 11 月 5 日访问。

近年来，我国政府越来越重视绿色发展，环保政策日益趋于严格，外废配额限制也日渐严格。对废纸的回收体系建设，我国政府相继制定了多项标准和法规，试图推动废纸回收体系向规范化发展。2013 年，中国海关总署启动"绿篱行动"，明确提出限制废纸这种"洋垃圾"进口。之后，环保部等部门发布的《进口废物管理目录》明确规定，未经分拣的废纸从限制进口调整为禁止进口；同时，回收（废碎）纸及纸板被列入"禁入名单"。禁令之下，进口废纸分拣成本整体上升，导致进口废纸均价也相应提升。2018 年，外废配额紧缩，影响了纸浆进口量，造纸行业出现原材料供应紧张的情况，造纸企业的成本大幅攀升。与此同时，2018 年，人民币汇率走势总体上呈现先稳后贬、震荡下行的特征。受美元指数处于相对高位、新兴市场货币加速贬值、全球贸易摩擦不断发酵、国内经济增长持续承压、中美货币政策边际分化等多重因素影响，人民币汇率贬值的幅度逐步扩大。由于美国是我国废纸进口的主要来源国之一，因此美元对人民币汇率的上升意味着对本就紧张的进口废纸市场火上浇油。根据相关的废纸进口数据，2018 年 1 月至 11 月，废纸累计进口同比下滑 40.8%。

废纸配额紧缩和汇率上升已经波及新闻纸的供给。曾经为纸媒提供新闻纸的造纸厂有的停产，有的转型。广州造纸股份有限公司作为仅存的几家此类造纸厂之一，面临巨大的压力。其副总经理韩春辉说："新闻纸生产的原材料废纸中，70% 左右都依靠进口废纸，主要是 8 号美废。国内废纸目前的回收率已达 90%，但是只能满足一半的产能需要，因为其他纸种也有同量需求。另外，国内废纸已是三次、四次回收利用，生产出来的新闻纸在质量上无法满足报社的需要。国内废纸的价格已经暴涨，几乎是半天就一个价。即便如此，也是有钱买不到货，形势十分堪忧。"韩春辉表示，对于符合标准的、依赖进口的原材料，国内相对应的替代品或生产技术较少。同时，他认为，纸厂提价是迫于原材料短缺、生产成本大幅上扬、企业经营运行压力巨大而不得不做出的无奈之举。报社虽表示理解，但面临的经营环境也不乐观。受电子媒体影响，广告收入和发行收入都在大规模下降，纸价上涨对报社而言是雪上加霜。很多报社，特别是都市报，时刻面临关停并转的困境。党报虽然日子不太艰难，但是由于新闻纸供应紧缺，面临着随时"断粮"、报纸无法如期安全出版的窘境。行业面临的现实是，废纸配额证限制了新闻纸生产量，"巧妇难为无米之炊"，在救急方面有时候会显得捉襟见肘。报社对纸厂有怨言，纸厂虽尽力，但仍无奈，这一矛盾在短时间内无法解决。新闻纸作为一种战略物资，原料（进口废纸）如果短缺，将无法保证供应。中国报业协会等与环保部门积极沟通，希望能够给新闻纸生产企业一些支持。

废纸价格何时有所下降，是造纸厂和报社等共同关注的一个焦点问题。业内人士表示，国内的废纸利用率并不高，这使得中国成为全球最大的纸浆进口国。一般而言，生产新闻纸这种类似的高档纸使用的原料多为进口木浆和废纸。受配额等因素的影响，造纸产业源头再生制浆材料资源未来有匮乏趋势，加上汇率上升的影响，产业链产品整体价格中枢上移的趋势将持续。外废进口严格管控将是长期趋势。就废纸来讲，大方向是加大国内的收购量，同时减少进口。

14.5.2 保护主义

在二战后的大多数时期，美国极力推进降低关税、配额和其他贸易壁垒。1947年，美国和其他22个国家签署了《关贸总协定》，要求所有参加国定期会晤，讨论双边关税减让。以这种方式谈判达成的关税减让将扩展到所有参加国。20世纪60年代，约50多个国家和地区进行了"肯尼迪回合"谈判，旨在降低关税。70年代，相关国家和地区的代表在东京会晤，作为下一轮贸易谈判的一部分。结果，关税和其他贸易壁垒显著降低。

然而，随着西欧和日本成为更强有力的竞争者，许多美国产业开始游说，要求获得进口配额和提高关税。20世纪80年代，劳资双方请愿数百次，要求美国联邦政府保护其免于进口商品的竞争。焦急的汽车业工人在众议院找到一个有力的拥护者约翰·丁格尔，保护主义运动的领导者之一。丁格尔威胁，如果日本不同意自愿限制对美汽车出口，国会将予以强制限制。1981年，日本同意每年向美国出口汽车不超过168万辆。1985年，美国不再作此类限制，但是日本仍决定予以维持。

20世纪80年代早期，美国企业发现难以与其他西方国家企业竞争的一个原因是，当时美元相对于其他货币大幅升值。1980—1985年，美元（相对于其他主要货币）升值超过50%。这除了使美国商品与劳务更贵，损害了出口以外，还使外国的商品与劳务在美国更便宜，有助于外国企业进入美国市场。

20世纪80年代后期和90年代，美元的价值比80年代早期低得多。然而，保护主义的压力犹在，而且许多经济学家指出受到打击的是美国消费者。例如，在对从日本进口的汽车施加限制后，丰田和达特桑汽车的价格更高了，通用、福特和克莱斯勒汽车也提高了价格。结果，购买汽车的美国消费者额外支付了几十亿美元。据估计，用这种方式保护一个汽车业工人的职位每年要花费消费者约16万美元。

14.6 贸 易 政 策

传统上，经济学家们倾向于认为，总体上，自由贸易是促进社会利益的最佳政策。因此，他们普遍为20世纪60年代和70年代早期关税降低而欢呼，同时普遍对80年代保护主义盛行表示不满。

但是，一些经济学家开始对这些传统观念表示异议。在他们看来，一国政府应控制外国企业进入本国市场，同时促进本国企业在外国市场的活动。例如，如果某些高技术产业给本国其他产业带来巨大的技术利益，那么政府有理由采用补贴或关税保护的方式保护和促进这些产业。如果规模经济使得在一种特定产品的世界市场上只能存在两家非常有利可图的企业，那么政府有理由采用补贴或关税保护的方式增加一家本国企业成为两者之一的可能性。根据这些经济学家的观点，从某个特定国家的角度看，存在一些应该以某种方式予以保护的战略性产业。然而，难以区分哪些产业属于此类，并且难以估计国家制定的相关政策会取得多少效果。因此，战略性贸易政策的批评者担心特殊利益集团会采用此类政策促进自己的利益，以整个国家的利益区分哪些产业应予以保护的标准是模糊的，许多产业可运用这些模糊的标准保护自己及其联盟，而不管这样做是否值得。

案例　华为艰难的"赴美"之路——美国的贸易战略政策①

2017年暑期，华为宣布与美国第一大电信运营商——美国电话电报公司（American Telephone & Telegraph Company，AT&T）签订合约，约定：拟于2018年上半年，由AT&T协助华为在美国市场推出华为最新的旗舰机型Mate 10以及Mate 10 Pro，并在2018年的国际消费类电子产品展示会（International Consumer Electronics Show，CES）上公布更多合作细节。但是，正是在2018年1月9日，CES举办的第一天，AT&T突然停止了与华为的合作，也宣告了华为这一次进入美国市场的尝试未经开始就迎来了失败。关于原因，据外媒透露，美国18名国会议员联名致信联邦通信委员会（FCC）主席艾吉特·帕伊，要求FCC对华为与美国电信运营商的合作展开调查，最终导致双方合作流产。2018年1月10日上午，迫于政府压力，美国电信运营商Version放弃销售华为Mate 10 Pro手机。1月15日，美国国会两位重量级议员发起一项议案，拟禁止政府机构采购华为、大唐以及中兴的产品和服务。更有甚者，同年12月1日，华为高管孟晚舟遭跨国追捕。2019年5月15日，美国总统特朗普签署了一项名为《保障信息与通信技术及服务供应链安全》的行政令，宣布美国进入国家紧急状态，并授权美国商务部，称其"有权禁止对国家安全制造不可接受的风险的相关交易"。同日，美国商务部宣布，将把华为及其子公司列入出口管制的"实体名单"，对华为进行全面的封杀。

美国采取的这一系列针对华为的措施可谓每一步都是对华为的严重打击。美国官方给出的解释是为了维护国家的网络安全。这固然是美国在考虑的一个方面，但是隐藏在这样的理由背后的，更是美国针对中国采取的贸易战略政策。

首先，从宏观的贸易摩擦来讲，自美国现任总统唐纳德·特朗普2016年11月9日当选开始，其一系列经济贸易政策对中国方面都是不友好的。从2018年3月23日美国加征关税的政策出台开始，中美之间的贸易摩擦从未停止，双方的贸易关系

---

① 参见无际通信：《华为与AT&T牵手失败，华为赴美为何屡屡受挫?》，https：//t. cj. sina. com. cn/articles/view/2371049965/8d5359ed001002d6n；钛媒体APP：《华为与AT&T的合作，为何会流产?》，https：//www. sohu. com/a/215925791_116132；每利说：《看华为事件时间线，才明白华为为什么这么厉害!》，https：//www. jianshu. com/p/06d95cba5864，2019年11月6日访问。

也一直处于紧张状态。一般认为，美国2018年7月6日开始对中国340亿美元的商品加征25%的进口关税是中美贸易战正式打响的标志，而美国在2018年年初对华为的针对性政策也是其对华不友好贸易政策的体现。美国这么做实际上是为了限制中国企业在国际上的发展，从而达到限制中国产品出口和限制中国经济发展的目的。

　　其次，从保护主义角度出发，美国打着"国家安全"的幌子，拒绝华为产品在美国的销售，实际上是顾忌到华为产品的强大竞争力，为了保护美国本土的相关产业而采取的保护主义手段。华为产品的进入，对美国的一些产业来说是极大的威胁。华为在通信、芯片、网络、智能手机等领域都具备强大的竞争力。例如，华为通信设备在国际上不断挤压爱立信（瑞典）和思科（美国）这两家国际巨头的发展空间，导致两家被迫联手。2017年第一季度，在服务供应商路由器和电信级以太网交换机市场中，华为首次超越长期占据核心路由器市场全球首位的思科，成为全球的市场第一。同时，华为已成为市场份额仅次于苹果和三星的智能手机厂商。在2017年第三季度的《全球智能手机出货市场份额》报告上，华为仅以2%的市场差值紧居苹果之后。在芯片方面，安卓系统中，随着联发科的颓势尽显以及退出高端市场，高端芯片就只剩下美国的高通骁龙、韩国的三星猎户座以及中国的华为海思，其中三星猎户座现有的高端芯片不支持全网通，而剩下的华为的海思芯片（麒麟970）的强势则极大地威胁到了高通。随着5G时代的到来，华为仍将保持强势。在短短的几年之间，华为的海思芯片在通信、智能手机、物联网芯片等方面已经成为高通的劲敌。华为一系列迅猛的发展让美国对中国民族品牌进军其国内市场表示紧张和担忧。与AT&T合作，华为的目标也不仅限于在美国半年的手机销售，更多是将目光投向AT&T作为电信巨头的影响力。华为希望以此次合作为突破口，吸引国际上的诸多运营商，加上性价比更高的设备，可以让华为迅速提升市场份额。除此之外，AT&T的网络频段和华为自身设备的频段在很大程度上是相近的，如果合作顺利，AT&T很可能采用华为更划算的设备方案，而这对于美国电信巨头思科而言是极大的威胁。

　　所以，美国对华为步步紧逼的深层原因，除了背后的政治、文化、军事和意识形态的争端以及美国国内的党派斗争问题之外，更多的其实是美国针对中国和优秀的中国企业所采取的贸易战略和保护主义战略：一方面，美国为了维护其世界经济霸主地位而限制中国产品出口，从而遏制中国经济发展；另一方面，这也是美国为了维护本土相关产业的利益，为它们扫除竞争对手所实施的保护手段的体现。

案例 中美贸易战回顾——为什么美国频频对中国加征关税？[①]

2017年8月，美国总统特朗普命令美国贸易代表办公室（USTR）对中国开展301调查，这被视为他对中国启动的第一项直接贸易举措。2018年3月，USTR发布了《基于1974年贸易法301条款对中国关于技术转移、知识产权和创新的相关法律、政策和实践的调查结果》，美国由此对中国发起了贸易战。4月3日，特朗普公布对价值约500亿美元中国商品征收25%关税的计划。6月15日，美国宣布对340亿美元中国商品征收25%关税的生效日期为7月6日。美国政府表示，在公众评议期结束后，也将对另外160亿美元中国商品征收25%关税。9月18日，美国政府正式宣布，自9月24日起，对2000亿美元进口自中国的产品加征10%的关税，并将自2019年1月1日起将关税税率提高至25%。如果中国针对美国农业或其他行业采取报复措施，美国将对约2670亿美元中国产品加征关税。中国商务部当日回应将同步反制。12月1日，中美同意"休战"90天，在此期间暂停征收新关税。特朗普同意，在两国举行贸易磋商之际，将原定自2019年1月1日开始对价值2000亿美元中国输美商品提高关税的计划推迟到3月初执行。中国同意购买"大量"美国商品。

2019年2月24日，特朗普将原定3月1日的期限推迟，把2000亿美元中国输美商品的关税维持在10%，未设定新的期限。5月8日，美国政府正式宣布，从5月10日开始，将把价值2000亿美元中国输美商品的关税从10%提高到25%。8月1日，特朗普抱怨，中国没有履行购买更多美国农产品的承诺。他宣布对3000亿美元中国商品加征10%关税，此前已经对价值2500亿美元中国商品征税25%。特朗普称，尽管加征关税，中美贸易谈判仍将继续，且关税可能逐步上调至25%以上。8月5日，针对美国最新的关税举措，中国商务部暂停购买美国农产品，人民币兑美元破"7"，连累股市大跌。在美国股市收盘后，美国财政部称确定中国操纵汇率，这是其1994年以来首次给中国贴上"汇率操纵国"标签，此举"打压"美元大跌，并推动金价升至6年高点。8月13日，对原定9月开始加征关税的3000亿美元中国商品，特朗普政府宣布清单上约半数产品推迟实施，改为自12月15日起征税，其中包括笔记本电脑及手机，希望缓解新一轮关税举措对美国假日销售造成的影响。8月23日，中国宣布，针对美国此前对自华进口的商品加征关税采取反制措施，对原产于美国的约750亿美元商品加征关税10%、5%不等。特朗普政府对中国新一轮关税行动给予回击，宣布将把针对2500亿美元中国进口商品的关税从现在的25%提高至30%，9月及12月计划对3000亿美元中国商品征收的关税税率从10%提高至15%。9月1日，美国开始对1250亿美元中国输美商品加征15%关

[①] 参见任泽平：《全面客观评估美国对华〈301报告〉》，https://www.sohu.com/a/252417187_467568，2019年11月6日访问。

税,这些商品包括鞋履、蓝牙耳机、智能手表和平面电视。各种研究显示,这些关税将使美国家庭年支出最多增加1000美元,将对美国许多消费品造成打击。9月5日,中国商务部网站发布的新闻稿称,中美同意10月初在华盛顿举行第十三轮中美经贸高级别磋商。

此次中美贸易战,其直接原因是中美之间存在着巨额的贸易逆差。两国之间存在的贸易不平衡是激化矛盾的重要因素,也是美国发起贸易战的重要借口。此外,中美之间统计口径有所差别,也进一步放大了中美之间的贸易逆差。美国寄希望于通过对中国的贸易制裁,保护本国相关产业的发展和就业。但是,通过贸易战真的能解决贸易不平衡,实现美国的经济利益吗?答案是否定的。从结果来看,美国对中国发起的贸易战给两国都造成了损失,美国的直接损失甚至更大一些。据《日本经济新闻》分析,贸易战开启一年来,被加征关税的中国商品对美国的出口额减少了14%,约为180亿美元,占中国对美国商品出口总额的3%。与此同时,被加征关税的美国商品对中国的出口额减少了38%,约为230亿美元,占美对中国商品出口总额的15%。另据美国大豆出口协会报告,美国2017年向中国出口大豆3750万吨,总额为122.53亿美元,而2018年只有31亿美元,降幅高达74%。可以确定的是,只要中美不达成贸易协议,美国大豆就无法再像过去那样进入中国市场。显然,贸易战并没有带来益处,正所谓"战则两伤"。中美贸易失衡有其深层次原因,并不是仅仅寄希望于通过贸易战就可以解决的。由于全球价值链的分工,中国主要处于组装加工的中间环节,导致了"出口在中国,附加值在欧美"的现象,因此传统的核算体系高估了中美贸易顺差。同时,美国内部的低储蓄、高消费必然使得外部产生巨额的贸易逆差,只不过现在贸易逆差的对象转为中国罢了。那么,美国挑起贸易战的主因是经济因素吗?不是。从美国对中国加征关税的领域来看,更多的是《中国制造2025》中计划发展的高科技产业。美国不断将贸易摩擦升级,更多是出于政治目的的考量。美国对中国发起贸易战,其深层次原因是对中国的战略遏制。美国一直寻求建立对世界的主导权,而中国近年来飞速发展,在一些方面已经隐隐动摇了美国的霸主地位。贸易战也是美国遏制中国飞速崛起的一种举措。其本质是,在"新冷战"思维下,在位的霸权国家对新兴大国的遏制。

14.6.1 国际贸易争端

国际贸易争端是普遍存在的,我们仍以美国的情况举例说明。许多美国产业受到国际贸易争端的重大影响。例如,美国半导体产业一直为与日本的一系列争端所困扰。其中,美国半导体企业控告日本在美国倾销芯片(以比在日本还低的价格销售芯片,并可能低于成本),而日本不允许美国企业进入日本市场。1974年,美国国会通过了关于国际贸易的重要立法,常称《1974年贸易法》。该法的301条款授权美国总统采取行动消除外国的贸易壁垒。1988年,《综合贸易与竞争法案》授权美国贸易代表确定一宗外国贸易是否公正,以及在总统的指示下可以选择采取什么行动。这些立法给予总统相当大的权力以决定对其他国家采取何种报复行为。总统可暂停或取消任何贸易特权,可对有关国家的进口商品征收关税或施加其他限制,可进行除了指控中所列举措施以外的报复。不论是美国企业向贸易代表提出控诉还是贸易代表作出决定,都可援引301条款。1985年,美国半导体企业向政府提出申请,要求运用301条款制裁日本。贸易代表对半导体企业表示支持。而后,日本同意增加购买外国制造的芯片,并对半导体产品的出口价格实施政府监督,以防止价格低于美国和其他地方的公正市场价格。美国反过来放弃根据301条款实施制裁。但是,问题依旧存在,美国半导体企业仍在不断报怨日本违反了301条款及其他协议。

1994年,美国国会批准了扩展GATT的协议。这个协议涉及一百多个国家和地区,意在强制执行协议,要求降低关税(包括农产品关税)和取消配额。另外,所有国家都同意保护知识产权。然而,美国国会没有达成关于限制政府对民用飞行器生产商的补贴的协议,而对海运业、炼钢业和远程通信业的补贴大部分被免除了。

14.6.2 海外直接投资

为了生存与发展,许多企业必须在多个国家生产与销售。许多实业管理者所面临的最重要的问题之一是,在其他国家应进行何种直接投资?

许多企业跨国经营的标志是已在其他国家拥有设施。在一些产业,如铝业和石油业,企业建立海外机构以控制外国的原材料资源。通常,企业在海外投资是为了维护其竞争地位。在许多情况下,企业也为追求技术领先而建立海外分支机构。即在向外国市场出口一种新产品之后,企业可能决定在海外建厂以供应外国市场。一旦一个外国市场大得足以容纳一家最小有效规模的工厂,那么这个决策不会与规模经济发生矛盾,而且往往可降低运输成本。在一些情况下,一个企业将其发明引入一个外国市场的唯一方法是在那里建生产设施。

决定在哪儿建新工厂的重要因素是什么?企业似乎对当地市场的规模特别感兴趣,既是因为一个大规模的当地市场往往会降低货运和分销成本,也是因为这意味着较低的关税(大量工厂产品将在工厂所在国国内销售)。另一个重要因素是国家投资和政治气候,具体包括该国是否允许外国所有权的存在,是否有理由认为该国政府是稳定的,是否可以将利润从该国带出等。此外,还有一个重要因素是该国技术工人以及相关的技术与知识的可得性。

案例 "样板工程"还是"反面典型"
——福耀玻璃为什么要到美国建厂?[①]

福耀玻璃早在1993年6月10日就在A股上市。截至2019年11月15日,福耀玻璃A股总市值达554.91亿元,已经成为中国第一、世界第二大汽车玻璃供应商。从1995年尝试国际化到2014年投资10亿美元在美国大规模投资建厂,福耀玻璃为全球化准备了19年。即使这样,它的美国工厂仍然屡遭挑战。福耀玻璃1995年开始在美国投资,直至2014年才选择设厂。2014年,福耀玻璃决定投资10亿美元在美国俄亥俄州莫瑞恩市成立全球最大的汽车玻璃单体工厂。2016年10月,工厂竣工投产。2016年第四季度,一阵"曹德旺跑了"的舆论旋风骤起,并将福耀玻璃在美国投资10亿美元建厂的动机演绎成"因为在中国建厂比在美国建厂税费还要高"。这让饱受市场需求下降、生产成本快速上升双重挤压的中国制造商们心生向往:"我们也要去美国投个厂子?"

可是,事实真的如此吗?福耀玻璃历年年报数据显示,福耀玻璃美国工厂成立后至2016年一直处于亏损中,2017年才开始扭亏为盈,当年实现净利润508.23万元。2019年上半年,福耀玻璃实现营收102.87亿元,同比增长2%;实现归属于上市公司股东的净利润15.06亿元,同比下降近两成。同样是2019年上半年,福耀玻璃美国工厂的利润相比2018年同期增长了17%,共实现营业收入19.11亿元,净利润1.48亿元。那么,福耀玻璃究竟为什么要到美国建厂?它到底是中国汽车玻璃行业的"样板工程",还是冲动投资的"反面典型"?让我们一起探究福耀玻璃美国工厂。

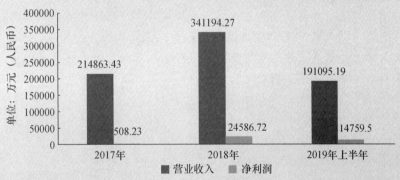

图14-4 福耀玻璃2017年至2019年上半年在美国的营业收入和净利润

(1) 运输成本:汽车玻璃及其组成部分的各项特性决定了其为易碎产品。普通浮法汽车玻璃为硅质玻璃,强度一般,在运输前需要经过一系列包装处理,运输距

[①] 参见走出去智库:《跨境投资案例 | 福耀玻璃美国投资镜鉴:看得见的优惠,想不到的烦恼》,https://m.sohu.com/a/214604637_610982;自有渡船人:《透视福耀玻璃赴美建厂》,http://mini.eastday.com/bdmip/180306205401562.html,2019年11月8日访问。

离越远，耗材越多。对于输送至境外的高端汽车玻璃，一般小批量采用航空运输，大批量采取海运方式，相对陆路而言成本更高。玻璃的易碎特性决定了运输成本将会随着运输距离增加而增加。若运输距离超过一定限度，企业将不得不为保证玻璃在储运过程中不受损伤以及维持较低的折损率而支付较高的费用。因此，汽车玻璃制造业对运输距离的要求较其他行业更严格。从全行业来看，汽车玻璃的运输费用占到销售费用总额的30%左右。同时，随着时间的推移，汽车玻璃生产企业在选址时会更依附于主要需求地。

（2）期间成本：汽车玻璃生产企业的期间成本主要包括管理人员薪酬、运营管理支出以及因销售或进出口引发的税费。仓储费用、运营管理支出对各大企业来说相对恒定，可调节的部分一般来自税费。汽车玻璃生产企业所面临的税费多种多样，综合税负较高。美国是以直接税为主体的国家，税收主要来自个人；而中国则以间接税为主体，税收主要来自企业。在美国，企业只需缴纳所得税；而在中国，企业需缴纳所得税、增值税、印花税、车船税、城市维护建设税、教育费附加、地方教育附加等其他税种及费用。当然，对于美国市场，曹德旺看到了要素成本低廉、税收负担小及交易透明，而更看重的还是招商引资的优惠力度。2016年10月，《中国财经报道》在福耀玻璃莫瑞恩工厂进行了实地采访。时任福耀玻璃美国公司执行董事王俊铭介绍，莫瑞恩工厂每招收一个美国工人，就会得到一定的税收补贴，当时已经招到2000多名员工，最起码会得到3000万美元补贴。此外，工厂在2016年还拿到了70万美元的培训补贴。他说："即使是为工厂换节能灯，当地政府也会给补贴。"

（3）市场：在市场容量方面，国内汽车玻璃的总体需求增长强劲，但是高端需求增长较为迟缓。福耀玻璃海外高端订单对其利润的贡献不断增加。福耀玻璃在国内市场占有率过高，已几乎不可能再继续大幅度提升，海外市场为其利润增长带来了新的动力。量的提升主要来自新增订单，价的提升主要在于包边、天窗、LOW-E等高附加值产品在汽车玻璃产品中占比的提升，而高附加值玻璃大部分来自海外订单。因此，福耀玻璃与国内普通玻璃订单的相关性较弱，海外市场对其利润的贡献大于国内市场。近几年，福耀玻璃的国外和国内业务收入占比都保持在35%—65%，其中国内市场以代工（OEM）为主，授权代工（ODM）的占比较小；而国外业务中，OEM快速发展，ODM的占比有所下降。从整体来看，国外OEM市场的营业收入只有国内OEM市场的1/3。因此，国外OEM市场基本上是一个尚未开发的巨大空间，具有很大的增长潜力。

（4）策略：海外扩张决策主要寻求通过低要素价格降低制造成本，以及通过更贴近下游厂商降低运输成本。生产地尽可能贴近需求侧可以显著地降低运输成本，同时可以更好地实现准时制生产。国外设厂的另一个优点是，能够利用国外市场的材料价格、税收等软环境优势，以降低企业承担的总成本。例如，在美国一些地方开设新厂，可以充分利用地区化石能源价格低廉的优势，大幅降低燃料成本。同时，在某些区域，政府对海外投资有税收等政策上的优惠，将进一步降低企业总成本。例如，美国"特朗普减税"政策正助力海外资本流向美国。值得注意的是，在全球减税环境下，我国企业仍维持着本土竞争力。

在各企业的实践中，海外产能虽有所扩展，但国内产能并未明显缩减，而是与海外工厂形成"高低搭配"的态势，推动企业向"微笑曲线"两端转移，主抓设计与销售。大多数在海外扩张的企业都形成了"中国设计、海外生产、全球销售"的新格局。

福耀玻璃海外扩张的市场聚焦策略的主要目的、动机和实现方式均呈现多元化。其中，主要目的在于贴近海外高端市场，提升产品的盈利水平，同时降低公司各项支出。实现方式主要是，在贴近目标市场的区域开设新厂。2015年，福耀玻璃在美国的投资取得实质性进展：伊利诺伊州浮法项目顺利投产，俄亥俄州汽车玻璃项目一期建成投产。福耀玻璃的生产能力和汽车级优质浮法玻璃协同供应能力为整个北美汽车工业OEM及修配玻璃（ARG）网络提供了有力支持。福耀玻璃在海外的数个项目帮助其更好地应对市场状况的变化，海外厂的建立使其与下游厂商联系更紧密。一方面，福耀玻璃可以根据客户的需求更快速地设计产品并获得反馈；另一方面，产品能够快速转移至下游厂商，缩短了销售周期，降低了运输成本。同时，在海外的项目也为福耀玻璃带来了税收和能源等成本上的节省。根据相关地方政府的承诺，福耀玻璃的几个工业项目都能享受到大幅的税收优惠，可使福耀玻璃节省大量的税费，而低廉的能源成本也能降低福耀玻璃产品的成本。

全球经济一体化的趋势不可逆转，如何参与全球分工，争取有利地位，走向国际大舞台，是中国企业，特别是汽车玻璃企业必须思考的问题。全球围绕着主要消费市场正在形成区域化的供应链体系。在这个体系中，中美完全可以找到各自的优势，互补、合作、双赢。福耀玻璃走出去，开启全球化之路，是代表中国的优质企业。中国需要什么样的汽车玻璃企业？什么样的汽车玻璃企业能在外来冲击下生存？什么样的企业能给中国汽车玻璃一个有希望的明天？可以说，福耀玻璃给了我们一个答案。

案例　战略联盟真的有效吗？——待拯救的神龙[①]

作为中国最早的合资汽车公司之一，神龙汽车曾有过辉煌的历史，也曾创造过近50亿元的净利润。然而，在内外部问题叠加下，这家拥有近30年历史的合资车企需要被"拯救"。

25.32亿元！这是东风汽车集团公布神龙汽车2019年前6个月的亏损额。这意味着，这家由东风汽车集团与法国标致雪铁龙集团（以下简称"PSA集团"）成立的合资公司在过去的18个月里，累计亏损超过62亿元。

---

① 参见尚武：《东风集团与PSA就拯救神龙达成一致：卖地、出售工厂设备、裁员50%》，https://chejiahao.autohome.com.cn/info/4430779；王瑞安：《铁成黯然离去，神龙如何复"元"？》，https://www.sohu.com/a/341827220_115035，2019年11月8日访问。

东风与PSA战略联盟之路

2014年3月，东风汽车集团入股PSA集团，成为并列第一大股东，双方签署了全球战略联盟合作协议。2015年4月，双方签署《东风汽车集团与PSA集团联合开发"共用模块化平台（CMP）"项目协议》。2016年5月11日，东风汽车集团、PSA集团、神龙汽车有限公司（以下简称"神龙公司"）在武汉签署《联合开发"电动版共用模块化平台（eCMP）"项目协议》；东风汽车集团与PSA集团签署《人力资源战略合作协议》；神龙公司发布面向2020年的中期事业"5A＋计划"。东风汽车集团与PSA集团在商品技术协同、国际业务协同、制造和供应链协同、管理交流、提升神龙公司能力等领域，开展了多个合作与协同项目。这一系列重大项目合作协议的签署，标志着双方的战略合作跃上新台阶。当时，东风汽车集团董事长竺延风说，过去一年来，东风汽车集团与PSA集团不断加强沟通、深入讨论。这次两个重大项目的签约、神龙公司"5A＋计划"的发布就是双方团队高度契合与合作的成果。未来东风汽车集团将进一步加快推进战略联盟项目，更好地推动双方事业的发展。

战略联盟推动PSA集团奇迹复兴

2015年，PSA集团的全球销量增长1.2%，销售整车297.3万辆，其中在中国市场上的销量超过73万辆，仅次于欧洲市场。PSA集团2015年的净利润为12.2亿欧元，自2012年以来首次实现盈利，整车部门利润率、现金流等多项财务指标提前实现目标，将两年前濒临破产的阴霾一扫而空。法国媒体惊呼，PSA集团实现奇迹复兴。PSA集团总裁唐唯实表示："与中国伙伴的合作有利于我们保持技术领先。通过和东风汽车集团分享技术，PSA集团可以更好地削减研发投资和生产成本，在产品层面增强竞争力，有利于PSA集团在中国增加盈利，进而更快地研发和引进新技术，推动自身和合作伙伴在中国市场拥有更好的位置。PSA集团和东风汽车集团的战略合作没有限制，我们有信心共同努力，一起走得更远。"

神龙公司业绩下滑

1992年5月，东风汽车集团与PSA集团合资成立神龙公司，先后推出东风标致、东风雪铁龙两个品牌、10多个系列的汽车产品，拥有武汉、襄阳、成都三大生产基地。2015年，神龙公司汽车销量达到71万辆的巅峰。可惜，烟花易冷，"神龙"不再显"神威"，销量遭遇断崖式下跌。2016年，神龙公司汽车销量暴跌15.1%，至59.8万辆。2017年4月，在"一汽"关键岗位任职多年的安铁成南下就任东风汽车集团副总经理。彼时，大家无不期待安铁成能为神龙公司带来改变。然而，神龙公司并没有"翻身"，汽车销量持续下跌。2018年，神龙公司汽车销量为25.5万辆，同比下降32.5%。2019年上半年，车市寒冬之下，神龙公司汽车销量仅为6.3万辆，同比下滑了60.1%。与神龙公司在中国一败再败不同，PSA集团在欧洲取得节节胜利，并一跃成为欧洲第二大车企，仅次于德国大众。唐唯实对此并不避讳："我认为PSA集团在中国汽车卖得不好有两个根本原因，一是我们对中国消费者需求的理解出现偏差,二是我们在华运营效率低下。"为此,神龙公司的两家母公司股东达成一致意见,包括放弃两座工厂、出售设备、裁员,甚至卖地以补充现金流。

2019 年 7 月 16 日,竺延风与唐唯实共同出席在法国巴黎召开的东风—PSA 集团战略联盟委员会,会议达成以下意见:(1)PSA 集团确认在中国的战略就是与神龙公司、东风汽车集团一起实现成功;东风汽车集团确认坚持和 PSA 集团在中国更好地发展神龙公司,一切有利于神龙公司发展的议题都可以讨论。(2)同意神龙公司经营层上报的各项行动计划。(3)在产品规划方面,神龙公司将输出更加正确的、准确的、切合中国市场的商品,定价将更加务实。(4)针对现有商品,将立即作出改善和改进,聚焦客户和关注客户界面,真实感知客户的需求和体验。(5)在组织机构优化方面,自 2019 年 12 月 1 日开始,正式运行新的组织机构,为 2020 年作准备。这是中法双方合作历史上首次达成针对神龙公司在内部控制层面的一致意见,一改以往双方合作不畅的局面。

神龙公司正式运行新的组织机构后,将取消现有的逐笔业务均需中法双方签字的冗长机制;裁员计划已经正式启动,到 2022 年,将总员工人数降至 4000;持续推进改善现金流的 F99 产能优化计划;神龙一工厂整体搬迁至神龙三工厂,现有神龙一工厂由政府收储,土地性质由工业调整为商业,所形成的增值收益由政府与神龙公司各得 50%。

当下,中国汽车市场的前景仍不明朗,许多曾有过辉煌时刻的车企在 2019 年取得的各项业绩都不尽如人意。智慧交通、无人驾驶等已成为汽车行业的新风口,在这样一个机遇与挑战并存的时刻,把握机会,逆势上扬至关重要。神龙公司需要的并非下一位"背锅侠",而是一位能驭龙飞天的"勇士"。

14.6.3 海外建厂:时间—成本替代

如果一个企业决定在海外建厂,常常存在一个与产业发明有些类似的时间与成本权衡问题。如果企业决定在较短的时间内规划并建造工厂,则成本常常比用更多时间来做这项工作要高。因为加快项目的设计规划工作需要额外的工程师,通常可以预计收益是递减的。试图通过加快设备获取速度而缩短项目时间,预计也会增加项目成本。可得的证据表明,建厂成本或毛利现值(C)与建厂所需月数(t)之间的关系通常如图 14-5 所示。

最优项目用时为 Y 个月,因为这个 t 值使净利润的现值最高。为了明确这是对的,要注意每个 t 值下的净利润的现值是毛利的现值(由图 14-5 中的"毛利"曲线给出)与成本的现值(由图 14-5 中的"成本"曲线给出)之间的垂直距离。显然,当项目用时为 Y 个月时,这个垂直距离最大。

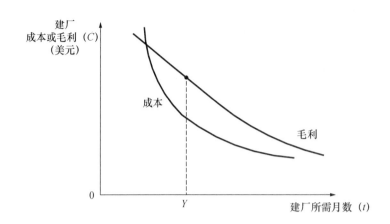

图 14-5 在海外设计建厂的时间与成本权衡

14.6.4 国际技术转让

在今天的全球经济中，国际技术转让在许多产业中是至关重要的。企业既想在其他国家运用其技术而获利，又想从国外企业、大学和其他来源以最低成本获得技术。因此，国际技术转让是一个双向渠道。要弄清国际技术转让的本质，有必要了解技术跨国转让的主要方式：

（1）商品出口。在外国获得一种商品，就会导致技术转让，因为商品会向其进口者提供信息。例如，一企业向某个国家出口高级计算机，可能导致技术转让。另外，因为商品出口者为促销其商品，会帮助进口国有效使用商品，这种培训也是一种技术转让形式，所以进口国可能获得技术。再者，如果进口国能反向加工商品（为发现商品是如何构造的而把商品拆开），就存在技术进一步转让的机会。

（2）直接投资国外子公司。例如，IBM公司和惠普公司等企业建立了全球网络设施，它们培训国外的操作人员与管理人员，向国外的工程师与技术人员传递信息与本领，帮助其产品的外国使用者更有效地使用产品，并帮助外国供应商将技术升级。

（3）租赁协议。有重要新产品或新工艺的企业常常与外国企业签订租赁协议，以保护专利、商标、经销权以及提供技术帮助等。租赁协议经常要求租赁者向出租者交纳一定比例的销售收入，在一些情况下，还要加上为获取技术帮助支付的统一费用。一些租赁协议甚至要求租赁者从出租者那里购买一些投入品。

（4）组建合资企业。技术还可以通过组建合资企业的方式转让给其他国家，合资企业为拥有技术的企业和东道国的企业或机构联合所有。合资企业通常根据有关技术生产一种产品或提供劳务。合资企业协议常常由需要资本实施其技术的更小的企业提出来。

14.6.5 技术转让方式的选择

企业通常愿意选择哪种技术转让方式？如果企业能获得足够的资源并认为租赁会把有价值的知识泄露给将来可能成为竞争者的外国生产商，那么通常会选择对外直接投资，建立完全所有的附属机构。当然，发明的预计寿命越长，企业就越不太可能签署租赁协议。另外，当技术属尖端技术且国外缺乏模仿的能力时，或者当企业关心质量标准时，企业较租赁更倾向于直接投资。例如，如果一家企业把技术租赁给另一家技术能力不足的外国企业，而且这家外国企业生产的产品有缺陷，那么反过来又会影响拥有技术的企业。

当外国市场太小而不能保证直接投资时，当拥有技术的企业缺少直接投资所需的资源时，或者当优势通过交叉租赁自然增长时，企业常常更倾向于租赁。在一些国家，政府不鼓励直接投资。尤其在欠发达国家，政府有时对跨国企业抱有极大的敌意。一些政府认为其统治受到跨国企业的巨大威胁。合资企业具有与东道国建立良好关系的优势，但是在经营、人事安排和利润划分方面存在一定的问题和劣势。

对于东道国政府而言，直接投资会带来许多问题，因为完全为外国企业所有的附属机构部分地在政府控制之外。直接投资者仅会部分地对东道国的经济政策作出反应，还会从东道国抽走资金和资源。同时，投资者有其全球战略，这会与东道国政府所认为的附属机构的最佳经营方式相冲突。合资企业可以克服直接投资的一些缺陷，但是东道国一定会投入更多资本。租赁协议可以解决关于控制权的许多问题，但是其本身也有问题。拥有技术的企业几乎没有义务和动力帮助租赁者解决管理和技术上的问题。

技术转让方式的选择实际上取决于技术转让的时间。考虑到石油化工业的实际情况，当各种重要的石油化工产品较新时，直接投资是主要的技术转让方式。但是，随着产品日渐成熟，租赁会成为主要方式。这种情况的一个影响因素是发明企业与想要获得技术的国家相对的产品更新程度。

14.7 战略联盟

近些年，越来越多的企业与其他国家的企业（也有本国的企业）组成战略联盟。在汽车业中，较大的公司很早就在整车、发动机和传送系统的联合开发和供应方面进行合作。例如，20世纪80年代，法国雷诺公司与大众公司（德国）联合生产传送系统，与沃尔沃公司（瑞典）、标致公司（法国）联合生产汽油发动机，与菲亚特公司（意大利）联合生产柴油发动机。实际上，汽车业所有的大企业都已加入全球合作网络。例如，通用汽车等美国企业与众多日本和欧洲的汽车生产商有联系。许多战略联盟涉及技术信息的分享。在半导体产业，美国企业经常用它们的产品设计信息与日本企业的生产技术信息交换。有证据表明，日本企业在产业工艺研发上的投入比美国企业更大。例如，在VLSI公司（美国）与日立公司（日本）的联盟中，VLSI公司用集成电路设计技术与日立公司的加工工艺技术交换。

这种战略联盟非常有价值，因为它能使企业获得与自身技术互补的技术，并能帮助企业进入新市场或维护已有的市场地位。但是，战略联盟也可能有危险。如果一家企业向其他企业提供有价值的技术而回报甚少，那么加入这样一个战略联盟的代价是非常高的。不幸的是，一些企业的确遇上了这种情况。企业管理者应清楚战略联盟确实能带来什么益处，并且有理由确信将会获得这些益处，这是很重要的。

案例 ▶ 跨国技术合作——比亚迪与戴姆勒的技术战略联盟[①]

随着世界经济一体化趋势的加快，中国企业越来越多地开始与国外企业进行合作，与全球优秀的企业组成"跨国技术联盟"以获得所需资源。跨国技术合作作为中国企业"走出去"的重要模式之一，指的是企业与在技术层面实力较强的国外企业共同投资建立联合研发机构，在实现优势互补和互利共享的前提下，对产品或项目进行合作技术开发。中国汽车业最近几年最为全面、影响最为广泛深远的一次中外合作，要数比亚迪与戴姆勒的跨国技术战略联盟。在经历了多次调研以及合作洽谈后，比亚迪与戴姆勒牵手京城，中德汽车业各自的强者自此"执子之手"，并肩闯向中国汽车市场。

人们注意到，以往中外企业的合作方式，毫无例外是通过某一具体的项目甚至是产品实现"对接"的。例如，首例中美汽车企业合作，是通过北京吉普的切诺基产品实现的；对中国现代轿车业起决定性影响的合作，是通过德国大众与上汽集团合作成立的上海大众桑塔纳项目实现的。此后，其他中外合作无不采用这种方式。

比亚迪从2003年收购西安秦川汽车有限责任公司开始，就正式进入汽车制造与销售领域，踏上了饱受争议却势头良好的民族自主品牌汽车的发展征程。比亚迪销售的汽车产品包括各种不同档次、系列的燃油轿车，除此之外，还生产与之相关的汽车模具和汽车零部件等。2008年10月，比亚迪收购了半导体制造企业宁波中纬，对电动汽车的上游产业链进行了整合，推动了公司对于电动车业务的布局。戴姆勒生产的汽车以高品质、高价位而闻名，对产品研究和开发高度重视。2010年，比亚迪与戴姆勒在多次协商、谈判后达成共识，宣布共同建立技术研发中心，并成立技术合资公司——比亚迪戴姆勒新技术有限公司。从双方公布的合作计划看，这是一次虚实相结合的合作，全面性是此次合作最关键的特征。毫无疑问，比亚迪与戴姆勒的共同战略目标不单是某一两个项目或产品，而是让两家公司的"拥抱"方式变为"全接触"。

同时，合作强调互补性。比亚迪在新能源领域的完善布局使之具有领先的技术优势和成本优势。凭借多年自主研发的"硬功夫"，比亚迪在电池、电机以及电控等核心技术方面遥遥领先。2015年，比亚迪汽车在新能源动力电池技术方面还有重大突破，即推出全新的磷酸铁锰锂电池，它的能量密度提升大约有40%。戴姆勒旗下的奔驰汽车在车体框架安全、做工性能和生产制造经验等方面一贯具有良好的口碑。因此，比亚迪与戴姆勒之间具有强大的互补性。除此之外，比亚迪与戴姆勒能

[①] 参见杨震宁、李东红、曾丽华：《跨国技术战略联盟合作、动机与联盟稳定：跨案例研究》，载《经济管理》2016年第7期。

够保持长期稳定合作的原因在于，双方的谈判建立在相互信任的基础上，而且在谈判过程中不断积极完善合作制度。比亚迪与戴姆勒共同投资建立合资公司，各占一半股份，这种平等的关系能够使双方的合作更加有效且紧密。在这种合作模式下，双方既能对自己的核心利益有所保留，又能充分从对方那里获得所需资源。

建立跨国技术战略联盟对高新技术企业的发展而言至关重要，通过建立高效的合作制度、紧密的合作关系，提升战略联盟的绩效和稳定性，将对我国企业向更高水平发展起到助力作用。

本章小结

1. 如果各国生产本国具有比较优势的产品和劳务并互相贸易，那么均能提高其经济发展水平。一个国家是否具有生产某种产品的比较优势取决于该国的资源禀赋和技术专长。管理者必须时时留意，以防比较优势的丧失。

2. 在很大程度上，当前汇率由供给与需求决定。如果一国的通货膨胀率、经济增长率较高而利率较低，那么该国货币相对于其他货币往往会贬值。

3. 关税是政府向进口商品征收的税，其目的在于保护本国产业和工人免于外国竞争的威胁。配额是自由贸易的另一重要壁垒。尽管关税和配额有时是有道理的（如出于国家安全的考虑），但是传统上经济学家们还是觉得关税和配额往往会使普通大众付出的比受保护产业及其工人和供应商获得的更多。

4. 近些年，一些经济学家开始认为国家应采用战略性贸易政策。例如，美国经济学家普遍认为政府应控制外国企业进入本国市场，同时促进本国企业在外国市场的活动。如果某些高技术产业给本国其他产业带来巨大的技术利益，那么政府有理由采用补贴或关税保护的方式保护和促进这些产业。

5. 一个企业是否把工厂建在某个国家取决于该国的市场规模、投资环境以及这里的技术工人是否容易找到。如果一个企业决定在海外建厂，那么要权衡时间与成本。

6. 国际技术转让对许多企业而言是至关重要的。有四种主要的技术跨国转让的方式：商品出口、直接投资国外子公司、租赁协议和组建合资企业。如果企业能获得足够的资源并认为其他转让方式会把有价值的知识泄露给可能成为竞争者的外国生产商，那么通常倾向于直接投资。

7. 近些年，越来越多的企业与其他国家的企业（也有本国的企业）组成战略联盟。许多战略联盟涉及技术信息的分享。重要的是，企业管理者应清楚这种联盟确实能带来什么益处，并且确信将会获得这些益处。

习题

1. 下表是缅甸与世界其他国家在稻米和布的生产关系上的对比：

表 14-4　缅甸与世界其他国家稻米和布生产关系对比

	每蒲式耳稻米产出的投入	每码布产出的投入
缅甸	75	100
世界其他国家	50	50

假设只有两种商品，无论稻米和布的产出水平如何，投入对产出的比率都不变，在所有市场上都存在竞争。

(1) 缅甸在生产稻米方面有绝对优势吗？在生产布方面有绝对优势吗？

(2) 缅甸在生产稻米方面有比较优势吗？在生产布方面有比较优势吗？

2. 日本出口制造品，进口原材料如石油、粮食。分析在以下情况下日本贸易条件的变化：

(1) 中东战争使石油供应紧缺。

(2) 韩国扩大了汽车生产能力，并在美国和加拿大销售。

(3) 美国的工程师建立了核反应堆，以代替石油发电厂。

(4) 俄罗斯农业歉收。

3. 可口可乐公司前总裁唐纳德·R. 基奥曾说过："我们坚定不移的唯一目标一直是使业务国际化。"1991年，可口可乐公司把其国际利润贡献率从1985年的50%提高到80%。到2000年，国内业务占企业利润可能不到10%。

(1) 在美国，每年人均消费可口可乐公司生产的软饮料约292份（每份8盎司）；而在法国和日本，分别为48份和112份。这是否有助于解释可口可乐公司在海外销量的年增长率约为10%，而在美国约为3.5%？如果是，如何解释？

(2) 在一些国家，如英国，可口可乐公司通过与瓶装商办合资企业进入该国市场；而在另一些国家，如法国，可口可乐公司建立完全所有的装瓶公司。什么因素影响了可口可乐公司在这方面的决策？

(3) 可口可乐公司的主要竞争对手百事可乐公司从美国以外获得的利润占总利润不到20%。尽管可口可乐公司占有美国软饮料市场份额的约40%，而百事可乐公司约占1/3，但是在美国以外，可口可乐与百事可乐的销量比例竟为4∶1。一些分析家认为，这有助于解释为什么可口可乐在海外销售1加仑的利润是在美国的3到4倍。为什么他们这么认为？

4. 1991年，美国佛罗里达的本地水泥生产商指控委内瑞拉企业在佛罗里达倾销水泥。根据美国法律，当外国企业的产品定价低于公正市场价值时，即为倾销。"公正市场价值"被定义为外国企业在其本国的定价或其生产成本。佛罗里达市场的水泥半数以上由当地企业提供，其余从海外进口。在佛罗里达和委内瑞拉，水泥价格都约为每吨 60 美元。

(1) 为什么委内瑞拉企业进入佛罗里达水泥市场是有利可图的？（提示：海运较铁路、公路运输便宜。）

(2) 如果把水泥从委内瑞拉运到佛罗里达的运输和仓储费用每吨增加 10—15 美元，那么委内瑞拉企业在佛罗里达市场的定价是否低于其在本国市场的定价？

(3) 迈阿密大学的肯尼思·克拉克森和巴利大学的斯蒂芬·英里尔认为，从 1991 年到 1996 年，如果不再允许外国企业进入佛罗里达市场，那么佛罗里达的消费者要为每吨水泥多支付 6 美元。如果是这样，是否应允许外国企业继续以每吨 60 美元的价格在佛罗里达销售水泥？

5. 假设日本和美国是仅有的两家某种灯泡的生产者和消费者。在美国，这种灯泡的需求与供给如下表所示：

表 14-5　美国这种灯泡的需求与供给

价格（美元）	需求量（百万只）	供给量（百万只）
5	10	4
10	8	6
15	6	8
20	4	10

在日本，这种灯泡的需求与供给如下表所示：

表 14-6　日本这种灯泡的需求与供给

价格（折合成美元）	需求量（百万只）	供给量（百万只）
5	5	2
10	4	6
15	3	10
20	2	14

(1) 假设存在自由贸易，均衡价格为多少？

(2) 哪国会向另一国出口这种灯泡？

(3) 出口量为多少？

(4) 假设美国对每只灯泡征收 10% 的关税，进出口会有什么变化？

6. 在慕尼黑，1 根多味腊肠卖 2 欧元。在波士顿的芬维公园，1 只热狗卖 1 美元。当汇率为 1 欧元兑 0.5 美元时：

(1) 以热狗表示多味腊肠的价格是多少？

(2) 当其他条件相同，汇率变为 1 欧元兑 0.4 美元时，相对价格会如何变化？

(3) 与之前相比，多味腊肠是贵了还是便宜了？

7. 美元对瑞士法郎的需求与供给如下表所示：

表 14-7　美元对瑞士法郎的需求与供给

瑞士法郎价格（美元）	需求（百万瑞士法郎）	供给（百万瑞士法郎）
0.80	600	800
0.70	640	740
0.60	680	680
0.50	720	620
0.40	760	560

（1）美元的均衡汇率为多少？
（2）瑞士法郎的均衡汇率为多少？
（3）市场上会购买多少美元？
（4）市场上会购买多少瑞士法郎？

8. 美元对英镑的需求如下表所示：

表 14-8　美元对英镑的需求

英镑价格（美元）	需求量（百万英镑）
2.00	400
2.10	380
2.20	360
2.30	340
2.40	320
2.50	300

（1）假设英国政府试图把汇率维持在 $2.40 的水平上，在此汇率水平上，英镑供给为 3.60 亿英镑。英国政府将不得不买入还是卖出英镑？数量为多少？
（2）如果英国政府不得不用美元来购买英镑，美元从何而来？

9. 利夫罗斯公司生产一种新产品，这种产品仅在日本和美国两国生产和销售。在美国，这种产品的需求曲线为：

$$Q_D^U = 20 - 2P_U$$

供给曲线为：

$$Q_S^U = 5 + 3P_U$$

在这里，P_U 是该产品在美国的价格（美元），Q_D^U 是美国每周的需求量（千单位），Q_S^U 是美国每周的供给量（千单位）。

在日本，这种产品的需求曲线为：

$$Q_D^J = 455 - 3P_J$$

供给曲线为：

$$Q_S^J = -5 + 2P_J$$

在这里，P_J 是该产品在日本的价格（日元），Q_D^J 是日本每周的需求量（千单位），Q_S^J 是日本每周的供给量（千单位）。

假设 1 美元兑换 130 日元。

(1) 这种产品在日本的价格会是多少？在美国会是多少？

(2) 各个国家会供应多少这种产品？

(3) 美国会成为这种产品的进口者还是出口者？

习题参考答案（部分）

第1章

2.

（1）需求曲线左移，卫生组织发布的报告会减少消费者对这种蘑菇的需求量。

（2）需求曲线右移，各个品种的蘑菇之间是替代品，当其他品种的蘑菇价格上涨时，消费者会增加对这种蘑菇的需求量。

（3）需求曲线右移，消费者收入增加后，会增加对这种蘑菇的需求量。

（4）需求曲线不变，培育蘑菇的工人工资增加只会影响蘑菇的供给曲线，对需求曲线不会产生影响。

4.

（1）30/1110。

（2）600/1110。

（3）40/1110。

6.

（1）咖啡的市场价格上升。

（2）牛肉的市场价格上升。

8.

（1）x 的价格弹性为 -1，y 的价格弹性为 $-3/5$。

（2）5/7。

（3）不合理，因为降价使其销售收入减少。

第2章

2.

1∶1。

4.

他会感到愉快一些［提示：把（20，15）看成圆心］。

6.

（1）40。

（2）不应该。

8.

(1) 两个消费者的最优商品购买数量均为:$X=20$,$Y=10$。

(2) 虽然最优商品购买数量是相同的,但是这与无差异曲线不能相交并不矛盾。因为上述两个消费者的两条无差异曲线在不同的无差异曲线图中不存在是否相交的问题。

第 3 章

1.

(1) 10,10。

(2) 25,25。

(3) 20,20,20。

2.

(1) 非最优雇佣组合。

(2) 雇用熟练劳动 393 小时,雇用非熟练劳动 214 小时。

(3) 332.5 小时。

4.

(1) 不能。

(2) 50 斤。

(3) 0.58。

(4) 根据问题中给出的信息无法推断在技术进步之后用多少干草和粮食可创造 25 斤的收益。

5.

(1) $2\sqrt{2}$,$\sqrt{2}$。

(2) 每单位劳动的产出会上升。

(3) 不是,因为 L 和 K 同时增加 1%,使 Q 增加大于 1%。

6.

(1) 是,0.8。

(2) 规模收益递减。

(3) $0.2Q$。

7.

(1) 略。

(2) 0。

(3) 规模收益不变。

第 4 章

1.

(1) 略。

(2) LAC 曲线的最低点。

(3) 小于最佳的工厂规模。大于最佳的工厂规模。

2.

(1) 75。

(2) 60。

(3) 56.6。

5.

(1) 10/3。

(2) 5。

(3) 25，25。

6.

(1) 0.13。

(2) 生产一种产品的生产设备有时可用来生产另一种产品，而且一种产品生产过程中的副产品可用来生产另一种产品。

第 5 章

1.

(1) 91.3 元。

(2) 91.3 单位。

2.

(1) $Q_1 = 53$，$Q_2 = 947$。

(2) 当 $Q_2 = 947$ 时，AVC=62.24，对应的产量是最优产量。

3.

(1) 5 单位。

(2) —150 元。

第 6 章

1.

(1) 10 单位。

(2) 90 元。

3.

(1) 9 万个。

(2) 18 元。

(3) 108 万元。

5.

(1) 3 元。

(2) 否。

(3) 追加。

第 7 章

1.

(1) 略。

(2) 红星公司不会同意,除非红星公司不生产而能分享金戈尔公司的利润。

3.

(1) 9000 元。

(2) 6 单位。

4.

(1) 存在占优策略。索富特应侧重于杂志,佳丽应侧重于报纸。

(2) 索富特的利润为 900 万元,佳丽的利润为 800 万元。

(3) 不是。

6.

(1) IATA 必须建立整个卡特尔的边际成本曲线,按边际收益等于边际成本决定运输量(该行业的产品),此时对应于这一运输量的价格就是利润最大化的价格。

(2) 如果 IATA 想最大化利润,它将会在各航空公司之间分配这一运输量,以使各航空公司的边际成本相等。

(3) 不会,因为这不会使利润最大化。

8.

(1) 一个公司的规模经常是通过其总收入衡量的,董事会可能认为当前提高总收入更能吸引投资者和顾客的注意,更符合公司现时的战略。相应地,经理们可能对公司的扩张比利润更感兴趣(当然,他们也认为利润不应低于某一水平)。

(2) 略。

(3) 略。

第 8 章

1.

(1) 0.952。

(2) 0.937。

(3) 1980 年。

4.

960 万元。768 万元。

5.

(1) 150 万元。

(2) 140 万元。

(3) 略。

6.

(1) 420 万元。

(2) 360 万元。

(3) 386 万元。

第 9 章

3.

(1) 投资 25 万元获得 20% 的利润为 5 万元。如果开工率为 80%（1 万单位），则价格为每单位 15 元（平均成本为 10 元，每单位利润为 5 元）。

(2) 不能保证。

(3) 除非标价能考虑到需求价格弹性，否则企业利润会有损失。

5.

(1) $Q_1=4$，$Q_2=5$。

(2) $P_1=10$，$P_2=7$。

7.

(1) 产品 X 的产量为 22.66 单位，产品 Y 的产量为 45.32 单位。

(2) 产品 X 的价格为 377.34 元，产品 Y 的价格为 164.04 元。

9.

(1) 251.5 元。

(2) 379 元。

(3) 利润会减少 25213 元。

第 10 章

略。

第 11 章

略。

第 12 章

略。

第 13 章

1.
此题可从技术对传统的自然垄断范畴的影响角度讨论。

2.
此题可从对高新技术的激励角度讨论。

3.

(1) 77.2%。

(2) 84.5%。

6.

(1) 88%。

(2) 是。

(3) 90%。

(4) 97%。

7.

(1) 1 千吨。

(2) 不会。

8.

(1) 不是。

(2) 8 家。

9.

(1) 因为管制机构希望确定一个合适的回报率。

(2) 经营成本上涨,利润降低了。

(3) 投资者考虑的利润与收益率密切相关。

第 14 章

1.

(1) 都没有。

(2) 有,没有。

3.

(1) 是的。海外消费量低得多,有较大的增长空间。

(2) 除了贸易壁垒外,各地的成本和风俗也很重要。

(3) 海外的竞争不如国内激烈。

5.

(1) 10 美元。

(2) 日本。

(3) 200 万。

(4) 进出口会停止。

6.

(1) 1 根多味腊肠/每只热狗。

(2) 1.25 根多味腊肠/每只热狗。

(3) 便宜了。

8.

(1)买入 400 万英镑。

(2)美元从储备中而来。

9.

(1)92 日元,3 美元。

(2)日本供应 179 千单位,美国供应 14 千单位。

(3)进口者。

后 记

我教"管理经济学"一晃已逾 20 年了,本书从第一版出版至今也已近 20 年了。最初参与撰写本书的学生,有些已成了教授,有些则很少联系了,而我自己已到了快退休的年龄。

总体而论,我是一个比较懒的人,特别厌恶做那些循规蹈矩的事情,但是有的时候又不得不做。一些人总是想超凡脱俗,但是经常还是凡心不灭。2003 年第一版、2008 年第二版之后,本书又增加了一些新的内容,如今已是第三版。这应该是我主编的最后一本教材了。

前两版主要是我和当时的学生做的工作,这一版是由侯赟慧和赵驰两位老师做主要的工作。侯老师从南京大学刘志彪老师那儿博士后出站后到东南大学经济管理学院任教,讲起来是我的师妹。赵老师从我这儿博士后出站后留校任教。如今,她们已是学院的骨干教师。

本书一共分为 14 章,我写了代序和后记,重新修订了第五篇"管制与开放",其中包括第 13 章和第 14 章。这两章的案例是由学生协助我整理和修订的,我对里面的一些文字作了修改,特别是已过时的一些内容。其他老师的分工如下:第一篇"市场机制"、第四篇"网络平台"主要由侯赟慧老师负责撰写,学生潘亚萍、朱婧瑜、陈乐乐、蒋丹凤、张丽珺、解慧新、杨帆协助整理和修订;第二篇"市场结构"、第三篇"产品与定价"由赵驰老师负责撰写。

这样一本书经历了很长时间的修改,能在此时完成已属不易。非常感谢北京大学出版社和相关编辑的督促,否则这本书还不知道什么时候才能出来。

东南大学经济管理学院　周勤
2020 年 3 月 18 日